普通高等教育经管类专业“十三五”规划教材

消费者行为学

(第3版)

李付庆　编著

清华大学出版社

北　京

内容简介

本书以市场营销学、心理学、社会心理学、行为学、社会学、人类文化学等相关学科理论为基础，以消费者的心理和行为为研究对象，系统分析和研究消费者的心理活动过程、个性心理特征、需要与动机、购买行为与决策模式、消费者满意与忠诚、体验心理与行为、品牌心理与行为、网络消费心理与行为、不同消费者群体的心理与行为、消费者关系与冲突管理，以及市场营销组合、社会因素、经济文化、情境因素等社会环境对消费者心理与行为的影响等，以此揭示消费者心理与行为的主要特征和一般规律。在此基础上，进一步论述消费者的决策过程，包括消费者的购买行为——信息搜集、购买评价、情境影响、购后过程与顾客满意，深入分析网络及服务等对消费者购买行为的影响。本书编写注重理论与实际结合，力求在继承、借鉴的基础上有所创新，较好地体现了理论的现代性、知识的综合性和内容的实用性。

本书适合作为高等院校市场营销、工商管理及相关专业的教材，也可作为企业管理和市场营销人员的参考书。

读者可从 http://www.tupwk.com.cn/downpage 免费下载本书课件。

图书在版编目(CIP)数据

消费者行为学 / 李付庆　编著. —3 版. —北京：清华大学出版社，2018（2021.8重印）

(普通高等教育经管类专业“十三五”规划教材)

ISBN 978-7-302-50262-3

Ⅰ. ①消…　Ⅱ. ①李…　Ⅲ. ①消费者行为论　Ⅳ. ①F036.3

中国版本图书馆 CIP 数据核字(2018)第 114715 号

责任编辑：王　定　邵慧平
封面设计：周晓亮
版式设计：思创景点
责任校对：曹　阳
责任印制：杨　艳

出版发行：清华大学出版社
网　址：http://www.tup.com.cn，http://www.wqbook.com
地　址：北京清华大学学研大厦 A 座　　邮　编：100084
社 总 机：010-62770175　　邮　购：010-62786544
投稿与读者服务：010-62776969，c-service@tup.tsinghua.edu.cn
质 量 反 馈：010-62772015，zhiliang@tup.tsinghua.edu.cn
印 装 者：三河市铭诚印务有限公司
经　销：全国新华书店
开　本：185mm×260mm　　印　张：22.5　　字　数：534 千字
版　次：2013 年 9 月第 1 版　2018 年 8 月第 3 版　　印　次：2021 年 8 月第 7 次印刷
定　价：58.00 元

产品编号：079651-01

前　言

消费者行为学是一门年轻的学科，又是一门领域跨度大的学科，涉及市场营销学、心理学、社会学、社会心理学、人类文化学、经济学、管理学以及统计学等诸多学科。近年来，许多高校纷纷开设“消费者行为学”课程，消费者行为学的教学水平和研究能力有了明显的提高，极大地推动了国内经济的发展和企业营销水平的提高。消费者行为学不仅成为市场营销专业学生的必修课，而且也成为工商管理、广告、传播等相关专业的选修课，受到广大学生的重视和欢迎。

在现代市场经济条件下，社会生产力飞速发展，商品供应丰富，形成了买方市场，消费者需求复杂多变，商品销售日益困难，企业间的竞争加剧。因此，企业必须充分调查消费者需求的信息，研究消费者的行为与心理，以及影响消费者行为的各种因素，有针对性地研制符合消费者需求的产品，制定相应的市场营销策略，以需定产，才能提高竞争力，扩大产品销售，改善经营管理水平。

为满足市场经济新形势下高等院校市场营销专业教学和企业营销应用的需要，我们充分吸收和借鉴了国内外消费者行为研究及营销应用的基本理论和最新成果，博采中外众家之长，并加以发展和创新，在保留第 2 版特色的基础上，将第 3 版的修订着重放在以下 3 点。

(1) 基本原理案例化。由于消费者行为学是多学科交叉的边缘学科，涉及其他学科的原理和专业名词，为了便于学生理解和记忆，我们尽可能多地应用营销案例去诠释。

(2) 内容体系精练化。本书遵循影响消费者购买行为的因素和消费者决策过程的主线展开，首先论述了消费者行为研究的特点和研究途径，其次论述了影响消费者行为的内在因素，再次论述了外在因素对消费者行为的影响，最后论述了消费者的决策过程。

(3) 内容的新颖性。本书吸收了国内外消费者行为研究的最新成果，并尽可能全面地反映我国的营销实践现状，突出了案例教学的特点，增强了学习的可操作性。

本书内容丰富，观点鲜明，结构严谨，通俗易懂，理论方法新颖，实用性强，可作为高等院校工商管理相关专业的教材和企业市场营销人员及管理决策者的学习参考书。

本书是由郑州轻工业学院李付庆制定写作大纲，并执笔编写全书内容。参与本书编写的还有王巧红、郭军建、王文鸽、魏杰、王凌楠，他们在资料的收集和整理方面做了大量工作，并负责全书内容的校对和修订。

本书在写作过程中参考了国内外许多专家学者的著作，一些教师和学生参加了本书的修改、补充与校对工作，在此一并致谢！

虽然编者长期从事消费者行为学的教学和研究工作，但由于能力有限，书中难免存在一些缺陷和不足，敬请专家、学者以及广大读者批评指正。

编　者

2018年5月

目　录

第 1 章

消费者行为概述

【学习目标】

知识目标：了解消费者行为的基本概念，认识研究消费者行为的重要性。

技能目标：掌握消费者行为学与企业营销战略的关系，并了解市场细分的意义与方法。

能力目标：具有运用市场细分的有关知识对特定产品进行市场细分的能力，并在此基础上有为企业制定相应的营销战略的能力。

【案例导读】

营销之谜：用户扭曲力场！

2011 年 5 月底，开始筹备小米手机的发布时，黎万强接下了小米手机的营销任务。为保守起见，黎万强设计了一个 3000 万元的营销计划，主要是一个月的全国核心路牌计划，这也是凡客早期一战成名的手段。对于要做 100 万台手机的目标而言，3000 万元已经是很少的营销费用了。100 万台 2000 元的手机价值 20 亿元，一般的公司至少会投 2%～3%的营销费，按这样计算，小米在营销上的成本应该是 5000 多万元。但是，这个营销方案很快被雷军“拍死”了。雷军对黎万强说：“你做 MIUI 的时候没花一分钱，做手机是不是也能这样？”

黎万强是雷军的金山旧部，曾是金山词霸总经理，他到小米后的第一个任务是负责 MIUI，雷军说：“阿黎，能不能不花钱把 MIUI 做到 100 万台？”被逼上“梁山”，黎万强只能选择过去在金山被证明最有效、最不花钱的手段：通过论坛做口碑。在 MIUI 早期，黎万强团队满世界泡论坛，找资深用户，几个人注册了上百个账户，天天在一些知名 Android 论坛里灌水发广告，被封号后换个号继续灌。好不容易拉来了 1000 人，从中选出 100 个作为超级用户，参与 MIUI 的设计、研发、反馈等。这 100 人也是 MIUI 操作系统的点火者，是小米粉丝文化的源头，也是其用户体验的特别方法论。纯靠口碑，第二个星期 200 人，第三个星期 400 人，第五个星期 800 人，一点点成长起来。后来 MIUI 的用户数高达 1700 万。在 2013 年 4 月 9 日的小米米粉节上，小米特别发布了一部专门为感谢首批 100 个铁杆粉丝制作的微电影，名字叫做《100 个梦想的赞助商》，把他们的名字一一投影到大屏幕上，对他们表达了感谢。那一刻，他们中的很多人泪流满面。

在“0 预算”的前提下，黎万强首先建立了小米手机论坛。2011 年中期，借鉴 MIUI 论坛，手机论坛迅速建立起来。在小米论坛上，有几个核心的技术板块：资源下载、新手入门、小米学院，后来又增加了生活方式的板块：酷玩帮、随手拍、爆米花等。

论坛是小米新营销的大本营，截至2013年7月15日，总用户数707万，日发帖量12万，总帖子1.1亿，算是一个小门户的规模了。和其他技术论坛不一样的是，小米论坛有一个强大的线下活动平台“同城会”。这个创意源于黎万强在“车友会”的经验，他发现中国人买手机和买车的行为方式很相似，都会先泡论坛、参加线下活动。线下活动目前已经覆盖31个省市，各同城会会自发搞活动。小米官方每两周都会在不同的城市举办“小米同城会”，根据后台分析不同城市的用户数量来决定同城会举办的顺序，在论坛上登出宣传帖后用户报名参加，每次活动邀请30～50个用户到现场与工程师当面交流。

“0预算”之下，黎万强发力的第二个点是微博。最开始只期待起到客服的作用，但是后来发现微博的宣传效果超出了想象。小米能在微博平台迅速吸引大众的眼球，这与小米团队本身的背景有关。黎万强是设计师和产品经理出身，是个摄影发烧友，早期的营销团队都是产品经理出身，能够快速地理解微博上这种以图片、视频为元素的事件型传播点，同时像做产品一样进行精细化运营。

论坛和微博营销也是很多公司的常规武器，小米基本放弃传统的电视广告、户外广告等强势渠道，把“论坛+微博”等新营销工具变成了杀伤级武器。小米打的是“只为发烧友而生”，貌似一个小众品牌，但事实上它已经成为一个三四线城市用户都熟知的大众品牌。小米凭什么？

小米式营销上有三板斧，其实也是被逼出来的。

第一板斧是把新营销当作战略。不是试验田，而是主战场。因为没有预算，小米只能选择社会化营销的手段。很幸运的是，小米碰上了一个大的顺风车，2010年正好是微博大爆发的时候，小米迅速抓住了这个机会，并变成品牌的主战略。从小米网的组织架构上，你能看到这种战略聚焦，小米网的新媒体团队有近百人，小米论坛30人，微博30人，微信10人，百度、QQ空间等10人。

第二板斧是做服务。客服不是挡箭牌，客服就是营销。小米论坛是这种服务战略的大本营，微博、微信等都有客服的职能。小米在微博客服上有个规定：15分钟快速响应。为此，小米还专门开发了一个客服平台做专门的处理。特别是微博上，不管是用户的建议还是吐槽，很快就有小米的人员进行回复和解答，很多用户倍感惊讶。

小米还有一个全民客服的理念，鼓励大家用真正的方式近距离地接触用户。从雷军开始，会每天花一个小时回复微博上的评论。还有所有的工程师，是否按时回复论坛上的帖子是他们工作考核的重要指标。据统计，小米论坛每天新增12万个帖子，经过内容的筛选和分类，有实质内容的帖子大约有8000条，平均每天每个工程师要回复150个帖子。工程师的反馈在每一个帖子后面都会有一个状态，如已收录、正在解决、已解决、已验证，就相当于一个简版的Bug解决系统。用户可以明确地知道自己的建议是哪个ID的工程师在解决，什么时候能解决，有一种被重视的感觉。

第三板斧是涨粉丝。微博营销千丝万缕，最关键的抓手就是粉丝。小米涨粉丝的秘密武器就是事件营销。小米在微博上做的第一个事件营销是“我是手机控”，从雷军开始，发动手机控晒出自己玩过的手机，大概吸引了80万人参与。转发量最高的是“新浪微博开卖小米手机2”，也是新浪微博2012最高转发记录保持者，转发265万次。

最有影响的案例则是“小米手机青春版”。2012年5月18日，小米发布简配版手机，定价1499元，限量15万台，主打校园人群。为了实现15万台销售的目标，微博营销提前一个月开始预热，小米启动了一个很奇怪的主题叫“150 克青春”。“所有的素材都是校园的插画，比如说打篮球啊、翻墙啊……然后一系列这样内容的传播，做了大概长达一个月。在一开始很多用户莫名其妙，他们问这个为什么叫 150 克青春。”150 克其实是小米青春版的重量，包装盒里面写的是内有 150 克青春，噱头十足。

高潮环节是小米七个合伙人拍的一个微视频，当时《那些年我们追过的女孩》正火，雷军等七个合伙人参照那个风格拍了一系列的海报、视频，相当于一群老男人的集体卖萌，话题感十足。为了刺激转发，小米下了一个狠招，这个招数在小米的所有事件营销里屡试不爽，就是有奖转发送小米手机，当时是 3 天狂送 36 台小米手机。最后的战果是，“小米青春版”微博转发量 203 万次，涨粉丝 41 万人。

靠这种拉粉丝手段，小米在微信上也是风生水起，4 个月做到 100 多万粉丝。对于微信的定位，小米早期也有迷茫期，后来明确定位为客服。这也跟微信的产品形态有关系，微信的关键词回复机制，很适合打造自助服务的客服平台。小米微信每天接收的信息量是 30000，每天后台自动回复量 28000，每天人工处理消息量 2000。小米还专门开发了一个技术后台，一些重要的问题反馈会转到人工客服。

黎万强解读几大新营销渠道的配合：“论坛还是我们用户的大本营，一些深度的用户沉淀还是会通过论坛来完成的，毕竟在微博和微信上你所能够提供的方式是有限的，用数据库的管理也是一个问题。对于微博来讲，我认为微博本身还是一个媒体，在客服的管理基础上，会有很多天然的这种营销传播的优势。我们更多地是把微信当成客服工具来用，还没有想把它当成营销工具，因为它本身是私密圈子。”

由此，小米也建立了一个粉丝矩阵。小米论坛有 700 多万人，小米手机、小米公司等产品的微博粉丝有 550 万人，小米合伙人加员工的微博粉丝有 770 万人，微信粉丝有 100 万人。这些几千万可到达、可精细化运营的粉丝，支撑了小米的营销神话。例如，2011 年 8 月 16 日发布小米手机，百度指数当日飙升至 28 万台；2011 年 9 月 5 日小米手机首轮预订 34 小时超过 30 万台；2011 年 12 月 18 日第一轮开放购买，3 小时售出 10 万台；2012 年 2 月 16 日小米手机电信版 2 天 92 万人参与抢购；2012 年 4 月 6 日米粉节 6 分 5 秒售出 10 万台小米手机。

但在小米式营销的操盘人黎万强看来，他有另一个词汇：用户扭曲力场，让用户有深入的参与感。扭曲力场是《星际迷航》里的一个术语，外星人通过极致的精神力量建造了新世界。苹果的员工曾用“现实扭曲力场”来形容乔布斯。

也可以说，米粉通过极致的精神力量建造了小米的世界。在小米内部调研，不管是产品、技术、营销、运营，也都把米粉当作第一原动力。

小米构建了一个用户扭曲力场的金字塔，塔基是广大的用户。他们从微博、微信、事件营销等跟随参与小米的活动，介入不深，但是一个强大的跟随者群体。

金字塔的中间则是米粉，这是一个关键的群体。小米能成功的另一大原因也有赖于强悍又忠诚的米粉的支持。在小米成立之初，雷军制定了三条军规，其中最重要的一点就是“与米粉交朋友”。

资料来源：http://tech.hexun.com/2013-07-15/156142700_3.html

从上述案例中可以看到，在市场竞争日益激烈的今天，如果不了解消费者，不进行营销策划，就不能满足消费者的需求，商家也就无法取得利润，甚至无法生存下去。因此，作为本书的开篇，首先就要探讨以下几个问题：什么是消费者行为？为什么要研究消费者行为？怎样研究消费者行为？消费者行为与企业的营销战略有什么关系？

1.1 消费者行为学的基本概念及其研究内容

在人的一生中，要消费许许多多的物质和非物质产品。对这些产品的消费，有的是基于生理的需要，即为了维持自身生存、繁衍后代所必需，有的则是基于享受、发展等社会性需要。基于生理需要的消费是一种本能性消费，它是人类全部消费活动的基础；基于享受、发展需要的消费，则是一种社会性消费，它源于但又高于本能性消费。随着社会经济的发展，无论本能性消费，还是社会性消费，其消费对象越来越广泛，由此使消费者在消费过程中得以更充分地体现自己的个性。消费生活是由人们获取、使用、处置消费物品或服务的行为来构成的。人们的消费生活可分为宏观的消费生活和微观的消费生活。

1.1.1 消费者行为学的相关概念

从根本上讲，消费者是由一个希望满足他们需求的欲望而驱动的潜在群体构成。市场之所以启动是因为产品或服务迎合了消费者需求并满足了他们的欲望。那么，当今的“消费者”究竟是什么样呢？我们一时可能很难说清楚。下面先介绍几个相关概念。

1. 消费

经济发达社会，通常被称为消费社会。生活在这一社会中的人们，要花相当多的时间从事消费活动。一般认为，消费是指人们为满足需要而消耗各种物质产品及非物质产品的行为和过程。人类的消费活动与人类的产生相伴而来，是人类赖以生存和发展的最古老的社会活动和社会行为，是社会进步与发展的基本前提。人的消费在广义上包括生产性消费和生活性消费，而狭义的消费仅指生活性消费，即日常生活中所说的消费。生产性消费是指在物质资料生产过程中，各种工具、设备、原材料等生产资料以及劳动力的使用和耗费。生活性消费是指人们为了满足自身需要而消耗的各种物质产品、精神产品和劳动服务的行为和过程。本书所论及的消费，一般指的就是狭义的消费。

2. 消费品

在对消费品进行定义之前，首先要介绍什么是产品。产品可以被定义为人们通过交换获取的一切东西，它是用来使用或消费以满足某种欲望和需要而提供给市场的一切东西。它可以是有形产品(如一辆轿车)、一种服务(如理发)、一个主意或观念(如“不要乱扔垃圾”)或这三种的任意组合。产品的主要特征包括包装、式样、颜色、型号等。

根据消费者的意图，产品可被分为工业品和消费品。二者之间最根本的区别在于它们的预期用途。工业品是用于制造其他产品或服务、用于促进企业经营以及向其他消费者转售的产品。消费品是用来满足消费者个人需求的产品。在有些情况下，同一个产品既会被定义为工业品又会被定义为消费品。例如，家庭主妇购买葡萄是为了家人享用，因此葡萄是消费品；但如果是葡萄酒厂购买用来做葡萄酒的，那它就变成工业品了。因此，工业品和消费品的区分，以及工业市场和消费市场的区分，主要是根据顾客的购买目的而定，而不是根据产品的种类来划分的。

按照一般的分类方法，消费品可以分为四种类型：便利品、选购品、特殊品和非寻求品。

(1) 便利品。便利品是消费者不需要费力就能买到的价格便宜的商品。对于有些商品，消费者不愿意花大气力去搜寻和购买，如软饮料、清洁剂、笔记本等。

消费者经常购买便利品并且没有详细的计划，但他们仍然了解一些受欢迎的便利品品牌名称，如可口可乐、白猫洗洁精等。便利品通常需要进行广泛的分销，以便有足够的销售量来实现预期的利润目标。

(2) 选购品。选购品一般要比便利品的价格高而且销售的商店也要少。消费者在购买选购品时一般要对几种品牌或商店进行款式、适用性、价格以及与其生活方式的协调性的比较，他们也愿意花费一些精力以取得自己期望的利益。

选购品分为两种：同质品和异质品。消费者认为，同质选购品的质量基本相似，但价格却明显不同，所以有选购的必要，如冰箱、电视机等。相反，异质品质量是不同的，如家具、住宅等。消费者在选购异质品时比较麻烦，因为其价格、质量、特征等差异很大。对异质品进行比较的好处是“为自己挑选到最好的商品或品牌”，因而做出的决定通常个性化极强。

(3) 特殊品。当消费者广泛地寻求某一特殊商品而又不愿意为此接受替代品时，这种商品即为特殊品。

特殊品的经销商们经常运用突出地位感的精选广告保持其商品的特有形象，分销也经常被限定在某一地区的一个或很少的几个销售商店里。所以，品牌名称和服务质量非常重要。特殊品不涉及购买者对商品的比较，他们只需花时间找到该商品的经销商即可。

(4) 非寻求品。一项产品不为其潜在的消费者所了解或虽然了解也并不积极问津，那么这项产品称为非寻求品。新产品在通过广告和分销增加其知名度以前都属于非寻求品。

一些商品永远都是非寻求品，特别是人们不愿意想起或不喜欢为其花钱的商品。保险、丧葬用品、百科全书等物品都是传统的非寻求品，都需要有鼓动性强的人员销售和有说服力的广告。销售人员总是尽力地接近那些潜在的消费者，因为消费者大多不会主动去寻找这类产品。

【小思考 1-1】

奔驰汽车、劳力士表属于上述消费品中的哪一种？

答：特殊品。

3. 消费者

消费者就是购买与使用各种产品或服务的人。具体地说，消费者是各种消费品的购买者、付款者和使用者。因为消费者行为作为一个过程是动态运行的，购买者不一定是使用者，而使用者也不一定是付款者。例如，我们常常为别人买东西，别人也常常为我们买东西。所以，仅仅把消费者理解为购买者是片面的。

成功的营销者应该了解上述各个消费者角色的价值。首先，产品或服务的设计必须符合使用者的需要，因为如果产品或服务不能满足使用者的需要，那就根本不需要付款者和购买者这两种角色了。其次，付款者的地位很重要，因为如果价格或其他经济因素不能使付款者满意，使用者就根本不会购买该商品，而没有付款者，就谈不上是营销活动。最后，购买者的任务是找到商家并以某种方式获得商品，如果购买者接触商品或服务的通道受到限制，购买者就不会购买这种商品，使用者也因此而无法使用商品。因此，营销人员必须想方设法使购买商品或获得服务的过程变得方便，以使购买者更容易地完成任务。

另外，因为本书所论及的消费主要是狭义的消费，即生活消费，相应地，这里的消费者主要指的是自然人，他们是为了满足自己的生活需要而进行的消费，而这种消费的来源是他们的各种收入。当然，集团消费或组织消费也是消费者行为学研究的对象(通常称为工业用户)，但本书将重点聚焦于个体消费者。

4. 消费者行为

了解了消费、消费者的含义，那么对消费者行为这一概念就很容易掌握了。从微观的角度来看，消费者行为具有以下特点。

(1) 消费者行为是满足需要或欲望的手段性行为。人的需要(needs)是人们感到某些基本满足被剥夺的状态。人为了生存需要食物、衣服、房屋、安全感、尊重和其他一些东西，这些需要是存在于人本身的生理需要和自身状态之中的，绝不是市场营销者所能凭空创造的。欲望(wants)是人们为了满足基本需要所渴望的“特定方式”或“特定物”。人的欲望的形成往往受其所处的生活环境的影响：南方人饥饿时希望有米饭充饥，而北方人也许希望有面条充饥；对社会地位的欲望强烈的消费者希望得到豪华的高级进口车——奔驰车或者林肯车。为满足这些需要和欲望，消费者就得使用资金、消耗时间、付出努力等，并且消费者个人的消费生活反映个人的、社会的整体感。满足消费者需要或欲望的“有形”的实物或“无形”的服务、构思(idea)就是产品(product)。

(2) 消费者行为是心理活动过程的产物。消费者一般在市场上获得满足其需要或欲望的产品，而市场上的产品并不只有一种，在市场上企业之间的竞争非常激烈，各个企业所提供的产品也非常多。但在能满足消费者需要的产品中，消费者只能选择其中的一种或几种。消费者对这些产品并不是任意挑选，而是有意图地去选择。消费者的这些选择性行为是在一定的动机驱动下形成的，即经过一系列的心理活动过程。心理活动过程包括思考(认知)过程和情感(感性)过程。在消费者的选择性行为过程中，不仅受产品的实用性方面(客观的功能)的刺激，而且还受象征性方面(主观的功能)的影响。另外，消费者行为还受到自然环境或社会环境的影响。也就是说，每个消费者所处的环境不同，其心理活动过程也是不同的。

(3) 消费者行为是一个过程。在消费者行为研究发展的早期，它通常指的是购买者行为，强调的是在购买时消费者和生产者之间的互相影响。现在企业已认识到消费者行为是一种持续的过程，而不单单是在一个消费者支付金钱而得到一些商品或服务的那一时刻所发生的事情。虽然两个或两个以上的组织或个人互相提供和取得有价值的东西的交换(exchange)行为，是消费者行为的一个重要部分，但广义的消费者行为注重的是整个消费过程，包括在购买前、购买时、购买后(使用和处置)影响消费者的所有问题。

(4) 消费者的需求是通过交换过程实现的。交换是以提供某物作为回报而与他人换取所需要的产品的行为。人们参与交换的目的在于提高自己所拥有的资源的总效用，正因为人们拥有不同的效用，所以能进行交换。企业所提供的产品，对企业本身来说没有多大的价值，但是一旦消费者拥有这些产品之后，其价值就增大了。消费者通过产品满足自己的需要或欲望，从而增加总效用。企业向消费者提供生活手段，从而获得利益、增加总效用。

(5) 消费者行为包括许多不同的参与者。一般认为，消费者是在消费过程的购买前、购买时、购买后三个阶段中，确定一种需求或欲望，做出购买决策，然后处置产品的人。然而在许多情况下，这个过程会涉及许多不同的人。产品的购买者和使用者可能并不是一个人，例如父母为其十几岁的孩子选择服装。在其他一些情况下，可能会有另外一些人扮演着影响者的角色，他们向消费者提供对某种产品的赞成或反对意见，而实际上自己并不去购买或使用。

(6) 消费者可分为个人消费者(individual consumer)和组织消费者(organizational consumer)。消费者一般指的是个人消费者，即为满足自己的需要或欲望而购买、使用、处置产品。消费者又可能是一个组织或团体，其中的一个人可以为许多人所使用的商品做出购买决策。例如，一个采购员订购公司的办公用品。在其他的组织形态中，购买决策可能由一大群人共同做出，例如公司的会计师、设计师、工程师、销售人员以及其他人员等在消费过程的各个阶段都发表意见。家庭也是一种重要的组织消费者，在家庭购买决策的过程中，不同的家庭成员扮演着各自不同的重要角色。

根据消费者行为的上述特点，我们对消费者行为做出了以下定义：消费者行为是作为决策单位的消费者通过交换，为实现某一特定目的而购买、使用、处置产品或服务的一系列行为。

消费者行为研究的目的是分析影响人们消费行为的各种因素之间的因果关系，从而理解、解释以及预测消费者行为。而消费者行为学就是研究消费者的这些活动和过程以及影响这些活动和过程的各种因素。

5. 消费者市场

现代营销学给市场下了一个定义：市场是那些具有需要得到满足的需求，同时有能力获得这种需求的个人、集团或组织的总和。市场营销活动，是企业为了适应市场的变化、满足消费者的需求而开展的一系列活动，这种活动以消费者需求为核心。因此可以说，市场就是需求，而需求又是顾客提出来的，所以也可以说，市场是由顾客构成的。总之，市场是购买者的需求总和，即人口、购买力和购买动机三要素的综合体现。市场可以按不同的研究目的，从不同角度进行多种多样的分类。按上述对消费和消费者的划分，可以把市场分为消费者市场和工业市场(或组织市场)。

消费者市场由为满足个人生活需要而购买商品的所有个人或家庭组成，是工业市场乃至整个经济活动为之服务的最终市场，也称生活资料市场、消费品市场。它同其他市场相比有以下特点。

(1) 顾客多、范围广。个人和家庭是消费者市场的基本购买单位，购买者众多。需求范围包括衣、食、住、行、用等各个方面，需求范围相当大。

(2) 需求差异性大。消费者由于受年龄、性别、职业、文化水平、经济收入、民族、社会、心理等多种因素的影响，他们的消费需求、消费模式、消费习惯等都存在着明显的差异。

(3) 需求弹性大。当商品价格下跌时，商品的需求量会明显上升；而当商品价格上扬时，商品的需求量又会明显地下降，还可产生替代需求。

(4) 购买量少、频率高。消费者为了满足个人或家庭的需要，除少数的耐用品外，许多商品需要经常购买或天天购买，这些商品又缺乏长时间的储存手段，从而决定消费者市场进行的是零星交易，购买频率高。

(5) 非理性购买较强。大多数消费者缺乏专门的商品知识，购买时易受广告、商店的购买气氛、他人的购买行为、营业员的劝告等影响，导致冲动性购买。

1.1.2 消费者行为学的研究内容

消费者行为学是研究消费者为满足其需要和欲望而选择、获取、使用与处置产品、服务的活动和过程，也包括影响这一活动和过程的各种因素，如图1-1所示。

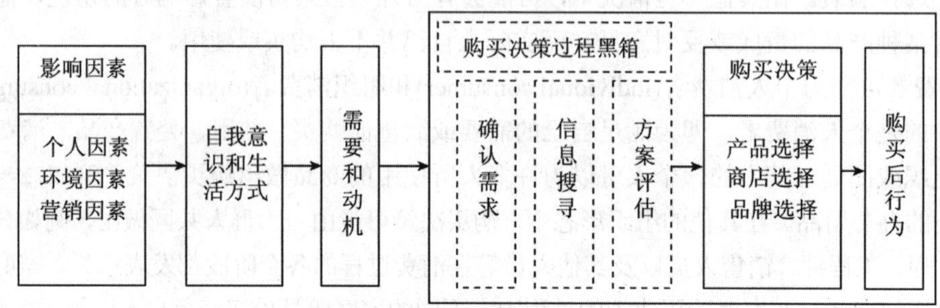

图1-1 消费者购买行为分析模型

图1-1所示是一个关于消费者行为的简单模型，本书以此模型来描述消费者行为的一般结构与过程，同时据此统领全书内容。消费者在各种因素(包括个人因素、环境因素和营销因素)的作用下，形成一定的自我意识与生活方式，特定的自我意识与生活方式能导致消费者产生相应的需要和动机。为了满足这些需要和动机，消费者就会产生相应的购买行为。一旦消费者面临问题情境(需求确认)，消费决策过程将被启用。这一过程所带来的购买行为的实现与消费体验，又会对消费者的内部特性和外部环境产生影响，从而最终引起消费者自我意识与生活方式的调整或改变。

根据上述定义以及图示，可以更简单地把消费者行为学的研究内容理解为以下几个方面：消费者为什么购买(购买需要和动机)、怎样购买(购买决策过程)以及影响购买行为的各种因素(包括个人、环境和营销方面的)。

1. 研究消费者的需要和动机

心理学研究表明，人的行为的出发点和原动力就是人的需要。所谓需要，就是个体缺乏某种东西时的主观状态。要了解消费者行为，首先应该研究消费者的需要，如图1-2所示。

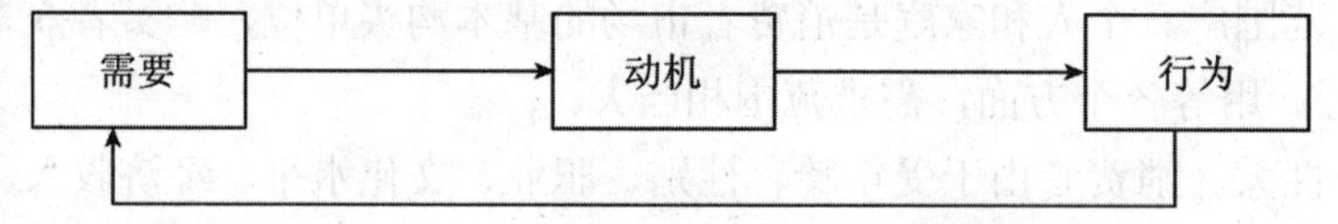

图1-2 需要与行为的关系

2. 研究消费者的购买决策

消费者行为学研究的主要内容之一是要了解消费者的购买决策，因为消费者行为研究要解决的根本问题就是“消费者是如何进行购买决策的”。假如能够了解消费者的购买决策过程及其影响因素，就可以通过影响和控制这些因素来影响消费者的购买行为，从而达到提高营销绩效的目的。由图1-1可以看到，消费者的决策过程主要包括确认需求、信息搜寻、方案评估、购买决策以及购买后行为。

3. 研究影响消费者行为的各种因素

从某种意义上说，消费者行为学研究的内容是消费者的决策过程以及影响消费者决策过程的因素。影响消费者决策的因素有很多，从大的方面来说，一般认为主要包括个人因素和社会因素。而在实际影响消费者决策的各种因素中，物理环境和企业的营销因素也能对消费者的购买决策产生影响。因此，图 1-1 所示模型把影响消费者行为的因素分为三个方面：个人因素、环境因素和营销因素。

影响消费者决策的个人因素，包括消费者的感知、学习、价值观与态度以及个性等因素。

影响消费者决策的环境因素，包括社会环境因素和其他环境因素。社会环境因素包括文化因素、参照群体、社会阶层、家庭等。其他环境因素包括购物环境因素、情境因素等。

影响消费者决策的营销因素，包括与产品有关的因素以及与产品营销组合有关的因素。本书主要从营销服务和营销沟通两个方面加以介绍。

鉴于以上对消费者行为学研究内容的理解，所以本书的体系也围绕上述三个方面展开。

1.2　研究消费者行为的意义

在现实生活中，每个人都必须使用和消费食品、服装、住房、交通设施、医疗设施、教育设施、娱乐设施、体育设施，以及各种各样的生活必需品，甚至是理论、思想。可见，从某种意义上说，我们每个人都是消费者。

研究消费者行为的意义是多方面的。我们每个人做出的消费行为决策不仅会影响到自己现在及将来的生活，甚至会影响到国家政策的制定以及政府对众多的行业(如运输业、原材料制造业)和市场的调配，更直接地影响着一些产业的发展和另一些产业的衰落。具体地说，研究消费者行为有以下几方面的意义。

1. 研究消费者行为有利于企业赢得消费者

现代市场营销观念以它最基础的形式，阐明了一个企业要想获得最大利润就必须去预期和满足消费者的需求，了解消费者产生购买行为的原因、过程以及影响因素。世界著名的管理学大师彼得·德鲁克认为，企业的目标就在于创造并保留满意的消费者。虽然企业一定要赚钱，但德鲁克认为，赚钱是企业的一种需要，但不是目标。而企业要想赚到钱，只有满足消费者的需要，赢得消费者的满意。

对于消费者来说，企业营销活动的结果就是满足自己的需要。消费者所购买的不论是有形的产品还是无形的服务，都是为了追求一定需要的满足。因此，一个企业所做的任何调整都应该首先有利于消费者，这不仅是因为人们认识到了消费者是企业的衣食父母，而且也因为随着现代科学技术(如计算机技术)的发展，企业已经能从个体层次上了解他们的消费者究竟是哪些人，营销战略对他们能有哪些影响以及他们将如何变化等。试想，一个失去消费者的企业如何能达成其利润目标，而没有利润的企业又怎么能生存？因此，判定企业成败与否的关键，便是获得消费者的程度，即消费者的满意度。

营销实践表明，消费者的需要被满足得越充分，他们的满意度就越高，因而企业就越容易处于一种良好的发展势头。这也是为什么越来越多的企业开始青睐关系销售的原因。关系销售持这样一种观点，即把消费者看作企业的长期“财富”，而不是一次性购买者。很多企业已经逐渐意识到，保持住一个老客户比吸引一个新客户更容易，而且更便宜。关系销售的本质就是要发现哪些消费者对企业具有真正价值，这些客户不一定是最富有的，也不一定是花费最大的消费者。

【小资料 1-1】

日清，智取美国快食市场

日清食品公司，是日本一家食品产销企业集团。它始终坚持“只要口味好，众口也能调”的独特经营宗旨，从人们的口感差异性出发，不惜人力、物力、财力在食品的口味上下功夫，终于改变了美国人“不吃热汤面”的饮食习惯，使日清食品公司的方便面成为美国人的首选快餐食品。日本日清食品公司在准备将营销触角伸向美国食品市场之前，为了能够确定海外扩张的最佳切入点，曾不惜高薪聘请美国食品行业的市场调查权威机构，对方便面的市场前景和发展趋势进行全面细致的调查和评估。可是，美国食品行业的市场调查权威机构所得出的调查评估结论，令日清食品公司大失所望——“由于美国人没有吃热汤面的饮食习惯，而是喜好‘吃面条时干吃面，喝热汤时只喝汤’，绝不会把面条和热汤混在一起食用，由此可以断定，汤面合一的方便面是很难进入美国食品市场的，更不会成为美国人一日三餐必不可少的快餐食品。”日清食品公司并没有因这种结论而放弃，而是坚持“求人不如求己”的信念，派出自己的专家考察组前往美国进行实地调研。经过千辛万苦的商场问卷和家庭访问，专家考察组最后得出了与美国食品行业的市场调查机构完全相反的调查评估结论——美国人的饮食习惯虽呈现出“汤面分食，绝不混用”的特点，但是随着来自世界各地不同种族移民的大量增加，这种饮食习惯在悄悄地发生着变化。再者，美国人在饮食中越来越注重口感和营养，只要在口味和营养上投其所好，方便面就有可能迅速占领美国食品市场，成为美国人的饮食“新宠”。日清食品公司基于亲自调查的结论，从美国食品市场动态和消费者饮食需求出发，确定了“四脚灵蛇舞翩跹”的营销策略，全力以赴地向美国食品市场大举挺进。

“第一脚”——针对美国人热衷于减肥运动的生理需求和心理需求，巧妙地把自己生产的方便面定位于“最佳减肥食品”，在声势浩大的公关广告宣传中，刻意渲染方便面“高蛋白，低热量，去脂肪，剔肥胖，价格廉，易食用”等种种食疗功效；针对美国人重仪表的特点，精心制作出“每天一包方便面，轻轻松松把肥减”“瘦身最佳绿色天然食品，非方便面莫属”等具煽情色彩的广告语，挑起美国人的购买欲望，获得了“四两拨千斤”的营销奇效。

“第二脚”——为了满足美国人以叉子用餐的习惯，果敢地将适合筷子夹食的长面条加工成短面条，为美国人提供饮食之便；并从美国人爱吃硬面条的饮食习惯出发，一改方便面适合东方人口味的柔软特性，精心加工出稍硬又有劲道的美式方便面，以便吃起来更有嚼头。

“第三脚”——由于美国人“爱用杯不爱用碗”，于是日清食品公司别出心裁地把方便面命名为“杯面”，并给它起了一个地地道道的美国式副名——“装在杯子里的热牛奶”，期望方便面能像牛奶一样，成为美国人难以割舍的快餐食品；根据美国人“爱喝口味很重的浓汤”的独特口感，不仅在面条制作上精益求精，而且在汤味佐料上力调众口，使方便面成为“既能吃又能喝”的二合一方便食品。

“第四脚”——从美国人食用方便面时总是“把汤喝光而将面条剩下”的偏好中，灵敏地捕捉到了方便面制作工艺求新求变的着力点，一改方便面“面多汤少”的传统制作工艺，研制生产了“汤多面少”的美式方便面，并将其副名更改为“远胜于汤”，从而使“杯面”迅速成为美国消费者人见人爱的“快餐汤”。

携此“四脚灵蛇舞翩跹”的营销策略，日清食品公司果敢挑战美国人的饮食习惯和就餐需求。以“投其所好”为其一切业务工作的出发点，不仅出奇制胜地突破了“众口难调”的产销瓶颈，而且轻而易举地打入了美国快餐食品市场，开辟出了一片新天地。

资料来源：http://www.doc88.com/p-316741119343.html

讨论题：

(1) 日清食品公司为什么能成功进入美国市场？

(2) 请根据以上案例，谈谈消费者购买行为的重要性。

【小思考 1-2】

根据关系营销的基本观点，对于某一商场来说，一个在过去 20 年里每月定期到该商场花费 30 元的客户，与那种一次在该商场花费 500 元、此后再不露面的客户相比，哪个对企业更有价值？

答：前者对商场更有价值。

【小资料 1-2】

关系营销

关系营销是在传统营销理论演进的基础上，于 20 世纪 80 年代由西方国家营销学者提出并发展起来的一种营销理念。自美国学者 Berry 于 1983 年最先提出关系营销理念以来，关系营销在理论和实践方面都得到了一定的发展。美国学者 Berry 认为“关系营销就是保持顾客”；Copulsky 和 Wolf 提出“关系营销是利用数据库去瞄准消费者，去保持消费者，与消费者建立连续关系”；Gronroos 于 1996 年进一步将关系营销定义为“是为了满足企业和相关利益者的目标而进行的识别、建立、保持、促进同消费者的关系，并在必要时终止关系的过程”；等等。无论是以 Christopher、Martin、Payne 和 Baliantyne 提出的六个市场模型为基础的关系营销理念，还是国内市场营销学者认可的“关系营销是指企业与消费者之间创造更亲密的工作关系和相互依赖关系的一门艺术”的定义，其要义不外乎三点：第一，关系营销的目的是实现企业长久、稳定的赢利目标，以提高企业的经济效益；第二，关系营销实现其目的的手段和方法是在企业的市场营销活动中设身处地考虑顾客的利益，建立与顾客的亲密关系；第三，培养顾客对企业的忠诚度，强化顾客对企业的信任感。

关系营销的核心是建立和发展同相关个人和组织的兼顾双方利益的长期联系。企业作为一个开放的系统从事活动，不仅要关注顾客，还应注意大环境的各种关系：企业与客户的关系，企业与上游企业的关系，企业内部关系以及与竞争者、社会组织和政府之间的关系。

关系营销的产生是众多学科共同作用的结果，但是关系营销能得到广泛的认可，原因是它能为企业带来巨大的经济利益。关系营销的产生是建立在两个经济学论据基础上的：第一个论据是，保持一个顾客的费用远远低于争取一个顾客的费用；第二个论据则是，企业与顾客的关系越持久，这种关系越有利可图。

2. 研究消费者行为可以引导消费者科学消费，保护消费者权益

(1) 有助于引导消费者科学消费。从个人的角度来看，人人都是消费者。消费者一方面希望企业能够基于对消费者行为的了解而生产出满足市场需要的产品；另一方面也希望通过对消费者行为这一学科相关知识的了解，使自己成为一个聪明的消费者，而不会上当受骗。例如，请明星做产品的形象代言人，企业只是想提高产品的知名度，让消费者产生因为喜欢明星进而喜欢某产品的“爱屋及乌”效应。而消费者如果认为某某是大牌明星，其代言的产品质量就一定好，那就是不明智的。最典型的例子就是，某大牌明星为国内一个中低档的化妆品做广告，而人们后来知道她自己根本不使用这个牌子的化妆品。

另外，与企业相比，消费者是单个的、弱势的。因此，消费者是需要引导和创造的。这里，引导消费主要表现在引导消费者建立正确的消费观念和消费方式。例如，改革开放前，我国的社会生产力总体水平比较低，商品匮乏，人们的消费观念和消费方式比较单一，勤俭节约是当时的消费主流，人们崇尚的是“新三年，旧三年，缝缝补补又三年”的消费理念。近些年来，随着人们生活水平的提高，消费观念发生了很大变化，“花明天的钱，买今天的享受”已为越来越多的人所接受。因此，当前时尚营销的一个重要特点就是“引导需求，创造消费者”。

(2) 保护消费者权益。在市场经济中，消费者“利益至上”至少隐含着两层意义。

第一，在经济运行中，消费者的消费行为是最根本的推动力。不能创造好的消费条件，就会抑制消费者的消费行为，进而会抑制经济发展，抑制企业利益的实现。也就是说，企业利益的最大化，只能建立在消费者利益最大化的基础上。反之则不成立。可见，在企业和消费者的互动过程中，保护消费者权益是确保消费者满足的最低条件，也是消费者满足的基本出发点。

第二，消费者行为中会有一些黑暗面，如企业的欺骗、消费者的冲动性购买、对弱势消费者的可能伤害、消费者的不当消费以及其他一些导致不公平交易的行为。通过消费者行为研究，可以从保护消费者权益的角度，为政府或主管部门在拟定公共政策方面提供依据。

【小资料 1-3】

消费者的权利

(1) 消费者在购买、使用商品和接受服务时享有人身、财产安全不受损害的权利。消费者有权要求经营者提供的商品和服务符合消费安全的要求。

(2) 消费者享有知悉其购买、使用的商品或者接受的服务的真实情况的权利。消费者有权根据商品或者服务的不同情况，要求经营者提供商品的价格、产地、生产者、用途、性能、规格、等级、主要成分、生产日期、有效期限、检验合格证明、使用方法说明书、售后服务，或者服务的内容、规格、费用等有关情况。

(3) 消费者享有自主选择商品或者服务的权利。消费者有权自主选择提供商品或者服务的经营者，自主选择商品品种或者服务方式，自主决定购买或者不购买任何一种商品、接受或者不接受任何一项服务。消费者在自主选择商品或者服务时，有权进行比较、鉴别和挑选。

(4) 消费者享有公平交易的权利。消费者在购买商品或者接受服务时，有权获得质量保障、价格合理、计量正确等公平交易条件，有权拒绝经营者的强制交易行为。

(5) 消费者因购买、使用商品或者接受服务受到人身、财产损害的，享有依法获得赔偿的权利。

(6) 消费者享有依法成立维护自身合法权益的社会团体的权利。

(7) 消费者享有获得有关消费和消费者权益保护方面的知识的权利。消费者应当努力掌握所需商品或者服务的知识和使用技能，正确使用商品，提高自我保护意识。

(8) 消费者在购买、使用商品和接受服务时，享有其人格尊严、民族风俗习惯得到尊重的权利。

(9) 消费者享有对商品和服务以及保护消费者权益工作进行监察的权利。消费者有权检举、控告侵害消费者权益的行为和国家机关及其工作人员在保护消费者权益工作中的违法失职行为，有权对保护消费者权益工作进行监督。

3. 研究消费者行为可以有效地帮助企业制定市场营销战略

在现代市场经济条件下，社会生产力飞速发展，商品供应丰富，消费需求多变，形成了供过于求的买方市场，使企业之间的竞争日益加剧。而且，今天的消费者拥有着比以前消费者更好的教育、更大的消费能力和灵活性，有着更广泛的选择消费的机会。所有这一切，都要求企业必须调查消费需求的信息，研究消费者的行为及影响消费者行为的各种因素，有针对性地制定相应的市场营销战略，提高企业竞争力。

企业制定营销战略的目的，主要是提高消费者行为的能力和频率，如频繁光顾某一特定商场或频繁地购买某一特定商品。为此，企业在营销战略中涉及的消费问题主要包括以下几个方面。

(1) 市场细分：哪些消费者是企业产品的主要市场，企业应该根据哪些消费者特征来细分产品市场。

(2) 产品：消费者目前使用什么产品，消费者从这一产品上获得哪些利益。

(3) 促销：哪些促销手段可以影响消费者购买和使用企业的产品；对企业的产品来讲，哪些广告最有影响。

(4) 定价：在不同目标市场中，价格对消费者的重要性如何；价格调整对购买行为有哪些影响。

(5) 分销：消费者在哪里购买企业的产品，不同的分销系统是否可以改变消费者的购买行为。

4. 研究消费者行为有利于国家宏观经济政策的制定和生态环境的保护

(1) 有利于国家宏观经济政策的制定。国家的经济政策是制约国民经济发展的决定因素，其制定必须以市场商品供应与消费需求的客观状况为依据。只有透彻地了解消费者的购买行为与心理的规律性，把握影响消费者购买行为的各项因素，准确地预测消费需求的变动趋势，才能制定正确的财政政策、金融政策、投资政策、工商管理政策和各项法律，实现商品供应与商品需求的平衡，促进国民经济健康协调地发展。不然，就可能出现有效需求不足或过度消费、超前消费等现象，导致国民经济发展失衡，影响人民生活水平的提高。

(2) 有利于生态环境的保护。科学技术和社会生产力的进步既能以空前的规模和速度创造社会财富，又能以空前的规模和速度毁坏生态环境。由于缺乏生态环境保护的意识，许多企业为了自身利益而在生产和经营活动中肆意破坏生态环境，许多消费者也为了眼前的利益和暂时的享受而污染生态环境，导致生态环境急剧恶化，人类的生存岌岌可危。例如，经济的发展使得越来越多的人有能力购买家用小汽车，更有汽车制造商鼓励人们贷款购买汽车。这样做的结果一方面使得人们以车代步，减少了以步行锻炼身体的机会，增加了患病的可能性；另一方面，城市汽车的增加在造成交通拥挤的同时，也增加了空气污染；更为严重的是，这也增加了对不可再生资源(如汽油)的需求和消耗。因此，研究消费者行为和心理有助于人类正确认识自己的需求，减少无益消费和有害消费，减少污染，回收资源，保护生态环境。

1.3 消费者行为与企业营销战略

企业面对的是成千上万的消费者，他们的需求和欲望是千差万别的，并且分散于不同的地区，而又随着环境因素的变化而变化。对于这样复杂多变的大市场，任何一个规模巨大的企业或资金实力雄厚的大公司，都不可能满足该市场上全部顾客的所有需求，又由于生产企业的资源、设备、技术等方面的限制，它也不可能满足全部顾客的不同需要。企业只能根据自身的优势条件，从事某方面的生产、营销活动，选择力所能及的、适合自己经营的目标市场，因此，有必要细分市场。

市场细分仅仅是企业营销战略的第一步。

第二步是在将市场细分为相似的群体之后，营销人员接着要挑选出一个或多个部分来作为目标市场。要做到这一点，营销人员必须决定一个具体的营销组合，即为每一个不同的市场部分决定其具体的产品、价格、渠道或促销手段。

第三步是给产品定位，使每一个目标市场中的消费者都认为该产品比其他竞争者的产品更好地满足了他的需要。

1.3.1 市场细分

1. 市场细分的概念

市场细分的概念是美国市场学家温德尔·史密斯于20世纪50年代中期提出来的。所谓市场细分，就是指按照消费者欲望与需求把一个总体市场划分成若干个具有共同特征的子市场的过程。因此，分属于同一细分市场的消费者，他们的需要和欲望极为相似；分属于不同细分市场的消费者，对同一产品的需要和欲望存在着明显的差别。例如，有的消费者喜欢计时基本准确、价格比较便宜的手表，有的消费者需要计时准确、耐用且价格适中的手表，有的消费者要求计时准确、具有象征意义的名贵手表。

近年来，市场细分的一个亮点就是发展了“数据库营销”。数据库营销是利用现代计算机技术搜集、处理、分析企业的客户资料，包括既有客户组成、产品购买分布、客户购买时间与方式、金额分析等，寻找最有价值的客户群体，并与之建立稳定、长期的关系。

【小资料 1-4】

精细营销带来效益

有一家资金规模达到数十亿美元的妇女专用服装连锁店，拥有5400万顾客。该连锁店经过调查研究，掌握了每一位顾客在服装支出方面的预算情况以及服装支出占顾客总收入的比例。在他们的顾客档案里，还有一些顾客的个人资料，包括每位顾客在什么时间从他们的连锁店里购买过什么东西，他们甚至还清楚地知道谁全价购买商品、谁享受了价格折扣。多数情况下，他们也知道每一位顾客在什么时间从他的竞争对手那里购买什么东西。

凭着这些资料，该连锁店通过专门的纵向营销计划与每一位顾客进行关系管理。为适应每一位顾客，这一纵向营销计划无论在交流方式、个别信息，还是在特定时间安排个别接触方面都有所区别。通过这些措施他们实现了顾客关系的增值。

他们把 60%的营销费用花费在占他们销售额 55%的 14%顾客身上，这些顾客每一季度能从公司得到 5 次交流机会，其中包括根据顾客身份给予的忠诚返利、私人甩卖的预先通知、购物时赠送的个性化礼物、一个季度的商品展销预览、宣传画件、存货通知和特价服务等。

公司 35%的营销费用分配在占其销售额 35%的 34%顾客身上，这些顾客在每一季度能从公司得到至少三次接触机会，其中包括基于购买量的频次活动、展销活动的通知、有奖促销以及礼券促销等。

仅有 5%的营销费用花在给公司带来 10%销售额的 52%顾客身上，这些顾客每一季度最多能从公司得到两次接触机会，其中包括存货清仓处理通知和礼券促销等。

资料来源：吴智勇. 如何有效留住顾客. http://www.docin.com/p-1221264140.html，2009-07-23

【小资料 1-5】

麦当劳的细分市场

1. 根据地理要素细分市场

麦当劳刚进入中国市场时大量传播美国文化和生活理念，并以美国式产品牛肉汉堡来征服中国人。但是中国人爱吃鸡，与其他洋快餐相比，鸡肉产品更加符合中国人的口味，更加容易被中国人接受。针对这一情况，麦当劳改变了原来的策略，推出了鸡肉产品。在全世界从来只卖牛肉的麦当劳也开始卖鸡肉了。这一改变也正是针对地理要素而做的。

2. 根据人口要素细分市场

麦当劳对人口要素细分主要从年龄及生命周期阶段对人口市场进行细分，其中将不到开车年龄的划定为少年市场，将 20~40 岁的年轻人界定为青年市场，还划定了老年市场。人口市场划定后，麦当劳还分析了不同市场的特征与定位。例如，麦当劳以孩子为中心，把孩子作为主要的消费者，十分注重培养他们的消费忠诚度。在餐厅用餐的小朋友，经常会意外获得印有麦当劳标志的气球、折纸等小礼物。在中国，还有麦当劳叔叔俱乐部，参加者为 3~12 岁的小朋友，定期开展活动，让小朋友更加喜欢麦当劳。这是相当成功的人口细分，抓住了市场的特征与定位。

3. 根据心理要素细分市场

根据人们生活方式的划分，快餐业通常有两个潜在的细分市场：方便型和休闲型。在这两个方面，麦当劳都做到很好。

针对方便型市场，麦当劳提出“59 秒快速服务”，即从顾客开始点餐到拿到食品离开柜台标准时间为 59 秒，不得超过 1 分钟。

针对休闲型市场，麦当劳对餐厅的布置非常讲究，尽量做到让顾客觉得舒适自由。麦当劳努力使顾客把麦当劳作为一个具有独特文化的休闲好去处，以吸引休闲型市场的消费者群体。

2. 市场细分的依据

如前所述，一种产品的整体市场之所以可以细分，是由于消费者或用户的需求存在差异性。引起消费者需求差异的变量很多，企业一般是组合运用有关变量来细分市场，而不是单一采用某一变量。概括起来，细分消费者市场的变量主要有四类，即地理变量、人口变量、心理变量、行为变量(如表 1-1 所示)。以这些变量为依据来细分市场，产生出地理细分、人口细分、心理细分和行为细分四种市场细分的基本形式。

表1-1 消费者市场细分的变量

部分变量	具体变数	典型分类
地理变量	地理区域	南方、北方；平原、山区
	气候	寒带、温带、亚热带、热带
	城乡	大、中、小城市，镇、乡、村
	人口密度	高密度、中密度、低密度
人口变量	性别	男、女
	年龄	老年、中年、青年、少年、儿童、婴儿
	文化	高等、中等、初等教育
	职业	公务员、教师、工人、医生、军人等
	民族	汉族、满族、蒙古族、回族、壮族、苗族等
	宗教	基督教、天主教、佛教、伊斯兰教等
	家庭人口	多、少、适中
	家庭生命周期	单身、初婚期、满巢期、空巢期和解体期等
	国籍	中国、美国、英国、日本等
	收入	高、中、低、贫困
心理变量	社会阶层	上、中、下
	生活方式	享受型、地位型、朴素型、自由型等
	个性	随和、孤独、外向、内向等
行为变量	利益追求	便宜、实用、安全、方便、服务等
	购买时机	平时、双休日、节假日等
	购买状态	未知、已知、试用、经常购买等
	使用程度与使用状态	大量使用者、中量使用者、少量使用者、非使用者、经常使用者、初次使用者、曾经使用者、潜在使用者等
	对市场营销因素的反应程度	对产品、价格、渠道、促销、服务等的敏感性
	偏好与态度	极端偏好、中等偏好、没有偏好；热心、积极、不关心、消极、敌意；等等

(1) 按地理变量细分市场。按照消费者所处的地理位置、自然环境来细分市场，称为地理细分。例如，根据国家、地区、城市规模、气候、人口密度、地形地貌等方面的差异，将整体市场分为不同的小市场。地理变量之所以作为市场细分的依据，是因为处在不同地理环境下的消费者对于同一类产品往往有不同的需求与偏好，他们对企业采取的营销策略与措施会有不同的反应。例如，在我国南方沿海一些省份，某些海产品被视为上等佳肴，而内地的许多消费者则觉得味道平常。又如，由于居住环境的差异，城市居民与农村消费者在室内装饰用品的需求上大相径庭。

(2) 按人口变量细分市场。按人口统计变量，如年龄、性别、家庭规模、家庭生命周期、收入、职业、教育程度、宗教、种族、国籍等为基础细分市场，称为人口细分。消费者需求、偏好与人口统计变量有着很密切的关系。例如，只有收入水平很高的消费者才可能成为高档化妆品、名贵轿车的买主。人口统计变量比较容易衡量，有关数据相对容易获取，由此构成了企业经常以它作为市场细分依据的重要原因，也是市场细分最常用的方法。

(3) 按心理变量细分市场。根据购买者所处的社会阶层、生活方式、个性特点等心理因素细分市场，称为心理细分。

(4) 按行为变量细分市场。根据购买者对产品的了解程度、态度、使用情况及反应等将他们划分成不同的群体，称为行为细分。许多人认为，行为变量能更直接地反映消费者的需求差异，因而成为市场细分的最佳起点。例如，城市公共汽车运输公司，可根据上班高峰时期和非高峰时期乘客的需求特点，划分不同的细分市场并制定不同的营销策略；生产果汁之类清凉解暑饮料的企业，可以根据消费者在一年四季对果汁饮料口味的不同，将果汁市场消费者划分为不同的子市场。

3. 市场细分的原则

企业实施市场细分策略，必须充分注意市场细分的实用性和有效性，使之能为企业选择目标市场提供有价值的依据。为此，市场细分必须遵循一定的原则。

(1) 一致性：在一个细分市场内，目标群体的需求必须相似，否则企业的产品就会遇到和现存产品同样的问题，不能很好地满足每一个人的需求。

(2) 可衡量性：细分市场的需求特征必须是可以衡量的。

(3) 可进入性：企业能有效地进入细分市场并为之服务。

(4) 效益性：细分市场的规模足够大，有足够的利润吸引企业去经营。

(5) 稳定性：各细分市场的特征在一定的时期内能保持相对不变。

1.3.2 营销组合

市场细分的目的或结果是形成企业的目标市场。对于选取的每一个目标市场，都要制定不同的营销策略，形成具体的营销组合计划。所谓营销组合，是指产品、定价、分销、促销的相互搭配。

1. 产品

产品是消费者获得和用以满足其需要的任何东西。从营销心理学的角度来说，消费者所购买的或所追求的是需要的满足，而不是具体形态的物质特性。可见，只有满足顾客需求的产品才是好产品。如果顾客不接受，即使产品再好，企业也只是做无用功。为此，营销人员应该了解：消费者喜欢和不喜欢什么样的产品；除了产品能够做到的事情外，他们还希望产品能做到什么。

2. 定价

价格是消费者为获得拥有、使用产品的权利而必须支付的资金的多少。在通常情况下，某一产品价格较低时，其销量会增加，而当其价格较高时，其销量会降低。然而，事情并不总是这么简单的。价格有时被作为产品质量的信号，即人们会相信“一分钱，一分货”。不仅如此，对于某些消费者，价格还有一种象征性作用，即人们会通过联想，把商品的价格高低同个人的愿望、情感、个性、心理特征等联系起来，进行有意或无意的比拟，以满足个人的某种欲望和需求，价格所具有的这种心理功能称为自我意识的比拟功能。

在营销组合中，价格是唯一能创造收入的因素，其他因素只能增加成本。不仅如此，价格也是营销组合中最不确定、最抽象的。比如说，在产品领域中，消费者经常可以看到一个切实存在的产品实体，或者至少可以获取有关这一产品服务功能的信息；在促销领域中，消费者可以看到、听到从报纸、电视或营业员那里获取的信息；在分销领域中，消费者可以亲自考察商业区和商店。但是，与上述领域相比，价格是一个相当抽象的概念。当它以招牌或标签的形式表示出来时，消费者对它几乎没有直接的感官经验。也许正是因为这一点，与其他营销组合要素上的研究工作相比，对价格问题的基础性研究要相对困难一些。

【小资料 1-6】

三星手机的市场导向定价法

三星电子在制定详细的价格策略时，不是以产品成本为定价依据，而是以市场为导向，根据市场提供的信息，估算出目标消费者愿意花多少钱来购买这款产品觉得是物有所值的，来确定其销售价格。

三星电子非常聪明地抓住了中国手机市场的消费特点。在中国，手机消费者看中的并不是手机具有多少先进的功能，而是手机的品牌、地位、时尚设计、屏幕色彩、铃声等一系列表现在公众面前的功能。因此，三星电子花大力气在这些方面进行研发，并且坚持产品的高端路线。

在中国，手机价格战越来越激烈，诺基亚、摩托罗拉等手机巨头都不得不大幅降价的时候，三星还是处变不惊，坚持其在中国的市场定位，以高度危险的自信态度，以比同类手机高的价格，强调质量与高端品牌战略，反而受到了市场的追捧。

当然，三星也针对同行的竞争策略将一些老旧机型稍微降价，还推出几款中端机型来阻碍对手市场的发展，并且取得一定的效果，但这也震撼不了其雄踞高端市场并且持续热卖的地位。

资料来源：http://www.doc88.com/p-316741119343.html

3. 分销

所谓分销，就是生产者通过市场把产品分别销售出去，转移到消费者手中，成为现实的消费品。然而，分销产品并非易事，它需要经过一系列的市场环节，需要调动一切可能调动的市场手段，然后才能顺利完成产品的转移，因而，商品生产者必须讲究分销策略。分销策略是市场营销活动的起点，是产品进入市场的入口。为此，市场营销人员应该考虑这样的问题：消费者希望从哪里购买我们的产品？目前他们是从哪里购买的？他们去购买时是否方便？

企业所使用的分销方式一般有以下三种。

(1) 普遍性销售。这种策略适用于价格低廉、无差异性的日用消费品，或生产资料中普遍使用的标准件小工具等。

(2) 选择性销售。适用于一些选择性较强的日用消费品和专用性的零配件，以及技术服务要求较高的产品的经营。

(3) 独家经营。一般适用于新产品、名牌产品以及有某种特殊性能和用途的产品。

【小思考 1-3】

对于牙膏和家庭小轿车来说，它们采取的分销方式是否一样?

答：不一样。牙膏通常采用普遍性销售方式，而家庭小轿车通常采用独家经营的方式。

4. 促销

企业为了取得营销活动的成功，就要采取适当的方式促进产品的销售。所谓促销，就是企业通过与消费者的信息交流来引起人们的兴趣，并说服他们试用其产品的活动。这是企业销售中最显露的领域，也是试图打入消费者决策过程最积极的一个领域。

促销主要有两类：人员促销和非人员促销。人员促销主要是指派出推销员进行推销活动；在非人员促销中，又分为广告、营业推广和公共关系等多种方式。所谓促销组合，就是指这几种方式的最佳选择和运用。

企业在制定促销策略时，必须考虑以下几个方面的问题：什么样的推销会使消费者感兴趣；从激活消费者的需求和提供令消费者满意的途径出发，什么样的推销能满足消费者的需求。

1.3.3　产品定位

正因为没有任何一种产品能让所有的消费者达到最佳的满意度，所以企业在开发新产品的时候，必须对市场进行细分，以确定目标市场。这就涉及产品定位的问题，也就是说，通过市场细分，企业应该确定生产什么样的产品来满足目标顾客的需求。所谓产品定位，就是在消费者头脑中为产品确立某种地位或树立某种形象，使其与其他同类的竞争产品相区别。

产品定位的关键是要在消费者心目中形成一种对特定品牌的印象。特别对于新开发的产品来说，如何评估竞争产品已经占有的地位，并据此选择自己进入市场的方式与切入点是非常重要的。例如，“健力宝”当初进入市场的时候，面对的是几乎饱和的软饮料市场和强大的竞争对手，如可口可乐和百事可乐等，因而“健力宝”把自己定位为“运动饮料”而取得了成功。另一个比较典型的成功范例就是“七喜”的“非可乐”定位策划。在“七喜”刚投放到市场上的时候，消费者早已认定可乐是令人喜爱的软饮料，认为“七喜”只不过是一种简单的混合饮料而加以拒绝。公司通过精心策划，在各种促销宣传中把“七喜”作为可乐的替代性饮料——非可乐，同时把它定位成消费者饮用的软饮料，因而取得了非常大的成功。

1.4　本章小结

本章主要介绍了消费者行为的含义、研究消费者行为的意义以及消费者行为与企业营销战略的关系。

消费者行为，就是指人们为满足需要和欲望而寻找、选择、购买、使用、评价及处置产品和服务时介入的活动和过程。消费者行为学是研究消费者为满足其需要和欲望而选择、获取、使用和处置产品、服务的活动和过程，也包括影响这一活动和过程的各种因素的学科。研究消费者行为的意义主要包括：有利于企业赢得消费者；可以帮助和引导消费者，保护消费者权益；可以有效地帮助企业制定市场营销战略；有利于国家宏观经济政策的制定和生态环境的保护。

市场细分就是指按照消费者欲望与需求，把一个总体市场划分成若干个具有共同特征的子市场的过程。细分消费者市场的变量主要有四类，即地理变量、人口变量、心理变量、行为变量。以这些变量为依据来细分市场，产生出地理细分、人口细分、心理细分和行为细分四种市场细分的基本形式。市场细分的原则有以下几个：一致性、可衡量性、可进入性、效益性和稳定性。

产品是消费者获得和用以满足其需要的任何东西。价格是消费者为获得拥有、使用产品的权利而必须支付的资金的多少。所谓分销，就是生产者通过市场把产品分别销售出去，转移到消费者手中，成为现实的消费品。促销就是企业通过与消费者的信息交流来引起人们的兴趣，并说服他们试用其产品的活动。产品定位，就是在消费者头脑中为产品确立某种地位或树立某种形象，使其与其他同类的竞争产品相区别。

1.5 思考与技能实践

1.5.1 基本训练

1. 简答题

(1) 简述研究消费者行为的意义。

(2) 消费者市场有什么特点？

(3) 什么是市场细分？市场细分的原则有哪些？

2. 选择题

(1) 按照一般的分类方法，消费品可以分为(　　)。

A. 便利品　B. 选购品　C. 特殊品　D. 非寻求品

(2) 企业决定所使用的分销方式，一般的选择有(　　)。

A. 普遍性销售　B. 选择性销售　C. 中间商销售　D. 独家经营

(3) 根据购买者对产品的态度而划分的群体，称为(　　)细分。

A. 地理　B. 人口　C. 心理　D. 行为

3. 判断题

(1) 有些商品永远都是非寻求品。(　　)

(2) 在有些情况下，同一个产品既会被定义为工业品又会被定义为消费品。(　　)

(3) 在今天的市场上，一个企业不可能服务所有的客户。(　　)

(4) 人口密度属于人口细分市场。(　　)

1.5.2 技能训练

1. 消费者行为学的研究内容可理解为以下几个方面：消费者为什么购买(购买需要和动机)、怎样购买(购买决策过程)以及影响购买行为的各种因素(包括个人的、环境的和营销方面的)。具体地说，包括如下几个方面：

(1) 研究消费者的需要和动机。

(2) 研究消费者的购买决策。

(3) 研究影响消费者行为的各种因素。

2. 细分消费者市场的变量主要有四类，即地理变量、人口变量、心理变量、行为变量。以这些变量为依据来细分市场，产生出地理细分、人口细分、心理细分和行为细分四种市场细分的基本形式。

1.5.3　操作练习

1. 找出三个你认为以某个特定的消费心态细分市场作为目标市场的广告，就实现它们各自的目标而言这几个广告是成功的吗？

2. 如果你是国内某家电企业的高层领导者，面对日益激烈的市场竞争，将怎样制定基于消费者行为的营销战略？收集国内家电企业的相关资料进行说明。

1.5.4　案例分析

客户细分是企业竞争优势的主要来源

美国的两家房地产“巨头”公司 Pulte 和 Lennar，采用了完全不同的客户细分模式。Pulte 公司通过消费者的生命周期和其支付能力，把消费者分成了 11 个大类。由于根据消费者的生命周期规划产品线，在不同生命阶段中的客户都可以找到满足自己需要的住房，所以经过多年的客户服务，Pulte 公司实现了客户的终生锁定，即消费者在生命周期的不同阶段更换住房时，一直选择 Pulte 公司的住宅。然而，Lennar 公司根据消费者的购买决策过程，把客户分成了两个大类 15 个不同的小类。一类客户群喜欢购房过程的自我主导型，喜欢自己设计自己的住房，所以 Lennar 公司让消费者参与住房的设计过程，通过标准化的模块设计，让消费者像搭积木一样，定制自己的住房，这一类称为 Design Studio(设计工作室)。另外一类客户群是，消费者不喜欢繁杂的房屋的设计过程，喜欢能够购买一个完全设计好了的、但是又满足自己一般性需求的住房。Lennar 公司为这些客户群设计了不同的住房，称为 Everything Included(应有尽有)。根据客户群定位的不同，这两个品牌下面设计了几个不同的品牌满足不同消费者的需求。

通过客户细分，两家公司都形成了自己的特色，满足客户的特殊需求，将客户的选择从价格的衡量转移到对特色的评定上。同时这两个公司也基于客户细分，不断地获取相关的竞争资源，同时发展企业的能力。

资料来源：赵兴峰. 客户细分是企业竞争优势的主要来源. 中国营销传播网，2008-08-04(编者对原文有删减)

问题：试分析这两家公司是如何进行市场细分的。

1.5.5 网上调研

你怎样看待消费者的权利？就这一问题进行网上调研，并写出一份书面心得。

1.5.6 单元实践

宝洁公司洗衣粉差别化的九种途径

宝洁公司设计了九种品牌的洗衣粉：汰渍(Tide)、奇尔(Cheer)、碧浪(Ariel)、格尼(Gain)、波德(Bold)、象牙雪(Ivory Snow)、卓夫特(Dreft)、达诗(Dash)和时代(Era)。这九种品牌分别针对如下九个细分市场。

(1) 汰渍：洗涤能力强，去污彻底。它能满足洗衣量大的工作要求，是一种用途齐全的家用洗衣粉。“汰渍一用，污垢全无”。

(2) 奇尔：具有“杰出的洗涤能力和护色能力，能使家庭服装显得更干净、更明亮、更鲜艳”。

(3) 碧浪：定位于强效去顽渍并且向适合于机洗发展，引进了新的洁净技术——“主动寻渍系统”，由四种不同类型的活性成分构成，能强效去顽渍。

(4) 格尼：最初是宝洁公司的加酶洗衣粉，后重新定位为令干净、清新“如同太阳一样让人振奋”的洗衣粉。

(5) 波德：其中加入了织物柔软剂，它能“清洁衣服，柔软织物，并能防止静电”。波德洗涤液还增加了“织物柔软剂的新鲜香味”。

(6) 象牙雪：“纯度达到99.44%”，这种肥皂碱性温和，适合洗涤婴儿尿布和衣服。

(7) 卓夫特：专为婴幼儿衣物设计，它含有“天然清洁剂‘硼石’，令人相信它的清洁能力”。

(8) 达诗：宝洁公司的价值产品，能有效去除污垢，但价格相当低。

(9) 时代：天生的去污剂，能清除难洗的污点，在整个洗涤过程中效果良好。

问题：宝洁的这些品牌在相同的超级市场上肯定相互竞争。那么，为什么宝洁公司要在同一品种上推出好几个品牌，而不集中资源推出单一领先品牌呢？

实践要求：依照宝洁公司的市场细分，选择某一著名的化妆品公司，分析其市场细分的情况。

第 2 章

消费者行为研究

【学习目标】

知识目标：了解消费者行为研究的历史，认识消费者行为研究的理论来源，特别是有关心理学方面的知识。

技能目标：掌握消费者行为学的研究方法，并认识消费者行为研究中应注意的问题。

能力目标：具有运用消费者行为学的研究方法来分析和预测消费者行为的能力。

【案例导读】

柒牌男装找准消费者的个性

服装行业强调顾客关系和顾客体验，对营销者的市场细分有着独特的要求，根本原因是消费者对个性化产品和服务的需求越来越高。对于企业来说，没有竞争的竞争是最好的竞争，但是，这样的情况将来会越来越少。所以，每一个品牌都要有自己的个性，突出自己的特点与优势。

文化内涵是个性化的保证，“柒牌”如果卖正常的西装和夹克的话，一定会陷入同行的竞争当中。但是它旗下的“中华立领”是一个创新品种，是一个不同于传统的个性化品牌，因此，在同类市场当中销量非常走俏。柒牌有限公司董事长洪肇设说，他在北京西单的一个时装商场看到中华立领往往陈列在非常显眼的位置，而且销售情况很好，每天至少会有两到三套销售出去。此前，柒牌一直在二、三线市场销售很火爆，没想到北京的销售情况也着实火热。为什么“中华立领”会受到消费者的欢迎呢？洪肇设说：“因为，品牌文化对于一个服装品牌来讲是相当重要的，中国服装的未来是在产品和品牌中有自己的民族元素，品牌文化应该和具体产品有良好的结合，更贴近消费者、更时尚、更流行。‘中华立领’不单是文化诉求，也是一种风格。时尚中华、中西合璧同时也符合个性化的需求，这正是服装细分中所要求的。同时，我们还采取了全新的营销方式，我国服装业在迈向品牌营销的过程中，许多新的服饰品牌还停留在低层的推销或者模仿式的营销阶段，所以创新是必要的。我们会更多地应用横向的营销思维而不是传统意义上的市场细分。我们会用更多有趣的创意和概念来迎合消费者的个性需求。比如我们现在要推出的广告‘关键时刻，我只穿中华立领’. 当然产品是第一位的，我想过硬的产品质量和适合自己的销售策略，对于销售市场的火爆也就不足为奇了。”

严格说来，细分市场对企业已经是一个过时的概念了，所以只有秉持时代特征、不断创新才是打破服装市场产品间界限的一条捷径。

先前，柒牌的犀牛褶裤(采用永久性裤线定型技术)可以锁住笔直裤线，便是西裤追求细节的典范。而柒牌的主导品牌——中华立领更是在创新上下足了功夫：花了 700 万美元兴建了国内领先的服装生产线，引进了法国力克公司的CAD服装软件；花1400万美元引进了与当时世界制衣最高水平同步的缝纫和整烫定型设备，通过这些硬件的保证，柒牌的产品在市场的声誉节节攀升、步步为营。品牌效应不是看谁的终端做得好、谁的形象做得好，说到底，品牌的核心还是产品。产品如果没有先天性优势，光靠推广、包装、乱打广告，想做百年老店是不可能的事。做品牌最根本的任务，就是产品的个性化。人才是体现个性产品竞争优势的关键。柒牌选人的标准就是信誉好、有责任感、讲诚信，而且还有强烈的实践性。洪肇设说：“优秀的人才是保证设计部门生存的核心所在。”

当前中国各个领域在世界的影响力日益突现，然而服装产业却与这种表现极不相称，至今没有一个叫得响的国际品牌，这令众多服装界人士遗憾不已，洪肇设自然也深有同感。此外，他还体会到了更大的压力和挑战。他说：“在全球经济一体化的今天，市场已没有边界可言，对中国服装企业来说，国际竞争不请自来，只有面对挑战，才能获得生存和发展机遇。柒牌25年来只是为了做好一件事——争当国内第一男装品牌，并致力于打造比肩世界的中华时尚。”

资料来源：http://www.doc88.com/p-316741119343.html

该案例表明，根据消费者调研做营销决策相比“拍脑袋”决策是一个重大进步，但对调研结论的盲信，可能会犯比“拍脑袋”决策更大的错误。可见，消费者行为是十分复杂的，市场营销人员必须认识到这一点。

2.1 消费者行为研究的历史

早在商品交换初现之时，商品的生产者和销售者就开始了对消费者行为的研究。但是，作为一门学科，消费者行为研究却是现代商业活动不断发展的产物。推动其发展的根本动力主要与消费者行为的合理化、宏观经济与社会的健康稳定发展以及企业的市场营销活动有关。具体地说，消费者行为研究的历史大体上可以分为三个时期。

1. 萌芽时期

这一时期是从19世纪末至20世纪30年代，研究消费者行为与心理的理论开始出现并得到初步发展。工业革命以后，资本主义经济进入繁荣发展阶段，西方国家的生产力大幅度提高，商品生产的速度超过了市场需求。市场需求的有限性使得产品能否卖出去，成为决定企业生死存亡的关键。为此，经营者们开始重视商品推销与刺激需求。为适应这种需要，学者们开始着手研究商品的需求与销售问题。最早从事这项研究的是美国社会学家凡勃仑。他在1899年出版的《有闲阶级论》中，提出了广义的消费概念和选择性消费及其社会含义。他认为，人们对服装、首饰、住宅等物品的过度消费，是源于一种炫耀心理。

凡勃仑的这些研究引起了心理学家和社会学家的兴趣。1901年，美国著名社会学家W. D. 斯科特首次提出，要运用心理学原理指导广告宣传。同时期，美国明尼苏达大学心理学家H. 盖尔出版了《广告心理学》，系统论述了商品广告中如何运用心理学原理以引起消费者的注意与兴趣。1908年，美国社会学家E. A. 罗斯出版了《社会心理学》，着重分析了个人和群体在社会生活中的心理与行为，开辟了群体消费心理的研究领域。1912年，德国心理学家闵斯特伯格的《心理学与经济生活》问世，他最早研究了广告面积、色彩、文字运用等因素与广告效果的关系，并阐述了广告和橱窗对消费心理的影响。1920—1930年间，丹尼尔•斯塔奇出版了《斯塔奇广告回忆指南》和《广告学原理》，着重论述了消费心理学在广告中的运用。还有许多学者在市场营销学和管理学的著作中也研究了消费心理与消费行为问题，“行为主义心理学”之父约翰•华生的刺激—反应理论(S-R理论)揭示了消费者接受广告刺激与产生行为反应的关系，被广泛地运用于消费者行为研究中。

总之，这一时期的各项研究从各个侧面涉及消费心理与行为问题，为消费者行为学的产生奠定了基础，但是研究的范围比较狭窄，而且研究的重点是促进企业的产品销售，而不是满足消费需求；研究方法是从经济学或心理学简单地移植过来，而且主要局限于理论层面，在实践中的应用较少，尚未引起社会和企业界的广泛重视。

2. 应用时期

这一时期是从20世纪30年代至60年代，消费者行为研究得到迅速发展并广泛地应用于企业市场营销实践中。1929—1933年的世界性经济危机，使得商品市场完全转变为供过于求的市场。

第二次世界大战期间，由于商品供应不足等原因，导致了对消费者行为研究兴趣的暂时降低。但是这期间也有一些卓有成效的研究，例如，心理学家勒温关于动物内脏的态度改变研究。

【小资料2-1】

勒温的态度改变研究

在第二次世界大战期间，由于食品短缺，美国政府希望能说服家庭主妇们买一些不受欢迎的动物内脏做菜。社会心理学家勒温(K. Lewin)将家庭主妇们随机编成两组：一组为控制组，他对这一组被试者采用讲演的方式，亲自讲解动物内脏的营养价值、烹调方法、口味等，要求她们改变对动物内脏的厌恶态度，把它作为日常食品；另一组为实验组，组织她们讨论动物内脏的营养价值、烹调方法、口味等，并且分析使用动物内脏做菜可能遇到的困难，如丈夫不喜欢吃的问题、清洁问题等，最后由营养专家指导每个人亲自实验烹煮。

(1) 实验结果：控制组有3%的人采用动物内脏做菜；实验组有3%的人不用动物内脏做菜。

(2) 分析提示：实验组和控制组在态度改变上可以划分为主动型和被动型两大类。前者主动介入群体活动，她们在讨论中自己提出问题又自己解决它，因而态度改变比较快。她们参与决策的制定，参与权力的推行，同时能自觉遵守群体规范等。而后者被动参与群体的活动，她们很少把讲演的内容与自己相联系，因而态度就难以改变。她们服从权威，服从别人制定的决策，遵守群体规范等。

(3) 实验结果告诉我们：主动参与群体决策的制定过程，有利于参与者态度的改变。

资料来源：〔美〕戴维•迈尔斯. 社会心理学. 11版. 北京：人民邮电出版社，2016

在第二次世界大战以后，西方国家庞大的军事工业迅速转向民用产品的生产，市场商品供应急剧增多，产品更新换代加快，消费者需求也不断变化，购买行为更加难以捉摸，企业之间的竞争更加激烈。企业的经营观念从生产观念转向销售观念，开始重视广告和推销，重视分析预测消费需求。在此背景下，越来越多的心理学家、经济学家、社会学家纷纷加入这一研究行列，由此推动了消费者行为研究的发展。

20世纪50年代以来，心理学在各个领域的研究应用都取得了重大成果，其中许多学者受消费行为吸引进入这一领域，提出了更多的新理论。欧内斯特·迪士特开展了消费动机的研究，密歇根大学的G.卡陶纳开展了消费期望和消费态度的研究，哥伦比亚大学的拉吉斯费尔德和E.卡兹开展了“人格的影响”的研究，哈佛大学R.A.鲍尔开展了“知觉到风险”的研究，罗杰.L.诺兰开展了“新产品初步设计研究”和“定位研究”。

心理学家海尔通过对两组不同的消费者在购买速溶咖啡问题上的回答，找出了家庭主妇不喜欢购买速溶咖啡的真正原因，提出了消费者潜在的或隐藏的购买动机的理论；美国著名心理学家马斯洛在系统地研究人的需求的基础上提出了“需求层次论”。这些研究丰富了消费者行为学的内容，促使其从其他学科中分离出来，成为一门独立的学科。1965年，美国俄亥俄州立大学正式提出了第一个“消费者行为学”的教学大纲。1968年，美国德赖登出版社出版了由J.F.恩格尔、R.D.布莱克维尔、D.T.科拉特合著的第一版《消费者行为学》，介绍了作者们多年的研究成果和其他专家学者的理论、技术和案例，构建了消费者行为学的体系结构，为这门学科的建立奠定了基础。

3. 发展时期

20世纪60年代以后，消费者行为研究呈加速发展趋势，研究文献的数量和质量有了明显提高，研究范围不断扩展，研究方法也日益多样化。这主要表现在如下两大方面。

一是综合运用了相关学科的最新研究成果。计算机、经济学、经济数学、行为学、社会学、运筹学、市场营销学、管理学等学科的研究成果被广泛地运用于消费者行为研究中。现代信息处理方法的运用和消费者行为购买模型的建立，标志着消费者行为理论的研究发生了根本性的变化，使消费者购买行为分析有了更加科学的方法和更加完善的理论。1969年创立的美国消费者研究会的会员，是由心理学、农业经济学、建筑学、法学、医学、市场营销学、数理统计学、工程学等各个领域的专家组成，起到多学科相互渗透、相互促进的作用。

二是研究领域不断扩大和深化。有关消费者行为研究的论著迅猛增加，研究的内容也扩大到文化消费、消费决策模式、消费生态、消费政策、消费者保护、消费信息处理、消费心理内在结构、消费信用、消费法学等领域。据统计，1968—1972年期间发表的关于消费者行为研究的成果，比1968年以前所出版的全部研究成果还要多。除美国以外，日本、法国、英国、德国、中国和印度等国的学者，也在这个领域取得了显著的科研成果。

2.2 消费者行为研究的理论来源

消费者行为学是20世纪60年代中后期兴起的一个相对较新的研究领域。因为没有其自身的历史与研究体系，营销理论家们完全从其他科学原理中借鉴过来成熟的概念。因此，消费者行为学作为一门科学具有显著的多学科或跨学科的性质，与其关系密切的学科主要有心理学、社会学、社会心理学、文化人类学、经济学、市场营销学等，限于篇幅和编者的学识，这里只简要介绍经济学、社会学等方面的内容，然后主要介绍心理学和社会心理学。

- 经济学：把人与人的经济关系作为自己的研究对象，是一门研究人与社会寻求满足他们的物质需求的方法的科学。经济学关于商品生产与流通的理论，关于商品的价值与价格的理论，以及效用理论都是研究消费行为理论的重要来源之一。
- 社会学：从变动着的社会系统的整体出发，通过人们的社会关系和社会行为来研究社会的结构、功能、发生、发展规律的一门综合性的社会科学。社会学中关于人际交往和社会中信息流传的理论、风俗习惯的形成和发展的理论、社会群体对人的行为和性格的影响，以及社会生活方式和家庭结构变化的研究，是消费心理学关于社会因素对人的消费行为影响的重要理论来源。
- 文化人类学：有关文化对人类行为的影响，特别是关于不同地区、不同国家和不同民族的文化传统、生活方式以及风俗习惯对人类行为影响的研究，为探讨社会因素对消费行为的影响以及营销心理的研究，提供了重要的理论依据。
- 市场营销学：研究企业如何通过产品开发、定价、宣传推广等一系列企业行为来满足消费者需求，赢得市场。为了满足消费者需求，获得市场份额和利润，市场营销学将影响消费行为的诸多因素作为重要的研究对象。

2.2.1　心理学

心理学是研究心理现象发生、发展和活动规律的科学。心理学中有关知觉、学习、记忆、需要、动机、情绪情感和个性的研究成果和相关理论，为解释人的消费行为提供了重要的帮助。

1. 心理现象的内涵

心理现象分为心理动力、心理过程、心理状态和心理特征四个方面。

(1) 心理动力。心理动力是指决定着个体对现实世界的认知态度和对活动对象的选择与偏向的心理现象系统。它主要包括动机、需要、兴趣和世界观等心理成分。

人的一切活动，无论是简单的还是复杂的，都是在某种内部驱动力的推动下完成的。这种引起并维持个体活动，且使之朝向一定目标和方向进行的内在驱动力就是动机。个体在动机的作用下，产生行为并使其指向一定目标，在行为进行过程中不断调节行为的强度、持续时间和方向，使个体最终达到预定目标。

动机的内在心理基础是需要。需要是个体缺乏某种东西的一种主观状态，它是客观需求的反映，这种客观需求既包括人体内的生理需求，也包括外部的社会的需求。

兴趣是一种对事物进行深入认知的需要，是需要的体现。

世界观则对人的需要进行调节和控制，并由此确定个体对客观世界的总体看法与基本态度。

(2) 心理过程。人的心理是一种动态的活动过程，即人脑对客观现实的反映过程，它包括认知过程、情感过程和意志过程。

认知过程是个体获取知识和运用知识的过程，包括感觉、知觉、记忆、思维和语言等。人在处理事物的时候，用眼睛看，用耳朵听，用鼻子闻，用手摸，产生感觉和知觉。感觉是对直接作用于感觉器官的客观事物的个别属性的反映，知觉是对直接作用于感觉器官的客观事物的整体属性的反映。人在活动中不仅感知当前的事物，并且要记住它，有时还要回忆过去经历过的有关事物，这是记忆。若要认识事物的特点和意义，必须利用感知的材料和已有的知识进行分析、思考，深入理解事物的本质，掌握事物的规律，这就是思维。感觉、知觉、记忆、思维等都是为了弄清客观事物，都是对客观事物的认知活动。

人在认识客观世界的时候，不仅反映事物的属性、特征及联系，还会对事物产生一定的态度，引起满意、喜爱、厌恶、恐惧等，这些现象称为情绪。它是客观事物是否符合自己的需要而产生的态度体验，凡是符合个体需要的客观事物，会让产生积极情绪；反之，产生消极情绪。

人对客观事物不仅要感受、认识，还要处理、改造。为处理、改造客观事物而提出目标、制订计划，然后执行计划、克服困难、完成任务，这类活动称为意志活动。心理学把这种自觉地确定目的，并为实现目的而有意识地支配和调节行为的心理过程，称为意志过程。

以上介绍的认知、情感和意志等心理活动都称为心理过程。在现实生活中，个体的认知、情感和意志活动并非彼此孤立活动的，它们是紧密联系、相互作用的。探讨心理过程产生和活动的规律以及它们之间的联系和关系，是普通心理学研究内容的一部分。

(3) 心理状态。心理状态是指心理活动在一段时间里出现的相对稳定的持续状态。它既不像心理过程那样变动不羁，也不像心理特征那样稳定持久。例如，在感知活动时可能会出现聚精会神或漫不经心的状态；在思维活动中可能会出现灵感或刻板状态；在情绪活动时可能会产生某种心境、激情或应激的状态；在意志活动时可能会出现犹豫或果敢的状态等。事实上，人的心理活动总是在睡眠状态、觉醒状态或注意状态下展开的，这些不同的心理状态体现着主体的心理激活程度和脑功能的活动水平。

(4) 心理特征。心理特征就是人在认知、情绪和意志活动中形成的那些稳固而经常出现的意识特性，主要包括能力、气质和性格。

能力是人顺利完成某种活动所必须具备的心理特征，体现着个体活动效率的潜在可能性与现实性。例如，从事某些工作时，有人善于概括，有人善于分析；有人记忆力强，有人记忆力差；有人抽象思维能力强，有人形象思维能力强；有人思维灵活迅速，有人思维呆板迟钝。

气质是指表现在人的心理活动和行为的动力方面的特征，如速度与强度的特点、稳定性的特点、指向性的特点等。例如，在人的日常活动和交往中，有的人精力充沛、动作敏捷，有的人无精打采、动作迟缓；有的人活泼急躁，有的人沉静稳重；有的人情绪稳定而内向，有的人情绪容易波动而外向。这些差异就属于气质方面的特征。人群中的气质虽有千差万别，但事实和学者们的研究都表明，在人群中有几种典型的气质类型。关于气质类型的划分，古今中外流派很多，其中比较流行的是古希腊医生希波克拉底的“体液说”。希波克拉底根据每种体液在人体内占优势的情况，把人的气质分为四种不同的类型：多血质、胆汁质、黏液质和抑郁质。

【小资料 2-2】

气质类型

早在公元前 5 世纪，古希腊著名医生希波克拉底就观察到，不同的人有不同的气质。他认为人的体内有四种体液：血液、黄胆汁、黏液和黑胆汁。根据每种体液在人体内占优势的情况，把人的气质分为不同的类型：多血质、胆汁质、黏液质和抑郁质。四种体液各由温、冷、干、湿四种性质在体内的不同配合而成：血液是温与冷的配合，因此多血质的人温而润，好似春天一般；

黄胆汁是温与干的配合，因此胆汁质的人热而躁，其气质犹如夏天；黏液是冷与湿的配合，因此黏液质的人比较冷酷，似冬天一样；黑胆汁是冷与干的配合，因此抑郁质的人冷而躁，就好像秋天一样。

(1) 多血质。其主要特征是：反应迅速、有朝气、活泼好动、动作敏捷，情绪不稳定、粗枝大叶，喜欢与人交往，兴趣广泛但不持久，注意力易转移。

在购买活动中，多血质的消费者表现为善于交际，有较强的灵活性，能以较多的渠道获得商品的信息。这类消费者对购物环境有较强的适应能力，并且在购物时视野开阔，反应敏捷，易于与营业员进行沟通。但是，有时其兴趣与目标往往因为可选择的商品过多而容易转移或一时不能取舍，因而，购买行为中常常带有浓厚的感情色彩。

(2) 胆汁质。其主要特征是：易兴奋、直率、热情、精力旺盛，自我控制能力较差，容易冲动，心境变化剧烈，脾气暴躁。

胆汁质的消费者在购物时喜欢标新立异，追求新潮、具有刺激性的流行商品。他们一旦感到需要，就迅速产生购买动机并很快完成购买行为。但是，如果购物环境不如意或受到营业员的怠慢，会激起他们烦躁的情绪和强烈的反感，有时会出现不理智的行为甚至会产生冲动购买。

(3) 黏液质。其主要特征是：安静、稳重，动作迟缓，沉默寡言，善于克制忍耐，情绪不外露，做事慎重但不灵活，缺乏生气。

黏液质的消费者在购物时比较冷静、细致，不易受广告宣传、商标或营业员劝说的干扰。喜欢通过自己的观察和比较来做出购买决策。对自己熟悉的商品会积极购买，并持续一段时间，而对新商品往往持审慎态度。

(4) 抑郁质。其主要特征是：敏感、多疑、孤僻，情感体验深刻但不外露，行为缓慢，外表温柔、怯懦。

抑郁质的消费者，在购物过程中往往考虑比较周到，对周围的事物很敏感，能够观察到别人觉察不到的细节。其购物行为比较拘谨，优柔寡断。他们一方面表现出缺乏对商品应有的知识和对购物的主动性，另一方面又对别人的宣传或介绍不感兴趣或不信任。

上述是几种典型气质的消费者心理与行为。当然，在现实中属于典型气质的人很少，多数人属于混合型，一般是以某种气质类型为主，同时兼有其他气质类型的特点。

资料来源：顾文钧. 顾客消费心理学. 上海：同济大学出版社，2002

【小思考 2-1】

根据以上介绍，比较适合从事营销工作的人员应属于哪一种气质类型？

答：多血质。

性格是人对现实的稳固的态度和习惯化的行为方式。在现实生活中，有人勤奋，有人懒惰；有人大公无私，有人自私自利；有人积极进取，有人消极退缩；有人坚毅果敢，有人优柔寡断。这些都是性格上的差异，正是这些心理特征，把人群中的个体区分为“千人千面”。

把个体心理分为心理动力、心理过程、心理状态和心理特征四个方面是为了研究问题的方便，当然它们各自具有一定的独立性，但更重要的是它们彼此之间密切相联、相互作用。

2. 西方现代心理学的三大流派

西方现代心理学的三大流派即弗洛伊德创立的精神分析心理学、华生创立的行为主义心理学和以马斯洛为代表的人本主义心理学。

(1) 精神分析心理学

奥地利心理学家弗洛伊德是从事心理治疗“起家”的，他是心理治疗中的“心理分析”学派的创始人。他认为心理上的病态是人的本能冲动被压抑的结果。当一个人觉得自己的冲动严重地违背了“做人的原则”时，他就会压抑这些冲动。压抑的结果是：虽然再也意识不到这些冲动，并且已经可以心安理得地相信自己“没有”这些冲动，但这些冲动依然存在于意识不到的内心深处。弗洛伊德认为，这种“冲动”与“对冲动的压抑”之间的冲突，就是导致心理失常的病因。他还发现，病人的那些被压抑的冲动，往往会“改头换面”地表现在他们的梦境之中。因此，他认为治疗者应该通过深入的分析去破译梦的“含义”。1900 年，他正式出版了他的第一本最有影响的著作《释梦》。同年，他又着手写他的另一本很有影响的著作《日常生活的心理分析》，把他对病人的研究扩大为对正常人的研究。

弗洛伊德认为，推动人们去做各种各样事情的“原动力”，是那些人与动物所共有的本能欲望的冲动，其中特别重要的是“性冲动”和“攻击的冲动”。在弗洛伊德看来，人按其本性来说，总是想不择手段地为所欲为，但社会不允许人这样做。弗洛伊德并不主张“放纵”，相反，他认为对人的本能加以控制是完全必要的。如果人类放纵自己，必将自取灭亡。但是他所从事的心理治疗又使他认为，一味地压抑人的本能冲动不仅会使人生活得不痛快，而且会使人生病，所以也是不行的。他认为可取的办法既不是放纵，也不是压抑，而是“升华”。如果要对升华做一个最通俗的解释，那就是把原本用于做坏事的心理能量用来做好事。弗洛伊德认为，人类的命运就取决于人类的文化能在何种程度上使人的本能程度得到升华。

(2) 行为主义心理学

行为主义心理学于 20 世纪初产自美国。它以坚决否定传统心理学的姿态登上心理学的舞台，似乎使人感到它在清除心理学所包含的神秘性，改变着心理学的空气，因而立刻吸引了美国的大批青年心理学者，并在西方心理学界引起广泛而深刻的影响。

华生是行为主义心理学的创始人。他将心理学列为自然科学一个纯粹客观的实验分支。他反对研究意识，把人和动物的行为作为研究对象。他从人和动物行为中所找到的基本因素是刺激和反应，并且断言：“我们能够将我们的一切心理学问题及其解决，都纳于刺激和反应的规范之中。”刺激—反应公式成为华生心理学的基本公式。

在一批“新行为主义”心理学家中，最著名的是创立“强化学说”的美国心理学家斯金纳。斯金纳用他的“斯金纳箱”做了大量的动物实验。他认为，通过动物实验也能揭示人的行为的规律，因为人的行为和动物的行为基本上服从于同样的规律。斯金纳认为，最重要的问题不在于各种各样的行为是由什么样的刺激引起的，而在于已经出现的行为为什么有的能够巩固下来，有的却没有巩固下来，没有形成习惯。他用大量的实验证明，已经表现出来的行为会因为得到奖励而增加它重复出现的可能性，换句话说，就是给予奖励能够“强化”已经出现的行为。

(3) 人本主义心理学

马斯洛等人本主义心理学家认为，对于人来说，最本质也是最可贵的东西，不是人与动物所共有的那些“本能”，而是那些动物所没有的、只有人才有的“潜能”。1954 年，马斯洛所著的《动机与人格》一书问世。他在书中提出了现在已经为大家所熟悉的、以自我实现的需要为最高层次需要的“需要层次理论”。所谓“自我实现”，就是通过发挥人的潜能来实现人的价值。马斯洛所说的人所特有的潜能，如爱的潜能、创造的潜能，都是“善的”，而不像弗洛伊德所说的本能那样是“恶的”。但是人的这些潜能与人的动物本能相比要软弱得多，它们只有在良好的环境条件下，才能由“潜在的可能性”变为“现实”；在恶劣的环境中，是很容易被摧残的。马斯洛认为，理想的社会就是能使人的潜能得到充分实现的社会。

20 世纪 50 年代末，马斯洛与哈佛大学的索罗金共同召集了“关于人类价值的新知识讨论会”。在这次专题讨论会以后，他又与弗洛姆、罗杰斯等心理学家共同发起，于 1962 年成立了“人本主义心理学会”。当时，他们所确定的人本主义心理学的基本原则之一，是“心理学应该关心人的尊严和人的提高”。

20 世纪 60 年代末以来，在人本主义心理学的发展中，又兴起了一个新的心理学派别：超个人心理学。从 1969 年起，他们就有了自己的组织和刊物。这种超个人心理学不是以人的需要和兴趣为中心，而是以整个宇宙为核心。

2.2.2 社会心理学

社会心理学是研究个体和群体的社会心理现象的心理学分支。个体社会心理现象指受他人和群体制约的个人的思想、感情和行为，如人际知觉、人际吸引、社会促进和社会抑制、顺从等。群体社会心理现象指群体本身特有的心理特征，如群体凝聚力、社会心理气氛、群体决策等。

社会心理学是心理学和社会学之间的一门边缘学科，并受到这两门学科的影响。社会心理学研究的内容主要包括以下几方面。

1. 社会化

从社会心理学角度看待社会化问题，它关心的是自然的人如何变成了社会的人，以及在这个过程中为什么个体形成了独特的人格特征。

社会化的基本途径是社会教化和个体内化。社会教化即广义的教育。完成广义教育的组织包括家庭、学校、社会团体、大众传播媒介以及法庭、监狱和劳动教养所等；社会教化的执行者，则是这些组织的成员。社会教化分两类：一是系统的、正规的教育，如学校等；二是非系统的、非正规的教育，如社会风俗、群体亚文化、传媒对人有着潜移默化的作用。个体内化是指个体通过学习，接受社会教化，将社会目标、价值观、社会规范和行为方式等转化为自身稳定的人格特质和行为反应模式的过程。社会化的内容主要有政治社会化、道德社会化以及性别角色的社会化等。

2. 社会认知

社会认知是指对人及其行为的认知，而不是对物对事的认知。社会认知的结果影响着人的社会行为。社会认知包括感知、判断、推测和评价等社会心理活动。对人的知觉、印象、判断以及对人的外显行为原因的推测和判断，是社会认知活动发生和进行时所经历的几个主要过程。这部分内容在第 3 章中将详细介绍。

3. 社会动机

社会动机是人的社会行为的驱动力，它的研究范围包括需要、动机、本能等方面。这部分内容在第 4 章中会涉及。

4. 社会沟通

社会沟通广义的理解，是指人类的整个社会互动过程，人们不仅交换观念、思想、知识、兴趣、情感等信息，而且还交换相互作用的个体的全部社会行动。社会沟通是社会赖以形成的基础。

社会沟通的方式主要有两种：语言沟通和非语言沟通。语言是社会上约定俗成的符号系统，它具有两种基本功能：一是思维功能；二是沟通思想感情的功能。语言沟通是社会沟通的主要方式。非语言沟通是社会沟通的另一种重要形式。

5. 社会态度

社会态度是社会心理学的基本内容之一，这方面的探讨比较多，早期有的社会心理学家把社会心理学定义为研究社会态度的科学。社会态度的重要性在于人的社会化过程的最终结果就包含在个体的态度之中。

人们对一个对象会做出赞成或反对、肯定或否定的评价，同时还会表现出一种反应的倾向性，这种倾向性就是心理活动的准备状态。所以，一个人的态度不同，就会影响到他的行为取向。消费者行为学需要研究态度问题，在于消费者的心理倾向性在很大程度上影响着消费者的购买行为，如商场的选择、品牌的选择都受到消费者态度的影响。

6. 人际关系

社会心理学以社会中的人为其研究对象，自然就要研究人际关系问题。人际关系是人与人之间心理上的关系、心理上的距离。这种关系，是在人与人之间发生社会性交往和协同活动的条件下产生的，是具有普遍意义的现象，在小群体中体现得尤其明显。人际关系的形成包含认知、情感和行为三方面的心理因素，其中情感因素起主导作用，制约着人际关系的亲疏、深浅和稳定程度。

人际关系一般可分为积极关系、消极关系、中性关系。不同类型的关系伴随着不同的情感体验。例如，积极关系使当事人双方在发生交往时会产生愉快的体验，而消极关系会带给双方痛苦。

此外，社会心理学还研究个人行为、自我意识、团体心理以及群体性社会心理现象等，在此不一一加以介绍。

总之，通过对心理学和社会心理学的简单介绍，我们了解到心理学和社会心理学与消费者行为学的密切关系，以及二者对消费者行为学的产生和发展的重要作用。

2.3 消费者行为研究的信息来源、类型和方法

如前所述，消费者行为学始终具有多学科的特点，其中最主要的有心理学、社会学、社会心理学、市场营销学、经济学等。因而消费者行为学的研究方法或多或少地受到这些比较成熟的学科的影响，而其中以心理学的影响应该是最大的。心理学的发展为消费者行为学的研究发展提供了知识和方法上的基础，这使消费者行为学的研究发展变得迅速而有效。此外，社会学、市场营销学的知识和研究方法也成为消费者行为学的重要知识和方法的来源。这些构成了消费者行为学发展的先天优势，其后天优势则是强大的社会需要。

2.3.1　消费者行为研究的信息来源

要想有效地对消费者行为进行研究，首先就要获取目标消费者的相关资料，这些资料对理解消费者行为和制定营销策略是非常有用的。关于消费者的资料主要有两类：第二手资料和第一手资料。

1. 第二手资料

从事任何研究项目，首先应全面搜集与此项目有关的现有资料，即第二手资料。第二手资料又称间接资料，是他人为了某种目的收集的、已经加工整理过的信息。第二手资料获取的成本低，需要的时间短，但由于是他人为其他目的收集的，所以适用性较差。

第二手资料的来源多种多样，下面是其中主要的一些来源。

(1) 企业内部资料。包括企业内部各有关部门的记录、统计表、报告、会计账簿、用户来函等。完备的内部资料，能提供相当准确的信息。

(2) 图书馆。公共图书馆是做市场调查最好的地方。在图书馆要查阅的资料包括：公开出版的期刊、文献、报纸、书籍、研究报告、工商企业名录、统计年鉴、企业手册，政府公开发布的有关政策、法规、条例规定以及规划、计划等。图书馆的优势是资料多而且全，缺点是许多资料过于陈旧。

(3) 政府部门。政府部门拥有大量的信息。政府每隔 10 年要做一次人口普查，每隔 5 年进行一次抽样调查。普查和抽样调查的内容包括全国各省的城市人口、农村人口、年龄结构、男女比例、家庭收入、人口增长、经济增长等内容。目前国家、省、地、县都有抽样调查队。例如，大城市有“城调队”，收集大量有关居民收入、家庭消费等方面的资料情况。政府部门的信息很多发表在《中国劳动统计年鉴》《中国人口年鉴》《中国统计年鉴》等工具书和一些杂志上。

(4) 市场调查机构、咨询机构、广告公司所公布的资料。企业可向这些机构购买资料，或提出咨询，委托调查。

(5) 行业协会。行业协会是很好的有关特定产业部门的信息源。一般大城市都有电器工业协会、包装技术协会、企业家协会、科学技术协会等。行业协会经常公布行业资料、竞争企业的产品目录、样本、产品说明及公开的宣传资料，这是了解行业和竞争对手最好的信息源。

(6) 互联网。互联网上每天都有数以亿计的信息在流动，它是一个巨大的“信息仓库”，其中包含大量的第二手资料。利用电子网络搜集信息是市场调查未来发展的一个重要方向，值得营销人员重视。

2. 第一手资料

第一手资料又称原始资料，是通过现场实地调查所搜集的资料。在许多情况下，利用第二手资料不能完全满足调研者的需要，因为毕竟这些资料不是针对本研究的目的所收集的。虽然第一手资料的获取更费时间，要投入更多的成本，但有时第一手资料才是解决问题的唯一方法，甚至可以说是不可替代的。获取第一手资料的方法很多，如观察法、实验法、访谈法等。

2.3.2　消费者行为研究的类型

根据市场调查中获取消费者资料的方法的不同，可以把消费者行为的研究分为两种性质不同的类型：定性研究和定量研究。

1. 定性研究

目前，定性研究方法在市场研究中已被广泛运用，并且在消费者行为研究文献中得到了普遍认同。所谓定性研究，就是通过综合描述与分类来对事物进行衡量的研究。定性研究的一个基本特点就是它不要求消费者按照事先安排好的回复类别来回答问题。答案是文字性的，不是数量化的，被调查者用自己的话来陈述答案。事实上，研究者或营销者可能也并不知道真正的答案是什么，但也正因为这一点，研究者才使用定性研究方法。这种方法可以使研究者发现消费者的动机、态度、偏好及未来的行为倾向。后面要介绍的访谈法、投射技术等就属于这一类。

2. 定量研究

定量研究是通过数量对事物进行衡量的研究。在定量研究中，消费者根据数字化的量表进行回答。量化答案具有可比较性，从而使研究人员可以研究大量的消费者，然后将他们的答案集中在一起，对所研究的消费者行为的某个方面进行总体评估。定量研究的方法主要包括调查法和实验法两大类。

3. 定性和定量相结合的研究方法

由于定性研究得出的结论非常有限，所以一些营销人员使用定性与定量相结合的研究方法来帮助制定战略决策。他们用定性的研究结果来发现新的观点并发展促销战略，用定量研究成果预测消费者对促销投入的反应。有时从定性研究中产生的观点又被经验检验并且成为设计定量研究的基础。营销人员已经发现，这两种研究方法不是相互矛盾的，而是一种真正的自然补充。定量研究使预测成为可能，定性研究提供了理解，两者合用比使用其中的一种研究方法能对消费者行为的轮廓有更丰富、更充分的了解。

2.3.3　消费者行为研究的具体方法

消费者行为学的研究方法是多种多样的，这里主要介绍以下几种。

1. 观察法

观察法是在自然情况下，有计划、有目的、有系统地直接观察被研究者的外部表现，了解其心理活动，进而分析其心理活动规律的一种方法。

运用观察法，首先应有明确的目的，要制订研究计划，拟定详细的观察提纲。观察过程中要敏锐捕捉各种现象，准确、详细地记录下来，及时予以整理和分析，以利于科学结论的产生。由于观察法很少干扰或不干扰被观察者的正常活动，因而得出的结论比较符合实际情况。另外，观察法简便易行，可以涉及相当广泛的内容。但由于观察者往往处于被动地位，他只能等待需要观察的现象自然出现，不能在必要时反复观察，因而对观察所得的材料往往不足以区别哪些是偶然的，哪些是规律性的事实。此外，观察法对研究者要求较高，表面看起来观察法很简单，但实际运用起来难度非常大，因此，只有经过严格训练的人才能有效使用。

观察法一般适用于以下情形：调查者所关注的行为是公开的，这些行为经常且重复出现或者是可以预测的，行为发生在相对较短的时间跨度里。

从不同的角度来划分，观察法可以分为以下几种类型。

(1) 自然条件下的观察与人创情境下的观察。前者是在自然情境下等待某一行为的出现；后者是根据当时的需要创设一定的条件而进行的观察。

(2) 公开观察与隐蔽观察。公开观察是指观察者的身份是公开的，而且消费者意识到自己的行为被观察；隐蔽观察是指观察者的身份不公开，而且消费者没有意识到有人在观察自己。

(3) 结构性观察与非结构性观察。如果将观察限定在预先确定的那些行为上，就是结构性观察；非结构性观察是指对所有出现的行为都进行观察和记录。

(4) 直接观察与间接观察。直接观察是指对行为本身进行观察，而间接观察仅仅是对行为的结果进行观察。

(5) 人工观察与机械观察。按照观察时是否借助于机械、仪器等设备，可以把观察法分为人工观察与机械观察。

(6) 参与式观察与非参与式观察。参与式观察指的是观察者要融入调查环境之中，并需要付出大量的时间和努力，而非参与式观察就没有这个要求。

【小资料 2-3】

参与式观察

美国学者福塞斯曾描述了参与式观察的一个案例。其中，调查者为了研究旅游对农业生产和土壤环境所产生的影响，参与到泰国山民的乡村生活中。他在去当地之前学习了一年的泰语，而且还得到了会泰语和瑶语的当地翻译的帮助。通过当地一个开发组织，调查者能够确定关键的被调查者，并有机会住进村长家里。他们和这个大家庭共住一间大房子。调查者去过该地几次，共花了半年时间，每次访谈调查逗留的时间最长一个月。

调查者采用了定性和定量方法，最重要的信息来自定性的参与式观察和与村民之间的讨论。在每次调查逗留期间，调查者都要考察农业和旅游方面的活动，并详细询问一些关键的被调查者，调查者还组织了相关群体的讨论活动。在等待了好几周以后，调查者才试图向关键被调查者之外的其他村民提问调查，因为当地村民只有在确信调查不是出于评估非法活动的目的时，才愿意配合调查。

资料来源：〔美〕亚伯拉罕·匹赞姆. 旅游消费者行为研究. 舒伯阳，等译. 大连：东北财经大学出版社，2005

问题：根据上述案例，分析参与式观察的主要特点。

分析提示：在参与式观察中，观察者必须走进被调查者群体之中，参与他们的生活并被他们接受。观察者必须利用自己的特殊身份以获得对问题的深入理解，同时还应保持客观的观察能力。

2. 实验法

实验法是有目的地严格控制或创设一定的条件，人为地引起某种心理现象产生，从而对它进行分析研究的方法。因此，这种方法涉及在改变一个或多个变量(如改变产品特征、包装颜色、广告主题)的条件下，观察这种改变对另外一个变量(如消费者态度、学习或重复购买行为)的影响。在控制条件下改变的变量称为自变量，受自变量影响而改变的变量称为因变量。实验法有两种形式：实验室实验法和自然实验法。

实验室实验法是在专门的实验室内借助于各种仪器来进行的。在设备完善的实验室里研究心理现象，从呈现刺激到记录被试者反应、数据的计算和统计处理，都采用电子计算机、录音、录像等现代化手段，实行自动控制。因而对心理现象的产生原因、大脑生理变化以及被试者行为表现的记录和分析都是比较精确的。

自然实验法是由研究者有目的地创造一些条件、在比较自然的条件下进行的，它既可以用于研究消费者一些简单的心理活动，又可用于研究较复杂的心理活动。自然实验法兼有观察法和实验室实验法的优点。由于自然实验法是在实际情况下进行的，所得到的结果比较接近于实际。又由于自然实验法是由研究者有目的地改变或控制某些条件，因此比较具有主动性和严密性，所得到的结果也比较准确。

3. 调查法

调查法是从大量消费者中系统收集信息的方法。调查可以采用邮寄问卷、电话访问和人员访问等方式。

人员访问通常在购物现场进行，通过运用复杂的问卷和产品展示，能在较短时间内从消费者中收集到大量的信息。邮寄调查所花的时间较长，所问的问题一般比较简单一些，这种方法可用来收集中等复杂程度的数据，其优点是费用较低。电话访问的特点是完成迅速，能提供良好的样本控制(谁回答问题)，而且费用也不太高。但询问的问题同样也应该简单一点。

调查法的一个主要问题是拒访所引起的偏差比较大。在选择参与调查的对象中实际只有不到一半的人接受了调查。在电话访问和人员访问中，很多人不在家或者拒绝合作，而在邮寄问卷调查中，很多人拒绝或忘记做出反应。为了尽量避免这种情况的发生所带来的不利影响，调查人员可以通过电话或人员再访方式来提高调查反应率。再访应该安排在不同的日子或同一天的不同时段。

4. 问卷法

严格地说，问卷法也是属于调查法的一种。它是根据研究内容的要求，由调查者设计一份调查表，由被调查者填写，然后汇总调查表并进行分析研究的一种方法。

问卷法要求被调查者回答问题要明确，表达要正确，实事求是。对得到的材料做仔细的数量和质量的分析，可以确定某一年龄阶段或某一阶层的人们的消费心理倾向。问卷法的优点是可以同时进行大规模的调查，缺点是问卷回收率低，对所回收的问卷答案的真伪判断较难。因为有些问卷的回答者可能并不认真对待。

问卷法的用途非常普遍，可以用它来测量或衡量：过去、现在或将要发生的行为；有关的人口统计特征，如年龄、性别、收入、职业等；被调查者的知识水平或对某一问题的了解水平；被调查者的态度和意见。

问卷法的关键是问卷的设计。一份好的问卷设计要按步骤地回答以下问题。

(1) 基本决定：需要收集哪些信息？向哪些人收集信息？

(2) 确定所问问题与内容：这一问题确实需要吗？被调查者能正确地回答这一问题吗？是否存在外部的事件使得被调查者的回答具有倾向性？

(3) 决定应答方式或形式：这个问题是以自由回答式、多重选择式还是以两分式的形式提出来？

(4) 决定提问的措辞：所用的词语是否对所有的被调查者都只有一种含义？问题里是否隐含所有的备选答案？被调查者能从研究者所期待的参照体角度回答这一问题吗？

(5) 决定问题的排列顺序：所有问题都是以一种合乎逻辑且避免产生偏差的方式排列的吗？换句话说，前后问题之间有没有矛盾的地方？

(6) 预试与修正：最终问卷的确定是否取决于运用少量样本的预试？预试中的应答者是否与最后要调查的被试相类似？

5. 访谈法

访谈法是指调查者与消费者进行面对面有目的的谈话、询问，以了解消费者对所调查内容的态度倾向、人格特征等的方法。

访谈法可以分为结构式访谈和非结构式访谈两种。所谓结构式访谈，是指由访谈者按事先拟定好的提纲提出问题，消费者按问题要求逐一回答，通过有目的、有计划地提问搜集所需要的资料。它的优点是针对性比较强、调查的问题比较明确、节省时间。它的不足是由于所提问题规范化程度比较高，可能会降低被调查者合作的积极性或采取敷衍的态度。所谓非结构式访谈，是指访谈者事先不定出谈话的具体题目，有时甚至也不告诉被访者谈话的目的，而是在总体目标范围内采取自然交谈的方式。这样做的优点是谈话的气氛比较轻松，消费者可以坦诚地谈出自己的真实想法。但这种方法要求调查者有较高的把握目标和掌握谈话技巧的能力。同时，这种方法对收集上来的资料进行归纳和整理也较困难。

访谈法可以涉及一个访问者和一个被访者，也可以涉及一个访问者和多个被访者。前者称为一对一访谈，后者称为集中小组访谈。在一对一访谈中，访谈者要注意不能给被访者任何压力和暗示，要使被访者轻松、自然地回答问题，而不能有意识地影响被访者的回答。标准的集中小组访谈通常涉及 8～12 名被访者。一般来说，小组成员的构成应该能反映特定细分市场的特性。被访者是根据相关的样本挑选出来的。小组讨论由一名主持人组织，主持人一般在 1～3 小时的讨论过程中试图发展起以下三个清晰的阶段：与小组成员建立起融洽关系，设定访谈目标；在相关领域激发热烈的讨论；试图总结小组的各种反应，以确定小组成员在基本观点上一致的程度。

【小思考 2-2】

访谈法属于定性研究还是定量研究？

答：定性研究。

6. 投射技术

投射技术是指向消费者提供一些含义模糊的材料，通过这些材料激发出消费者潜意识中的感情和态度。投射技术用来测量消费者在一般情况下不愿或不能披露的情感、动机或态度，是“根据无意识的动机作用来探询人的个性深蕴的方法”。

应用投射技术时，如果所需要的信息是涉及很多私人问题或者是较深层次的问题，可以让消费者在一张卡通画上表达自己的思想，或者给消费者一个未完成的句子让他来完成，或者设定一个具体环境请消费者回答他会把哪些人与这种环境联系在一起。因为这些问题并不是直接的，所以在每一种情况下，消费者都更有可能表达出自己的真实感情。

常用的投射法测试有很多，如主题统觉测验、造句测验、角色扮演法等。例如，在角色扮演法中，实验者向被测试者描述某种情景，然后让被测试者充当情景中的某一角色，观察被测试者在该情景中的反应，从而取得实验结果。这是一种间接调查的方法，让被测试者在不知不觉中自然地流露出自己的真实动机和态度。

消费者行为学的研究方法还有很多，如案例研究法、内省法等，这里就不一一介绍了。

2.3.4 消费者行为研究中应注意的问题

由于企业越来越认识到消费者信息对于制定营销策略的重要性，因此他们往往会不择手段地去搜集消费者信息，甚至会过于迷信这些信息。具体地说，消费者行为研究中应该注意以下几个方面的问题。

1. 对消费者行为研究要有正确的认识

消费者行为研究通常是企业为了要做更好的决策而进行的，它是高度专业经营的象征。人们通常认为，在消费者行为研究上投资越大，决策的正确性就越大。然而事实却并非如此，正如我们在许多例子中所看到的那样，有的企业虽然投入了大量的研究成本，但最终效果却很差。事实上，我们必须认识到，消费者行为研究也有好坏之分。好的研究能给经营者提供有益的并且常常是不可或缺的信息，但也有一些研究是毫无益处的。我们必须注意到这样的问题：消费者的反应究竟是什么意思？如何将消费者的反应转换为实际的销售绩效？怎样在实际购买行为中比较、验证消费者的偏好？消费者行为研究并不保证正确的决策，它只能提供情报，以增加正确决策的可能性。

虽然有很多花许多钱进行消费者行为研究却失败的例子，但这并不应给经营者造成错觉：认为消费者行为研究是无益的。问题是如何看待这类的研究，如何避免研究中可能出现的偏差，在承认它的局限性的同时使它更好地为自己的经营服务。

2. 研究方法本身的科学性

消费者行为研究本身必须是客观的，不能有任何主观偏好。而且在研究手段和研究程序上，一定要科学规范。在研究方法的科学性方面至少要注意以下几个问题。

(1) 样本选择的科学性。由于时间和经费的限制，研究人员不可能调查每一位潜在的消费者，而只能选择潜在购买者中的一部分做调查，即抽样。抽样应十分慎重，特别是样本一定要具有代表性，如果抽样阶段出现错误，则很难在研究的后期得到纠正。

(2) 问卷制作的科学性。问卷本身的科学性主要体现在其中所隐含的信度和效度的问题上。信度指的是量表的可靠性，即某一资料搜集工具是否能够一致无误地衡量相同的事物。具有可信性的结果表明在相似的测验条件下该结果具有可重复性。假如要衡量一个人的智力，如果所用的智力量表可靠，那么任何人的智力分数在某一段时间内都应该维持相对稳定。

效度则是指研究或测验得到的信息精确地测量了研究者想要测量到的东西，即数据搜集工具和某些重要的绩效标准之间必须有确实的关系存在。一个有效的实验意味着研究者能把研究结果概括到更大的范围。

一个好的问卷调查表必须同时具有高的信度和效度，二者缺一不可。

3. 消费者研究中的道德问题

在消费者研究中，研究人员往往会采取各种手段获取消费者的信息，因而可能有意无意间违反了研究上的道德规律。因此，研究人员在与消费者打交道的过程中，应该注意以下几个问题。

(1) 维护被调查者的匿名性。研究人员必须确保参与调查研究样本的匿名性，即使在委托研究的客户要求下，也不能泄露相关的资料，这是一项最基本的研究道德。

(2) 避免让被调查者陷入一种心理压力的抉择中。被调查者在接受调查、访问的过程中，有时可能会面临一些令他们困窘的情况(如因缺乏相关的知识所面临的挫折感)，这些困窘会形成他们的内在心理压力。因此，当压力是不可避免的时候，研究者应该事先让被调查者内心有所准备和自由地抉择。

(3) 使用特殊设备时要小心。当研究必须使用一些设备来衡量被调查者的一些心理反应时，那么对于这些设备有可能对被调查者造成的伤害必须小心避免。

(4) 当有必要使用欺骗手法时，必须是基于善意的。在研究中，有时不可避免地要欺骗被调查者，就像在广告研究中，研究者往往会隐藏真正想要测试的目标广告。但是这种欺骗应该是研究上所必需，而且保证对研究对象不会造成任何的伤害。

(5) 网络营销中的问题。网络营销中，企业在网上收集和使用消费者个人信息问题上违反道德的行为主要是两个方面。

① 在收集信息的过程中侵犯消费者的知情权。传统营销中消费者个人信息主要是通过市场营销调查来获得，这些信息的获得是经过消费者许可的，没有消费者的许可是很难获得这些信息的。随着网络技术和网络软件的发展，企业在网上收集消费者个人信息变得越来越容易、越来越隐蔽。在很多情况下，消费者的个人信息在不知不觉中就已经被收集。

② 在使用信息的过程中违背收集信息的初衷。企业网站以注册名义通过网络消费者登记来收集信息是一种正常的手段。在注册的过程中，企业通常都会提出使用和保密方面的协议，可是在实际使用过程中，企业则违背收集信息的初衷，除了自己使用这些信息外，还出卖它来赚钱。

以上这两种情况都是不道德的，也是不允许的。

2.4　本章小结

本章主要介绍了消费者行为研究的历史、理论来源以及消费者行为学的研究方法。

消费者行为研究的历史大体上可以分为三个时期：萌芽时期(19 世纪末至 20 世纪 30 年代)，在这个阶段，消费者行为与心理的理论研究开始出现并得到初步发展；应用时期(20 世纪 30 年代至 60 年代)，这一时期消费者行为研究得到迅速发展并广泛地应用于企业市场营销实践中；发展时期(20 世纪 60 年代以后)，消费者行为研究呈加速发展趋势，研究文献的数量和质量有了明显提高，研究范围不断扩展，研究方法也日益多样化。

消费者行为学作为一门科学，具有显著的多学科或跨学科的性质，与其关系密切的学科主要有心理学、社会学、社会心理学、文化人类学、经济学、市场营销学等。

心理学是研究心理现象的发生、发展和活动规律的科学。心理现象分为心理动力、心理过程、心理状态和心理特征四个方面。心理动力是指决定着个体对现实世界的认知态度和对活动对象的选择与偏向的心理现象系统。人的心理是一种动态的活动过程，即人脑对客观现实的反映过程，它包括认知过程、情感过程和意志过程。心理状态是指心理活动在一段时间里出现的相对稳定的持续状态。心理特征就是人在认知、情绪和意志活动中形成的那些稳固而经常出现的意识特性，主要包括能力、气质和性格。

社会心理学是心理学和社会学之间的一门边缘学科，并受到这两个学科的影响。社会心理学研究的内容主要包括以下几方面：社会化、社会认知、社会动机、社会沟通、社会态度、人际关系等。

关于消费者的资料主要有两类：第二手资料和第一手资料。第二手资料又称间接资料，是他人为其他某种目的收集、已经加工整理过的信息。第二手资料的来源多种多样，包括企业内部资料、图书馆、政府部门、市场调查机构、行业协会等。

消费者行为的研究分为两种性质不同的类型：定性研究和定量研究。研究消费者行为的方法很多，本章主要介绍了观察法、实验法、调查法、问卷法、访谈法、投射技术等。在本章的最后还探讨了消费者行为研究中的道德问题。

2.5 思考与技能实践

2.5.1 基本训练

1. 简答题

(1) 消费者行为研究的历史经历了哪几个阶段？

(2) 社会心理学研究的内容主要包括哪些方面？

(3) 研究消费者行为的方法有哪些？

(4) 第二手资料的来源主要有哪些？

(5) 研究人员在与消费者打交道的过程中，应该注意哪些问题？

2. 选择题

(1) 心理现象分为(　　)。

A. 心理动力　　B. 心理过程　　C. 心理状态

D. 心理机能　　E. 心理特征

(2) 心理学把这种自觉地确定目的并为实现目的而有意识地支配和调节行为的心理过程，称为(　　)。

A. 认识过程　　B. 情感过程　　C. 意志过程　　D. 意识过程

(3) 心理学的创始人是(　　)。

A. 弗洛伊德　　B. 华生　　C. 马斯洛　　D. 冯特

(4) 实验法有以下两种形式：(　　)。

A. 现场实验法　　B. 实验室实验法　　C. 自然实验法

(5) 主题统觉测验属于消费者研究中的(　　)。

A. 实验法　　B. 投射技术　　C. 访谈法　　D. 观察法

3. 判断题

(1) 从事任何研究项目，首先应全面搜集与此项目有关的第二手资料。　　(　　)

(2) 投射技术属于定量研究。　　(　　)

(3) 精神分析学派的创始人是华生。（　　）

(4) 最早从事消费心理研究的是美国社会学家凡勃仑。（　　）

(5) 效度指的是量表的可靠性。（　　）

(6) 观察法一般适用于行为发生在相对较长的时间跨度里。（　　）

2.5.2　技能训练

1. 第二手资料的来源多种多样，包括：

(1) 企业内部资料。

(2) 图书馆。

(3) 政府部门。

(4) 市场调查机构、咨询机构、广告公司所公布的资料。

(5) 行业协会。

(6) 互联网。

2. 一份好的问卷设计要按步骤地回答以下问题。

(1) 基本决定：需要收集哪些信息？向哪些人收集信息？

(2) 确定所问问题与内容：这一问题确实需要吗？被调查者能正确地回答这一问题吗？是否存在外部的事件，使得被调查者的回答具有倾向性？

(3) 决定应答方式或形式：这个问题是以自由回答式、多重选择式还是以两分式的形式提出来？

(4) 决定提问的措辞：所用的词语是否对所有的被调查者都只有一种含义？问题里是否隐含任何的备选答案？被调查者能从研究者所期待的参照体角度回答这一问题吗？

(5) 决定问题的排列顺序：所有问题都是以一种合乎逻辑且避免产生偏差的方式排列的吗？换句话说，前后问题之间有没有矛盾的地方？

(6) 预试与修正：最终问卷的确定是否取决于运用少量样本的预试？预试中的应答者是否与最后要调查的被试相类似？

2.5.3　操作练习

1. 某公司将对彩电市场销售情况做一次问卷调查，请帮助设计一份有关彩电的品牌、型号、价格、售后服务、购买意向等方面的调查问卷。

2. 假如你是某大型连锁超市的市场调研与开发人员，公司要到某一城市去建一所超市。从搜集第二手资料的角度出发，你将做哪些工作？写一份书面计划进行说明。

2.5.4　案例分析

松下，新一代的选择

松下电器在消费电器行业中的良好形象已经是有目共睹了。对于如何能把这种良好形象引申到办公自动化领域的问题，松下做了一个有趣的研究。

首先，研究人员有目的地收集了一组照片，照片上有各种场景和人物。然后，把这些照片给消费者看，并让他们说出来哪些照片上的人物分别能与 IBM、施乐、佳能和松下中的产品联系在一起。

消费者的回答表明，他们更愿意将那些年纪较大、有声望并且非常富有的人物的照片与 IBM 和施乐公司联系在一起，而把那些年轻的自由职业者照片和松下公司联系在一起。松下电器公司利用这些发现为其办公室自动化产品发起了一场广告宣传活动“松下，新一代的选择”，突出了生于 20 世纪六七十年代生育高峰期目前已居于公司管理位置的自立者。

资料来源：〔美〕亨利·阿塞尔. 消费者行为和营销策略. 韩德昌，等译. 北京：机械工业出版社，2000

问题：松下电器公司的研究采用的是什么方法？

2.5.5 网上调研

你怎样看待消费者研究中的道德问题？就这一问题进行网上调研，并写出一份书面心得。

2.5.6 单元实践

她们为什么不购买速溶咖啡？

当方便快捷的速溶咖啡进入美国市场时，美国的家庭主妇并不买账。厂商对美国家庭主妇进行调查，询问其不购买速溶咖啡的原因，绝大多数家庭主妇回答是不喜欢速溶咖啡的口味。为了了解她们的口味偏好，厂商对家庭主妇进行了一次测试：请主妇们品尝没有标志的天然咖啡与速溶咖啡，比较哪种咖啡的品质好，结果家庭主妇根本分不出两种咖啡的区别。这说明拒绝购买的原因并不在生理上，而在其没有说出的隐性动机(隐性动机指的是消费者不愿意说出的购物动机，通常有两种情况，一是消费者自己知道，但由于某种原因而不愿意说出；另一种是消费者自己也没有意识到，当然也就更说不出来了，后一种情况往往是由于消费者潜意识造成的)。于是厂商又进行了一个“购物单”法调查：假设两张家庭主妇购买了 8 种商品的购物单，前 7 种商品完全一样，只是购买的第 8 种商品不一样，一位家庭主妇购买了天然咖啡，另一位购买了速溶咖啡，请被测试的家庭主妇描绘两位购买者的形象。购买天然咖啡的主妇被测试者描绘是一位责任感强的贤妻良母。而购买速溶咖啡的则是缺乏家庭责任感、不会持家的懒婆娘。找到阻止家庭主妇购买速溶咖啡的埋藏在其心灵深处的潜意识后，厂商重新设计了广告的主题：购买速溶咖啡的家庭主妇是善于持家的贤妻良母，使用速溶咖啡提高了操持家务的效率，她们腾出更多的时间相夫教子。这一广告改变了速溶咖啡购买者的形象，速溶咖啡很快成为美国市场上的畅销品。

资料来源：https://wenku.baidu.com/view/249375e30b4c2e3f56276367.html

问题：分析人们不喜欢速溶咖啡的真正原因，并提出建议。

第 3 章

消费者的感知觉

【学习目标】

知识目标：了解感知觉的内容和特点，认识和了解知觉的种类及对消费心理的影响，掌握消费者社会知觉的内容与存在的误区。

技能目标：了解消费者的知觉过程；掌握感觉阈限的理论，特别是具有运用差别阈限的原理来解释和解决营销中的具体问题的技能。

能力目标：具有根据消费者的感知觉特点制定相应的营销策略的能力。

【案例导读】

视觉，餐饮品牌最直接、最具杀伤力的营销战略！

肯德基，在视觉设计上是全世界餐饮品牌共同学习的对象，可谓经典中的经典。肯德基的视觉设计，秉承了3个最主要的品牌视觉原则：①logo文字化；②品牌人格化；③占据色彩认知。

当然肯德基未必是世界第一的餐饮品牌，但是一定是世界第一的餐饮品牌视觉营销案例。

品牌初创期，对于任何一个开创阶段的餐饮品牌而言，文字化的logo更直接有效，同时加上了创始人的形象，拥有独一无二的视觉差异化，且给消费者以品牌安全感方面的长期价值。肯德基于1952年推出第一版logo设计。

任何一个经过26年的沉淀的餐饮品牌都应该更加强调品牌创始人的形象。

肯德基的第二版logo设计(1978年)把品牌创始人形象提到最前面，予以强化，同时把肯德基英文全部加大加粗，在不伤害品牌传播效率的基础上，大大强化了品牌创始人形象。

我们认为任何一个餐饮品牌第二阶段应该做的视觉选择——强化品牌创始人形象。

第三阶段，有了 40 年历史的肯德基开始强调自己的主体色彩。这是任何一个餐饮品牌不可忽视的重点——色彩营销。

肯德基在第三版logo设计(1991年)中，用红色块的形式强化了对红色的认知抢占。同时开始启动过渡期的蓝色建立区隔和强化品牌创始人形象。

要注意的是：肯德基经过40年的沉淀和积累，终于顺应多年累积的消费者口头禅(肯德基某种程度上的主动引导)，将品牌名改为简写的KFC。

这里我们特别要指出的是：任何一个品牌在开创阶段直接用简写是不对的，学习就应该学习“成功品牌不同阶段的不同做法”，而非成功品牌现在的做法。

肯德基品牌视觉的第四阶段堪称经典中的经典，充分把握住了视觉营销的战略节奏感，通过过渡阶段的蓝色进一步深度强化品牌创始人形象，使之成为肯德基餐饮品牌的第一象征性视觉记忆点。肯德基于 1997 年推出第四版 logo 设计。

对于餐饮品牌视觉节奏的把握，肯德基是世界性的经典范例。

经过前四个阶段的沉淀和积累，第五阶段肯德基果断放掉品牌过渡期的蓝色，直接采用更简洁的黑红双色，完成了大师级的视觉认知占有全过程。于是，产生了今天众所周知的 logo 设计。

最终品牌创始人形象，成为肯德基最高维度的视觉钩，成就了世界级的餐饮品牌视觉营销经典案例。

资料来源：http://www.360doc.com/content/16/1204/00/14788_611676392.shtml(编者对原文有删减)

该案例表明，在现代商业已经发展到很高水准的今天，无论是商品的品种、数量，还是宣传、促销手段，都达到了极为丰富的程度。顾客在购物的同时，已经把欣赏琳琅满目的商品作为一种额外的享受。无疑，这种体验会大大激发顾客光顾商场的兴趣，同时，商店也会因此增加销售利润。

3.1 消费者的感觉

3.1.1 感觉的概念

感觉是刺激物作用于感觉器官，经过神经系统的信息加工所产生的对该刺激物个别属性的反映。

在日常生活中，外界的许多刺激物作用于人们的各种感觉器官，经过神经系统的信息加工，在人们的头脑里就产生了各种各样的感觉。例如，人们看到某种颜色，听到某种声音，闻到某种香味，感受到一定的温度等。同时，感觉也反映机体内部的刺激。例如，人们觉察到自身的姿势和运动，感受到内部器官的工作状况——舒适、疼痛、饥渴等。不论是对外部刺激的反映或是对内部刺激的反映，感觉是对刺激给予感觉器官的直接感受，是对刺激物个别属性的反映。

感觉器官就是接受感觉刺激的器官，包括眼、耳、鼻、舌、皮肤等，其相应的感觉功能就是看、听、闻、尝和触觉。

虽然感觉是一种最简单的心理现象，但它在人的心理活动中却起着极为重要的作用。因为人对客观世界的认识过程，是从感觉开始的，感觉是人关于世界的一切知识的源泉。一切较高级、较复杂的心理现象，如记忆、思维、情感、意志等，都是在感觉的基础上产生的。例如，消费者初到商店，感受到光线明暗、色彩变化、声音背景、温度高低等。这些由感觉器官接收到的信息构成了消费者对商店印象的基础。

3.1.2 感觉的种类

根据感觉刺激是来自有机体外部还是内部，可把各种感觉分为两大类：外部感觉和内部感觉。外部感觉接受机体外的刺激，反映外界事物的个别属性。属于外部感觉的有视觉、听觉、嗅觉、味觉、触觉。内部感觉接受机体内的刺激，反映身体的位置、运动和内脏器官的不同状态。属于内部感觉的有肌肉运动感觉、平衡感觉、内脏感觉等。这里主要介绍与消费者行为比较密切的几种外部感觉。

1. 视觉

人们获得的一切知识几乎都是由光输入，各种感觉器官从客观现实接收的信息有 85%是从眼睛输入的。光以电磁波的形式和运动存在于空间中。视觉的适宜刺激物是 400～760nm 的光波。光对人类有着非常重要的意义。

物体的颜色是由它所反射的光波决定的，各种不同的波长，相应地引起不同的颜色感觉。例如，700nm 波长作用于眼睛引起红色感觉，590nm 的波长作用于眼睛引起黄色感觉，570nm 波长作用于眼睛引起绿色感觉，440nm 波长作用于眼睛引起紫色感觉等。上述各种单色光可以用一个三棱镜的折射产生全部彩色的刺激，各种不同波长的单色光混合作用于眼睛则产生白光。

视觉是人类和其他动物最为复杂、高度发展和重要的感觉。营销人员经常利用视觉刺激来沟通和传达其营销信息，以此来吸引消费者的购买。视觉上的刺激主要包括颜色、外形、大小等。

颜色具有重要的感官内涵，它可以直接影响人们的情绪感受。心理学家对此曾经做过许多实验。他们发现，在红色的环境中，人的脉搏会加快，血压有所升高，情绪会兴奋冲动；而在蓝色环境中，脉搏会减缓，情绪也较沉静。冷色与暖色是依据心理错觉对色彩的物理分类，对于颜色的物质性印象，大致有冷暖两个色系。波长长的红色光和橙色光、黄色光，本身有暖和感；相反，波长短的紫色光、蓝色光、绿色光有寒冷的感觉。冷色与暖色除去给人们以温度上的不同感觉外，还会带来其他一些感受。例如，暖色偏重，冷色偏轻；暖色有密度大的感觉，冷色有稀薄的感觉；冷色有退却的感觉，暖色有逼近的感觉。有研究发现，黄色的墙壁和装潢使店内的顾客移动较快；而快餐店内的橘色装潢使人感到饥饿；医院内的蓝色和粉红色调则可以使病人减轻焦虑。

此外，因为文化的关系，颜色感知在不同的国家之间也有所不同。一项研究发现，中国和日本的消费者将紫色与昂贵的产品相联系，而将灰色与便宜的产品相联系。这恰好与美国的消费者相反。

产品的外形和大小也能影响消费者的感知。例如，苹果计算机将个人计算机赋予彩色透明的外壳，而转变了过去个人计算机给消费者的冰冷呆板的形象，让个人计算机也能展现它活泼轻快的一面，从而吸引了注重计算机外表这一属性的顾客。

颜色引起的物质性的心理错觉，是艺术家或设计家最可利用的手段之一。有一个生动的例子：1940 年，纽约的码头工人因搬运的弹药箱太重而举行罢工。一位颜色专家出了个主意，把弹药箱的颜色改漆为浅绿色，尽管弹药箱的重量并未改变，但颜色的改变使工人觉得它变轻了。罢工终于停止了，颜色提高了劳动效率。一般来说，在狭窄的空间中，若想使它变得宽敞，应该使用明亮的冷调。由于暖色有前进感，冷色有后退感，可在细长的空间中远处两壁涂以暖色，近处两壁涂以冷色，空间就会从心里感到更接近方形。颜色视觉引起的心理联想如表 3-1 所示。

表 3-1　颜色视觉引起的心理联想

颜　色	象　征	距离感	温　度	兴奋度	主要联想
白色	少女、清纯、神圣、死亡	远	冷	低	清洁、诚实、神圣
灰色	质朴、温和	近	温	中	平易近人、稳重、和气

(续表)

颜色	象征	距离感	温度	兴奋度	主要联想
黑色	夜间、罪恶、压抑、死亡	近	温	低	庄重、神秘、死亡、罪恶
红色	喜庆、活力、血液、恐怖	近	热	高	喜庆、吉利、张扬、精力旺盛、好斗、愤怒、危险
绿色	植物、生命	近	温	中	生机、环保、平静、顺利
蓝色	天空、大海	远	冷	低	遥远、飘逸朴素、寂寞、冷淡
黄色	黄金、富贵、富裕	近	温	高	富裕、高贵、愉快、舒适
紫色	威严、优雅	近	温	中	优美、满意、希望、生机
青色	鬼火、恐怖、怪异	远	冷	低	神秘、恐怖、冰冷

资料来源：孙喜林. 旅游心理学. 大连：东北财经大学出版社，2004

【小资料3-1】

白象方便面“巧遇”黄衣圣诞老人

色彩营销在品牌塑造中起到的作用，自20世纪由美国CMB公司的卡洛尔·杰克逊女士首次提出后，逐步成为全球知名品牌的营销策略之一。国内食品行业的白象方便面以“金黄色”为主打颜色，巧妙结合圣诞老人这一经典元素，将一场产品营销活动打造成了国内首个色彩营销案例。

究竟何为色彩营销？简单来讲就是根据消费者心理对色彩的需求，运用色彩营销组合来促进产品销售。回顾这样一场轰动郑州并影响全国的色彩营销事件，还要追溯到2013年圣诞节前夕。实际上，活动伊始并未有人发现，这是一场精心策划并暗藏玄机的营销事件，只在微博上陆续发现网友爆料——郑州火车站、机场等地，惊现身着黄衣的圣诞老人！

显然，对于所有人而言，圣诞老人这个老少皆知的形象，从一身红色变为周身金黄，无疑是最大的关注焦点。而这恰恰为国内首个色彩营销事件拉开了大幕。

金黄色包装的白象大骨面，自上市以来便与红油色的康师傅、绛紫色的老坛酸菜等诸多产品，形成了鲜明的色彩区隔。而从面本身的料包来讲，白象大骨面广受好评的“骨汤”包，经由滚水融化，就能为食客奉上一碗美味营养的大骨汤。更为重要的是，在以“口味”变化取胜的方便面市场，白象食品集团独辟蹊径，寻找到一条原材料加工的新工艺，为越吃越咸、越吃越辣、越吃越酸的方便面行业，送来了一阵清淡的骨香味……

12月24日，白象食品股份有限公司邀请的百名圣诞老人齐聚郑州国贸360广场，并全部换上了金黄色的圣诞服装，现场更是大派白象大骨面作为“鉴面礼”，点燃郑州全城的圣诞热情。

想必在圣诞节的郑州街头，完全不知情的路人在看到“黄衣”圣诞老人后，都会留下深刻的印象；而当他们接过这些亲切、热情的圣诞老人送来的礼物——拥有黄色包装的白象大骨面时，心中自然就产生了挥之不去的色彩联想。要知道，周身金黄的白象大骨面，与穿着黄色服装的圣诞老人之间，正是借由“色彩”嫁接出了一段完美的桥梁。

有调查数据显示，色彩可以为品牌或者产品的信息传播扩展40%的受众，提升75%的群众认知理解力，在不增加成本的前提下，出众的色彩设计能为产品增加15%~30%的附加值。西方国家成熟的品牌营销中，早已认识到色彩的潜在竞争力，并通过各个层面的努力，将色彩资源应用于实际的营销战略当中，进而将商品的思想传达给消费者，提高营销的效率。

回到开篇所提的“巧遇”，周身金黄色的白象大骨面，不仅为食客带来了“醇香骨汤”“健康美味”的口味联想，更巧妙地选取全球共庆的圣诞节，为全世界人都熟识的圣诞老人穿上黄色的盛装，通过“色彩联想”这一视觉心理的连锁反应，使得这场“全城派礼活动”联合白象大骨面一同印刻在了中国消费者的心目中。

就如同阿玛尼在“唯有今宵．北京”主题时装秀上，选择了启用颇具意味的绿色作为全场的主色调，不仅从整体上呈现出清新、年轻、活力的印象，更加迎合了国人渴望回归自然的审美情趣和温厚善良的中庸情怀；或是全球最大的汽车制造商通用汽车的设计部分，依照对通俗文化、经济趋势以及其他行业消费模式的研究，判断并设计出了全新的“银色”或是“黑色”。

但在国内，品牌营销能够如此深入地联合创意设计与品牌诉求的，确实是凤毛麟角。这个冬天，在雾霾“袭”城的郑州，一群“周身金黄”的圣诞老人走上街头，走进孤儿院、敬老院，充满爱心地派发“周身金黄”的白象食品作为圣诞礼物，堪称国内品牌色彩营销的一大成功典范。

资料来源：http://blog.sina.com.cn/s/blog_50b8d6310102e9i6.html(编者对原文有删减)

2. 听觉

空间任何一个物体振动时，影响周围空气周期性的压缩和稀疏，这就产生了声波。声波是听觉的适宜刺激。全部声音按照它们是否有周期性而分为乐音和噪音两类。乐音是周期性的声音振动，如音叉声、歌唱家的歌声等。噪音是非周期性的声音振动。

人的听觉器官对每秒 16～20000 次振动的声音能发生听觉的反应，而对 400～1000 次振动的声音感受性最大。在每秒 16 次以下和 20000 次以上，无论强度多大也听不到声音。音强超过 140dB 时，耳膜会产生痛觉。

在对世界的体验中，听觉和视觉起着相互补充的作用。人们经常在看见刺激之前就听见刺激，特别是当刺激出现在身后或者是不透明物体(如墙壁)的另一侧时。营销人员常用音乐和声音来影响消费者的感知、情绪与行为。例如，广告人员频繁地使用音乐作为背景来创造对品牌的积极联系。又如，有学者通过变换餐厅内的音乐节奏，来观察其对餐厅顾客的消费金额与停留时间的影响，结果发现音乐对于餐厅消费者的停留时间和消费金额有显著影响。另外，也有学者针对卖场的音乐进行变换，来观察其对顾客的消费金额与停留时间的影响，结果发现当音乐速度较快时所引发的正面情绪较低，而负面情绪则较高，在购买时间上也较短，同时单位时间购买金额也较低。

3. 嗅觉

嗅觉感受器的嗅细胞存在于鼻腔的最上端、淡黄色的嗅上皮内。嗅觉是由物体发散于空气中的物质微粒作用于鼻腔上的感受细胞而引起的，其刺激物必须是气体物质。在视觉、听觉损伤的情况下，嗅觉作为一种距离分析器具有重大意义。盲人、聋哑人运用嗅觉就像正常人运用视觉和听觉一样，他们常常根据气味来认识事物，了解周围环境，确定自己的行动方向。

气化物靠空气扩散，因此嗅觉是距离性感觉：不必与刺激源直接接触，就能产生嗅觉。气味对化妆品和食物有特殊的重要性。例如一项研究中，两种不同的香味被加入到同一种面巾纸上，消费者感知其中一种是上等的和昂贵的，而另一种被认为是在厨房中使用的。

4. 味觉

味觉的感受器是味蕾。味蕾是一种球状的感觉神经细胞，这种细胞大多分布在舌尖、舌面和舌侧三处，少数分布在口腔内部。人类的基本味觉至少有酸、甜、苦、咸 4 种，而 4 种味觉的味蕾在舌上的分布是不同的：甜在舌尖，酸、咸在舌两边，苦在舌根。

事实上，味觉并不是独立的，它常常与其他感觉相互影响。例如，吃东西的时候，经常是既有味道刺激舌头，又有气味刺激鼻孔，更有颜色刺激眼睛，即所谓的"色、香、味俱全"。可见，口味只是产品的属性之一，很多蒙眼测试的结果都发现，在隐藏品牌的状况下，产品并没有太大差异，而当揭露品牌时，消费者却明显受到品牌偏好的影响。

【小资料 3-2】

味道偏好在品牌忠诚度中的作用

味觉是极为主观的东西，因而人们通常不会做对食品喜好程度的测试。但因为两大可乐公司——可口可乐与百事可乐的销售是如此具有攻击性，所以有人曾进行了一项味觉测试，它会挑战那些自称是可口可乐或是百事可乐的拥护者：蒙眼尝味来发现你喜爱的品牌。

实验请了一批志愿者，他们对传统可口可乐、传统百事可乐、低糖可口可乐与低糖百事可乐四者中的一种十分喜爱。他们都认为自己可以毫不费力把自己喜爱的牌子与其他牌子区分开来。

首先确定了19名普通可乐饮用者与27名低糖可乐饮用者。然后给他们喝四种不知种类的可乐样品，每次一种，一组喝普通可乐，另一组喝低糖可乐。最后请他们说出每种样品是可口可乐还是百事可乐。

其实，把四种样品都判断正确很不容易，但也不算困难，因为这些人都相信自己可以分辨出自己喜爱的品牌。结果，19个普通可乐饮用者中只有7个在全部四个测试样品中正确地区分出了自己喜爱的品牌。低糖可乐饮用者做得更糟，27个人中只有7个人把全部四个都判断对了。

两组的结果都比随机猜测的正确率要高，但每组中几乎有一半人选错了两次以上，有两个人把全部四个都弄错了。总体来说，口味偏好测试的结果表示，只有很少的百事可乐爱好者与可口可乐爱好者真的可以由口味和价格判断出他们喜爱的品牌。

资料来源：〔韩〕金英汉，林希贞. 星巴克的感性营销. 张美花，译. 当代中国，2007-03-01

问题：试分析口味对人们分辨食品的重要性。

分析提示：口味只是产品的属性之一，通常人们的味觉偏好是十分主观的。虽然味觉对大部分食品很重要，但品牌、颜色、形状等能对人的心理产生重要的作用，有时候这种心理作用甚至能盖过味觉的满足。

5. 触觉

触觉是皮肤表面承受某物体压力或触及某物时所产生的一种感觉。引起触觉的刺激强度，因身体各部位敏感度的不同而有很大的差异：舌尖、唇、指尖等部位比较敏感，而背、臀、腿等部位比较迟钝。对产品的触觉也能影响消费者的感知。例如，人们买衣服的时候，都要用手摸一摸，以判定衣服的质地、属性等。

3.1.3 感觉的基本规律

1. 感受性和感觉阈限

对刺激强度及其变化的感觉能力称为感受性，它说明引起感觉需要一定的刺激强度。衡量感受性的强弱用"阈限"这个概念来表述。所谓"阈限"，就是门槛的意思。每种感觉都有两种感受性和感觉阈限：绝对感受性与绝对阈限、差别感受性与差别阈限。

(1) 绝对感受性与绝对阈限

在日常生活中，并非所有来自外界的适宜刺激都能引起人的感觉，如落在皮肤上的灰尘、遥远处微弱的灯光、来自手腕上手表的滴答声，这些都是感觉器官的适宜刺激，但人在通常情况下却无法感觉到，原因在于刺激量太小。要产生感觉，刺激物必须达到一定的强度并且要持续一定的时间。刚刚能引起感觉的最小刺激量称为绝对阈限。例如，人的眼睛在一般可见光谱(400～760nm)范围内，有 7～8 个光量子，且持续时间在 3s 以上，就可以产生光的感觉；声音的感受频率大致在 20～200 000Hz，超过这一范围，无论响度如何变化人都听不到。这些情况说明，只有在一定适宜刺激强度和范围内，才能产生感觉；达不到一定的强度，或者超过感觉器官所能承受的强度，都不能产生感觉。绝对感受性是指刚刚能够觉察出最小刺激量的能力。

绝对阈限并不是一个单一的强度值，而是一个统计学上的概念。在测量感觉阈限时，随着刺激量逐渐增加，被测试者对刺激从觉察不到到有时能觉察到、有时不能觉察到，再到完全能觉察到。按照惯例，心理学家把有 50%的次数被觉察到的刺激值定为绝对阈限。因此，在有感觉和没有感觉之间显然是不存在着一个特殊具体的值起作用的。阈限是一个逐渐过渡的强度范围。

绝对感受性与绝对阈限在数量上成反比关系。如果用 E 代表绝对感受性，R 代表绝对感觉阈限，则它们之间的关系可用下列公式表示：

$$E=\frac{1}{R}$$

各种感觉的绝对阈限是不同的。在适当的条件下，人的感觉阈限是很低的。例如，在空气完全透明的条件下，人能看见 1km 远的 1/1000 的烛光；如果用这个烛光能量把 1g 水加热 10℃，要花 6000 万年的时间；人能嗅到 1L 空气中所散播的 $1/10^8$mg 的人造麝香。当然，不同个体的绝对阈限有相当大的差异，即使是同一个体也会因机体状况和动机水平而发生变化。

(2) 差别感受性与差别阈限

能觉察出两个刺激的最小差别量称为差别感觉阈限或最小可觉差(just noticeable difference，JND)。对这一最小差别量的感觉能力，称为差别感受性。最小可觉差的数值是一个常数。如在原来声音响度的基础上，响度要增加 1/10，人才能听到声音的变化；感受到亮度的变化需要增加 1/100；而感受到音高的变化则只需提高 1/333。

为了引起一个差别感觉，刺激必须增加或减少到一定的数量。1834 年，德国生理学家韦伯在研究感觉的差别阈限时发现，如果以 R 表示最初的刺激强度，以 $R+\Delta R$ 表示刚刚觉察出有变化的刺激强度，那么在一定范围内，每种感觉的差别阈限都是一种相对的常数。用数学公式表示：

$$\frac{\Delta R}{R}=K$$

这个公式称为韦伯定律(或韦伯分数、韦伯比值、韦伯常数)，即当 R 的大小不同时，ΔR(最小可觉察的物理量)的大小也不同，但 K 则是一个常数。例如，原先举起 50g(R)的质量，其差别阈限是 1g，那么至少是 51g 的质量才被我们觉察出比原先稍重一些；如果是 100g 质量，那么至少是 102g 才被我们觉察出比原先稍重一些；如果是 150g，至少是 153g 才被我们觉察出比原先稍重一些。可见，在这里，差别阈限值是刺激质量的同一分数，1/50=2/100=3/150=0.02。这一韦伯分数表明，必须在原初质量的基础上再增加它的2%，才能觉察出它比最初质量稍重一些。

不同感觉系统的韦伯分数相差很大。韦伯分数越小，则感觉越灵敏。各种感觉系统的韦伯分数在中等强度刺激范围内是正确的，但在极端刺激(过强或过弱时)的条件下就不正确了。费希纳确定了接近绝对阈限时韦伯分数所发生的变化，进一步假设一个最小觉差为一个感觉单位，并在韦伯定律的基础上推导出下式：

$$S = K\log R + C$$

式中，S为感觉强度；R为刺激强度；K和C为常数。也就是说，刺激强度按几何级数增加，而感觉强度只按算术级数增加。这就是费希纳定律。后来的研究表明，费希纳定律也不是通用的，只具有近似的意义，即它也仅适用于中等刺激强度的范围内，尽管这个范围相当大。

(3) 感觉阈限在营销中的应用

有关感觉阈限的研究在营销中具有重要的应用价值。企业努力确定与它们产品有关的差别感觉阈限有两个不同的原因：一是负面的改变不易被消费者觉察，如使产品在提高价格或减少质量时处于差别阈限以下；二是为了使产品的改进对于消费者来讲更明显而不需太大的成本，如改进包装或降低价格时恰好就在差别阈限以上。当然，要达到这样的目的需要精心的调查与测算。

例如，百事可乐在1997年重新设计了包装，更新了面貌。其新的彩色易拉罐是明亮的军蓝色，在易拉罐旁边正上方用白色字母写有百事(PEPSI)字样。为了提供持续的知觉特征，公司先用较亮的蓝色介绍新的包装(和广告)，以后再逐渐加深蓝色，使其整个商标图案更突出。

在营销实践中，当实现了商品的改进时，营销人员非常想满足或超过消费者的差别阈限，即他们想使消费者容易觉察最初产品的任何改进。营销人员用差别阈限来决定他们应该做出产品改进的数量。低于差别阈限值是浪费，因为这种改进不会被察觉；超过差别阈限太多也是浪费，因为这会减少重复销售的量。

另外，产品在定价方面也要运用好价格阈限。所谓价格阈限，即消费者对价格变动的最高和最低心理接受界限。由于消费者在日常生活中根据自身感受和价格评价标准以及消费者相互影响，对每一种商品都有一个心目中的价格范围，这个范围就是消费者宁愿支付货款也不愿失去这一次购买机会的价格。如果企业价格刚好定在这个范围内，消费者就会满意地购买；如果商品价格超过价格阈限的上限，消费者会感到是漫天要价而拒绝购买；如果低于价格阈限的下限，同样会引起消费者的负面反应，导致对商品的疑虑心理而拒绝购买。价格阈限是消费者自身所感受的，并且是发自内心的。如果企业希望消费者从自己处得到满意，则企业必须学会用消费者的眼光来看待自己的产品或服务。

(4) 阈下感觉

低于绝对感觉阈限的刺激，虽然我们觉察不到，但却能引起一定的生理效应。例如，低于听觉阈限的声音刺激能引起脑电波的变化和瞳孔的扩大。因此，有意识的感觉阈限与生理上的刺激阈限并不完全等同。一般来说，生理的刺激阈限低于意识到的感觉阈限。因为一个人说出“我感觉到它”之前，早有一定的生理过程发生了。

许多厂商设计广告时都考虑选择运用消费者阈限之内的广告信息。然而，这个问题的另一方面是，相当多的消费者似乎认为事实上许多广告信息企图让消费者无意识地接收或是处于认知的阈限之外。落于阈限之外的刺激称为阈下刺激。当刺激落在消费者的意识阈限以下时，潜意识知觉就产生了。

【小资料 3-3】

阈下刺激

在 20 世纪 50 年代末期，有报道说消费者接触了阈下广告信息，可他们并没有意识到在接受信息，这一报道发布之后出现了阈下感觉的研究热潮。1957 年 9 月，在美国新泽西一个汽车影院中做了一个广泛推广的实验。在电影《野餐》的放映过程中，潜意识投影公司每隔 5s 以 1/3000s 的速度插入“喝可口可乐，吃爆米花”的信息。这个速度快得让观众无法意识到他们看见过信息。据报道，在 6 个星期的实验中爆米花的销量增加了近 58%，而可口可乐的销量增长 18%。然而，由于没有采取科学的控制，研究者不能重复结果。

这些实验论断在美国引起骚动。记者及社会批评家表达了他们的恐惧，他们担心社会科学家与广告人联手侵犯公众隐私并控制消费者的意愿。正如当时一家杂志所云：消费者的大脑已经被打开并侵入。随后，联邦交流委员会和美国国会提出召开听证会以决定是否对阈下广告进行立法。结果的公开性唤起了学术界对阈下感知问题的研究。

资料来源：〔美〕L. G. 希夫曼，等. 消费者行为学. 俞文钊，等译. 上海：华东师范大学出版社，2002

目前，学术界对阈下刺激的研究一般达成了这样的共识：个体能够感受到意识以下的刺激，但没发现他们能被阈下刺激说服做出购买的决定。例如，一个研究者发现当简单的阈下刺激可可(COKE)在课题研究中用于激发渴的感觉时，阈下命令“喝可可”没有产生较大的影响，也没有产生任何行为结果。其他一些实验也有类似的结果，他们支持个体对阈下感知的结论，但阈下刺激不影响人们的购买动机。

2. 适应

刺激物对感受器持续作用，使感觉器官的敏感性发生变化的现象，称为感觉的适应。适应可以引起感受性的提高，也可以引起感受性的降低。例如我们都经历过视觉适应的两种情况：明适应和暗适应。从暗处来到明亮的地方称为明适应，例如，从一个黑屋子里来到外边阳光下的时候，起初觉得光线很刺眼，什么也看不见，过几分钟就好了；从明亮的地方来到暗处称为暗适应，例如从外边的阳光下来到一个暗室里的时候，起初更是什么都看不见，差不多像盲人一样，经过较长的一段时间后，才能渐渐恢复正常。

适应现象表现在所有的感觉中，但是，在各种感觉中适应的表现和速度是不同的。例如，暗适应是环境刺激由强向弱过渡，由于一系列相同的弱光刺激，导致对后续的弱光刺激感受性的不断提高：开始的 5～7min 时，感受性提高得很快，经过 1h 后，相对感受性可提高 20 万倍。明适应是环境刺激由弱向强过渡，由于一系列的强光刺激，导致对后续的强光刺激感受性的迅速降低。在适应过程中，除视网膜的感光细胞发生变化外，还有中枢机制参与。实验表明，在暗适应的情况下，短时间给被试者的一只眼睛以亮光，结果另一只眼睛的感受性也受影响。

与视觉的适应比较，听觉的适应就很不明显。有人认为，一般的声音作用之后，听觉感受性有短时间的降低，并认为听觉的适应具有选择性，即在一定频率的声音作用下，只降低对该频率(包括邻近频率的声音)的感受性，而不降低对其他频率声音的感受性。

“入芝兰之室，久而不闻其香；入鲍鱼之肆，久而不闻其臭。”这是嗅觉的适应。嗅觉的适应速度，以刺激的性质为转移。一般的气味经过 1～2min 即可适应；强烈的气味则要经过 10 多分钟；特别强烈的气味(带有痛刺激的气味)令人厌恶，难以适应甚至完全不能适应。嗅觉的适应带有选择性，即对某种气味适应后，并不影响对其他气味的感受性。厨师由于连续地品尝，到后来做出来的菜愈来愈咸，这就是味觉的适应现象。

触压觉的适应很明显。我们安静地坐着时，几乎觉察不到衣服的接触和压力。实验证明，只要经过 3s 右，触压觉的感受性就下降到约为原始值的 25%。

温度觉的适应也很明显。例如，我们在游泳池游泳的时候，开始觉得水是冷的，经过几分钟后，就不再觉得水冷了。相反，我们在热水中洗澡的时候，起初觉得水很热，但经过几分钟后，就觉得澡盆中的水不那样热了。但是，对于特别冷或特别热的刺激，我们则很难适应或完全不能适应。

痛觉的适应是很难发生的，即使有，也极为微弱。只要注意力一集中到痛处，你马上就会感到疼痛。正因为痛觉很难适应，它才成为伤害性刺激的信号而具有生物学的意义。

3. 感觉的对比

同一感觉器官在接受不同刺激时会产生感觉的对比现象。例如，白色对象在黑色背景中要比在白色背景中容易辨出，红色对象置于绿色背景中则显得更红。因此，在广告设计或商品陈列中，亮中取暗、淡中有浓、静中有动等手法有助于增强消费者的注意力。

【小思考 3-1】

把灰色的图形分别放在白色和黑色的背景中，会有什么不一样吗？为什么？

答：灰色的图形放在白色的背景中会显得暗些，而放在黑色的背景中会显得亮些。这是因为同一感觉器官在接受不同刺激时会产生感觉的对比现象。

【小资料 3-4】

美国化妆品和日本空调器

在美国的化妆品生产行业有一句名言：“日本的化妆品市场是美国商人难于攀登的富山！”

什么意思呢？原来美国是生产化妆品的一个大国，出口的化妆品也较多，当美国化妆品进入日本市场的时候，也对日本人进行了大规模的广告宣传和其他形式的促销活动，但是日本人就是对此无动于衷，化妆品的销售量很少，美国运到日本市场的化妆品只能大量积压。美国的商人为此委托有关专家认真地研究了日本人购买化妆品的心理，通过大量的调查研究发现，原来是美国人生产的化妆品的色彩不适合于日本人购买化妆品的心理。

在美国，人们对于皮肤的色彩有一种十分普遍的观念，即认为皮肤略为深色或稍黑一些是富裕阶层的象征，因为只有生活富裕的人们才有足够的时间和金钱去进行各种消闲活动，到海滩去晒太阳是一种比较普遍的消闲活动，生活越富裕，去海滩晒太阳的机会越多，皮肤也就越黑，所以皮肤晒得越黑的人，说明其社会地位和生活的富裕程度越高！在化妆的时候，人们习惯于使用深色的化妆品，把自己的皮肤化妆成略为深色，以显示自己的地位。化妆品的厂家在生产化妆品的时候，也就以色彩略为深一些的化妆品为主大量生产。而日本人的皮肤属于东方人的皮肤类型，崇尚白色，化妆时不喜欢使用深色的化妆品，所以日本人对于美国人的那种略为深色的化妆品需求量是比较少的。

中东地区重视改善居室的舒适性，所以消费家用空调的人比例较高。最先进入中东地区销售空调电器的厂商来自美国和英国等一些国家，这些国家的产品质量一般还不错，所以前期的销售效果也很好，但销过一段时间之后，发现中东地区的消费者对于这些国家的空调电器不再有太多的兴趣，因为空调器总是出问题，出现停转的现象。

日本厂家在仔细研究了这些情况之后，得出一个结论：他们认为美国和英国等国家的空调器在中东地区总是出现停转问题的原因在于，中东地区多沙，空调器的防沙能力很差，而美国和英国空调器的生产者没有设计防沙功能的意识，不了解当地消费者以往习惯于各种物品的防沙功能，所以生产的商品不适应于这一地区的消费要求。日本厂商立即着手改进空调器的防沙能力，对空调器的进气口进行了防沙性能的处理，并且在广告中大力宣传日本空调器在中东地区的适应性，结果，日本的空调器一下子把美国和英国等国家的空调器挤出了中东地区的市场，并从此成为中东地区最畅销的产品。

不同社会阶层、不同生活习惯的消费者有不同的消费行为，营销中只有认真研究这些问题，才能赢得消费者，在市场中取胜。

资料来源：http://www.doc88.com/p-316741119343.html(编者对原文有删减)

3.2　消费者的知觉

3.2.1　知觉的概念

知觉是在感觉的基础上产生的，但比感觉更为全面地认识世界的过程。确切地说，知觉就是个体选择、组织和解释刺激，形成一种有意义的与外部世界相一致的心理画面的过程。

心理学认为，知觉过程是一个复杂过程，它要经过生理和心理的两个历程。当一个人在感知某一事物时，首先要通过感觉器官(如眼、耳等)感知对象(生理历程)，然后在头脑中形成一种印象(感觉)。这一印象形成后，又与感知者已有的认识体验结合起来，结果就形成了一个有意义的心理画面，我们把这个心理画面称为“知觉世界”。可见，世界上没有哪两个人所知觉到的世界是一模一样的，因为知觉是因人而异的。

现实生活中，纯粹的感觉几乎是不存在的，它总是与知觉紧密结合在一起，因而统称感知觉。心理学对感知觉的研究有着较长的历史和较为丰富的内容。

感觉与知觉既有联系又有区别。首先，知觉以感觉为基础，缺乏对事物个别属性的感觉，知觉就会不完整。其次，一旦刺激物从感官所涉及范围消失，感觉和知觉就停止了。再次，知觉是对感觉材料的加工和解释，但它又不是对感觉材料的简单汇总。最后，感觉是天生的反应，而知觉则要借助于过去的经验，知觉过程中还有思维、记忆等的参与，因而知觉对事物的反映比感觉要深入、完整。

3.2.2　知觉的特性

知觉的特性主要有以下几方面。

1. 知觉的选择性

作用于人的客观事物是丰富多彩、千变万化的。但人不可能对客观事物全部清楚地感知到，也不可能对所有的事物都做出反应，而总是有选择地以少数事物作为知觉的对象，对它们知觉得格外清晰，而对周围的事物则知觉得比较模糊，这些模糊的事物就成了背景。这种现象称为知觉的选择性。知觉的这种特性有两个价值：一是自我保护，因为人的心理承载力是有限的，人如果将感觉器官所接收到的所有信息都加以处理，那将超出其承受能力，出于自我保护，人对来自外界的信息进行选择；二是生存价值，这种选择带有指向性，有利于个体在环境中生存。

知觉选择的过程就是区分对象和背景的过程。对象和背景的分化是知觉最简单、最原始的形式。人们对对象和背景的知觉是不一样的，对象似乎在背景的前面，轮廓分明、结构完整；背景可能没有确定的结构，在对象的后面衬托着、弥散地扩展开来。

对象和背景的关系不是一成不变的，而是依据一定的主客观条件，经常可以相互转换。例如，当顾客在听营业员介绍商品时，营业员的讲话成为顾客知觉的对象，而周围的其他声音则成为这种对象的背景。如果这时候某一顾客听到周围其他人正在讨论他很感兴趣的一个话题，他就会把注意力转到别人谈话的内容上。那么，别人的谈话就成了这一顾客知觉的对象，而营业员的介绍便成了背景的一部分。

知觉对象和背景的关系也可以用一些双关图来说明。在知觉这种图形中，对象和背景可以迅速地转换，对象能变成背景，背景能变成对象，如图 3-1 所示。

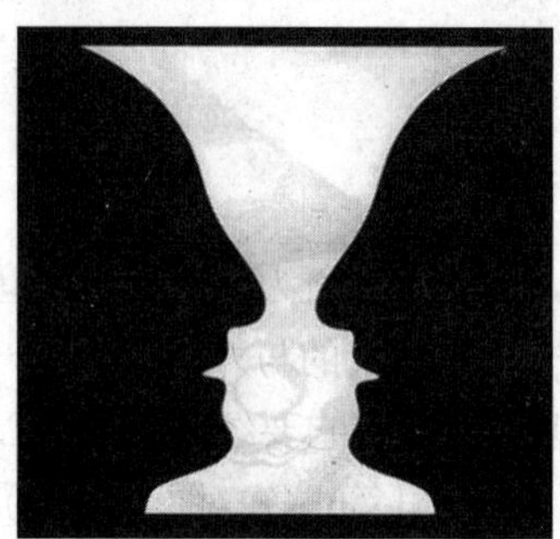

图 3-1　对象与背景

把知觉的对象从背景中分化出来，客观上受到许多条件的影响。这些条件主要有：

(1) 对象和背景的差别。对象和背景的差别越大，对象越容易从背景中突显出来。在颜色、形状、亮度等强烈对比的情况下，对象更为醒目。反之，差别小，则难以区分。例如，白纸黑字、绿叶红花，由于对比强烈而使对象容易分化出来。

(2) 对象的运动。在固定不变的背景上，运动的物体比不动的物体更容易成为知觉的对象。例如，夜晚忽闪忽灭的霓虹灯容易引起人们的注意。

(3) 对象的组合。对象各部分的组合也影响着对象各部分的辨认。组合包括两种：接近组合和相似组合。接近组合是指彼此接近的事物比相隔较远的事物容易组成对象。无论是空间的接近还是时间的接近，都倾向于组成一个对象。例如，苏州和无锡，山海关和北戴河，因为它们的距离接近，旅游者往往把它们知觉为一条旅游线。性质相同或相似的事物也容易被人组合在一起，成为知觉对象，如青岛和大连都被认为是海滨避暑胜地，五台山、普陀山、峨眉山、九华山，地理上虽然远隔千里，但人们把它们知觉为相似的佛教圣地。

在营销实践中，广告的设计者应该仔细设计广告，以确保他们希望注意的刺激是作为对象而不是作为背景被人们看到。同样，背景音乐不应该喧宾夺主地引人注意，广告背景也不能够贬低产品的价值。

2. 知觉的理解性

人的知觉并不是像照相机那样详细而精确地反映出刺激物的全部细节。它不是一个被动的过程。相反，人的知觉是一个非常主动的过程。它要根据主体的知识经验，对感知的刺激物进行加工处理，并用概念的形式把它们标示出来，知觉的这种特性称为知觉的理解性。

理解在知觉中起着重要作用。首先，理解使知觉更为深刻。在知觉一个事物的时候，与这个事物有关的知识经验越丰富，对该事物的知觉就越富有内容，对它的认识也就越深刻。例如对于某名胜古迹的一砖一瓦，一个有经验的考古专家要比一般人对这些砖瓦有更深刻的认识。其次，理解使知觉更为精确。例如，不懂外语的人听初学者说外语，只能听到一些音节，根本听不出他的外语讲得正确与否；而外语熟练的人不仅能听出他讲的是否正确，甚至发音的细微差异、修辞的适当与否都能辨别出来。最后，理解能提高知觉的速度。例如，我们看报纸或杂志时，如果内容简单而又熟悉，我们常可“一目十行”。

3. 知觉的整体性

知觉的对象是由刺激物的部分特征或属性组成的，但人们不把它感知为个别的孤立的部分，而总是把它知觉为一个统一的刺激情境。甚至当刺激物的个别属性或个别部分直接作用于人的时候，也会产生这一刺激物的整体印象。

当客体具有连续、闭合趋势[见图 3-2(a)]和共同运动方向[见图 3-2(b)]等特点，或有较大组合的趋势[见图 3-2(c)]时，就容易被知觉为一个整体。

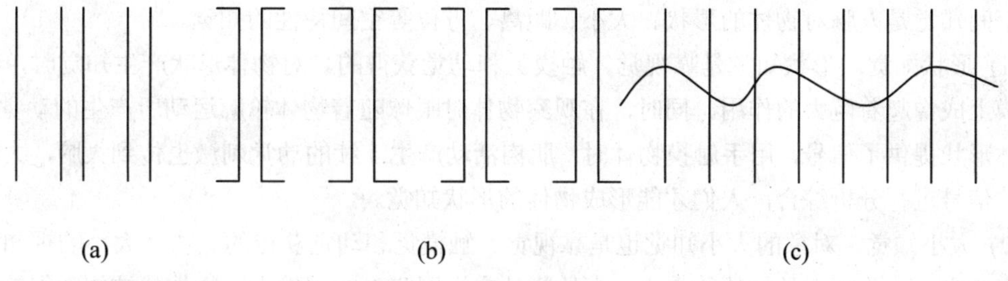

图 3-2　知觉的整体性

知觉之所以具有整体性，一方面是因为刺激物的各个部分和它的各种属性总是作为一个整体对人发生作用；另一方面，在把刺激物的几个部分综合为一个整体知觉的过程中，过去的知识经验常常能提供补充信息。远处走来的熟人，虽然看不清他的面孔，但可以凭借身体外形、走路姿势和其他线索辨认出来。例如，消费者来到商店，不只是看到商店的商品布置、装潢装饰、营业员的举止、着装和各种服务等某个方面，而是由此形成对商店的整体印象。

【小资料 3-5】

蔡格尼克效应

个体具有闭合的需要。一个经典的研究发现，人们对不完整的任务比对完整的任务有更好的记忆。对这种现象的一种解释是个体在开始完成任务时就产生了一种使它完整的需要。如果不让他这样做，他就会产生一种紧张状态，这种紧张状态能增强对不完整任务的记忆。这种现象称为蔡格尼克效应，即听到消息的开头引起听觉其他部分消息的需要，就像听到第一只鞋落地后，等待第二只鞋落地一样。

4. 知觉的恒常性

当知觉的条件在一定范围内改变了的时候，知觉的印象仍然保持相对不变，这就是知觉的恒常性。

在视知觉中，知觉的恒常性表现得特别明显。对象的大小、形状、亮度、颜色等印象与客观刺激的关系并不完全服从物理学的规律。在亮度和颜色知觉中，物体固有的亮度和颜色倾向于保持不变。例如，无论是在强光下还是在黑暗处，我们总是把煤看成是黑色，把雪看成是白色，把国旗看成是红色。实际上，强光下煤的反射亮度远远大于暗光下雪的反射亮度。

知觉的恒常性受到很多因素的影响，其中，主要的是过去经验的作用。知觉的恒常性不是生下来就有的，而是后天学来的。

3.2.3 知觉的种类

知觉的种类主要有以下几种。

1. 空间知觉

空间知觉是人脑对物体的形状、大小、距离、方位等空间特性的知觉。

(1) 形状知觉。形状知觉是靠视觉、触摸觉和动觉获得的。对物体形状产生知觉时，物体在视网膜上成像起着巨大的作用。同时，在观察物体时眼球随着物体轮廓运动所产生的动觉刺激，为物体形状提供了信号，用手触摸物体时，肌肉活动产生连续的动觉刺激也传到大脑，大脑皮层对这些信号进行分析综合，人们才能形成物体的形状知觉。

(2) 大小知觉。对象的大小知觉也是靠视觉、触摸觉和动觉获得的。物体大小的视知觉由两个因素决定。一个因素是物体的大小。大的物体在视网膜上的视像大，物体就被知觉得较大；小的物体在视网膜上的视像小，物体就被知觉得较小。另一个因素是物体的距离。视像是按光学的几何投影原理形成的，与物体的距离成反比。同一物体，处于远处，视像就小；处于近处，视像就大。大小不同的物体，由于远近不同，视像的大小可能相同，也可能相反。因此，距离知觉总是与大小知觉紧密联系着的。只有两者相互配合，才能保证物体大小知觉的正确性。

(3) 距离知觉。距离知觉是对物体离我们远近的知觉。人是依据很多条件来估计物体的远近的。这些条件既有外部的，也有内部的。对判断物体远近距离起作用的条件有以下几个主要方面。

- 对象的重叠：如果观察的对象之间有重叠，那么容易辨别出远近，未被掩盖的物体近些，部分被掩盖的物体远些。当我们眺望远处时，就是通过重叠来判断远近的，即被遮挡的物体比未被遮挡的物体距离我们较远。

- 空气透视：由于空气中尘埃、烟气等的影响，远处的物体看起来不容易分辨细节，模糊不清；而近处物体则很清晰，细节分明。因此，空气透视可作为判断距离的标志。
- 明暗和阴影：由于光线的照射会产生明暗的差别或造成阴影，光亮的物体看起来近些，阴暗的物体显得远些。
- 线条透视：近处的物体形成的视角大，在视网膜上的投影也大，因而被知觉为较大的物体。远处的物体所占的视角小，因而被知觉为较小的物体。
- 运动视差：运动着的物体，由于距离我们的远近不同，引起的视角变化也不同，从而表现为运动速度的差异。距离近的物体因视角变化大，显得运动速度快；距离远的物体因视角变化小，显得运动速度慢。

(4) 方位知觉。方位知觉是对物体在空间所处的方向、位置的知觉，如对东西南北、前后左右、上下等的知觉。方位总是相比较而言的，必须有其他条件作为参考标志。东西南北是以太阳升落的位置和地球磁场为参考的，上下则是以天地为参考，而左右前后是以人的身体为依据的，离开了客观标志是无法辨认方位的。

方位知觉是靠视觉、动觉、平衡觉、触摸觉等来实现的。用眼睛观察客观的事物，用耳朵辨别声音的方向，用触觉、动觉、前庭觉去感知自己身体与客体之间的空间关系，甚至嗅觉在方位的确定上也起着辅助的作用。许多分析器的协同配合，相互补充，提高了空间定向的能力。

2. 时间知觉

时间知觉是对客观现象的延续性和顺序性的反映，即对事物运动过程的先后和长短的知觉。

人总是通过某种衡量时间的媒介来反映时间的。这些媒介可能是自然界的周期性现象和其他客观标志，也可能是机体内部的一些生理状态。自古以来，人们经常利用自然界的周期现象衡量时间。一天的时间是以太阳的升落为标准的，日出是早晨，日落是晚上。月亮的盈亏代表了一个月的时间，经历了四季变化就是一年。后来人们发明了计时工具，制定了日历，使人们对时间的知觉更为准确。另外，生理过程的节律性活动也是估计时间的重要依据。人的许多生理活动是节律性的运动，如呼吸、心跳、消化等。当活动的节律性与客观事物之间形成一定的联系之后，它就可以用来感知时间的长短。

时间知觉是人对客观世界的主观印象，它必然受到主客观因素的影响。影响人对时间估计的因素主要有以下几个。

(1) 活动的内容。在一段时间里，做紧要、有趣、内容充实的事情时，觉得时间过得快，人们倾向于把这段时间估计得短些；如果对事情不感兴趣，事情又无关紧要，活动内容贫乏，就觉得时间过得慢，对这段时间估计得就要长些。在人们事后回忆时，情形则恰好相反，对前者感到时间长，对后者感到时间短。

(2) 情绪和态度。在欢乐的时候，觉得时间过得快，时间被估计得短些；在烦恼和厌倦的时候，觉得时间过得慢，时间被估计得长些。正所谓“欢娱嫌夜短，寂寞恨更长”。期待着愉快的事情到来时，觉得来得慢，感到时间长；而对不愉快的事情，却觉得来得快，感到时间短。

(3) 时间标尺的利用。会不会利用时间标尺直接影响着时间估计的准确度。例如，用数数、数脉搏作为时间标尺，时间估计的准确性就提高。特别是在长时距估计中，准确性提高更为明显。反之，不会利用时间标尺，时间估计的误差就大。

3. 运动知觉

运动知觉是对物体的空间位移和移动速度的知觉。通过运动知觉，我们可以分辨物体的静止和运动及其运动速度的快慢。

运动知觉依赖于许多主客观条件，这些条件有以下几点。

(1) 物体运动的速度。非常缓慢的运动和非常快速的运动，都不能直接觉察出来。例如，钟表上时针的移动，速度太慢，我们看不出它在移动；而光的速度太快，我们也觉察不到。

(2) 运动物体与观察者的距离。以同样速度移动着的物体，如果离我们近，看起来速度快；如果离我们远，看起来移动很慢，有时甚至看不出在运动。

(3) 运动知觉的参考标志。运动是相对的，在没有更多的参照标志的条件下，两个物体中的一个在运动，人们可能把它们任何一个看成是运动的，如可以把月亮看成在云后移动，也可以把云看成在月亮前移动。在日常生活中，这种相对运动现象不断发生，因为对象一般都是在更大范围的静止环境中运动的，周围环境的所有静止物体都是参考标志。

(4) 观察者自身的静止或运动状态。观察者自身也往往是运动知觉的参考系。因此，其运动或静止状态以及对这种状态的自我意识，是运动知觉的重要条件。例如，在火车上观看邻近火车的开动，往往分不清是自己乘坐的火车在开动还是另一列车在开动。这时只有以月台等固定景物做参考，或通过机体平衡器官感觉到自身的颠簸或加速，判定了自身的运动与否之后，才能分辨出哪一列车在运动。

3.2.4 错觉

错觉是对外界事物的不正确的知觉。在一定的条件下，人在感知事物的时候，会产生各种错觉现象，这些错觉现象包括以下几种。

1. 图形错觉

图形错觉是视错觉的一种。这种错觉的种类很多，下面仅举几例。

(1) 垂直水平错觉：垂直线与水平线长度相等，但多数人把垂直线看得比等长的水平线要长，如图 3-3(a)所示。

(2) 缪勒—莱依尔错觉：两条线是等长的，由于附加在两端的箭头向外或向内的不同，箭头向外的线段似乎比箭头向内的线段短些，如图 3-3(b)所示。

(3) 线条的影响：平行线受到交叉线条的影响，仿佛改变了方向，显得不平行了，如图 3-3(c)所示。

(4) 对比错觉：凡是性质相反或情况相反的各种事物，由于对比的作用，会引起错觉。准备两杯水，一杯加一勺盐，另一杯是普通白水。先喝盐水，然后再喝白水，会发现白水非常新鲜而又好喝。

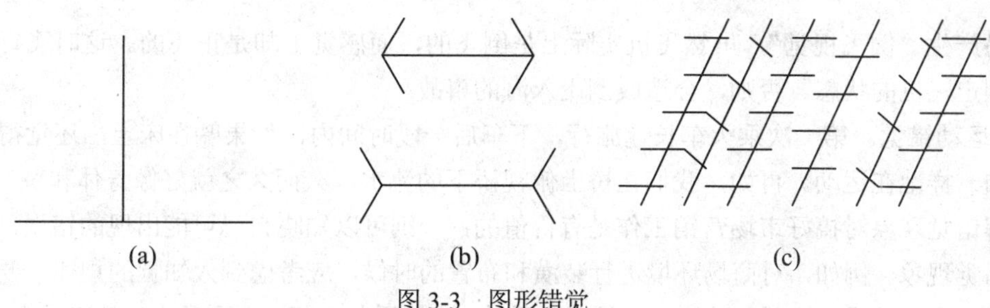

图 3-3 图形错觉

(5) 对形体上下部的错觉：我们看形体时总是对它的上部知觉过大。如果一个非专业绘图者仅凭肉眼把一条垂直线平分为两半，一定会把平分线画得太高。印刷数字 3 和 8，英文字母 k，看起来三者的上下部似乎相等，可倒过来看，就发现 3、8、k 上半部比下半部小得多。

(6) 由空虚和充实引起的错觉：两个同样大小的房间，由于陈设多寡的不同，看起来大小也不一样。在生活中如果两段路程是同样的，一段路两侧有许多建筑物或其他可供观赏之物，则使人觉得路程短，另一段路两侧是旷野就显得长。

2. 时间错觉

人总是通过某种衡量时间的媒介来反映时间的，这些媒介可能是自然界的周期性现象和其他客观标志，也可能是机体内部的一些生理状态。由于人们的心理状态和情境的影响，会产生错误的时间知觉。

企业可以利用时间错觉来调整人们的心态，提高经营绩效。每个人大概都有过“等人”的经历，时间的难熬令人头痛不已，心情也出奇糟糕。如果一边等人，一边看书或听音乐等，人们就会发现时间过得也挺快的。这是由于他在看书或听音乐时，分散了对时间的注意，实现了对时间由有意注意到无意注意的转移，从而造成了“时间快”的时间错觉。在很多商场里我们都能听到音乐声，但大多数商场却不知道音乐到底该怎样播放才好。音乐对人的情绪的影响是很大的，乐曲的节奏、音量的大小，都会影响到顾客和营业员的心情。心情好，主、顾之间会避免很多不必要的矛盾和冲突，就会出现很多的商机，取得更高的社会效益和经济效益。如果在顾客数量较少时播放一些音量适中、节奏较舒缓的音乐，不仅能使主、顾心情更加舒畅，而且还能放慢顾客行动的节奏，延长其在商场的停留时间，增加较多的随机购买概率，也使销售人员的服务更加到位；如果在顾客人数较多时播放一些音量较大、节奏较快的音乐，就会使主、顾的行动节奏随着音乐的节奏而加快，提高购买和服务的效率，避免由于人多效率低而引起的心情不好、矛盾冲突增多的情况。

3. 其他错觉

其他错觉有以下几种。

(1) 形重错觉。1kg 铁同 1kg 棉花的物理质量是相等的，但是，人们用手加以比较时，就会觉得铁比棉花重。

(2) 大小错觉。初升或降落时的太阳和月亮，看起来好像总比它们在我们头顶上时要大些。这种错觉的产生是因为初升或降落时的太阳和月亮是同树木、房屋相比较的，而头顶上的太阳是同辽阔的天空来比较的。

(3) 方位错觉。在海上飞行时，由于水天连成一片，失去了自然环境的视觉参考标志，飞行员很容易产生“倒飞视觉”，虽然飞机实际上是倒飞的，而感觉上却是正飞的。这时飞行员要靠仪表来判定飞机的状态，否则，会造成倒飞入海的事故。

(4) 运动错觉。第一次乘火车长途旅行，下车后一段时间内，如果躺在床上，还觉得房间似火车车厢一样地在运动。再如，我们在桥上俯视桥下的流水，久而久之就好像身体和桥在摇动。

了解错觉现象对搞好市场营销工作是有价值的：一则可以知晓自己可能出现的错误，二则可以利用错觉现象。例如，对商场环境进行装潢和布置的时候，应考虑到人知觉的规律，要避免纯粹物理学意义上的设计安排。设计安排是给人看的，应该看起来好，而不是物理意义上合乎规范。否则，装潢陈设就不是艺术，而变成物理学了。再如，利用颜色错觉进行包装设计也很有趣。一般来说，黑色、红色、橙色给人以重的感觉，绿色、蓝色给人以轻的感觉。如果笨重的物体采取浅色包装，会使人觉得轻巧、大方；分量轻的商品，采用浓重颜色的包装，给人以庄重结实的感觉。

【小资料 3-6】

用什么颜色的杯子盛咖啡？

如果你早晨冲泡的咖啡比平常尝起来更苦，也许你该考虑更换杯子的颜色，而非放入更多糖。

最近，一篇发表在杂志 *Flavour* 上的文章称，澳大利亚科学家试图研究盛装咖啡的杯子的颜色是否会影响到咖啡的味道。他们的研究结果表明很可能正是如此。

在第一个实验中，由 George Van Doorn 领导的研究团队发现，白色的杯子比透明的杯子更能够增显拿铁咖啡的浓度。更具体而言，白色的杯子能够影响我们对咖啡的味觉，让咖啡尝起来更苦。

研究人员进行了第二次实验，因为第一次实验中他们所使用的杯子的形状不同，因而担心这可能会影响实验结果。但是，使用外形一致的杯子——除了颜色有变化——并没有改变先前的实验结果。在使用白色杯子盛咖啡时，没有用透明杯子或蓝色杯子盛装时那样甜。

研究人员得出了结论：

两个实验表明，杯子的颜色会影响人们对于热饮的味觉。因为考虑到透明杯子装盛的咖啡与用蓝色杯子装盛的咖啡在味觉上没有明显的差异，因此可以排除共时对衬的解释。不过，有可能这种杯子的颜色对比和咖啡本身都会影响到味觉强度或者说咖啡的甜度。也就是说，白色的杯子可能影响我们对咖啡中褐色部分的感觉，进而可能影响到对咖啡浓度(或者说甜度)的感受。这些研究结果表明这样一种观点：提供咖啡的人应该将杯子颜色纳入考虑，因为这将影响顾客的品尝体验。这一结果吸引了越来越多的研究机构，都在强调食品和饮料的外在颜色对品尝感受的影响。

事实上，一项研究结果暗指，当把一块红色的草莓味慕斯蛋糕放到一个白色盘子中时，要比放在一个黑色盘子里香甜 10%，可口 15%。

在这项新研究中，并非杯子本身的白色影响结果，而是这种情况下呈现出的咖啡中褐色部分的明烈和清晰与咖啡的苦味有关。

这些研究肯定了我们心理上的一种普遍做法，即从某种颜色中期待某种味觉。

资料来源：http://www.xinli001.com/site/note/99994154/

分析提示：这是典型的颜色错觉。由于不同颜色反映的是光的不同波长，因而给人产生不同的感觉。

3.2.5 消费者的知觉过程

消费者的知觉过程包括三个相互联系的阶段，即展露、注意和理解。在信息处理过程中，如果一则信息不能依次在这几个阶段生存下来，它就很难储存到消费者的记忆中，从而也无法有效地对消费者行为产生影响。

1. 展露

刺激物的展露是指将刺激物展现在消费者的感觉神经范围内，使其感官有机会被激活。展露只需把刺激对象置于个人相关环境之内，并不一定要求个人接收到刺激信息。例如，电视里正在播放一则广告，而你正在和家人或朋友聊天而没有注意到，但广告确实展露在你面前。

(1) 刺激物的展露方式。对消费者来说，刺激物的展露有两种基本的方式：主动展露和被动展露。

① 主动展露。主动展露是指消费者会主动寻找有助于实现自己目标的信息。在购买某些相对重要的商品时，就会通过主动的、有意识的、有目的的搜索行为接触和收集商品信息，会观看报刊和电视广告，去商店与营业员交谈，向朋友和熟人打听等。20 世纪 80 年代以来，电视台不断地推出一些引人注目的“事件”或“节目”，如热门运动赛事、大型流行音乐会等。这些节目的收视率固然较高，但研究表明，在广告插播期间，家庭用水量骤然升高，由此说明很多人已不在电视机旁，主动避开广告节目了。闭路电视的开通和遥控器的使用，一方面使家庭可以接收到数十个甚至上百个电视频道，另一方面使频道的转换十分方便。据说，在任何一个播放时点，有6%～19%的受众正在用遥控器转换频道，以避开广告节目。

② 被动展露。市场调查表明，消费者对营销信息有意识的接触水平相当低，他们通常只逛少数的商店，只询问少数的信息源。如果消费者对自己现有的知识很自信或者认为较多的信息对购买决策没有什么影响，信息收集就会失去动力。大多数消费者是在日常生活和工作环境中无意识地、偶然地接触市场信息。例如在商店随意浏览，在路上看到路牌广告，在家中观看电视和阅读杂志时看到商品广告，在单位听同事闲聊等。虽然无意中接触到的营销信息可能并未引起或仅低水平地引起消费者的注意，但是仍然能够极大地影响消费者行为。事实表明，在人流量大的地方做广告，在收视率高的电视剧播放时做广告，都能极大地增加商品的销售量。

(2) 过度展露。对营销人员来说，展露是重要的，因为没有展露就没有知觉。然而过度展露则可能带来一些负面效果。由于过度重复的展露会使目标消费者对该刺激过分地熟悉，因此就会造成习惯化，久而久之就会造成消费者的“视觉疲劳”。

【小资料 3-7】

岁末促销易患“审美疲劳”

岁末年关，节日频至。面对暗暗涌动的购物潮，满街的商店几乎都换上了节日的盛装。不过，从百货、餐饮到大卖场，众多商家的包装手法和促销策略却大同小异，相似的面孔不免让消费者产生审美疲劳，烧旺年终经济这把火的愿望也因此有了打折扣的风险。

人“首”一顶圣诞帽

高高的圣诞树上灯光闪烁，憨厚的圣诞老人边唱边跳；大门上挂的是圣诞花环和铃铛，橱窗上喷绘的则是圣诞雪花和满天星……记者在南京路和淮海路看到，临近年底，众多商场都发起了节日促销的攻势，但有意思的是，大多数商家似乎都对洋节情有独钟，无论自己经营特色是中是西，装饰起来都是一个风格，丝毫不忌讳“撞衫”的尴尬。“怎么都变成一个样子了？”在一家矗立着绿色圣诞树的百货店门口，一位年轻顾客对同伴抱怨道。

更绝的是商场内外营业员的打扮，大概是全副武装太费周折的缘故，圣诞老人帽成了大家的一致选择。除了餐馆和商场门口的迎宾员，一些大卖场也在今年大力造势，记者在浦东的一家大型超市看到，所有的营业员人“首”一顶圣诞老人帽，让一些年纪稍长的顾客大跌眼镜。

每家都摆出礼品专柜

其实，相似的还不只是外包装，各个商家促销的内容、方式也是“如有雷同，纯属巧合”。走进上海的许多大型超市，都能看见为年终节日专门设置的礼品销售专柜，各种新年礼物被摆上了专车、推到了入口醒目处，有的卖场还在上下自动扶梯的中间放上一整排礼品。而一些平常的小玩意，如玩具熊、巧克力、塑料杯等，经过一番重新包装，也被当作节日礼品送入了专柜。

而在众多的百货商场里，千辛万苦营造出的节日气氛要烘托的依然是千篇一律的“买就送”，打折、特卖的广告牌即使在盛装打扮的店堂里仍然十分显眼。饰品、钱包、酒……买商品搭送圣诞礼品也成了商家一致采用的促销手段。一位顾客对记者说，“商场就是借个名头搞降价促销，一点创意都没有。”

节日促销期待个性化

喜欢跟风、千店一面是上海不少商家的通病，从周年庆到节日促销，本该是张扬个性的“自由活动”，但到最后往往变成“集体活动”。有关专家指出，要做大节日经济或是“岁末经济”，在营销策划上，商家必须要学会主题和个性意识。

据了解，在欧美国家和港澳地区，商家做营销都很讲究主题分解和个性化，也就是要细分和锁定消费人群。专家分析，除了大减价，商家其实还可以做一些主题分解，推出一些参与互动项目。比如，商家对手中掌握的品牌要进行分级定位，促销降价要保持均衡层次性，如果仅仅为了抢节日份额和眼球效应而盲目一致大降价，反而有可能流失自己的忠诚目标需求群体，影响来年的销售。

资料来源：王佩. 人“首”一顶圣诞帽，岁末促销易患“审美疲劳”. http://gb.cri.cn/7212/2004/12/22/1165@399888.htm

(3) 刺激物的展露与营销策略。刺激物的展露是引起消费者注意和激发购买行为的前提。企业营销人员应当制定相应的营销策略来增加消费者接触刺激物的可能性。

首先，要尽可能地主动展露刺激物。企业营销人员应当随时随地提供消费者所需的市场信息，方便和简化消费者的信息收集过程。应当培训大批有产品知识、有服务热情的销售人员和技术人员，对消费者的咨询做出及时、准确的回答，提供有利于本企业的详细信息。

其次，扩大消费者被动接触刺激物的机会。企业应当设法在最能引起目标顾客接触的环境中宣传产品。例如，在零售店，在繁华闹市，在人流量大的车站和码头，在读者面广的报刊，在收听、收视率高的广播电视和电影中做广告，传播产品信息。要善于寻找和发现能够引起消费者无意接触的、最适于做广告的环境和媒体。

最后，要防止过度展露。企业应该定期更新广告片来避免消费者的广告疲劳。此外，在营销策划上，商家必须要有创新性和个性意识。

2. 注意

知觉过程的第二个阶段就是注意。它是在刺激物展露的基础上产生的。没有刺激物的展露，就不可能产生注意。

注意是心理活动对一定对象的指向和集中。注意的指向性指心理活动有选择地反映一定的对象，而离开其余的对象。注意的集中性指心理活动停留在被选择对象上的强度或紧张度，它不仅使心理活动离开一切无关的事物，而且抑制多余的活动。当刺激物激活感觉神经，由此引发的感受被传送到大脑做处理时，注意就产生了。由于心理活动的指向和集中，注意的对象才能得以清晰而完整地反应。

注意本身不是一种独立的心理过程，而是与一定的心理过程紧密联系的。例如，注意看广告，注意听产品介绍等，总是与看或听等心理过程相联系。因此，注意是伴随着心理过程中的心理特性，作用是保证各项活动的顺利进行。

由于认识能力的限制，在某一特定时点，人们不可能对展露在他面前的所有信息都做出反应，而只是部分地对某些信息予以关注。一般而言，影响注意的因素主要有以下几个方面。

(1) 刺激物因素

刺激物因素是指刺激物本身的特征，如大小、颜色、位置、运动等。由于刺激物因素是企业可以控制的。因此，在营销实践中它们常被用来吸引消费者的注意。

例如，具有动感的刺激物较静止的刺激物更容易捉住人们的视线。街上的霓虹灯广告及其他一些具有动感的广告均是运用此原理来吸引受众的注意。

物体处于个体视线范围内的不同位置，其吸引注意的能力就会不同。通常，处于视野正中的物体较处于边缘的物体更容易被人注意。这就是制造商会为取得与视线平行的货架位置而展开激烈争夺的重要原因。

相对于那些与背景融为一体的刺激物，人们倾向于更多地注意那些与背景形成明显反差的刺激物。原因是，后一情况下会造成人们认知上的冲突，从而激活和提高信息处理水平。基于对比原理的技术在广告中得到了广泛运用。例如，黑白广告紧随众多彩色广告之后会更引人注目；同理，声音的骤然增强会提高听众或受众的注意力。

刺激物的新颖性，如与人们预期大相径庭的画面和内容，带音乐或声音的广告，均有助于吸引受众的注意。

信息量作为一个刺激物因素，同样会影响消费者的注意程度。给消费者提供过多的信息，会使他处于信息超载状态。在信息超载状态下，消费者可能会滋生受挫感和沮丧感，从而降低信息处理水平。研究发现，随着收到的商品目录数的增加，消费者购买的商品也增加，但到一定阶段，商品目录数的进一步增加，反而会使消费者购买商品的数量减少。原因是，此时发生了信息超载现象，在此状态下消费者停止阅读任何商品目录。

(2) 消费者个体因素

个体因素是指消费者个人的特征，它们通常是企业不能直接控制的，这些因素主要有需要与动机、态度、适应性水平。

当处于某种需要状态时，消费者对能够满足这种需要的刺激物会主动地关注。饥肠辘辘的人会对食品和有关食品的信息给予更多的注意；计划外出度假的消费者更可能注意与度假有关的广告；喜欢户外运动的消费者，对有关运动器材的广告可能格外注意。

态度能对消费者的注意产生影响。一般来说，消费者更倾向于接纳那些与其态度相一致的信息。换句话说，当消费者对某种产品有好感时，与此相关的信息更容易被注意，反之则会出现相反的结果。

人们对非常习惯的事物可能习以为常，不再注意。典型的事例是：当从安静的乡村搬迁到喧闹的市区时，你起初可能会对噪声不适应，但过一段时间后慢慢地就适应了，对噪声不再那么敏感。这种现象同样发生在营销领域。虽然广告很新颖，但老是重复该广告，时间一长，其效果可能会下降。只有在内容和形式上不时做些变动，才能使消费者在较长时期保持对该广告的注意。

(3) 情境因素

情境因素既包括环境中独立于中心刺激物的那些成分，又包括暂时性的个人特征，如个体当时的身体状况、情绪等。一个十分忙碌的人较一个空闲的人可能更少注意到呈现在其面前的刺激物；处于不安或不快情境中的消费者，可能注意不到很多展露在他面前的信息，因为他可能想尽快地从目前的情境中逃脱。

3. 理解

知觉的最后一个阶段，是个体对刺激物的理解，它是个体赋予刺激物以某种含义或意义的过程。理解涉及个体依据现有知识对刺激物进行组织分类和描述，它同样受到个体因素、刺激物因素和情境因素的制约和影响。

(1) 影响理解的个体因素。知觉具有主观性，对于同样的刺激，不同的人会有完全不同的解释。影响人们对刺激物的理解的个体因素主要包括以下几方面。

- 需要和动机。正像需要和动机会影响个体对刺激物的注意一样，它也会影响对刺激物的理解。在莱维尔特等人做的一个试验中，实验者将一幅模糊的图画呈现给被试者，并要求其指出图画中画的是什么，越是饥肠辘辘者越将其想象成某种与食物相关的东西。由此说明：需要和动机直接影响对刺激物的解释。
- 知识。储存在头脑中的知识是决定个体如何理解刺激物的一个主要因素。新手和专家在同一事物上的判断可能截然不同。同是接触一枚镀金硬币，专家型的顾客可能一看便知，而新手则很可能将其视作金币。不仅如此，知识还有助于提高信息理解能力，知识丰富的消费者更可能识别信息传播中的逻辑错误，更少对信息做出不正确的解释。此外，更有知识的消费者更可能集中思考刺激物中包含的事实，而知识欠缺的消费者则可能更多着眼于背景音乐、图片等非实质性内容。
- 期望。人们通常看到他们所期望看到的东西。他们看到的东西通常基于熟悉的、先前的经验或预先的心理定势。在营销环境中，消费者倾向于依据他们自己的期望来知觉产品及产品的属性。美国学者奥利森和尤尔做过这样一个试验，试验中要求被试者对不同品牌的啤酒进行品尝并打分：先是将啤酒标识去除进行试验，结果各种啤酒的评价值几乎没有区别；然后贴上标识再进行评价，此时对不同品牌评价的差异性就明显显现出来了。

由此说明，由品牌名所产生的预期，对消费者的感知确实有非常重要的影响。

(2) 影响理解的刺激物因素。刺激物的特征(如产品、包装、销售展示等)能对消费者的理解产生重要影响。例如，一家食品杂货店发现，将新鲜鱼处理后用塑料袋装起来，消费者会认为这些鱼存放太久，不新鲜，因为很多人将其解释为已经冷冻过。为此，该商店在卖袋装鱼的旁边增设了一个柜台，该柜台上出售的鱼直接放在碎冰上。结果，袋装鱼销售量基本维持不变，但两者加起来的销售较原来几乎增加了一倍。

(3) 影响理解的情境因素。一些情境因素，如饥饿、孤独、匆忙等暂时性个人特征，以及气温、在场人数与外界干扰等外部环境特征，均会影响个体如何理解信息。可口可乐公司和通用食品公司均不在新闻节目之后播放其食品广告，他们认为新闻中的“坏消息”可能影响受众对其广告与食品的反应。可口可乐公司负责广告的副总经理夏普指出：“不在新闻节目中做广告是可口可乐公司的一贯政策，因为新闻中有时会有不好的消息，而可口可乐是一种助兴和娱乐饮料。”

3.2.6 消费者的社会知觉

社会知觉就是对人的知觉，它是影响人际关系的建立和活动效果的重要因素。

1. 社会知觉的内容

消费者的社会知觉主要包括对人的知觉、人际知觉、角色知觉和自我知觉。

(1) 对人的知觉

对人的知觉主要是指对别人的外表、言语、动机、性格等的知觉。对人的正确知觉，是建立正常的人际关系的依据，是有效地开展活动的首要条件。

人际交往中对人的知觉包括很多方面，其中主要的有以下几点。

- 对他人表情的知觉。表情是个体情绪状态的外显行为，是个体身心状态的一种客观指标，也是向他人传达信息的一种工具。面部表情包含着十分丰富的内容。例如，人生气时，会拉长了脸，肌肉下沉；人高兴时，会“喜笑颜开”，肌肉松弛。另外，在人们的交往中，要想达到最佳的交际效果，还要学会巧妙地使用目光。例如，要给对方一种亲切感，就应让眼睛闪现热情而诚恳的光芒；要给对方一种稳重感，就应送出平静而诚挚的目光。自然得体的眼神是语言表达的得力助手。
- 对他人性格的知觉。性格是个人对待现实的稳定的态度和与之相应的习惯化了的行为方式，是人的心理差异的重要方面，是个性的核心。当对一个人的性格有了深切的了解之后，就可以预测这个人在一定的情境中会有什么样的反应。例如，知道某人热心、讲义气，那么就可以预测在紧急情况下他会挺身而出、见义勇为；相反，知道另一个人自私、冷漠，那么也可以预测在紧急情况下他会退避三舍甚至逃之夭夭。

(2) 人际知觉

人际知觉就是对人与人之间相互关系的知觉。

任何一个人都与他人发生联系，形成人与人之间的不同关系，表现为接纳、拒绝、喜欢、讨厌等各种亲疏远近的状态。对这种关系的正确知觉是顺利进行人际交往的依据。人和人之间在情感上的亲疏和远近的关系是有差别的，它有不同的层次。例如，同一团体中的人，有的只是点头之交，有的来往密切非常友好，也有的势不两立互相敌对，这就是人与人之间心理上的距离。心理上的距离越近，说明人们越相互吸引；心理上距离越疏远，则反映双方越缺乏吸引力。

(3) 角色知觉

角色指人在社会上所处的地位、从事的职业、承担的责任以及与此有关的一套行为模式，如营业员、顾客、商人、教师等。

角色知觉主要包括两个方面：一是根据某人的行为判定他的职业，如教师、学生、艺术家等；二是对有关角色行为的社会标准的认识，如对教师这一角色，一般认为他的行为标准应该是谈吐文雅、学识渊博、仪表端庄等。

对角色的知觉一般从以下几个方面着眼：一是感情或情绪，如一般认为一个政府官员应该是情绪稳定，讲话慎重，喜怒不形于色；二是目的与动机，如营业员以热忱服务为宗旨，教师以教书育人为目的；三是对社会的贡献，如工人为国家多制造产品，农民为国家多打粮食；四是在社会上的地位，如教师是人类灵魂的工程师，导游员是游客之友。

每个人在社会上都扮演各种角色，如经理、父亲、丈夫等。每种角色都有一定的行为标准，每个人都应当正确地知觉这些标准，并根据自己扮演的不同角色实现角色行为的转变，以与环境相适应。

(4) 自我知觉

自我知觉是指个人通过对自己行为的观察而对自己心理状态的认识。人不仅在知觉别人时要通过其外部特征来认识其内在的心理状态，同样也要这样来认识自己的行为动机、意图等。

自我知觉是自我意识的重要组成部分，随着个人自我意识的发展，自我知觉经历着不同的发展阶段。

- 生理的自我。个体主要表现为对自己身体、衣着、家庭和父母对他的态度以及对自己所有物的判断，从而表现为自豪或自卑的自我感情。
- 社会的自我。个体的自我评价主要表现在对自己在社会上的荣誉、地位、社会中其他人对自己的态度以及自己对周围人的态度等方面的判断和评价，从而表现出自尊或自卑的自我体验。
- 心理的自我。处于这一阶段时，个体主要表现为对自己的智慧、能力、道德水平等方面的判断和评价，从而表现出自我优越感等自我体验。

随着自我意识的发展，在社会化进程的影响下，个体的自我知觉水平一般遵循着“生理的自我—社会的自我—心理的自我”这一进程。当然，由于每个人的社会化程度的不同以及各种主客观因素的影响，每个人的自我知觉水平也不完全一样。例如，有人过分注重自己的身材容貌、物质欲望的满足；有人则偏重于社会地位、名誉等方面的追求；也有人在自我评价的基础上，追求高尚的情操、自我实现的需要等。

有了正确的自我知觉，才知道需要怎样去做，能够做到哪些，并对自己的行为不断地进行自我调节，这对每个人来说都是非常重要的。否则，就会造成行为上的盲目性。

例如，如果由于期望过高而采取不适当的行为，或者不能正确判断自己的行为而不能进行自我调节，则不仅会造成与社会环境的不协调，而且还会给自身带来不良的心理后果。顾客如果缺乏正确的自我知觉，就可能在接受服务时提出不适当的要求，一旦达不到自己的目的，就可能产生消极心理；如果营业员缺乏正确的自我知觉，就不能正确知觉服务过程中主客双方的关系，把自己摆在不适当的位置，就不能很好地规范自己的行为，所以，营销人员正确的自我知觉对市场营销工作是十分必要的。

2. 社会知觉误区

对人的知觉依赖于多种因素，如认知主体、认知客体以及环境等。从认知主体心理方面看，存在一些社会知觉误区，它们的存在容易给社会认知带来偏差。社会知觉误区主要有以下几个。

(1) 第一印象

第一印象是在首次接触时所留下的印象。第一次进入一个新环境，第一次和某个人接触，第一次到某商场购物，第一次到某宾馆住宿等，由于双方首次接触，总有一种新鲜感，与人交往时都很注意对方的外表、语言、动作、气质等。因此，第一印象的产生，主要是感知对方的容貌、表情等外在的东西。

第一印象能产生比较持久的影响。然而，在形成第一印象的过程中，知觉者不知道哪个刺激对以后的行为是有关系的、重要的或是具有预见性的。美国一个洗发水广告有效地运用了这样的广告语："你不可能有第二次机会产生第一印象。"

客人的不断变换是服务业工作的一个显著特点，在与客人的短暂接触中，双方都来不及进行更多的了解，无法达到"路遥知马力，日久见人心"的境地。因此，对于营业员来说，给客人留下良好的第一印象是非常重要的，它预示着客人今后是否再次光顾，也就是商家所说的"回头客"。围绕着客人良好的第一印象的形成，商店要做好以下几方面的工作：首先是搞好店容、店貌，营造温馨舒适的购物环境；其次是柜台服务，营业员的服务态度、工作效率、相貌、举止、衣着，这些构成了消费者对商店第一印象的重要因素；再次是商店的对外宣传和美誉度，消费者购物之前获知的有关商店的间接信息资料，对客人形成对商店的第一印象起着重要作用，搞好对外宣传，树立良好的公关形象，是至关重要的。常言道：良好的开端是成功的一半。商店必须高度重视客人第一印象问题。

(2) 晕轮效应

晕轮效应是指由对象的某种特征推及对象的总体特征，从而产生美化或丑化对象的现象。就像月晕一样，由于光环的虚幻印象，使人看不清对方的真实面目。

晕轮效应与第一印象一样普遍。它们的主要区别在于：第一印象是从时间上来说的，由于前面的印象深刻，后面的印象往往成为前面印象的补充；而晕轮效应则是从内容上来说的，由于对对象的部分特征印象深刻，使这部分印象泛化为全部印象。所以，晕轮效应的主要特点是以点概面、以偏概全。

在人际交往中，晕轮现象既有美化对象的作用，也有丑化对象的作用。例如，有的商品由于包装精美、价格偏高，人们往往会认为该产品的质量也会像精美的包装一样好，会和偏高的价格相一致。又如，某演员演技高，表演效果好，人们就会以为该演员的一切都是美好的，即使有点缺点，也忽略不计。同样，晕轮效应也能使人的知觉产生另外一种极端丑化对象的现象。例如，人们常因某人的一点缺点而否认他的其他优点。

这种晕轮效应一旦泛化，会产生很大的消极作用。客人到某商店购物时，碰到了一个态度傲慢的服务员，他就会认为这个商店整体的服务都不好。再如，有的外国人到中国旅游，碰巧遇上了交通事故，他可能会认为在中国旅游很不安全。因此，从服务业角度讲，为了使客人产生好的印象，在提供产品和服务时，一定要防止由于晕轮效应使客人把某些劣质产品和劣质服务扩大到企业的整个产品和服务中去。

(3) 心理定势

心理定势是指人在认识特定对象时心理上的准备状态。也就是说，它在对人产生认知之前，就已经将对方的某些特征先入为主地存在于自己的意识中，使知觉者在认识他人时不自主地处于一种有准备的心理状态。这种心理准备状态极大地影响着人们的心理和行为。

我国古代“智子疑邻”的典故，就是典型的心理定势。传说一位老者丢失了一把斧头，他怀疑是邻居偷去了，在以后几天的观察中，越看越觉得邻居是窃贼。一次偶然，老者找到了斧头，他再看邻居，就觉得他怎么也不像小偷了。

心理定势的产生，首先和知觉的理解性有关。在知觉当前事物时，人们总是根据以往的经验来理解它，并为随后要知觉的对象做好准备。例如，在日常生活中，当你觉得某人是个好人，一旦发生了一件好事，你就会把这事和这人联系起来；同样，如果你不喜欢某人，觉得他是个坏人，那么一旦出现一件不好的事，你就又会把这人和这事联系起来。在服务工作中，服务人员以貌取人、“看人下菜碟”式的服务行为就属此类，它容易引发矛盾和冲突，是服务工作的大忌，必须避免发生。

(4) 刻板印象

刻板印象指的是社会上部分人对某类事物或人物所持的共同的、笼统的、固定的看法和印象。这种印象不是一种个体印象，而是一种群体现象。例如，人们一般认为青年人有热情、敢创新而易冒进，老年人深沉、稳重而倾向于保守；日本人争强好胜、注重礼仪，美国人喜新厌旧、随性自由等。

刻板印象一方面有助于人们对众多的人的特征做概括了解，因为每一类人都会有一些共同特征，运用这些共同特征去观察每一类人中的个别人，有时确实是知觉别人的一条有效途径。但是，另一方面，刻板印象具有明显的局限性，能使对人的知觉产生偏差。因为每类人中的每个人的具体情况不尽相同，而且，每类人的情况也会随着社会条件的变化而变化。因此，在饭店工作中，知觉来自不同国家和地区的客人时，除了了解他们的共同特征之外，还应当注意不受刻板印象的影响，进行具体的观察和了解，并且注意纠正错误的、过时的旧观念。

(5) 期望效应

期望效应也称为皮格马利翁效应。皮格马利翁是希腊神话中的塞浦路斯国王，工于雕刻。由于他强烈地爱上了自己所雕的大理石少女雕像，爱神阿佛洛狄忒见他感情真挚，就赋予雕像以生命，两人最终结为夫妻。期望效应是指在生活中人们的真心期望常常会变成现实的现象。

【小资料 3-8】

皮格马利翁效应

远古时候，塞浦路斯国王皮格马利翁喜爱雕塑。一天，他成功塑造了一个美女的形象，爱不释手，每天以深情的眼光观赏不止，看着看着，美女竟活了。这是一则神话，但心理学家却从中得到很大的启发。

1968年，美国心理学家罗森塔尔和雅格布森来到一所小学，他俩从一至六年级中各选三个班，在这18个班的学生中进行了一次煞有介事的"发展测验"。然后，他俩以赞美的口吻将有优异发展可能的学生名单通知有关老师，名单中有些学生在老师意料之中，有些却不然，甚至是水平较差的学生。对此，罗森塔尔解释说："请注意，我讲的是发展，而非现在的情况。"于是老师们从内心接受了这份名单。罗森塔尔呼吁教师不要把名单外传，只准教师自己知道，否则就会影响实验结果的可靠性。八个月后，他俩又来到这所学校，对18个班进行复试，结果他们提供的名单上的学生成绩有了显著进步，而且情感、性格更为开朗，求知欲望强，敢于发表意见，与教师关系也特别融洽。

这到底是怎么一回事？原来这是罗森塔尔和雅格布森进行的一次期望心理实验。他们提供的名单纯粹是随便抽取的，根本没有考虑学生的知识水平和能力水平，他们通过"权威性的谎言"暗示教师，坚定教师对名单上学生的信心。虽然教师始终把这些名单藏在心灵深处，但掩饰不住的深情仍然通过眼神、笑貌、音调滋润着这些学生的心田，实际上他们扮演了"皮格马利翁"的角色。学生潜移默化地受到影响，他们变得更加自信、自爱、自尊、自强，变得更加快乐，奋发向上的激流在他们的血管中荡漾。这个令人赞叹不已的实验，后来被誉为"皮格马利翁效应"或"罗森塔尔效应"。

资料来源：http://wiki.mbalib.com/wiki/皮格马利翁效应

期望效应现象对市场营销工作有借鉴意义。服务人员要从心底里尊重、喜欢客人，只有这样才能把客我交往纳入良性循环轨道，向着自己所期望的方向发展。相反，有些服务人员从心底里既不尊重客人，也不喜欢客人，尽管他们强制自己不表现出来；但真情难抑，会在有意无意之间流露出来，一旦被客人感觉到，结果是可想而知的。生活中形式是为内容服务的，一时的表现能做到，长期下去则无法做到。认知和行为的长期不一致会产生严重的心理冲突，给人带来极大的痛苦。心理学研究证明，人的认知、情感、行为三者在多数情况下是统一的，如果长期不协调，会导致心理疾病。只有真心喜欢客人、尊重客人的营业员才能做好营销工作。

(6) 习惯定向

习惯定向是指个人以习惯性的方式应付某类问题，而不做经验以外的尝试，以致形成机械的或盲目的习惯反应倾向。

人们习惯性的方式大多是在个人生活经验中形成的，是应付某类问题、情境屡次成功的结果，它在通常情况下是有效的。但在一些特殊情况下可能变成妨碍有效解决问题的障碍，失去灵活性，变得机械盲目，却不自知。

国外有些服务业招聘员工时，通常不喜欢雇用那些有经验的、从事过服务工作的人，其原因就是这些人带有过去的经验和习惯的工作方式，而适应新的工作方式困难较大，改变起来较难。此外，服务业的发展日新月异，市场营销人员要时时保持一个年轻的头脑，要乐于接受新的东西来充实自己，注意克服习惯定向现象。在具体服务中，既要依靠经验、遵循规章制度程序，也不能吊死在经验和制度这棵树上。在遇到新情况和新问题时，本着顾客是上帝、企业利益为先的原则灵活处理。在需要时能突破习惯和固有程序的制约，做好营销工作。

(7) 假定相似性偏见

人们有这样一种倾向，总是认为他人和自己是相同的。尤其当了解到他人的年龄、民族、社会地位等因素与自己相近时，更是如此。人们喜欢由己推人，就是这种现象。一个不喜欢繁文缛节的人倾向于认为别人也讨厌礼节过多；而一个喜欢礼节和程式化的人，则倾向于认为礼多人不怪。其实人与人之间存在很大差别，远不是一个相似所能解释的。弗洛伊德把这种现象称为“投射作用”，就是个人把他们自己身上的特性归属到他人身上。有时要了解一个人最好的办法不是让他自我评定，而是让他去评价别人，从他对别人的评价中更能折射出他自己的特性来。

联系到市场营销工作，我们要注意不要经常“以己之心，度他人之腹”。各项服务措施的出台不能想当然，不能自以为是。克服假定相似性偏见的一种方法是进行“心理换位”，就是站在他人的角度考虑问题。经营者、服务者可以做一次消费者，以消费者的身份去经历和感受营业员的服务，这样对发现经营和服务中的问题很有益处。这种方法对做好市场营销工作是行之有效的。

【小思考 3-2】

很多消费者认为高知名度的品牌，应该也是质量比较优良的品牌。这一现象属于上述社会知觉误区中的哪一种？

答：晕轮效应。

3.2.7 消费者的知觉与营销策略

了解消费者的知觉对企业制定营销策略有着重要的意义。从营销的角度，消费者的知觉主要表现在以下几方面。

1. 消费者的质量知觉

质量无疑是影响消费者购买行为的一个重要因素。对于先验产品，即购买前或购买时就能凭感官对产品品质做出大致判断的产品，产品本身的内在质量或客观质量构成了评价和选择的基础；对于后验产品，即在购买时无法凭客观指标对产品质量做出判断的产品，消费者可能要更多地依据产品之外的一些其他线索对产品质量做出推断。然而，无论是对先验产品还是对后验产品，消费者在评价质量时所采用的标准以及对各标准所赋予的权重与企业评价产品质量所采用的标准和权重可能并不一致，有时甚至出入很大。所以，消费者对产品质量的知觉或认识，既和产品本身内在的特性与品质相联系，又受到很多主观因素的影响。

消费者对产品适用性和其他功能特性适合其使用目的的主观理解称为认知质量。认知质量以产品内在质量为基础，但又不与后者相等同。两种产品的内在质量可以完全一样，但消费者对它们的质量认知则可能相去很远。我国很多产品只有在使用外国著名品牌之后，才能在国际市场以数倍甚至数十倍于制造成本的价格出售，就反映了这一事实。

企业应充分认识到质量是消费者、环境和企业活动综合作用的结果，单纯从制造过程或设计过程入手，不把握消费者的需求与反应，是不可能提供消费者所认可和接受的质量的。

2. 消费者的品牌知觉

消费者的品牌知觉是市场营销中知觉研究的重要内容。例如，心理学家做过这样的实验研究：蒙住双眼喝啤酒的人，是否能区分不同类型和品牌的啤酒。研究者据此认识消费者对啤酒的反应、评价，进而确定品牌识别效应。研究发现：被试者一般并不能区分不同品牌的啤酒口味间的差异，很显然产品的标签影响了他们对啤酒品牌的评价。现代心理学认为这是由于消费者品牌意象的影响。品牌意象是指消费者已形成的关于品牌的知觉定势，是消费者关于某一品牌所有知觉的总和。它是由市场营销和广告策略、舆论领头人和其他社会名流的影响及品牌特性等多方面共同作用的结果。品牌意象对营销实践很重要，因为消费者利用这些品牌意象的心理表征去区分一个品牌与另一品牌，所以它是购买行为的基础。

3. 消费者的价格知觉

在消费者心中，通常将价格看成是衡量商品价值和商品质量的重要标准，尤其在耐用品和高技术产品上更为突出。他们认为价格昂贵的商品，其内在价值和商品质量也相对较高，即所谓“一分钱一分货”“便宜没好货”。这种价格心理是消费者心中的价格评判标准，而绝非理论上的价格标准。

许多消费者对产品的价格水平有很强烈的期望。但是一定范围内的价格变动通常不会影响其购买愿望。如果价格低于这个范围，消费者会怀疑产品的质量；若高于这个范围，产品就处于不利的竞争地位，这种现象通常出现在没有其他信息线索可以用来判断质量的情况下。显然，如果价格与消费者的需求直接相关，那么价格的作用依然是非常重要的。

消费者对价格知觉的另一层面是所谓的“心理价格”问题。例如，在美国，大约4/5的食品的价格尾数是9或5，而英国的价格尾数普遍用9便士或99便士。这种定价策略的理由是如果价格尾数是奇数，消费者可能认为是便宜货。“奇数定价法”被广泛用于削价促销上，它给消费者的感觉是价格已下降了许多。

4. 消费者的商场知觉

商场知觉是消费者对商场的位置、设计、产品分类、服务等因素的总体评价，其中的每个方面都会使消费者对其购物场所产生整体知觉。例如，货架的位置和货架空间影响到哪一种商品或品牌能得到消费者更多的注意；购物点展示可以吸引消费者对高利润商品和打折商品的注意力；室内各种信息线索(如品牌、布置、商品提示等)，会同外部建筑风格以及广告一起形成商店的形象。

有人对消费者商场知觉的研究表明，在沃尔玛的购物者比在克玛特(K-Mart)的购物者对所在商场评价高，而且花的钱也多。为什么如此相似的零销商场却产生如此不同的知觉和结果？专家在分析大量资料后认为，可能是一些细小的因素起了作用，如沃尔玛员工穿马甲，而克玛特员工不穿马甲，或是沃尔玛用牛皮纸袋装商品，而克玛特用塑料袋。另外，消费者对商场的知觉还受消费者自身的自我知觉和动机等因素的影响。

5. 消费者的风险知觉

当你驱车飞驶，险些与突然从路口驶出的一辆汽车相撞时，会惊出一身冷汗，而坐在旁边但昏昏欲睡的朋友可能对此一无所知。同样的危险差点降临到两人头上，但后者由于对此没有知觉，自然也不会有你刚才那种感受。所以，风险只有被知觉和感受到才会对行为产生影响。

风险知觉就是指消费者在消费前因无法预料其购买结果的优劣而产生的一种不确定性感觉。在产品购买过程中，消费者可能会面临各种各样的风险，这些风险有的会被消费者感受到，有的则不一定被感觉到；有的可能被消费者夸大，有的则可能被缩小。因此，知觉风险与实际风险可能并不一致，两者甚至出现较大的差距。有关风险知觉的详细内容参见第12章。

3.3 本章小结

本章主要介绍了消费者的感觉和知觉。

感觉是刺激物作用于感觉器官，经过神经系统的信息加工所产生的对该刺激物个别属性的反映。根据感觉刺激是来自有机体外部还是内部，可把各种感觉分为两大类：外部感觉和内部感觉。外部感觉接受机体外的刺激，反映外界事物的个别属性，属于外部感觉的有视觉、听觉、嗅觉、味觉、触觉。内部感觉接受机体内的刺激，反映身体的位置、运动和内脏器官的不同状态。属于内部感觉的有肌肉运动感觉、平衡感觉、内脏感觉等。

感觉的基本规律有感受性和感觉阈限、感觉适应和感觉对比。其中，感受性是对刺激强度及其变化的感觉能力，它说明引起感觉需要一定的刺激强度。衡量感受性的强弱用感觉阈限来表示，感觉阈限包括绝对阈限和差别阈限。那种刚刚能引起感觉的最小刺激量，称为绝对阈限。能觉察出两个刺激的最小差别量称为差别感觉阈限。

知觉是在感觉的基础上产生的，但比感觉更为全面地理解世界的过程。确切地说，知觉就是个体选择、组织和解释刺激，形成一种有意义的与外部世界相一致的心理画面的过程。知觉的主要特性有选择性、理解性、整体性和恒常性。

消费者的知觉过程包括三个相互联系的阶段，即展露、注意和对刺激物的理解。刺激物的展露是指将刺激物展现在消费者的感觉神经范围内，使其感官有机会被激活。知觉过程的第二个阶段就是注意。注意是心理活动对一定对象的指向和集中。它是在刺激物展露的基础上产生的。知觉的最后一个阶段，是个体对刺激物的理解，它是个体赋予刺激物以某种含义或意义的过程。

消费者的社会知觉主要包括对人的知觉、人际知觉、角色知觉和自我知觉。对人的知觉主要是指对别人的外表、言语、动机、性格等的知觉。人际知觉就是对人与人之间相互关系的知觉。角色知觉主要包括两个方面：一是根据某人的行为判定他的职业，二是对有关角色行为的社会标准的认识。自我知觉是指一个人通过对自己行为的观察而对自己心理状态的认识。社会知觉误区主要有以下几种形式：第一印象、晕轮效应、心理定势、刻板印象、期望效应、习惯定向、假定相似性偏见。

从营销的角度，消费者的知觉主要表现在以下几方面：消费者的质量知觉、消费者的品牌知觉、消费者的价格知觉、消费者的商场知觉、消费者的风险知觉。

3.4 思考与技能实践

3.4.1 基本训练

1. 简答题

(1) 感觉和知觉有什么区别？

(2) 举两个实例说明差别感觉阈限在营销中的应用。

(3) 什么是错觉？举两个实例说明错觉在营销中的应用。

(4) 简述刺激物的展露与营销策略。

(5) 什么是社会知觉？社会知觉包括哪些内容？

2. 选择题

(1) 人类和其他动物最为复杂、高度发展和重要的感觉是(　　)。

A. 视觉　B. 听觉　C. 嗅觉
D. 味觉　E. 触觉

(2) “入芝兰之室，久而不闻其香；入鲍鱼之肆，久而不闻其臭。”这句话说的是感觉的(　　)现象。

A. 对比　B. 适应　C. 敏感　D. 感受性

(3) 知觉的特性主要有以下几方面：(　　)。

A. 选择性　B. 理解性　C. 恒常性
D. 整体性　E. 客观性

(4) 听到消息的开头即引起听到其他部分消息的需要，这种现象称为(　　)。

A. 晕轮效应　B. 蔡格尼克效应　C. 刻板印象
D. 心理定势　E. 习惯定向

(5) 个体对自己的智慧、能力、道德水平等方面的判断和评价，属于自我知觉中的(　　)。

A. 生理自我　B. 心理自我　C. 社会自我

(6) 我国古代“智子疑邻”的典故，就是典型的(　　)。

A. 第一印象　B. 刻板印象　C. 晕轮效应　D. 心理定势

3. 判断题

(1) 绝对感受性与绝对阈限在数量上成反比关系。(　　)

(2) 韦伯分数越大，则感觉越灵敏。(　　)

(3) 知觉对象和背景的关系是经常可以相互转换的。(　　)

(4) 错觉是对外界事物的不正确的但是正常的知觉。(　　)

(5) 注意是一种单独存在的心理过程。(　　)

3.4.2　技能训练

1. 把知觉的对象从背景中分化出来，客观上受到许多条件的影响。这些条件主要有：

(1) 对象和背景的差别。

(2) 对象的运动。

(3) 对象的组合。

2. 知觉的整体性。知觉的对象是由刺激物的部分特征或属性组成的，但人们不把它感知为个别的孤立的部分，而总是把它知觉为一个统一的刺激情境。甚至当刺激物的个别属性或个别部分直接作用于人的时候，也会产生这一刺激物的整体印象。当客体具有连续、闭合趋势和共同运动方向等特点，或有较大组合的趋势时，就容易被知觉为一个整体。

3. 消费者的社会知觉主要包括对人的知觉、人际知觉、角色知觉和自我知觉。其中，对人的知觉主要包括对他人表情的知觉和对他人性格的知觉。

3.4.3 操作练习

1. 在营销实践中，当实现了商品的改进时，营销人员非常想满足或超过消费者的差别阈限，即他们想使消费者容易觉察最初产品的任何改进。进入某企业或商场，了解营销人员如何用差别阈限来决定他们应该做出产品改进的数量。

2. 商场知觉是消费者对商场的位置、设计、产品分类、服务等因素的总体评价，其中的每个方面都会使消费者对其购物场所产生整体知觉。走访你所在城市的两家规模较大而且相似的商场或超市，各请 20 名消费者对这两家商场或超市做评价，然后分析影响消费者商场知觉的因素。

3.4.4 案例分析

麦当劳的秘诀

麦当劳发现，随着经济的发展、生活节奏的加快，“快餐热”一定会兴起。但怎样让百姓快速接受自己的汉堡包呢？经过长期的实践和研究发现，汉堡包在 17cm 高的时候咬起来最方便，可口可乐在 4℃时和汉堡包配起来味道最鲜美。除此之外，他们还针对不同国家人民身高情况设计交款台，目的是让顾客掏钱最方便。就是抱着这种“急顾客之所急，想顾客之所想”的态度，麦当劳传遍了世界，不仅打下了“江山”，而且守住了“江山”。

再如，麦当劳进入中国前的最大担心是怎么让吃了几千年馒头的中国人接受洋人的汉堡，为此麦当劳进行了长达 8 年的深入研究(研究俄罗斯更长，14 年)。研究什么？从国家政策到市场环境、原料产地、饮食习惯、文化习俗、收入水平、家庭结构等，无所不包，最后才下决心进入中国市场。为什么他敢下这个决心？因为他们将最后研究视线聚焦到中国独生子女的身上。他们研究后的结论是：中国小孩 4～7 岁时是味觉形成期，7～12 岁时是味觉固定期。如此一来，决策就有了科学的依据。中国小孩 4～7 岁吃什么都是一个味道，不管是馒头还是汉堡，不管是土豆泥还是炸薯条。靠什么吸引小孩呢？红红黄黄的标识、各种尺寸的小旗、各种玩具以及游戏区，弄得中国小孩“乐不思蜀”“流连忘返”。

问题：从消费者感觉的角度，分析麦当劳成功的秘诀。

3.4.5 网上调研

人们都知道第一印象不可靠，可每个人都受到它的影响。你是怎样看待第一印象的？并就这一问题进行网上调研。

3.4.6　单元实践

利盟国际公司商标的演变

1991 年，IBM 公司将它的桌面印刷机、打印机以及相应设施的生产线销售给利盟国际公司(Lexmark)。销售合同规定，该公司可以在五年的时间内使用 IBM 的商标；1996 年以后必须停止使用这一商标。利盟国际公司当时是一家新成立的投资公司，缺乏市场知名度。它既想在五年的时间内充分利用 IBM 这一著名品牌促进销售，又希望树立自己的品牌，在五年后能使顾客认出和购买标有利盟品牌的商品。为此，利盟制订了一个四阶段的计划，在五年的时间内利用公众熟悉的 IBM 形象来逐步引入 Lexmark 这个新的品牌名称，并发起了一场确立公司形象的广告运动来协助完成名称的演变。

资料来源：〔美〕迈克尔·R.·所罗门. 消费者行为. 北京：经济科学出版社，1999

问题：

(1) 从感觉阈限的角度分析利盟国际公司是如何完成新的品牌形象确立过程的。

(2) 如果利盟国际公司不这么做，到 1996 年直接使用自己的新商标，可能会有什么样的结果？

第 4 章

消费者的需要和动机

【学习目标】

知识目标：了解需要和动机的含义和特点；理解需要和动机的分类和意义；认识和了解动机理论。

技能目标：熟练掌握和运用马斯洛的需要层次理论，并能据此分析某一具体的消费行为。

能力目标：能够运用有关动机的理论来激发消费者的购买动机。

【案例导读】

把梳子卖给和尚

某公司最近准备招聘一批新人为公司新产品的推销补充新生力量，为了挑选出更合乎公司要求、独当一面的效能型人才，公司总裁别出心裁地出了一道实战题来考验新人——要求应聘者在一个星期内把100把“梳子”卖给“和尚”！

把梳子卖给和尚？这怎么可能？有没有搞错？许多人都打了退堂鼓，但还是有甲、乙、丙三个人勇敢地接受了挑战。一个星期的期限很快到了，三人回公司汇报各自销售的成果：甲先生仅仅卖出了一把，乙先生卖出了十把，丙先生居然卖出了1000把。同样的条件，为什么结果会有这么大的差异呢？公司请他们谈谈各自的销售经历。

甲先生说，他跑了三座寺院，受到了无数次和尚的冷眼，但仍然不屈不挠，终于感动了一个小和尚，小和尚虽然不用梳子，但以慈悲为怀，还是买了一把梳子。

乙先生来到一座香火极旺的深山古刹，看到来来往往的善男信女的头发被山风吹乱了，便灵机一动，找到住持，说：“蓬头垢面对佛是不敬的，应在每座香案前放把木梳，供善男信女梳头。”住持认为言之有理，那庙里共有10座香案，于是买下了10把梳子。

丙先生也来到一座颇负盛名、香火极旺的深山宝刹，对方丈说：“凡来进香者，多有一颗虔诚之心，宝刹应有回赠。我有一批梳子，您的书法超群，可刻上‘积善梳’三字，然后作为赠品，保佑平安吉祥，鼓励多行善事。”方丈听罢大喜，立刻买下了1000把梳子，并约定赠完后继续向丙先生订购。

启示：产品相同，不同的营销方式可以打开不同的消费市场。

资料来源：http://www.doc88.com/p-316741119343.html(编者对原文有删改)

以上案例说明，消费者的需要是现代市场营销的基础。在高度竞争的市场环境中，比对手更早地、更好地识别并满足消费者需要的能力，是企业得以生存和发展的关键。

4.1　消费者的需要

消费者为什么购买某种产品，为什么对企业的营销刺激有着这样而不是那样的反应，在很大程度上是和消费者的需要密切联系在一起的。

4.1.1　需要概述

人是自然属性和社会属性的统一体，对其自身和外部生活条件有各种各样的要求。当某种生理或心理因素缺乏时，就会导致生理或心理上的缺乏状态。当这种缺乏状态达到一定程度，必须进行调节时，个体就感到需要的存在，进而产生恢复平衡的要求。首先是生理平衡。人体内必须不断补充一定的物质和能量才能生存，如食物、水、热量等，这些物质与能量的吸入量由体内复杂的生理系统进行调节，维持着人的生理平衡状态。其次是心理平衡。人的生理失调主要在于有机体内部的刺激，而心理失调主要取决于有机体外部的刺激，这种外部刺激既有物质的，又有精神的。当心理失去平衡时，个体就产生心理上的需要，如爱的需要、求知的需要、审美的需要等。可见，需要是个体缺乏某种东西时的一种主观状态，它是客观需求的反映。

【小资料 4-1】

消费者的需要和需求

所谓需要，是一种促使消费者采取行动来改善状况的不满意的状态；所谓需求，是消费者在获得了为改善其不满意状态所需的条件之后，想要获得更大满意程度的一种愿望。

需要和需求的一个区别在于：需要是在人们心理和生理上不满足的驱动下产生的，而需求是在人们想使其生理及心理条件高于最低限度的满足程度时产生的。因此，食物满足的是需要，而美食满足的是需求。汽车满足了人们从 A 点到 B 点的需要；而马自达、奔驰车在满足需要的基础上，还满足了人们获得卓越的性能、较高的威信及合适的形象的需求。对于企业来说，开发一种新产品可能会引起工厂对更大的生产能力的需要，而政府规定可能会引起企业对更好的安全标准的需要。面向高级经理人的会员制俱乐部、昂贵的办公用品及公司专用的飞机都是需求的例子。只有在需要得到满足之后，需求才会产生。在当今信息革命的时代，原来的“想要一些”变成了现在的“需求所有”，而“需求所有”又变成了“必需品”，在发达国家更是如此。遥控电视、微波炉、移动电话等都是由需求品变成必需品的例子。

需要与需求的另一个区别在于促使它们产生的因素不同。消费者的需要是由个人的特性和环境的特性决定的。决定消费者需要的三个个人特性是遗传特性、生理特性和心理特性；决定消费者需要的三个环境特性是气候特性、地形特性和生态特性。相对而言，消费者的需求是由个人环境的背景决定的。个人背景包括三个方面：一个人的购买力、所处的组织与文化。市场背景同样也包括三个方面：经济、技术与公共政策。

资料来源：〔美〕杰格迪什·谢斯，本瓦利·米托. 消费者行为学. 罗立彬，译. 北京：机械工业出版社，2004

【小思考4-1】

通过上述对需要与需求的分析，营销人员能创造消费者的需要还是需求？

答：需求。

4.1.2 消费者需要的特征

随着社会生产、科学技术和文化艺术的不断发展，消费者的需要也将不断被激发和被推进，呈现出五彩缤纷的态势。消费者这些丰富多彩的需要，具有如下共同的特点。

1. 对象性

人们的需要总是指向某种具体的事物。换句话说，需要总是和满足需要的目标联系在一起。例如，逛街时人饿了就要买东西吃，渴了就要买水喝。需要一旦实现，总能给人们带来生理或心理上的满足。离开了目标和对象，就无从观察和研究人是否具有某种需要。

2. 多重性

消费者的某种行为经常能满足多种需要。事实上，消费者更倾向于满足具体的目标，因为它们能够满足几种需要。人们购买衣服除了保暖和体面外，还能满足一系列个人的和社会的需要。

3. 层次性

由于消费者在民族习俗、宗教信仰、性格气质、能力素质、文化程度、审美情趣、性别年龄、收入水平、消费目的等方面存在着差异，因而在对消费品的需要及满足需要的方式等方面存在着多层次性，呈现出因人而异的现象，不同的消费者对购物条件、服务方式、服务态度有不同的要求。这就要求商场经营的档次要高、中、低档合理配套。

另外，经营品种、服务项目要齐全和富有特色，接待服务方法要区别对象，不可千篇一律以固定、僵死的模式接待所有的消费者，否则就无法满足不同层次顾客的不同需要。

4. 可变性

消费者需要的产生、发展和变化，同现实的生活环境、当时的消费环境有着密切的联系。消费观念的更新、社会时尚的变化、人际交往的启迪、工作环境的改变、文化艺术的熏陶、广告宣传的诱导、消费现场的刺激、服务态度的感召等，都会不同程度地使消费者的兴趣发生转移，并不断产生新的消费需要。潜在的需要会变成现实的行为，未来的消费会提前寻求实现的途径，微弱的愿望会转化为强烈的欲求。总之，消费者的消费需要是可以通过各种媒介物，运用各种方法加以启发和引导的，并最终使消费者的消费需要发生变化。

5. 发展性

消费者的需要随着社会生产力的发展和物质文化生活水平的提高而不断发展。这不仅体现在消费者需要的标准不断提高上，而且体现在消费者需要的种类日益复杂多样上。消费者需要的发展性在现实生活中随处可见。例如，现在正在流行的某类时装，过了一段时间后可能成为过时的商品而遭淘汰。或者人们原来许多的潜在需要，由于条件成熟，现在已经变成了现实需要，当然同时又会产生新的潜在需要。

4.1.3　消费者需要的类别

消费者的需要可以从不同的角度来加以分类。

1. 天然性需要和社会性需要

按照需要的起源，可以把消费者的需要分为天然性需要和社会性需要。

天然性需要是人类最根本、最原始的需要，是人类为了维持有机体所必需的衣、食、住、行、性等方面的需要。它同生理需要是一致的。

社会性需要是指人为了维持社会生活，进行社会生产和社会交际而形成的需要。它是在人类社会历史发展过程中形成的，并且受到社会生产和社会生活条件的制约，是人类特有的高级需要。

2. 物质需要和精神需要

按照需要的对象，可以把消费者的需要分为物质需要和精神需要。

物质需要是人类对衣、食、住、行以及社会交往中所需要的物质产品的需要。它是人类社会的基础，也是人最基本、最重要的需要。它既包括天然性需要，也包括不断发展的社会物质生活需要。其需要的满足是通过物质对象来完成的。

精神需要是人们对精神生活和社会交往中所需的有形或无形产品的需要。它是人类所具有的心理需要，是人对其智力、道德、审美等方面条件需求的反映，如获得知识、提高技能、寻找爱情、社会交往、陶冶情操等。

3. 现实需要和潜在需要

按照需要实现的程度，可以把消费者的需要分为现实需要和潜在需要。

现实需要是指目前具有明确消费意识和足够支付能力的需要，一般可以理解为消费者在进入商店之前就已计划购买的商品和愿意支付的货币。可见，现实需要是消费者不仅有明确的目标指向(具体商品)，而且有货币支付能力。这种需要也称为有效需要，它是企业制定当前市场营销策略的现实基础。满足顾客现实需要是企业当前市场营销活动的中心。

潜在需要是指未来即将出现的消费需要，它主要表现为两种形式：第一种是具有明确消费意识，但目前缺乏足够支付能力的那部分需要，例如，目前我国家庭对宽敞住房有需要，有相当部分的家庭已经将它列入家庭未来发展计划中，但由于购买力的限制以及对自己预期收入的不确定，这部分需要就表现为潜在的消费需要；第二种是尽管消费者有足够的支付能力，但由于目前他们的消费意识不太明确或市场上还没有出现他们所期望的产品，因而还没有形成现实需要的那部分需要，例如，某些新产品投入市场时，因消费者对它不了解，再加上习惯意识的影响等，往往会出现销售上的困难。对于第一种潜在需要，在消费者一旦具有支付能力，或企业采用适当的市场营销措施(如降价、分期付款等)后，这种潜在需要即可能转为现实需要。对于第二种潜在需要，企业可推出具有能满足这种需要的功能的产品，或者企业可采用适当的市场营销措施，如广告宣传、示范表演等，诱导这种潜在需要转化为现实需要。

【小资料 4-2】

肯德基如何开发消费者的潜在需要

赤道几内亚地处赤道附近，酷热异常，要让当地居民接受滚烫的炸鸡似乎并不容易。从表面上看，当地并没有对肯德基炸鸡的市场需求。但是，肯德基公司却以一种非常具有诱惑力的奇特方式打开了市场的大门。公司在该国反复通过媒体传播这样一个观念："肯德基炸鸡加冰冻可乐是最佳的口味搭配。"对该地居民来说，冰冻可乐是美妙的东西，把它和肯德基的形象联系在一起，通过反复地传播，进一步强化了他们的诱惑力。不久，当地居民果然纷纷接受了这一观念，大吃肯德基炸鸡和可乐了。

资料来源：http://www.doc88.com/p-267181550283.html. 2014-02-16(编者对原文有删改)

分析提示：这是一个典型的把消费者的潜在需要转化为现实需要的案例。

4.1.4 消费者需要对购买行为的影响

人们的行为活动往往是由不同的需求引起的。消费者需要对购买行为的影响主要表现在以下三方面。

1. 消费者需要决定购买行为

消费者由于受内在或外在因素的影响，产生某种需要时，就会形成一种紧张状态，成为其内在的驱动力，这就是购买动机。它导致了人们的购买行为。当购买行为完成，需要得到满足时，动机自然消失，但新的需要又会随之产生，再形成新的购买动机，导致新的购买行为。由此可见，消费者的购买行为是在其需要的驱使下进行的。从这个意义上说，消费者需要决定购买行为。

2. 消费者需要的强度决定购买行为实现的程度

一般情况下，需要越迫切、越强烈，则购买行为实现的可能性就越大。反之，需要不迫切、不强烈，消费者的购买行为就可能推迟，甚至不发生。

例如，对一个没有鞋穿的人来说，第一双鞋对他的使用价值最大，也就是说，他对第一双鞋的需要性最强，也许走进一家商店，只要看到他能穿的鞋就买下来，而对鞋的式样、颜色、价格、质量等要求并不高。但当他买了鞋以后，他对鞋的需要就不那么迫切了，鞋的使用价值对他来说就不那么重要了。也许他还会产生买鞋的需要，但需要的迫切性大大降低。这时，他要考虑价格、质量、式样等各方面的因素，若它们对购买行为的阻力很大，则购买行为就不易实现。

3. 需要水平不同影响消费者的购买行为

在经济发达国家，消费水平相对较高，消费者购买食品的费用在整个购买费用中所占的比例就比较小；而经济发展水平低的国家，情况正相反。这就是著名的恩格尔定律。其内容是，随着家庭收入的增加，人们在食品方面的支出在收入中所占的比例就越小，用于文化、娱乐、卫生、劳务等方面的费用支出所占比例就越大。

4.1.5　影响消费者需要的因素

不同的人有不同的需要，即使同一个人在不同的时期也有不同的需要。因此，对每一个个体来说，需要是不断变化的。影响个体需要的因素主要包括两大类：主观因素和客观因素。

1. 主观因素

影响个体需要的主观因素主要指的是和消费者个人特征有关的因素，主要包括以下几方面。

(1) 生理因素。人饿了就想吃，渴了就想喝，困了就想睡，这是最简单不过的事了。除了这些纯生理的甚至可以说是生存的因素之外，影响个体需要的因素还包括年龄、性别、身体状况等方面。例如，儿童的需要和大人的需要在很多方面是肯定不同的，而且男性和女性之间的需要也有很大的差异。

(2) 心理因素。影响个体需要的心理因素，主要表现在人们的智力、道德、审美等方面的差异上。例如，不同的人对于获得知识、提高技能、寻找爱情、社会交往、陶冶情操等有不同的能力和看法，因而就会有不同的追求。

(3) 个人的消费水平。每个人都有各种各样的需要，而且人们也都希望自己的所有需要都能被满足。但事实上，由于人们的经济能力的限制，就会影响到人们的消费需求。虽然现在越来越多的人可以选择超前消费的方式来提高自己的消费水平，但它的前提是要保证自己今后预期的收入。可见，没有经济基础的保障，消费水平就难以提高，当然也就直接影响了人们的消费需求。

(4) 个人的社会地位。人们的经济收入、受教育程度以及职业的不同，决定了一个人的社会地位的高低。处于不同社会地位的人，其消费需求是有区别的。例如，由于人们的社会地位不同，他们对商品和品牌的偏好也不一样。

2. 客观因素

影响消费者需要的客观因素很多，其中主要有以下几方面。

(1) 消费情景。消费情景的变化，可以影响消费者的需求。消费情景指的是诸如缺货、对原有产品的不满意、相关产品的购买等。例如，某些物品将要用完的时候；对正在使用的产品不满意或产生了厌倦；购买某种产品后，必须有配套产品才能使用等。

(2) 社会环境。社会环境的影响主要包括亲朋好友的实际消费行为、口传信息、社会风气等方面。不仅如此，由于人们在闲暇时间的社交活动逐渐频繁，因而对化妆品、礼品和艺术品的需求也在增加。

(3) 企业营销因素。企业营销因素主要包括广告宣传、商品陈列以及降价促销等。例如，很多个人卫生用品的广告是通过创造一种不安全感，使消费者产生相应的需要，而消除这种不安全感的最佳方式就是使用他们推荐的产品；营销商还可以通过改变款式和服装设计，在消费者中制造一种他们的着装已落伍的感觉，帮助消费者认识到某种需要。

4.2 消费者的动机

在现实生活中，人们用动机因素来解释事件是否发生的情形随处可见。例如，一个老板可能会这样训诫他的员工："你为什么没有尽最大努力去销售产品？"你的同学也许会告诉你他某科考试没及格的原因是他不喜欢那个老师。可能每个人都有过已经筋疲力尽却还要按时工作或学习的经历。以上所有这些都可以用动机去解释。那么，动机到底是什么呢？

4.2.1 动机概述

动机是一个概括性的术语，是对所有引起、支配、维持生理和心理活动的过程的概括。这个词语来源于拉丁语 movere，意思是"趋向于"(to move)。所有的生物有机体都会趋向于某些刺激而远离某些刺激，这由它们的喜好和厌恶而决定。

1. 动机的含义

动机是人类所有行为的推动力。具体地讲，动机是指引起和维持个体的活动，并使活动朝向某一目标的内部驱动力(内驱力)。因此，动机有两个组成部分：一是内驱力，二是目标事物。内驱力是促使人们采取行动以降低内心紧张感的内心紧张状态。目标事物是存在于外界的一种事物，拥有这种事物可以降低人们内心的紧张感。可见，内驱力为人们的行动提供力量，而目标事物则为人们释放力量提供了方向。

2. 动机的功能

动机具有以下三种功能。

(1) 激活功能，即动机会促使人产生某种活动。例如，大学生到学校来求学，是由学习知识的动机激发起来的；旅游者外出旅游是在其各种旅游动机的直接驱动下发生的。

(2) 指向功能，即在动机的作用下，人的行为将指向某一目标。例如，在学习动机的支配下，大学生会到图书馆去看书，到书店去买书；旅游者在旅游动机的指引下奔向旅游目的地。

(3) 强化功能，即当活动产生以后，动机可以维持和调整活动。当活动指向某个目标时，个体相应的动机便获得强化，因而某种活动就会持续下去，在遇到困难时能予以克服。动机是在需要的基础上产生的，一种需要演化为哪种动机受到环境因素的影响。无论是物质的需要还是精神的需要，只要它以意向、愿望和理想的方式指向一定的对象并激起人的希望时，就可构成行为的动机。

动机虽以需要为基础，但只有需要，并不一定产生动机。动机的产生至少应该具备两个条件：一是需要，二是具有满足需要的对象。当需要处于萌芽状态，客观上缺乏满足需要的对象时，需要只表现为一种意愿或意向。只有当需要被强化到一定的程度，在客观上又有满足的对象时，需要才转化为动机。需要、动机与行为的关系如图4-1所示。

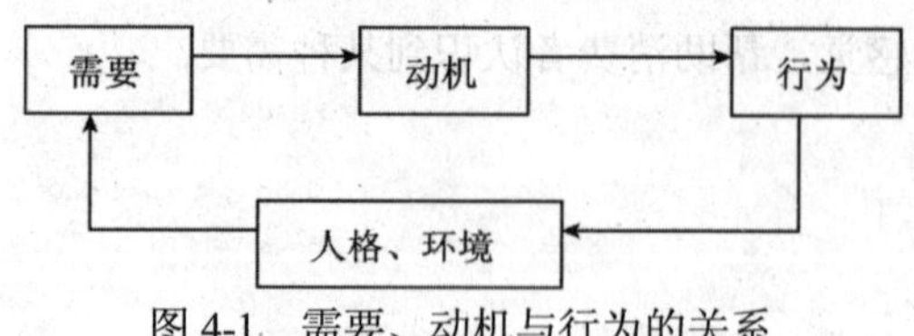

图4-1 需要、动机与行为的关系

4.2.2　消费动机的特征

1. 原发性

个体缺乏某种东西而产生对某种东西的需求，这种需求推动个体去寻找满足需求的对象，动机就是在这种情况下产生的。也就是说，需求使个体产生动机，动机推动个体采取行动。从个体动机产生上看，动机具有原发性特征。对于消费者而言，其内在的需要，促使其产生各种消费动机。

2. 内隐性

个体的行为是外显的，但支配其行为的动机却是无法直接观察得到的。消费者的消费动机是通过其消费行为推断出来的。例如，消费者入住了高档饭店，可以做如下推断：首先他有休息的生理性动机；其次，他可能有追求社会身份、地位，希望得到他人尊重的动机。消费者的动机不是观察到的，而是根据他的行为和所掌握的知识经验推断出来的。所以，动机具有内隐性。

3. 实践性

动机是行为的内在原因，动机是为行为而存在的；通过个体的行为表现，可以窥见动机的踪影。从动机与行为的这种关系上表现出动机的实际特征。动机的这种特征，是我们研究它的一个重要原因。了解消费者的消费动机，从而为预测和引导消费者的消费行为提供依据。

4. 动态性

动机是与生活经验相互作用而不断变化的高度动态的结构。动机的形成取决于内在的需要和外部环境两大方面因素，当这两种因素发生变化时，个体的动机自然会相应发生变化。外部环境是不可控的，而且人的需要也是经常变化的。这是因为：第一，需要是不可能得到彻底满足的，例如，在固定的时间间隔内，人们就会体验到饥饿需要，这种需要必须得到满足；第二，当过去的需要得到满足时会产生新的需要。由于动机的这种特点，我们可以通过一些营销手段来影响消费者的消费动机，并继而影响消费者的消费行为。

4.2.3　动机的分类

一个人复杂多样的动机往往以其特定的相互联系构成动机系统。根据不同的标准，动机可分为以下几类。

1. 按动机的性质分类

根据动机的性质，动机可分为生理性动机和心理性动机。

(1) 生理性动机

生理性动机来源于人体得以生存和繁衍下去的最基本的生理需要，如对空气、水、食物、休息、性爱等的需要，由这些需要引发的动机来源于人体内部某些生理状况的先天驱动力，并非后天学习和强加来的。人们为了保证其身体健康、精力充沛、维持生命的延续，以便从事正常的社会活动，都要本能地产生衣、食、住、行等生理需要，如饥则求食、渴则求饮、乏则求歇、病则求医等。由这些生理需要而引起的消费动机，称为生理性消费动机。在生理性消费动机支配下的消费行为具有经常性、重复性、习惯性和相对稳定性的特点。

生理性消费动机在消费者的消费行为中所起作用的大小，与消费者的收入水平及消费结构有直接的联系。在收入水平较低时，其消费活动首先保证满足生理性需要，消费时注重商品和服务的实际效用，而不大考虑其他因素。只有当消费水平达到一定的程度时，生理性消费动机的作用才会逐渐地减弱。

生理性消费动机又可以细分为生存性消费动机、享受性消费动机和发展性消费动机。

① 生存性消费动机是为了满足生存需要而激发的购买动机，例如，人们为了满足吃、穿、住、行等基本生理需求而产生的购买动机。生存需要就是人类为了维持自身生存而产生的对基本生活用品的需求。如果这种需求得不到满足，就会产生严重的社会问题。

② 享受性消费动机是由于消费者对享受资料的需求而产生的购买动机。享受资料的需求是人们为了提高生活质量、增添生活乐趣而产生的对各种娱乐、享受消费品的需求。因为人们在吃饱穿暖、有栖身之所后，还要吃得科学营养、穿得美观漂亮、住得舒适宽敞，要充分享受现代社会为人们提供的各种现代化设施和用具。例如，人们为了享受生活而产生的对彩电、化妆品、名牌服装、高档音响等商品的需求。

③ 发展性消费动机是为满足个体的发展需求而引起的购买动机。发展需求是人们对发展自己的体力、智力，提高个人才能所必需的消费品的需求，如强身健体、提高技能、增加知识等。

(2) 心理性动机

心理性动机来源于人们的社会环境所带来的需要，如对安全和舒适的需要、被人尊重的需要等。由这些需要驱使的行为动机来自外部社会，一般通过外界学习而获得。例如，饭店客人在决定住宿、就餐之前，常常伴随着复杂的心理活动。也就是说，他们的消费行为不仅要受到生理性消费动机的驱使，还要受到各种心理活动的支配。这样，心理活动的结果，往往就成为决定消费者消费什么、消费多少、在哪儿消费、何时消费的重要因素。所谓心理性消费动机，就是由消费者的认识、情感、意志等心理活动过程而引起的消费动机。与生理性消费动机相比，对于推动消费者的消费行为，心理性消费动机所起的作用有日益增强并逐渐占据主导地位的趋势。

心理性消费动机又可分为感情动机、理智动机和惠顾动机。

① 感情动机

感情动机是指由消费者的情绪和情感变化而引起的心理性消费动机，包括情绪动机和情感动机。

- 由消费者的喜、怒、哀、乐、惧、惊等情绪触发的动机是情绪动机。消费者的情绪往往影响着他们的消费行为。特别是在消费环境的刺激下，消费者可以在一瞬间就做出消费某物或放弃消费某物的决定。掌握了消费者的情绪动机，能为营销人员充分施展自己的才能提供用武之地。
- 情感动机是由消费者的道德感、理智感和美感等人类高级情感触发的心理性消费动机。例如，有些客人在餐厅设宴，是为了给远道而来的朋友接风洗尘；有的客人购买旅游纪念品，是为了馈赠亲友、增进友谊等。这些消费行为往往是由情感动机所引起的。

由情绪动机引起的消费行为往往带有冲动性、即景性和不稳定性的特点，它会随着消费者情绪的变化而变化，多表现在青年消费者身上；而由情感动机引起的消费行为，则具有相对的稳定性和深刻性，它往往反映出消费者的精神面貌。

② 理智动机

理智动机是建立在消费者对商品或服务的客观认识基础之上，经过分析、比较之后而产生的一种消费动机，在这种动机支配下的消费行为具有客观性、周密性和控制性的特点。

理智动机和感情动机的区别在于，前者是由物质因素引起的，后者是由精神因素引起的。受理智动机支配的消费者，一般都比较注重商品或服务的实际效用，即需要什么就消费什么，不易受到外界因素的影响而临时扩大自己的消费支出。例如，他们要求饭店的服务收费标准适宜，服务态度热情周到，消费环境洁净优雅。通常性格稳重、具有一定文化修养、好深谋远虑的消费者，多具有此类消费动机。

③ 惠顾动机

惠顾动机是指消费者基于感情与理智经验，对特定的商店、商标、厂牌、商品产生特殊的信任与偏爱而经常重复地购买的一种动机。这种动机的产生大都出于一定的原因。例如，由于商业企业对顾客热情，有着周到的服务和良好的信誉，从而使消费者产生惠顾心理；也许是由于商店优雅、舒适的购物环境，现代化的服务设施，琳琅满目且品质精良的商品，使消费者在购物的同时还能感受到购物时享受的愉悦心情，从而愿意经常光顾体验这种感受；还有可能是商品本身的魅力，如名牌、品质精良、性能优越等，消费者在使用之后留下了深刻和美好的印象，进而产生偏爱，会经常重复地购买。

具有惠顾动机的消费者往往是企业的忠实支持者，他们不仅通过自己的购买行为给企业带来巨大利益，同时还会把他们的感受、体验情绪传达给其他消费者，从而影响和带动其他消费者的购买行为。

【小资料 4-3】

培养消费者的惠顾动机

一位归国访问学者讲述了他在美期间经历的一件事情。一天，他推着采购车在美国一家超级商场挑选货物时，不小心将货架上的四瓶杜康酒碰落，酒洒了满地。他当时心想，这下麻烦了，肯定要赔款了，于是主动找到售货小姐道歉，并表示愿意赔偿损失。那位小姐一边安慰他，一边用电话向经理通报事故，且检讨了因自己照顾不善而让顾客受惊。更出乎他意料的是，经理出来满脸赔笑，说已经从闭路电视里看到了。经理不仅毫无责怪之意，反而向他赔不是，还拿手帕为他拭去酒污。当他再次提到赔款时，经理谦恭地说：“是我的职员没把货架放稳，让您受惊，责任在我。”并再度致歉，然后一直陪他将货物采购完，亲自送他走出商场。据这位学者说，他那次是倾其囊中所有，装了满满一车回家，并且以后每周一次的购物都要到该商场去。他粗估了一下，他花在该商场的钱较他弄翻酒瓶所造成的损失多出不止百倍。

资料来源：荣晓华. 消费者行为学. 3 版. 大连：东北财经大学出版社，2011

问题：该案例中商场经理对待顾客的处理方式引发了消费者的哪种购买动机?

分析提示：此商场经理对待顾客打翻酒瓶一事的处理方式，深深感动了顾客，使其产生了强烈的惠顾动机。消费者的惠顾心理和行为是企业的一项巨大财富，它带给企业的不仅仅是经济利益，还包含了广大消费者感情上的信赖和支持，而后者对企业同样可贵。

2. 按动机在行为中的作用分类

根据动机在行为中的作用，动机可分为主导动机和辅助动机。在引起复杂活动的各种不同动机中，有的动机强烈而稳定，在活动中起主导和支配作用；有的动机则起辅助作用，只是对主导动机的一种补充。

3. 按动机存在的形式分类

根据动机存在的形式，动机可分为显性动机和潜在动机。显性动机是指动机清晰明确，对当前的行为构成直接的影响作用。潜在动机则是不清晰明确的，在内在和外部条件成熟的时候才能浮现出来，并对行为产生影响作用。

4. 消费者具体的购买动机

以上介绍的是消费者一般的消费动机。在消费者的实际购买活动中，还表现出以下各种不同的具体的购买动机。

(1) 求实动机。它是指消费者以追求商品或服务的使用价值为主导倾向的购买动机。在这种动机支配下，消费者在选购商品时，特别重视商品的质量、功效，要求一分价钱一分货，相对而言，商品的象征意义、商品的造型与款式等不是特别强调。

(2) 求新动机。它是指消费者以追求商品、服务的时尚、新颖、奇特为主导倾向的购买动机。在这种动机支配下，消费者选择产品时，特别注重商品的款式、色泽、流行性、独特性与新颖性。相对而言，产品的耐用性、价格等成为次要的考虑因素。一般而言，在收入水平比较高的人群以及青年群体中，求新的购买动机比较常见。

(3) 求美动机。它以追求商品的欣赏价值和艺术价值为主要目的，注重商品的颜色、款式、包装等外观因素，讲求商品的风格和个性化特征的美化所带来的美感享受。在这种动机支配下，消费者选购商品时特别重视商品的颜色、造型、外观、包装等因素，讲究商品的造型美、装潢美和艺术美。求美动机的核心是讲求赏心悦目、注重商品的美化作用和美化效果，它在受教育程度较高的群体以及从事文化、教育等工作的人群中是比较常见的。据一项对近400名各类消费者的调查，在购买活动中首先考虑商品美观、漂亮和具有艺术性的人占被调查总人数的41.2%，居第一位。而在这中间，大学生和从事教育工作、机关工作及文化艺术工作的人占80%以上。

(4) 求名动机。它是指消费者以追求名牌、高档商品，借以显示或提高自己的身份、地位而形成的购买动机。当前，在一些高收入层、大中学生中，求名购买动机比较明显。求名动机形成的原因实际上是相当复杂的。购买名牌商品，除了有显示身份、地位、富有和表现自我等作用以外，还隐含着减少购买风险、简化决策程序和节省购买时间等多方面考虑因素。

(5) 求廉动机。它是指消费者以追求商品、服务的价格低廉为主导倾向的购买动机。在求廉动机的驱使下，消费者选择商品以价格为第一考虑因素。他们宁肯多花体力和精力，多方面了解、比较产品价格差异，选择价格便宜的产品。相对而言，持求廉动机的消费者对商品质量、花色、款式、包装、品牌等不是十分挑剔，而对降价、折让等促销活动怀有较大兴趣。

(6) 求便动机。它是指消费者以追求商品购买和使用过程中的省时、便利为主导倾向的购买动机。在求便动机支配下，消费者对时间、效率特别重视，对商品本身则不甚挑剔。他们特别关心能否快速方便地买到商品，讨厌过长的候购时间和过低的销售效率，对购买的商品要求携带方便、便于使用和维修。一般而言，成就感比较高、时间机会成本比较大、时间观念比较强的人，更倾向于持有求便的购买动机。

(7) 模仿动机。它是指消费者在购买商品时自觉或不自觉地模仿他人的购买行为而形成的购买动机。模仿是一种很普遍的社会现象，其形成的原因多种多样。有出于仰慕、钦羡和获得认同而产生的模仿；有出于惧怕风险、保守而产生的模仿；有缺乏主见，随大流或随波逐流而产生的模仿。不管缘于何种原因，持模仿动机的消费者，其购买行为受他人影响比较大。一般而言，普通消费者的模仿对象多是社会名流或其所崇拜、仰慕的偶像。电视广告中经常出现某些歌星、影星、体育明星使用某种产品的画面或镜头，目的之一就是要刺激受众的模仿动机，促进产品销售。

(8) 求速购买动机。它以追求购买商品交易活动迅速完成为主要目的，注重购买过程的时间和效率，讲求商品携带方便、易于使用，希望能快速、便捷地购买到所需要的商品。

(9) 好奇购买动机。它是为满足自己的好奇心而产生的购买动机。好奇心是每一个人都有的一种心理现象。当人们对于面前的事物不是很理解，觉得新鲜有趣，或者感到奇怪时，就会产生想要了解它、尝试它的愿望，并进一步产生购买行为。

(10) 好癖动机。它是指消费者以满足个人特殊兴趣、爱好为主导倾向的购买动机。其核心是为了满足某种嗜好、情趣。具有这种动机的消费者，大多出于生活习惯或个人癖好而购买某些类型的商品。例如，有些人喜爱养花、养鸟、摄影、集邮，有些人爱好收集古董、古书、古画，还有人爱好喝酒、饮茶。在好癖动机支配下，消费者选择商品往往比较理智，比较挑剔，不轻易盲从。

4.2.4　动机理论

动机来自于未满足的需要，所以动机理论也包含了对需要的探讨。有关动机的理论有很多，这些理论从不同角度探讨了人们行为的根本原因。

1. 马斯洛的需要层次理论

美国人本主义心理学家马斯洛，在 1943 年出版的《调动人的积极性的理论》著作中提出了“需要层次理论”。这一理论几十多年来流行甚广，是国外心理学家试图解释需要规律的主要理论。

马斯洛把人类行为的动力从理论上和原则上做了系统的整理，提出了关于人类需要的最著名的理论——需要层次论。马斯洛把人的多种多样的需要归纳为五大类，并按照它们发生的先后次序分为 5 个等级，如图 4-2 所示。

在马斯洛看来，只有当低层次的需要满足之后，高层次的需要才能到来。但任何一种需要并不因为下一个高层次需要的出现而消失，只是高层次需要产生后，低层次需要对行为影响变小而已。各层次的需要呈相互依赖与重叠的关系，如图 4-3 所示。马斯洛的需要层次理论，对研究人类的动机和行为具有重要和普遍的意义。在消费者行为学领域内，虽不能用来解释所有消费行为的动因，但它确实为我们了解消费动机提供了重要的理论依据。

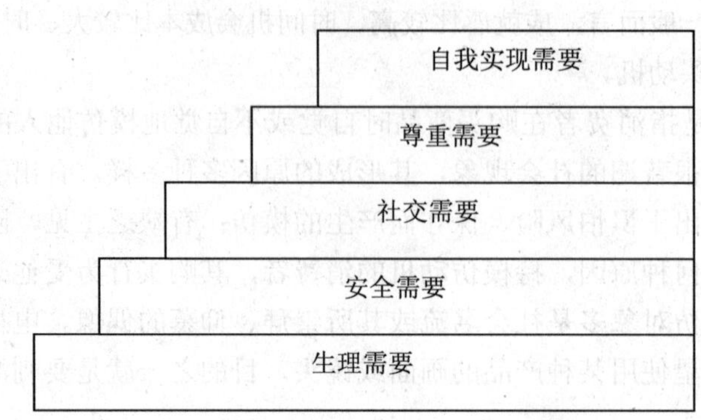

图 4-2　马斯洛的需要层次论

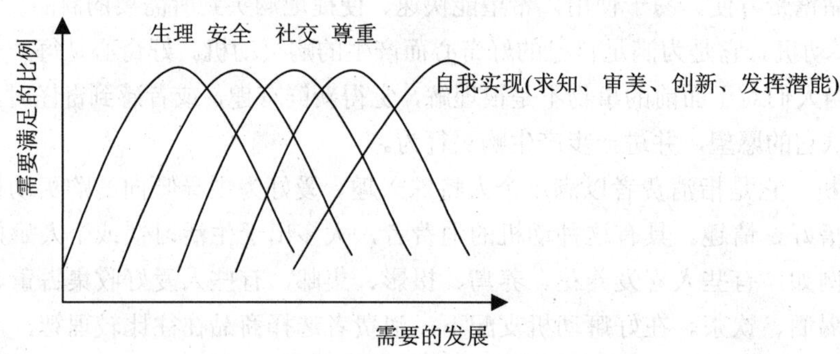

图 4-3　五种层次需要的心理发展关系

(1) 生理需要。这是人类最原始的基本需要，包括饥、渴、性和其他生理机能的需要，它是推动人们行动的最强大的动力。马斯洛认为人的生理需要是最重要的，只要这一需要还没得到满足，就会无视其他需要或把其他的需要搁置一边。

(2) 安全需要。当一个人的生理需要得到满足后，就还想满足安全的需要。他会要求获得生命和财产安全，要求避免职业病的侵袭，希望解除严酷监督的威胁，要求避免意外事件的发生等。马斯洛认为整个有机体是一个追求安全的机制，人的感受器、效应器、智能和其他能量主要是寻求安全的工具。人们的这些需要在消费活动中处处可以表现出来。例如，人们买电器时首先要看它的安全性能是否可靠、外出旅游时希望有人身保险等。

(3) 社交需要。马斯洛的社交需要含有两方面的内容。一个是爱的需要，即人人都希望伙伴之间、同事之间的关系融洽或保持友谊和忠诚，希望得到爱情，人人都希望爱别人，也渴望接受别人的爱。另一个内容是归属的需要，即人都有一种归属感，都有一种要求归属于一个集团或群体的感情，希望成为其中的一员并得到相互关心和照顾。社交需要比生理需要更细致，它和一个人的生理特性、经历、教育、宗教信仰都有关系。

(4) 尊重需要。当社交需要得到满足后，人们还希望自己有稳定的地位，有对名对利的欲望，要求个人能力、成就得到社会的承认等。马斯洛认为，尊重需要得到满足，能使人对自己充满信心，对社会满腔热情。但尊重需要一旦受到挫折，就会使人产生自卑感、软弱感、无能感，会使人失去生活的基本信心。受尊重的需要还同个体感到自己对这个世界有用的感觉有关，也与有关事物(如衣服、汽车、教育、旅游和接待重要人物等)能否增进自我形象有关。人们购买私人轿车、穿名牌衣服、住高级酒店，不仅令人羡慕，而且能够满足他们受人尊重的需要。

(5) 自我实现的需要。自我实现的需要是指实现个人的理想、抱负，发挥个人的能力于极限的需要。也就是说，人必须干称职的工作，是什么样的角色就应该干什么样的事。音乐家演奏音乐，画家绘画，诗人写诗，这样他们才会得到最大的满足。马斯洛还指出："为满足自我实现的需要所采取的途径是因人而异的。有人希望成为一位理想的母亲，有人可以表现在体育上，还有人表现在绘画或发明创造上……"简而言之，自我实现的需要是指最大限度地发挥个人潜能的需要。

从消费者行为分析角度看，马斯洛需要层次理论对理解消费者行为动机以及对企业针对消费者需要特点制定营销策略，具有重要价值。首先，它提醒我们，消费者购买某种产品可能是出于多种需要与动机，产品、服务与需要之间并不存在一一对应的关系。其次，只有低级需要获得充分满足后，高级需要才会更好地得到满足。企业在开发、设计产品时，既应重视产品的核心价值，也应重视产品为消费者提供的附加价值。因为前者可能更多地与消费者的某些基本需要相联系，后者更多地与其高层次需要相联系，用产品的附加功能取代其核心功能是注定要失败的。再次，越是涉及低级需要，人们对需要的满足方式与满足物就越明确；越是涉及高级需要，人们对满足这类需要越不确定。饿了要吃食物，渴了要喝水和饮料，对此，消费者十分明确和清楚；但对如何才能获得别人尊重，如何获得友谊，如何使生活更加美好，对于这一类高级需要如何满足或以何种方式满足，消费者并不完全清楚。这实际上也意味着，越是满足高级需要的产品，企业越有机会和可能创造产品差异。最后，越是高级需要，越难以得到完全满足，原因在于，满足需要的愉快体验中又会产生更高的需要。例如，一听"健力宝"或许已大部分平息了个体由于口渴所产生的不舒适感，但人们对爱、尊重和知识的渴望与追求几乎是无限的。

2. 内驱力理论

有一些动机看起来很简单：饿了就要吃东西，渴了就要喝水。因此，赫尔提出这样一个理论，即最重要的行为是由内驱力而激发的。按照赫尔的观点，内驱力是一种内部的状态，它是对动物的生理需要做出的反应。具体地说，当某种需要不能满足时就产生了心理上的紧张，内驱力就会被唤醒，这些内驱力反过来促使生物体采取消除紧张的行为；当这些内驱力得到满足时，生物体就会停止这种行为。但是，消除紧张不能解释所有被激励的行为。行为还由诱因所驱使，即外部的刺激和奖赏。因此，新的内驱力理论认为，动机是作用、习惯、精神动力以及诱因的函数。

例如，人对现在行为的决策，大部分以过去行为所获结果或报酬进行衡量，也就是人的现在行为要以过去的行为结果为依据。以往的某种行为得到了良好的结果，那么，他就趋向于以后仍然采取这种行为。换句话说，在过去经验中人的某种行为经常得到奖赏，也就是正强化，那么，这种行为在以后时间里出现的频率将会增加；相反，人的某种行为在经验中经常得到负的结果，那么，这种行为的出现频率就会下降。其数学模型为

$$\mathrm{SER} = \mathrm{SHR} \cdot D \cdot V \cdot K$$

式中，SER 为反应潜力或行为；SHR 为习惯强度；D 为内驱力；V 为刺激强度的精神动力；K 为诱因。

人的行为是习惯强度、内驱力、精神动力、诱因的乘积。一个人能否产生某种行为就取决于

这4种因素，并和每一种因素正相关。

【小思考4-2】

某人在宴会上已经吃得很饱了，可他还要吃那些没有营养的食品。这种行为和上述四种因素中的哪一种有关？

答：诱因。

3. 逆转理论

近年来，阿普特尔和他的同事们摒弃了紧张消除的观点，创建了一个新的动机理论。该理论假定有四对元动机状态，不同状态派生不同的动机模式。如表4-1所示，每对动机都是按相反方向对应排列的。该理论认为，在任何时候每对动机的两个状态中只有一个能被激活。这个理论之所以称为逆转理论，就是因为它试图解释人类是如何从对立的一端转向另一端。以有目的和超越目的的状态为例。当一个人从事某项活动时，如果他的目的仅仅是享受这个活动本身，那么他就处于超越目的的状态；当他从事对他来说任何时候都重要的活动时，他就处于有目的的状态。例如，当你读书并希望获取优异的学习成绩，那就处于有目的的状态；然而在学习之余小憩片刻，吃点东西，听听音乐，基本上就进入了超越目的的状态。逆转理论认为人总是处于一种状态，而不能同时处于两种对立状态之中。

表4-1 四对元动机状态的基本特征

有目的的	超越目的的
严肃的	嬉戏的
目标取向的	活动取向的
事前计划安排	为瞬间而活
避免焦虑	寻求刺激
愿望达到与成就	娱乐与享受
顺从的	**逆反的**
服从的	反叛的
愿意墨守成规	愿意打破常规
保守的	激进的
愉快的	愤怒的
愿意与人相处	独来独往
控制的	**同情的**
权力取向的	关怀取向的
把生活当作奋斗	把生活当作合作
意志坚强的	感情脆弱的
关心控制	关心友善
重支配	重感情

(续表)

自我中心的	他人取向的
主要关心自己	主要关心他人
自我中心	认同他人
关心自身情感	关注他人情感

4. 双因素理论

双因素理论是由赫茨伯格提出的。赫茨伯格提出的一个重要观点是，使员工不满意与满意的因素是两类不同性质的事物。他认为：一类事物，当它存在时，可以引起满意，当它缺乏时，不是引起不满意，而是没有满意；另一类事物，当它存在时，人们并不觉得满意，而是没有不满意，当它缺乏时，引起不满意。这两类事物，第一类称为激励因素，第二类称为保健因素。按照赫茨伯格的观点，缺乏保健因素会使人产生很大的不满足感，但有了它也不会对人产生激励作用；当具有激励因素时，可以产生激励作用和满足感，而缺乏时，也不会使人产生多大的不满足感。

日本学者小岛外弘根据这个理论，在消费者行为学研究中提出了 MH 理论：M 是激励因素，是魅力条件；H 是保健因素，是必要条件。商品的质量、性能、价格等，是满足消费者需求的必要条件，是保健因素。当这些因素不能满足时，消费者会感到不满意。例如，商品的质量差、价格高、功能少，就会引起消费者的不满意。但仅仅满足保健因素还不是真正的满足，并不能给消费者带来满足，消费者真正对某种商品感到满足，是该商品魅力条件也得到满足的时候。

需要指出的是，魅力条件和必要条件的内涵，要依据时代、消费潮流以及商品生命周期的不同而有所变化。就饭店而言，在一二十年前，外出旅行的人能找到一家旅馆，有地方睡觉就很满足了，只要有床位就构成了旅馆的魅力条件。在今天，社会已经由短缺经济时代进入过剩经济时代，各个城市的饭店大多已供大于求，其魅力因素转向价格、舒适、硬件和服务等方面。这种变化还在继续，而捕捉饭店的魅力因素则成为各家饭店经营者的首要任务。饭店的魅力因素所具备的程度，就成为饭店经营成败的关键。

【小思考 4-3】

对于购买汽车的消费者来说，哪些因素属于保健因素？哪些因素属于激励因素？

答：可靠、安全、舒适、省油、价格合理等属于保健因素，特别的性能、特别的舒适、风格优雅、与众不同等属于激励因素。

4.2.5　消费者动机的冲突与受挫

动机是有方向性的。也就是说，人们会因为某些动机而采取某些行动，也会因为某些动机而规避某些行为。因此，人们经常会面临动机冲突或受挫的情况。

1. 消费者动机的冲突

对于消费者来说，最典型的动机冲突就是一个人的购买力(收入)的有限性与欲望(希望购买的东西)的无限性之间的冲突。

心理学家勒温提出三种类型的动机冲突，每一种类型都包含心理力场上两股相互对抗的力量。

(1) 趋避冲突。当同一个目标既能够满足人们的需要、对于人们有吸引力，同时又会给人们心理上带来威胁、对于人们有某种伤害性的时候，人们趋近这一目标和逃避这一目标的动机同时存在，并相互冲突，这就是趋避冲突。它是人们日常生活中遭遇最多，而又最难解决的一种冲突。

(2) 双趋冲突。当人们在有目的的活动中同时存在两个目标，并且这两个目标对人们具有相近的吸引力，使人们有相近强度的趋近动机，但又由于各种原因的限制，必须放弃其中一个目标的时候，就会在心理上产生难以做出取舍的内在冲突，这就是双趋冲突。

(3) 双重趋避冲突。当同时有两个目标与人们发生联系，而每一个目标既可以有利同时又会不利的时候，就出现了双重趋避冲突。例如，当人们面临两种工作选择，一种有利于事业而不利于生活，另一种则有利于生活而不利于事业的时候，就面临着这种双重趋避冲突。

【小思考 4-4】

"鱼与熊掌不可兼得"指的是上述哪种类型的冲突？

答：双趋冲突。

2. 消费者动机的挫折处理

当消费者的动机无法得到满足时，就会产生挫折感。通常情况下，消费者对于挫折的处理方式不外乎两大类：目标替代与心理防卫机制。

目标替代是指消费者会选择一个替代性的目标来代替原先所无法达成的目标。"退而求其次"就是典型的目标替代。例如，消费者想在某高档社区买房子，然而房子已经卖完了，他只好在临近该社区的地方买了一所房子。

另一类的处理方式就是启用心理防卫机制。人要生存，就不免遭受挫折，产生各种各样的内心冲突。特别是在实现某种目的的动机十分强烈时，这些妨碍需要满足的冲突会引起人们强烈的焦虑情绪。为了避免痛苦的焦虑体验，避免这种有害情绪对人们心理上造成进一步的伤害，当某种冲突导致焦虑出现时，人们的心理活动会自然地、无意识地运用歪曲、夸大、补偿、否认、升华等方法来平息内心焦虑，继续维持自我同外部世界的满意关系。心理活动的这种避免焦虑、恢复情绪平衡与稳定的自我保护倾向，就是心理防卫机制。

消费者经常采用的心理防卫机制主要有以下几种。

(1) 合理化作用。合理化作用也称文饰作用，它是人们日常生活中运用较多的心理防卫机制之一。当人们的行为或动机的结果不符合社会公认的价值标准，或是自己的意愿、目的不能实现时，为了减轻因自己的价值得不到确立所带来的焦虑情绪，人们会为自己寻找一个"合理的"解释，以便使自己的所作所为看起来合乎逻辑或与社会要求不相违背。这就是所谓的合理化作用。

(2) 补偿作用。当一个人由于自己某些方面的不足，如形象不佳或身体有残疾时，为了弥补由于这些不足所带来的自我价值缺失，他会在其他方面加倍努力，力求出类拔萃，以求得心理上的平衡，保持自我价值确立感。这种心理的自我防卫机制，就是补偿作用。例如，眼睛近视、体质弱而无法在运动场上驰骋的学生，常常会在学习上加倍努力，使成绩名列前茅。

(3) 升华作用。日常生活中常常有这样的现象：对于许多社会所不允许的欲望或动机，若是直接表现，将会受到严厉的责罚和自我谴责，引起痛苦的情绪体验；但是，若以社会允许的方式表现出来，却可以受到社会的欢迎，自己的良心也可以得到慰藉。这种以社会允许的方式来表现社会所不接受的欲望或动机，既释放心理能量又不用担心受到责罚的心理防卫机制，就是升华作用。

(4) 投射作用。对于自己身上所具有的带有强烈的自我价值否定性的欲望、动机、态度和个性特点，人们的意识经验常常是不能接受的。人们不能忍受自我价值被严重否定时所引起的焦虑情绪折磨，因此，心理防卫机制会发生作用，使人们无意识地将这些自己所不期望的东西投射到别人身上，使自己觉得是别人具有这些欲望、动机、态度和个性特点，而不是自己具有，由此来消减自我价值被否定的恐惧，维持自己的心理平衡。日常生活中所说的“以小人之心，度君子之腹”，就是典型的投射作用。

(5) 反向作用。在通常情况下，个人行为的方向与其动机的指向是一致的。行为会直接反映人们的需要和动机。但是，当人们具有某种与社会期望不相符合的动机时，这种动机会引起强烈的受责罚的焦虑情绪。为了避免焦虑，人们不是直接做出与这种动机相对应的行为，而是做出与这种动机相反并与社会期望相符合的行为。这样就可以掩饰自己原有的动机，消减由此产生的焦虑。这种行为表现与社会期望保持一致而与原始动机相反的心理防卫机制，就是所谓的反向作用。

(6) 自居作用。在现实生活中，有些人由于缺乏某些显示自我价值的重要特征，如美貌、成功、地位等，他们会通过将自己比拟成某个貌美、成功或高地位的人，借此在心理上分享他人的优点，消减因自我价值得不到确立所产生的焦虑，维护心理上的平衡。个体为了消减由于缺乏某些显示自我价值的重要特征带来的焦虑，而把自己比拟成在这些方面具有优势的某个人的现象，称为自居作用。

【小思考 4-5】

《伊索寓言》说到这样一个故事：狐狸看到一架成熟了的葡萄，它非常想吃到葡萄，但跳来跳去都没有够着架上的葡萄。狐狸不得不放弃，临离开的时候嘟囔道：这些葡萄其实是酸的，不好吃。这是上述心理防卫机制中的哪一种？

答：这是典型的合理化作用。

4.2.6 消费者动机的激发

人类的基本需要以及好奇心等是人们产生消费行为的内在动力，也可以说是主观条件，但如果不具备一定的客观条件，人们的消费行为最终也不会发生。因此，从市场营销工作的角度，不仅要了解人们的消费行为产生的主观原因，还要了解影响消费者购买动机的外在因素以及如何激发消费者的购买动机。

1. 影响消费者购买动机的因素

影响消费者购买动机的外在因素很多，这里主要介绍以下三个方面。

(1) 商品本身的因素。由于消费者具有不同的爱好、兴趣、个性和经济条件，在购买过程中所表现出来的购买动机也是多种多样的。但是，所有的动机都是在外部刺激之下产生的，并有一定的目标指向，这就是一定的商品和服务。不同特点的商品与一定的购买动机是有内在联系的，产品的功能直接决定消费者的购买动机。从消费者对商品的期望和要求可以看出他们的购买动机，同时从市场销售的各种商品的畅销程度也可以分析、判断出消费者比较集中的购买动机。商品功能的设计原则(包括核心功能和附加功能、衍生功能)就是要尽量满足目标市场上顾客的需要。

受市场欢迎的商品一定与消费者的购买动机相吻合。

(2) 社会因素。影响消费者购买动机的社会因素，主要指一个国家或地区的经济状况、文化因素以及社会风气等方面。

首先，一个国家或地区消费水平同这个国家或地区的经济水平成正比。只有当整个国家或地区的经济发达时，人们才有足够的购买力。因为任何人的消费行为，都需要有一定的经济基础，有支付各种费用的能力。特别是对于一些高消费活动来说，这种经济基础就显得更重要。例如，对于一个旅游爱好者来说，当他的经济收入仅能够维持其基本生活需要时，那么他就不会有更多的财力去支付旅游的开销，也就不能产生外出旅游的动机。经济越发达，国民收入越高的国家和地区，外出旅游的人数就越多，反之就越少。有关统计资料表明，当一个国家或地区人均国民生产总值达到800～1000美元时，国民将普遍产生国内旅游动机；达到4000～10000美元时，将产生国际旅游动机。

其次，文化因素可以影响消费者的购买动机。例如，消费者的文化背景、所受的教育程度，会影响人们对不同品位商品的偏好。另外，随着大众传媒在社会生活中的影响越来越大，它在指导消费、引领时尚方面时时激发消费者的购买动机。

最后，社会风气也能影响人们的消费动机。同事、朋友、邻居的消费行为与经历往往能够相互感染，或者形成相互攀比心理，使人们产生同样的消费冲动，形成一种效仿消费行为。

此外，消费习俗、参照群体、观念定势、消费理念等社会因素都可以对消费者的购买动机产生影响。

(3) 自然因素。在研究消费者的购买动机时，还有一个不可忽略的因素就是自然因素。影响消费者购买动机的自然因素包括的范围很广，既有民族和种族因素，又有地理因素、性别因素、健康因素，甚至体形因素也会对购买动机产生影响。从地理因素来说，如我国南方与北方相比，南方潮湿、温暖、四季变化差异不太大，而北方冬季较长、比较干燥、四季变化比较明显。因此，南、北方人在穿、吃、家具等消费方面存在一定的差异。再如，健康因素也可以影响人们的购买动机。一般地，身体健康的人或不受遗传病、地方病、职业病等威胁的人，在他们的消费结构中用于保健、安全、药品等方面的费用支出较少，他们也较少有购买这方面商品的动机。反之，体弱多病或受到一些职业病、地方病威胁的人，他们不仅在保健、药品等方面的费用支出较高，而且他们还要为此积蓄一笔资金，以备将来之需。

2. 消费者购买动机的激发

激发消费者的购买动机，就是要通过提高人们的消费积极性，刺激消费者的兴趣，以促使潜在消费者积极地参与到消费活动中去。因此，企业只有从积极有效的宣传、努力开发有特色的商品、提高服务质量、注重市场购物环境等方面入手，才能有效地激发消费者的购买动机。

(1) 努力开发有特色的商品。根据赫茨伯格的双因素理论，当某种商品的质量、性能、价格等因素得到满足时，消费者只能处于没有不满意状态；而消费者真正对商品感到满意的是该商品具有的动机作用因素，如赋予商品以某种情感、设计独特、风格优雅等。因此，企业在设计与开发新产品时，要注意突出商品的个性，努力做到以商品本身的吸引力来打动消费者。

(2) 利用广告宣传，向消费者传递信息。广告宣传是常用的营销手段之一，特别适用于强化企业和消费者之间的沟通，能高效率地向目标顾客传递有关企业和商品的信息。因此，在现代社会生活中，广告无处不有，无时不在。但无论广告包括什么内容，采取哪种形式，都要通过文字、图像、色彩、音乐等向消费者传递商品信息，使广告诉求引起消费者的兴趣，激发他们的购买欲望。

首先，广告能否发挥作用、产生效果，取决于它能否引起人们的注意。一般地，强烈的声响、色彩对照鲜明或变化强烈的事物、反复不断出现的事物以及诱发人感情的文字或事物，容易引起人们的注意。

其次，通过商品广告激发消费者的购买欲望，要注意广告宣传的核心内容是什么。一般地，广告宣传的核心内容主要包括产品性能、品牌形象、服务特色以及价格优势等。例如，价格广告的核心是通过广告宣传传播有关产品价格的信息，激发消费者求廉、求实的动机，提高购买欲望。特别是针对价值较高的产品和价格心理敏感的消费者群，价格广告的促销作用十分明显。

(3) 购物环境和营业员的服务水平对消费者购买动机起诱导作用。消费者都是带有一定动机和欲望走进商店的，但进商店的消费者并没有全部实现购买。据日本三越百货公司的调查，进店的顾客只有 20%发生购买行为。这是由于消费者的欲望有两种：一种是“意识的欲望”(即现实需求)，即有明确购买目标的消费者；另一种是“潜在的欲望”(即潜在需求)，即没有明显意识到需要某种商品因而没有做购买决定的消费者。有潜在欲望的消费者，常常由于外界的刺激，潜在的欲望被激发，使他由一个看客变为一个买者。据美国一家百货公司调查，在顾客的购买行为中，有 28%来自“意识的欲望”，有 72%来自“潜在的欲望”。消费者在商店里完成由潜在欲望到意识欲望的飞跃，是扩大销售、提高效益的关键。实现这一飞跃，主要和营业员的仪表、神态、语言以及服务等因素有关，也和购物环境、灯光装饰、商品陈列等因素有关。

4.3　本章小结

本章主要讨论了消费者的需要和动机。

所谓“需要”是个体缺乏某种东西时的一种主观状态，是个体对生理的和社会的需求的反映。消费者需要对购买行为的影响主要有：消费者需要决定购买行为，消费者需要的强度决定购买行为实现的程度，需要水平不同影响消费者的购买行为。消费者的需要是多种多样的，但无论什么样的需要，都具有以下共同的特点：对象性、多重性、层次性、可变性、发展性。

动机是指引起和维持个体的活动，并使活动朝向某一目标的内部驱动力(内驱力)。根据动机的性质，动机可分为生理性动机和心理性动机。生理性消费动机又可以细分为生存性消费动机、享受性消费动机和发展性消费动机。心理性消费动机，就是由消费者的认识、情感、意志等心理活动过程而引起的消费动机。心理性消费动机又可分为感情动机、理智动机和惠顾动机。有关动机的理论有很多，本章主要介绍了马斯洛的需要层次理论、内驱力理论、逆转理论和双因素理论。要激发消费者的购买动机，就必须开发有特色的产品，注重广告宣传，布置好购物环境，提高服务员的服务水平。

4.4 思考与技能实践

4.4.1 基本训练

1. 简答题

(1) 什么是潜在需要？它主要表现为哪两种形式？

(2) 影响消费需要的因素有哪些？

(3) 试举例说明消费者具体的购买动机。

(4) 举例说明你是如何理解逆转理论的。

(5) 举例说明三种类型的动机冲突。

(6) 影响消费者购买动机的因素有哪些？

(7) 如何激发消费者的购买动机？举例说明。

2. 选择题

(1) 按照需要的起源，可以把消费者的需要分为(　　)。

A. 物质需要和精神需要　　B. 天然性需要和社会性需要

C. 现实需要和潜在需要

(2) 动机具有以下三种功能：(　　)。

A. 对比功能　　B. 激活功能　　C. 指向功能　　D. 强化功能

(3) 消费动机的特征包括(　　)。

A. 原发性　　B. 内隐性　　C. 实践性

D. 整体性　　E. 动态性

(4) 人们在吃饱穿暖、有栖身之所后，还要吃得科学营养、穿得美观漂亮、住得舒适宽敞，这指的是人们的(　　)。

A. 生存性消费动机　　B. 享受性消费动机

C. 发展性消费动机　　D. 心理性消费动机

(5) 以社会允许的方式来表现社会所不接受的欲望或动机，既释放心理能量又不用担心受到责罚的心理防卫机制是(　　)。

A. 合理化作用　　B. 投射作用　　C. 升华作用　　D. 自居作用

3. 判断题

(1) 个体的动机是无法直接观察得到的。(　　)

(2) 只要有需要，就一定会产生动机。(　　)

(3) “鱼与熊掌不可兼得”指的是趋避冲突。(　　)

(4) 根据双因素理论，商品的质量、性能、价格等是保健因素。(　　)

(5) “阿 Q 精神”是典型的心理防卫机制中的自居作用。(　　)

4.4.2 技能训练

1. 影响个体需要的因素主要包括两大类：主观因素和客观因素。

(1) 主观因素：

① 生理因素。

② 心理因素。

③ 个人的消费水平。

④ 个人的社会地位。

(2) 客观因素：

① 消费情景。

② 社会环境。

③ 企业营销因素。

2. 消费者具体的购买动机有：

(1) 求实动机。

(2) 求新动机。

(3) 求美动机。

(4) 求名动机。

(5) 求廉动机。

(6) 求便动机。

(7) 模仿动机。

(8) 求速购买动机。

(9) 好奇购买动机。

(10) 好癖动机。

4.4.3 操作练习

1. 实务题

需要层次理论可用来设计推销程序，展示这种用途的一种方法就是把对单一产品的广告诉求在各种需要水平上发生作用的方式显示出来。如果你想推销某种品牌的健身器材，怎样根据马斯洛的理论来说明该健身器材可以满足顾客的各个层次的需要？

2. 综合题

网络游戏是吸引很多青少年流连网吧的原因，往往一次会有上千人同时在网络上玩一种游戏。试根据某一动机理论来说明这些青少年背后的可能动机。另外，对于这些青少年来说，在家上网与在网吧上网的背后动机有什么不同吗？

4.4.4 案例分析

海信集团通过知识营销开发消费者的潜在需求

海信电视在彩电行业可以说是一个后来者，1998 年下半年才开始进入市场。海信推出了 100 多种高科技数字化新产品，当新产品面市时，由于消费者不懂、不认可，因此并没有形成消费热点。

海信集团经过一番细致的市场调查发现，很多市民、用户并非全然没有需求。恰恰相反，大量具有潜在需求的用户不了解新产品，不清楚其功能和奥秘，不清楚其价格与价值是否相符，也不清楚其使用与维修方法，这就难怪他们不愿意掏腰包了。为了解除消费者的疑惑，海信推出了组织知识服务小分队这一举措。海信知识服务小分队面向全国行程 2 万多公里，举办大型讲座 1500 多场。他们向广大用户讲解家电使用、保养、维修常识以及彩电业的发展状况。专家讲课、实体演示、教顾客操作、消费者咨询等方式，让尚未购买的潜在用户对海信数字电视的使用常识有了较深的了解，使用户在选择彩电时有充足的购买依据。通过知识服务，广大用户增长了知识，增长了环保意识。海信又增派 100 辆小红帽服务车及 260 名具有大专学历的专业技术服务人员开赴全国各地，做到了“哪里有海信产品，哪里的消费者就可以享受到海信服务”。

这一活动并不伴随着直接的促销，因为“买不买没关系”，所以消费者心里没有压力，与消费者建立起结构上的营销关系，创造了对海信彩电的潜在需求，开发出广阔的市场空间。

资料来源：文光，宁川. 营销的 100 条黄金法则. 北京：中央编译出版社，2004

问题：结合该案例分析开发消费者潜在需要的营销策略。

4.4.5 网上调研

人们受到挫折以后会有哪些反应？你是怎样看待心理防卫机制的？并就这一问题进行网上调研。

4.4.6 单元实践

目标消费者为什么不买账

消费市场出现两极分化的剪刀差，小部分人在国际上消费奢侈品，而普通消费者大多是价格敏感群体。节能家电补贴价远远不能弥补高能效的家电价格，节能不节价，相当于政府与消费者共同出资，为生产高能效的家电企业买单。

为了推进家电消费与节能，从 2012 年 6 月 1 日起，我国正式启动为期 1 年的家电“节能产品惠民工程”，全国将安排财政补贴 265 亿元，对节能空调、平板电视、电冰箱、洗衣机和热水器五类家电予以数额不一的补贴，以加大推广力度。

政策遇冷，消费者不买账。奥维咨询统计数据显示，家用电冰箱 6 月销量同比下降 12.6%，销额同比下降 9.1%，政策拉动销售量仅为 1.54%。

并不是消费者不愿意节能，而是性价比失衡，偏离了市场理性轨道。据媒体披露，二级能效的空调使用 25 个小时比三级的空调少用一度电，即 0.5 元左右，一天按照 12 小时的使用时间来计算，两天能省 0.5 元，一年按 4 个月使用时间计算，可以节省 30 元钱，这多出的 420 元钱要 14 年才能省出来，但空调的寿命仅为 10 年。

节能省钱赶不上售价，电商与家电卖场传统产品大规模降价，消费者也就不愿买单，促销不力商家也就失去了兴趣，如此就形成了恶性循环。

政府必须集中于单一目标，是促进家电消费，还是建立节能社会？

如果是促进家电消费，则可以像汽车补贴一样，直接补贴低排量车，此前家电以旧换新走的就是这条路；如果想建立节能社会，就直接给生产节能电器的企业补贴，或者实行税收优惠，并且严格保护知识产权，使生产企业有动力开发出更多的廉价的节能产品。

美国政府目前正在走第二条路。从 2013 年起，符合 CAFE(公司平均燃油经济性)的“节能车抵税减免将从 7500 美元调高到 1 万美元”。这笔补贴直接通过税收抵扣的方式，交到了节能车生产企业的手中。

欧盟则借助于税率杠杆，成功引导了消费者的选购倾向：官方得到了大笔额外税收，用作改善公众交通设施的社会基金，使用公共交通工具的人多了，交通阻塞少了，排放也减了，征税成本相对于补贴较低。无怪乎，欧盟成为全球排放量最低的地区。

初衷美好的政策需要辅之以市场手段，能将行政成本降到最低，还能够让企业或者消费者感受到心理上的最大满足，仅有目标、仅有初衷、仅有从国外生吞活剥的手段，还是不够的。

资料来源：http://finance.sina.com.cn/consume/puguangtai/20120801/033012723955.shtml

问题：试从心理动机的角度，分析目标消费者不买账的原因。

第 5 章

消费者的情绪情感过程

【学习目标】

知识目标：了解情绪情感的内容和特点；理解情绪理论，了解情绪情感的意义和效能；认识和了解情绪情感的理论。

技能目标：学会分析消费者的情绪情感；具有能根据消费者外部情绪情感表现来分析其内在心理特点的技巧。

能力目标：具有熟练分析消费者情绪情感特点的能力、在产品设计和产品定位中运用情绪情感的有关理论的能力。

【案例导读】

个性影响购买行为

1. 小心谨慎型

一天，一位男顾客走进药店直奔感冒药柜台。营业员小李热情地迎上去："您好，需要什么帮助呢？"这位男顾客没有作答，只是一边走一边看柜台内的药品。

小李默默跟在他身后，并不时地介绍一些与感冒相关的知识。10分钟过去了，这位顾客还是没有开口说话，看样子这位顾客比较难缠。于是小李开门见山地问："您是想买感冒药吗？请问感冒几天了？是头痛还是流鼻涕？嗓子疼吗？这个柜台里全是治疗感冒的药，不过虽然都是感冒药，但适应症状却不一样，如果您拿不准买哪一种，也可向我们药店的药师咨询，他会给您满意的答复。"

"哦，我是买感冒药，我自己先看看吧。"这位顾客回答，依然不理会小李的好意，自顾自地"搜索"着柜台里的药品。小李心里一下明白了原来这是一位自有主张、不信任小李为他推荐药品的小心谨慎型顾客。于是，小李见缝插针紧接着说："我们药店正在搞'3 · 15'优惠活动，不少药品都在优惠活动之列，有两三种感冒药也正在进行让利优惠，现在买实惠多多。"

这句话勾起了这位顾客的兴趣，他立即询问打折感冒药的牌子、厂家、价格、规格等详细情况。当小李把有关优惠活动及药品情况详细地告诉他之后，他拿起两种药品仔细地对比起来，于是小李又问道："您能向我描述一下您的感冒症状吗？""主要是流清鼻涕、打喷嚏、鼻塞、头痛。""从您的症状看应该是风寒感冒，这种风寒感冒颗粒比较针对您的症状，而且是中成，药副作用小。春季天气变化快，容易着凉，要格外小心哦。""你的介绍蛮专业嘛，那也不用再咨询药师了，就这个。"顾客非常满意地说道。

2. 优柔寡断型

一天，一位女顾客来到某药店保健品柜台漫不经心地闲逛。店员小张走过去问道："您好，有什么可以帮您？"女顾客似乎对她的话不屑一顾，什么也没说，只是围着保健品柜台东瞧瞧西望望，一会把蜂胶的说明书拿起来看看，一会又把螺旋藻的说明书拿起来瞧瞧，这让小张有点不知所措。如果小张保持沉默，这次服务可能也就这样随之终止了。这时小张看着这位 50 多岁的女顾客说："您的皮肤保养得可真好，细腻白皙，您的年龄比我大不了多少吧？真让人羡慕!"女士听后笑了笑说："哪里呀，眼看就是奔60岁的人了，哪能和你们年轻的人比呀？老了!"

就这样两人聊起来了。此时小张注意到，女顾客的眼光已经逐渐集中在了两种不同品牌的螺旋藻上。小张见顾客对此类商品显示出兴趣，便说道："您真会挑，目前螺旋藻类的保健品在我们药店很热销。""是吗？我有同事也向我推荐这个。"小张趁机说道："请问，您买给谁用啊？"女顾客说："自己用，同事们都说吃这个好，你帮我参考参考哪一种更好吧。"小张便把两种螺旋藻的说明书递到顾客面前，并耐心地介绍起来："螺旋藻是天然的绿色保健食品，它的重要作用在于调节人体生理机能的平衡，促进人体新陈代谢，增强免疫力，提高身体素质。"

听了小张的一段讲解后，女顾客说："我体检时，医生说我的血脂有些高，但我不想服用药物，可现在市面上的保健品让人眼花缭乱，也不知哪种适合我。"小张继续回答说："螺旋藻本身含有蛋白质、碳水化合物、纤维素及维生素矿物质等，能起到调节血脂的作用。""那这两种螺旋藻，到底哪一种好呢？""这两种的区别主要在剂型方面，红色瓶装的这一种每天早、晚各服用一次，一次一片；而绿色瓶装的这种每天只需要服用一次，一次一片。至于价格方面，红色的虽然比绿色的便宜，但是绿色这种可以服用一个月，而红色的只能服用半个月，因此从方便和经济两方面来看，还是绿色这种好一些。""好吧，就来一瓶绿色的。""好的，不过我还是要提醒您，保健品不能代替药品，如果您的血脂偏高，最好还是在医生指导下服用一些药品，同时在饮食方面也要多加注意。""谢谢你的提醒。"女顾客拿着药心满意足地离开了。

3. 腼腆敏感型

一天中午，正在药店值班的王药师看到一位顾客进了药店，忙迎上去打招呼，来人是个腼腆的小姑娘，十七八岁的模样，羞涩地看了王药师一眼，没有答话，径直走到妇科用药柜台，低头观看药品。

王药师想，小姑娘一定是来买妇科用药，觉得不好意思才没有回我的话，这种顾客还是不打扰她，让她自由选择为好。因此，王药师和店员们继续招呼别的顾客，小姑娘看到品种繁多、名称各异的药品可能也不知所措，抬起头来往王药师这边看了一眼，然后又抬头看货架上的药，姑娘的视线从上而下、从左至右来回看了好几遍，仿佛拿不定主意。

此时，妇科用药柜台前只有小姑娘一个人了，王药师轻轻地走过去，问："小姑娘，你想看什么药？"小姑娘终于回答了："我想买点止痛的药。""怎么了，哪里不舒服？""腰痛、肚子胀。"小姑娘回答得很简单，"给我拿点止痛片，好吗？"王药师见她已经不再愿意说什么，边转身边问："姑娘，是不是来月经时痛？"

姑娘说："对!"王药师又转回身来，问："每次来都痛吗？""是的，每次来都痛，一疼就是好几天。""看医生了吗？""没有。""你这种情况，是继发性痛经，我建议你到医院妇科检查检查，最好不要随便用止痛药。"小姑娘轻声地说了一声："好吧。"转身走了。第二天，小姑娘又来了，这一次她直接就找王药师，拿出病例和一张处方，说："你看看可以吗？"王药师仔细看了一会，对小姑娘说："还好，不是器官病变，没事的，按照方子每次来月经时吃一点，就会好的。"姑娘点点头，表示认同。

王药师给姑娘配好药，又交代了注意事项，姑娘满意地走了。

4. 直言果断型

早晨刚上班，新店员小刘正在打扫卫生，就见一个年轻女子风风火火地冲进药店，脚刚踏进店门，就大声问："感冒药在哪里？"小刘惊了一下，一边指给她，一边急忙迎上去。没有等小刘介绍，她已经指着一盒感冒冲剂焦急地说："给我拿一盒看看。"小刘连忙拿了一盒给她，然后说："大姐，你买药给谁用？你自己还是别人？是老人还是小孩？要不你看看这种感冒药，这是新品种，疗效好，价格也不贵，12 岁以上的人都可以服用，而且副作用小……"小刘以为自己是为顾客着想，没想到却招来了顾客的白眼，那女子冷冷地说："我就要这种药，我用过，效果不错，你极力向我推荐那种药，是不是有提成？无利不起早，我就知道你们这一套！"话语间透着不满。小刘只好按她的要求拿了药，收了款。看着顾客离去的背影，小刘感到自己很委屈，眼泪都差点流下来了。

资料来源：http://www.doc88.com/p-316741119343.html(编者对原文有删减)

顾客在消费过程中，要面对不同的社会现象，不同的人物、事件和场景。各种事物和现象，不仅使消费者产生深浅不同的认识，而且还伴随着不同的心理体验。本章就来探讨消费者的这些心理体验。

5.1 情绪情感概述

美国营销专家菲利普·科特勒曾把人们的消费行为大体分为三个阶段：第一个是量的消费阶段，第二个是质的消费阶段，第三个是感情的消费阶段。尤其是在人们消费总体层次和构成向高层化、舒适化、感性化方向发展的今天，消费者需求亦日趋差异化、个性化、情绪化。

5.1.1 情绪情感的含义、构成与特点

1. 情绪情感的含义

在日常生活中，人们要面对各种不同的人和事，参与各种不同的社会生活。在这个过程中，人们不仅会产生深浅不同的认识，而且还会伴随着产生不同的心理体验。有的对象和现象使人产生愉快、兴奋的心理体验，有的对象和现象使人产生恐惧、痛苦的心理体验。即使是同样的客观事物，由于人们的需要不同，也可以引起不同的心理体验。

比如同一首歌曲，当休息的时候，听起来可能很舒服；而当忙得团团转的时候，听起来就可能觉得很厌烦。人们的这些心理体验就是情绪情感。所以，情绪和情感是人对客观世界一种特殊的反映形式，是人对客观事物是否符合自己需要的态度体验。

2. 情绪情感的构成

众多的情绪研究者们大都从三个方面来考察和定义情绪：在认识层面上的主观体验，在生理

层面上的生理唤醒，在表达层面上的外部行为。当情绪产生时，这三种层面共同活动，构成一个完整的情绪体验过程。

(1) 主观体验。情绪的主观体验是人的一种自我觉察，即大脑的一种感受状态。人有许多主观感受，如喜、怒、哀、乐、爱、惧、恨等。人们对不同事物的态度会产生不同的感受。人对自己、他人、事物都会产生一定的态度，如对朋友遭遇的同情、对敌人凶暴的仇恨、事业成功的欢乐、考试失败的悲伤。这些主观体验只有个体内心才能真正感受到或意识到，如我知道“我很高兴”，我意识到“我很痛苦”，我感受到“我很内疚”，等等。

(2) 生理唤醒。人在情绪反应时，常常会伴随着一定的生理唤醒。例如，激动时血压升高，愤怒时浑身发抖，紧张时心跳加快，害羞时满脸通红、脉搏加快、肌肉紧张、血压升高及血流加快等生理指数，是一种内部的生理反应过程，常常是伴随不同情绪产生的。

(3) 外部行为。在情绪产生时，人们还会出现一些外部反应过程，这一过程也是情绪的表达过程。例如，人悲伤时会痛哭流涕，激动时会手舞足蹈，高兴时会开怀大笑。情绪所伴随出现的这些相应的身体姿态和面部表情，就是情绪的外部行为，它经常成为人们判断和推测情绪的外部指标。但由于人类心理的复杂性，有时人们的外部行为会出现与主观体验不一致的现象。比如在一大群人面前演讲时，明明心里非常紧张，还要做出镇定自若的样子。

主观体验、生理唤醒和外部行为作为情绪的三个组成部分，在评定情绪时缺一不可，只有三者同时活动、同时存在，才能构成一个完整的情绪体验过程。例如，当一个人佯装愤怒时，他只有愤怒的外在行为，却没有真正的内在主观体验和生理唤醒，因而也就称不上有真正的情绪过程。因此，情绪必须是上述三方面同时存在，并且有对应的关系，一旦出现不对应，便无法确定真正的情绪是什么。

【小思考 5-1】

情绪通常是由环境中的事件引发的，如愤怒、愉快等，往往是对一系列外在事件的反应。那么，“内在过程”可不可以引发人的情绪反应？举例说明。

答：可以。比如运动员或演员经常使用“意象”这样的内在过程的方法使自己进入所期望的情绪状态。

3. 情绪和情感的区别和联系

情绪和情感是从不同角度来揭示人的心理体验的概念。由于人的心理体验的复杂性，对情绪和情感做出严格的区分是困难的，只能从不同的侧面对它们加以说明。

(1) 引起情绪和情感的需要的性质不同。情绪通常是指有机体的天然需要是否得到满足而产生的心理体验。如果天然性需要得到满足，就产生积极的、肯定的情绪；否则，就产生消极的、否定的情绪。情感则与人在历史发展中所产生的社会需要相联系。情感的基础是和人与人之间的关系 (即社会关系)相联系的需要，如对社会的贡献、道德的需要、尊重的需要等，由满足这些需要而产生的责任感、荣誉感、道德感、集体感等心理体验，就是情感。这些需要和情感都是人们在社会生活条件下形成的，它具有社会历史性，情感是人类所特有的。

(2) 情绪和情感在稳定性上的差别。情绪带有很大的情景性、波动性和短暂性，它常常在活动中表现出来。一定的情景出现便引起一定的情绪，情景过去了，情绪也就消失了。情感则既具有情景性又具有稳定性和长期性。人与人之间在共同活动中产生的友好情感，不会因为活动的结束而消失，还会长期存在并可能得到发展。所以，情感是长期的、稳定的。

(3) 情绪和情感发生早晚的差异。从发展的角度来看，情绪发生早，情感产生晚。人出生时会有情绪反应，但没有情感。情绪是人与动物所共有的，而情感是人所特有的，它是随着人的年龄增长而逐渐发展起来的。例如，人刚生下来时，并没有道德感、成就感和美感等，这些情感反应是随着儿童的社会化过程而逐渐形成的。

(4) 人类情绪和情感是可以相互转化的。情绪长期积累，就会转化为情感。而情感在一定条件下，也会以鲜明的、爆发的情绪表现出来。

4. 情绪情感的特点

情绪情感有两极性和扩散性两种特性。

(1) 情绪情感的两极性

情绪情感的两极性包括以下五个方面。

一是肯定性和否定性的两极对立。肯定性的情绪情感有高兴、喜欢、愉快、热爱、满意等；否定性的情绪情感有厌恶、悲哀、憎恨、绝望、恼怒等。

二是积极(增力)和消极(减力)的对立。积极的情绪(如愉快、热情等)能够增强人的活动能力，促使人去积极地行动；消极的情绪(如烦恼、不满等)能降低人的活动能力。在有些情况下，同一情绪可以既有积极的性质又有消极的性质。例如，在危险情境下产生的恐惧情绪，既会抑制人的行动，减弱人的精力，又可以驱使人动员自己的能量同危险情境做斗争。

三是紧张和轻松的对立。紧张和轻松一般与人所处的情境、面对的任务、对个人需要的影响等相联系。当人所处的情境直接影响到个人重大需要的满足，以及面临重大任务需要完成时，人们的情绪就会紧张起来；相反，则比较轻松。一般来说，紧张的情绪与人的活动的积极状态相联系，人们进行的任何活动，都需要激发起一定紧张度的情绪；否则，情绪处在很低的水平而松松垮垮，甚至处在半睡状态，是无法适应任务和活动的要求的。但过度的紧张情绪也会引起抑制，造成心理活动的干扰和行为的失调。

四是激动和平静的对立。激动的情绪表现为强烈的、短暂的，又是爆发式的心理体验，如激愤、狂喜、绝望。激动情绪的产生，往往与在人们生活中占重要地位、起重要作用的事情的出现有关，而且这些事件违反原来的意愿并以出乎意料的形式出现。与激动的情绪相对立的是平静的情绪。人们在大多数情况下是处在平静的状态之中的，在这种状态下，人们能从事持久的智力活动。

五是强与弱的两极性。许多类别的情绪都有由强到弱的等级变化，如从微弱的不安到强烈的激动，从愉快到狂喜，从担心到恐惧等。情绪的强度越大，自身被情绪卷入的程度越大。情绪的强度决定于事件和活动对人的意义的大小，以及人的既定目的和动机是否能够实现。

上述每一对对立的情绪之间，都存在强度不同的中间情绪状态。如非常满意与非常不满意之间有很满意、满意、不满意、很不满意。

(2) 情绪情感的扩散性

情绪情感的扩散性有两种：一种是内扩散，另一种是外扩散。所谓内扩散，是指情绪在主体自身的扩散，它表现为主体对某一对象产生的某种情绪体验，影响主体对其他对象也产生同样的情绪体验。例如，一个人对某一件事情产生了愉快的情绪，这种情绪影响这个人在看到其他事物时也感到顺心如意；或在某件事情引起的不愉快情绪的影响下，对其他事情就觉得那么不顺眼：

这就是情绪的内扩散。所谓外扩散，是指一个人的情绪影响到别人、使别人也产生相同的情绪的情况，通常也称情绪的感染。一个人的情绪或心境，在与别人的交往过程中，通过言语、动作、表情影响到别人，引起情绪上的共鸣。

5.1.2 情绪情感的分类

情绪情感是作为对事物的一种反映形式存在的，由于世界上事物的绚丽多彩，构成了人与客观事物之间关系的丰富多样性，使情绪情感产生了极为丰富和复杂的内容。为了便于理解和把握，根据情绪情感的性质、状态及包含的社会内容，可以做出如下三种不同的分类。

1. 根据情绪情感的性质分类

根据情绪情感的性质，可以分为以下几种。

(1) 快乐。快乐是一种在追求并达到所盼望的目的时所产生的情绪体验。例如，人们在旅游中一路顺利，而且欣赏到优美的自然风光，参加富有情趣的活动，就会产生愉快和快乐的情绪体验。快乐的程度取决于愿望的满足程度和满足的意外程度。快乐的情绪从微小的满意到狂喜，分成一系列程度不同的级别。

(2) 愤怒。愤怒是由于妨碍目的达成而造成紧张积累所产生的情绪体验。愤怒的程度取决于对妨碍达到目标的对象的意识程度。愤怒从弱到强的变化是轻度不满—愠怒—怒—愤怒—暴怒。

(3) 恐惧。恐惧是企图摆脱危险情境时产生的情绪体验。引起恐惧情绪的重要因素是缺乏处理可怕情境的能力。消除恐惧情绪要靠镇定和勇敢。

(4) 悲哀。悲哀是指失去自己心爱的对象或自己所追求的愿望破灭时所产生的情绪体验。悲哀的程度取决于所失去的对象和破灭的愿望对个人或社会的价值的大小。悲哀按程度的差异表现为失望—遗憾—难过—悲伤—哀痛。

(5) 喜爱。喜爱是指对象满足需要而产生的情绪体验。喜爱表现为接近、参与、欣赏或获得。事物、活动、艺术品和人都可以是人们所喜爱的对象，引起人们喜爱的情绪体验。

2. 根据情绪情感发生的强度、速度、持续时间分类

根据情绪情感发生的强度、速度、持续时间，可以分为以下几种。

(1) 心境。心境是一种比较微弱、平静而持续一定时间的情绪体验。它平静而微弱，持续而弥散。心境由于有弥散的特点，所以，某种心境在某一段时间内影响着一个人的全部生活，使人的语言、行动及全部情绪都染上了这种心境的色彩。一个人在愉快、喜悦的心境中，仿佛一切都染上了“快乐的色彩”，看什么都那么顺眼，对一切都感到是满意的。而处在忧愁悲伤心境中的人，在一段时间里就表现得无所不悲，仿佛一切都染上了“忧伤的色彩”。心境的特点是不具有特定的对象，即不是关于某一事物的特定的体验，它是具有弥散性的情绪状态。心境分为暂时心境和主导心境两种。

① 由当前的情绪产生的心境，称为暂时心境。例如，人们在欣赏艺术表演时会产生愉快的心境，当演出结束后，这种心境还会持续一段时间，但不会很长，随着其他情境和事物的出现，这种心境就会逐渐消失。

② 由一个人的生活道路和早期经验所造成的个人独特的、稳定的心境，称为主导心境。主

导心境以一个人生活经验中占主导地位的情感体验的性质为转移，决定着一个人的基本情绪面貌。一个具有良好主导心境的人，总是朝气蓬勃，具有乐观的情绪。对这样的人，别人就比较愿意并容易和他交往；一个具有不良主导心境的人，就会经常表现为失望、忧愁和情绪消沉，别人也不太容易和他交往。但是，对主导心境不好的人，更需要给以热情的关心、帮助并予以谅解。

(2) 热情。热情是一种强有力的、稳定而深厚的情绪体验。热情具有以下两个基本特征。

第一，热情是强有力的，它影响人的整个身心，是鼓舞人去行动的巨大力量。

第二，热情是深厚的、稳定而持久的，它使人长久地、坚持不懈地去从事某种活动，并对这种活动产生愉快、满意等积极肯定的情感体验。

(3) 激情。激情是一种猛烈的、迅速爆发而短暂的情绪体验，如狂喜、恐惧、绝望等，都属于这种情绪状态。激情是由对人具有重大意义的强烈刺激所引起的，这种刺激的出现及出现的时间往往出人意料。激情发生时伴有内部器官的强烈变化和明显的表情动作。

3. 根据情绪情感的社会内容的性质分类

根据情绪情感的社会内容的性质，可以分为以下几种。

(1) 道德感。道德感是人们根据一定的道德标准，评价自己和别人的言行、思想、意图时产生的情感体验。道德感是对客观对象与一个人所掌握的道德标准之间关系的心理体验。当思想、行为符合这些标准时，就产生肯定的情感体验，感到满意、愉快；反之，则痛苦不安。当别人的思想、意图和行为、举止符合这些标准时，就对他肃然起敬；反之，则对他产生鄙视和愤怒的情感。

(2) 理智感。理智感是人们认识和追求真理的需要是否得到满足而产生的一种情感。理智感是与人的求知欲、认识兴趣与解决问题等社会需要相联系的。人在认识过程中有新的发现，会产生愉快和喜悦的情感；在不能做出判断而犹豫不决时，会产生疑惑感；在科学研究中发现未知的现象时，会产生怀疑感或惊讶感；在解决了某个问题而认为依据充分时，会产生确信感；等等。这些情感都属于理智感。理智感是在认识事物的过程中产生和发展起来的，它是认识活动的一种动力。热爱真理、追求真理，是发展认识和科学研究的重要条件之一。所以，当一个人的科学活动与深刻的理智相联系时，往往会在科学上做出应有的成就。

(3) 美感。美感是对客观现实及其在艺术中的反映进行鉴赏或评价时所产生的情感体验。美感是由一定的对象引起的。美感的对象包括自然界的事物和现象、社会生活和社会现象以及各种艺术活动和艺术品。美感受对象的表现形式的特点影响，同时受对象的内容制约，美感还受人的主观条件的影响。人们的审美需要、审美标准、审美能力不同，对同一个对象的美感体验就不同。同一个对象，有的人感觉是美的，有的人不认为是美的，就是受到了各人的审美标准和对美的鉴赏能力的影响。在日常生活中，人们的穿衣戴帽，各有所喜，各有所爱，这是由每个人的审美观点决定的，这主要是形式上的美。对一个人来说，更主要的是思想美、行为美和心灵美。

4. 关于情绪分类的最新研究

普拉契克(Plutchik)把情绪分为八种基本类型：恐惧、愤怒、喜悦、悲哀、接受、厌恶、期待、惊奇。并认为，其他的情绪都是派生的或是这些基本情绪的组合。例如，欣喜是惊奇和喜悦的组合，轻蔑是厌恶和愤怒的组合。

有的学者提出用“愉快”“激发”“支配”这三个基本层面来说明所有的情绪，认为特定情绪就是这三个方面不同组合和不同水平的反应，如表5-1所示。

表 5-1　三种情绪层面的描述

情绪层面	情　　绪	对情绪的描述
愉悦	责任	有道德的，善良的，有责任感的
	信仰	虔诚的，崇拜的，神圣的
	骄傲	自豪的，优异的，可尊敬的
	爱	慈爱的，友好的
	天真	天真的，纯洁的，无可指责的
	感激	感恩的，感谢的，备受赞赏的
	宁静	平静的，安宁的，舒适的，镇定的
	渴望	向往的，恳求的，渴望的，希望的
	喜悦	欢乐的，高兴的，欣喜的，满意的
	把握	自信的，可控的，能干的
激发	兴趣	关注的，好奇的
	萎靡不振	厌倦的，瞌睡的，懒惰的
	激活	激动的，活泼的，兴奋的
	惊奇	惊奇的，烦扰的，震惊的
	司空见惯	不引人注目的，不激动的，未被告知的
	卷入	参与的，见识广的，开朗的，受裨益的
	烦乱	心烦意乱的，萦绕的，粗心大意的
	轻松	嬉戏的，娱乐的，无忧无虑的
	轻蔑	嘲笑的，蔑视的，不屑一顾的
支配	冲突	紧张的，受挫的，冲突的
	内疚	心虚的，懊悔的，遗憾的
	无助	无力的，无助的，被支配的
	悲哀	悲哀的，痛苦的，沮丧的，痛苦的
	恐惧	担心的，忧虑的，害怕的
	耻辱	羞耻的，尴尬的，卑贱的
	愤怒	生气的，激动的，疯狂的
	躁动	恐慌的，狂乱的，过度刺激的
	厌恶	厌恶的，憎恶的，烦扰的，深恶痛绝的
	怀疑	多疑的，不信任的，狐疑的，疑虑的

5.1.3　情绪理论

多年来，不少生理学家和心理学家对情绪的产生机制进行了很多的研究，建立了不少学说。这里主要介绍著名的詹姆士—兰格情绪学说、沃特•坎农的情绪中枢神经过程理论和阿诺德的情绪的认知学说。

1. 詹姆士—兰格情绪学说

美国心理学家威廉·詹姆士和丹麦心理学家卡尔·兰格各自独立地分别于1884年和1885年提出了基本观点相同的学说，后来人们把二者合在一起称为詹姆士—兰格情绪学说。

【小资料5-1】

詹姆士—兰格情绪学说

1884年，一本杂志上发表了一篇题名为《何谓情绪》的文章，它使整个心理学界大为震惊。文章的作者是哈佛大学的著名教授威廉·詹姆士(William James)。文章发表之后，立即受到来自四面八方的强烈攻击，它被说成是荒诞的、矛盾重重的，而且其论点也是站不住脚的。然而令人奇怪的是，就在第二年出现了另一篇文章，这次是由丹麦的哥本哈根一个名叫兰格的丹麦心理学家发表的，文中包含的观点与威廉·詹姆士教授的观点基本一致。

我们一般认为人是先害怕后逃跑，詹姆士认为是先跑后怕；一般人认为是先怒后斗，詹姆士则认为是先斗后怒。他认为情绪的主观体验(即主观上觉得的那种心理状态)只是情绪的生理变化的原因，而情绪的生理变化才是情绪的心理状态的原因。詹姆士认为，通常的说法正是把这个因果关系弄颠倒了，这就是这个学说的要点所在。詹姆士认为，在情绪这件事上，心理变化不是身体变化的原因。怕是什么？怕是心理活动；跑是什么？跑是身体活动。心理活动不是身体活动的原因。

兰格是医生，他的情绪理论与詹姆士的说法基本一致，不过兰格特别强调血液循环系统的变化，如心跳等，而詹姆士所说的生理变化则是全部内脏的变化再加上肌肉的收缩，比如：眼睛看见老虎，耳闻虎吼，于是，老虎的形象和声音通过我们的眼睛和耳朵这两种感觉器官传到大脑皮层，使我们产生了对于老虎的认识，即知道这是老虎，又联想到老虎是野兽、很厉害、可能会吃人等(詹姆士认为这时候人还没有情绪，只是认识)，于是，由大脑皮层的外导神经通路引起肌肉的收缩(一般人见到老虎就逃跑或上树，这些都是肌肉收缩)；另外，还出现心跳和呼吸加快、肾上腺素分泌增加、唾液分泌减少等生理变化，这些变化通过内导神经通路传回大脑皮层，使人产生一种主观的体验，这就是情绪。也就是说，由感觉器官到大脑皮层(如看见老虎，知道是老虎，联想到老虎可能吃人等)，这只是认识，而由此引起的一系列生理变化通过内导神经再传回大脑皮层，才有了情绪的体验或情绪的意识，这就是所谓的先跑后怕的具体过程。

可见，詹姆士和兰格所说的情绪的体验或情绪的意识只是一团混乱的肌肉感觉和内脏感觉，例如，詹姆士认为愤怒就是心跳的感觉、呼吸的感觉、血压的感觉以及肌肉收缩的感觉。

詹姆士和兰格宣称：引起情绪的外在刺激导致了躯体的变化，而人们对躯体变化的知觉就是情绪。这就是众所周知的著名的“詹姆士—兰格定理”。

资料来源：https://baike.baidu.com/item/%E8%A9%B9%E5%A7%86%E5%A3%AB%E2%80%94%E5%85%B0%E6%A0%BC%E6%83%85%E7%BB%AA%E5%AD%A6%E8%AF%B4/8566230?fr=aladdin (编者对原文有删减)

詹姆士认为情绪就是人对自己身体变化的感知觉。他说：“我们一旦知觉到激动我们的对象，立刻就引起身体上的变化；在这些变化出现的时候，我们对这些变化的感觉就是情绪。”正如他所说的："情绪只是对身体状态的感觉，它的原因纯乎是身体的。""我们过去说，我们因丢失了财富而悲哀、哭泣。我们遇到一只熊而害怕逃跑。"其实，"更为合理的表述应该是，我们因为哭泣而悲伤，因为颤抖而恐惧。"躯体的变化在先，情绪的意识状态随后。简而言之，情绪就是在此类情况下具体的感觉方式。

兰格认为情绪是一种内脏反应。他以饮酒和药物的作用为例，说明这些因素之所以引起人们的情绪变化，是因为酒精和药物影响了血管系统活动的结果。他认为，血管扩张的结果产生愉快情绪，血管收缩和器官痉挛的结果产生恐怖情绪。

【小资料 5-2】

情绪与生理状态

有两位英国心理学家设计了一个实验，在一定程度上支持了兰格的观点。他们设计了三个温度不等的房间：一个是"热室"，室温为 33℃，使人感到很热，浑身不舒服；第二个房间为"正常气温室"，室温为 20℃左右；第三个房间为"冷室"，室温为 7℃左右。将自愿受试者分别安置在三个房间中，然后对他们提出一系列问题，并要求他们以书面形式回答。当受试者回答完问题后，由一个十分"挑剔"的主考人，通过一扇大窗对他们的答案做出带有侮辱性的、讽刺性的评价。每个房间还装有一个按动电钮。受试者被告之：按电钮，"主考人"就会尝到电击的痛苦，以此可惩罚"主考人"。实际上电钮只连接一架录有人的惨叫声的录音机。结果，第一个房间"热室"的人不停地按电钮，甚至不管"主考人"的话是好话还是坏话，一律不听，只是按电钮；第三个房间"冷室"的人，只对"主考人"评语中说到他认为"不公正"或"使人愤怒"的话才按电钮；第二个房间"正常气温室"的人，却没有进行任何报复行为。由此，两位心理学家认为，人的情绪与所处环境的气温有关。

资料来源：荣晓华. 消费者行为学. 3 版. 大连：东北财经大学出版社，2011

分析提示：这个实验表明，人的情绪受其生理状态的影响，如果人生理上不舒服、痛苦，更容易产生消极情绪，生理状况的正常是情绪正常的一个前提条件。

2. 情绪的中枢神经过程理论

生理学家沃特·坎农反对詹姆士和兰格的情绪的躯体学说，指出了詹姆士—兰格情绪学说的不足，提出了情绪的中枢神经过程理论。他认为，内脏反应同情绪无关，即使通过手术切断内脏同中枢神经系统的联系，实验动物仍然会继续存在情绪反应。他还辩论说，自主神经系统的反应显然太慢了，不足以成为引发情绪的源头。根据坎农的看法，情绪反应要求大脑在输入刺激和输出反应中起作用。来自丘脑的信号到达皮层某一位置，产生情绪感觉，到达另一位置而引起情感的表达。

另一位生理学家菲利普·巴德，也得出同样的结论，即内脏反应不是情绪反应的主要内容。相反，一个情绪唤醒的刺激同时产生两种效应，通过交感神经系统导致躯体上的唤起，并通过皮层导致主观上的感受。

坎农—巴德理论说明了情绪刺激产生的两种同时反应——唤醒和情绪体验，它们没有因果关系。如果某事令你生气了，你的心跳加快的同时，你会想："太可气了！"，但是既不是你的躯体也不是你的精神导致了另一种反应。

3. 情绪的认知学说

美国心理学家阿诺德在20世纪50年代提出：情绪与个体对客观事物的评估联系着。她给情绪下的定义是：情绪是趋向知觉为有益的，而离开知觉为有害的东西的一种体验的倾向，这种体验的倾向被一种相应的接近或退避的生理变化模式所伴随，这种模式在不同的情绪中是不同的。很明显，她强调了来自外界环境的影响，要经过人的评价与估量才产生情绪，这种评价与估量是在大脑皮层上产生的。情绪是由这种评价和估量所引起的。例如，在森林里看到一只猛兽，必然引起人的恐惧；而在动物园里看到一只关在笼子里的猛兽则并不会引起恐惧。之所以有这样的区别，关键在于人们对当时情景的估计不同。

它和詹姆士—兰格学说的不同之处在于：詹姆士—兰格的反应序列是情景—机体表现—情绪。而阿诺德的反应序列为情景—评估—情绪。因为阿诺德认为情绪的来源是对情景的评估，而认识与评估都是大脑皮层的过程，因此，皮层的兴奋是情绪的主要原因。所以，阿诺德的学说又称为情绪的评估—兴奋学说。

【小资料 5-3】

是情绪支配认识，还是认识支配情绪？

两只猴子分别被困在能通电的架子上。一个架子上有一个杠杆，猴子每蹬一下，电流中断20s。猴子为了避免受电击，就必须不断地蹬杠杆，否则就会受电击。另一个架子则没有杠杆，这只猴子只能被动地忍受电击。由于两个架子的电流是串联的，所以，两只猴子受电击的机会相等。长期、剧烈的情绪紧张、焦虑能引起生理疾病，如胃溃疡。过了一段时间检查发现，两只猴子都得了胃溃疡。但蹬杠杆的那只猴子胃溃疡严重，而无可奈何的那只猴子胃溃疡反倒轻些。化验两只猴子的尿，也得出同样的结论。

造成这种结果的原因是这样的：在主动的状态下，认知成分多，为了避免受电击，其注意力要时刻保持高度集中，精神和肉体总是处于紧张状态，导致其焦虑水平高，因而对生理的影响大；那只被动的猴子则因为无力自救而无须付出更多的精力和体力，结果焦虑水平低，对生理影响小。许多研究和常识都告诉我们，情绪对认识产生影响。这个实验告诉我们，认识同样对情绪有很大影响，同时，情绪有相应的生理反应。

资料来源：http://www.doc88.com/p-5661014293402.html. 2014-08-11(编者对原文有删减)

可见，情绪情感虽然与有机体的生理唤醒状态有着密切的关系，但它不是单纯地由生理唤醒状态决定的。情绪情感产生的源泉是客观现实，但是，情绪情感又不是由客观现实直接、机械地决定的。作用于人的外部世界的各种事件与人的各种需要的联系是发生在认知活动之中的。客观事物对人的作用必须通过人的认知过程，而且由于人的认识的每一次活动又不是单独地被孤立的一件件事物决定的，人在生活实践中积累的知识和经验制约着当前的认识，并与人的态度或愿望结合起来。因此，人们对作用于他们的事物的判断与评估，才是情绪的直接原因。同一事件对不同的人或在不同的时间、条件下出现，可能做出不同的评估或设想，从而产生不同的情绪。

【小资料 5-4】

情绪是怎样产生的？

美国心理学家沙赫特(S. Schachter)和辛格((J. Singer)于 1962 年设计了一个后来被多次引用过的实验，用来证明环境事件、生理状态和认知过程三种因素在情绪产生中的作用。

实验的目的试图证明：①当人们处于生理唤醒状态时，受试者本人体验是否处于情绪状态；假设如果对生理唤醒状态给予另外的解释，这种生理唤醒状态就不一定被体验为情绪；②环境事件的直接影响是否决定受试者的情绪体验；假设如果对环境事件有不同的解释，也可以产生不同的情绪体验。

实验设计：要求两组受试者处于同样生理唤醒状态，两组受试者均被告知实验的目的是研究一种新的称为 Suproxin 的维生素化合物对视觉敏度的效果。在受试者同意的前提下，在实验前给受试者进行这种药物的注射。但是实际上注射的药物是肾上腺素，这是一种在正常情况下释放到血液里去的对情绪状态有广泛影响的激素，用这个方法使受试者处于一种典型的生理唤醒状态。

药物注射以后，对两组受试者分别给以不同的指示语。对甲组告知，由于药物的作用会感到两手发抖，心率加速，脸上发热；对乙组告知，药物是温和的、无害的、不会有副作用。人为地安排两个实验环境：一个是“欣快”的环境，一个是“愤怒”的环境。欣快环境是由一个人处于歌唱、欢跃、玩耍而越来越快乐的状态所构成；愤怒环境是由一个人处于发怒、咒骂、撕碎调查表、跺脚等越来越愤怒的状态所构成。

实验开始后，受试者进入欣快的环境，那个已被激起欣快状态的人表演他的欣快行为，并一再地邀请受试者同他一起玩耍、歌舞。当受试者进入愤怒的环境时，主试者要求他填写一张调查表，调查表上所要回答的题目会激起人的极大愤怒；先在实验室里的人也在续写调查表，并且不断地爆发咒骂、斥责，继续他的愤怒行为。

实验结果可做如下设想：①如果某种情绪状态仅仅是由于生理唤醒所引起，那么两组受试者的行为反应应当是相同的；②如果环境因素有强大的影响，那么两组受试者就应当同样地反映实验室同伴的行为。也就是说，如果情绪是由于生理唤醒和环境因素混合作用的结果，两组受试者的行为和情绪反应就应当没有什么不同。

实验结果：甲组受试者由于被告知生理唤醒状态是药物的正常反应，他们在实验室里安静地等待并镇静地进行他们的工作，毫不理会实验室同伴的古怪行为；乙组受试者则倾向于追随实验室同伴的行为——变得欣快或愤怒。

资料来源：荣晓华. 消费者行为学. 2 版. 大连：东北财经大学出版社，2006

问题：上述实验说明了什么？

分析提示：以上结果说明，无论内部唤醒状态还是环境因素，都不能单独地决定人的情绪，而对环境事件的解释与生理唤醒的结合才成为支配情绪的主要原因。甲组受试者由于对生理唤醒另外的解释而未被这种激活状态和环境诱因所影响；乙组受试者由于对生理唤醒状态没得到解释，他的情绪就被这种唤醒状态和环境因素所操纵。

这个实验的结果有力地证明，尽管人的情绪的产生与生理激活状态紧密地联系在一起，但人的认知过程是可以对情绪进行控制和调节的。

【小资料 5-5】

表　情

关于表情，进化论的首创者达尔文有过细致的观察，他写过一本书——《人类和动物的表情》。他用进化论的观点来说明表情的效用。他认为表情在动物的进化上，是它们生存竞争与适应环境的手段之一。按照达尔文的观点，无论是动植物的形态结构还是机能，都是有利于它们个体生存和种族延续的，诸如植物的形状、颜色，动物的动作，都有利于它们适应环境。凡是不利的方面，就逐渐被淘汰；而有利的方面则越来越发达。他认为表情也是如此。表情不是一种无关紧要的、偶然的附带现象，它和动物的其他活动一样，有生存竞争的意义。

人类的表情虽然还有动物表情遗留的痕迹，但已不像动物表情那样，对适应环境起直接的作用。人类的表情是复杂而细腻的，它可表达种种心理内容，还可表达语言不能表达或不便表达的心理活动。

5.2　消费者的情绪情感

消费者在购买商品和服务时，由于他们所处的环境的影响和不同需要的支配，在购买过程中会产生不同的感情色彩。消费者这种对商品或服务是否符合个人需要而产生的态度体验，就是消费者的情绪情感。

5.2.1　消费者情绪情感的效能

情绪情感是人类行为中最复杂的一面，也是人类生活中最重要的一面。试想，若是一个人没有情绪生活，这个丰富多彩的世界对他将毫无意义，无所谓悲伤忧愁，无所谓幸福快乐，不需要友谊的慰藉，也体验不到爱情的温馨。一般平常人的生活中，随时随地都有喜、怒、哀、乐等情绪的起伏与变化。

消费者的任何活动都需要一定程度的情绪和情感的激发，才能顺利进行。消费者情绪情感的效能主要表现在以下几方面。

(1) 影响消费者的动机和态度。喜欢、愉快等情绪可以增加消费者活动的动机和态度，增加做出选择决定的可能；消极的情绪会削弱消费者从事活动的动机和态度。

(2) 影响消费者的活动效率。从情绪的性质来讲，积极的情绪，如热情、愉快，可以激发消费者的能力，助长动机性行为，提高购买活动效率；而消极的情绪，如烦恼、悲哀、恐惧等，则会降低消费者的活动能力，导致较低的购买活动效率。从情绪的强度讲，过高或过低的情绪水平都不会使消费者产生最佳的活动效率。因为过低的情绪不能激发人的能力，而过高的情绪会对活动产生干扰作用。

(3) 对消费者体力的影响。情绪情感的作用在范围和效果上都是很大的，如影响人的生理，包括体力、器官的功能，还能引发器质性病变。一般认为，在积极的情绪状态下，消费者有更充沛的精力和体力；而在消极状态下，消费者在购买活动中更容易出现疲劳、体力不支的现象。

(4) 对消费者认知能力的影响。情绪对消费者认知功能的影响主要表现在消费者的注意力、消费者的社会知觉和自我知觉以及消费者解释和记忆各种消费活动的特征上。研究者已经证明情绪状态可以影响人的学习、记忆、社会判断和创造力。心理学家曾就不同情绪状态对智力操作的影响进行了研究。结果发现，不同的情绪状态(愉快或痛苦)对操作效果的影响有显著差异。愉快组在操作时间、直接抓取和注视不动这三项指标上都比痛苦组成绩好。即使是在同一情绪状态下，由于强度不同，操作效果也不同，即愉快强度过高和过低时的操作效果不如强度适中时好。但是，痛苦的强度越大，操作效果越差。

【小思考 5-2】

强烈的快乐状态，对人的认知能力和体力有什么影响？

答：根据心理学的研究成果，强烈的激动状态对人解决中等以上难度问题的认知能力构成负面影响。也就是说，在这种条件下，强烈的激动状态会降低人的认知能力。通常情况下，愉快的情绪对人的体力有增力作用。

5.2.2　消费者情绪情感的外部表现

人的情绪情感在外界环境的刺激下会发生各种变化，同时伴有相应的外部表现。情绪发生时表现在身体外部的生理变化也称表情。表情在社会生活中起着很大的作用。它是表达心理、交流心理的重要手段。在人类交往过程中，人们除了言语交往之外，还有非言语交往，如表情，言语与表情经常是相互配合的。同是一句话，配以不同的表情，会使人产生完全不同的理解。所谓的“言外之意”“弦外之音”就更多地依赖于表情的作用。而且，表情比言语更能显示情绪的真实性。有时人们能够运用言语来掩饰和否定其情绪体验，但是表情则往往掩饰不住内心的体验。情绪作为一种内心体验，一旦产生，通常会伴随相应的非言语行为，如面部表情和身体姿势等。一些心理学家在研究人类交往活动中的信息表达时发现，表情起到了重要的作用。

虽然人们表达心理、交流心理的主要手段是语言，但在某些情况下，表情比语言还重要。因为有些心理状态是无法用语言来表达的。例如，我们有时听人说某某人实在“太那个了”，这就是用语言说不出来的表现。有时人们心口不一，如口是心非现象，心里反对，嘴里赞成。巧言令色在人类而言是一种经常性的行为，察言观色则可以发现真实的心理状态。语言可以把心理状态掩蔽起来，表情却不容易掩蔽。例如，服务人员嘴里说全心全意为客人服务，但在实际工作中如果流露出不耐烦或不屑一顾的表情，那么客人肯定能觉察出来。对人类来说，表情和动作的效用是很大的。在一般情况下，一个正常的成年人能够根据对方的表情、动作来判断他的心理。消费者情绪情感的外部表现主要有以下几方面。

1. 面部表情和姿态的变化

面部表情和姿态是表现情感的主要手段。人们的喜、怒、哀、乐、爱、憎等各种情感都能通过不同的面部表情与姿态表现出来。例如，当消费者买到自己喜爱的商品时，会高兴得眉飞色舞或手舞足蹈；当受到营业员热情周到的接待，会喜形于色。在购买活动中各种复杂的心理感受、情绪变化都会通过不同的面部表情和姿态反映出来。因此，一个优秀的营业员不仅要善于根据消费者面部表情的变化去揣摸消费者的心理，同时，也要注意运用自己的表情姿态去影响消费者，沟通买卖双方的感情，促使消费者的情感向积极的方向发展。

2. 语调声音的变化

消费者表达感情的另一明显特征就是说话时语调的变化。一般来讲，快速、激昂的语调体现了人的热烈、急躁、恼怒的情感，而低沉、缓慢的语调则表现人的畏惧、悲哀的情感。往往同一语句，由于说话人在音强、音速、音调上的差别，而表达出不同的情感。

例如，当顾客要求营业员展示商品时说："对不起，请把商品拿给我看看。"如果是语调平缓，语气较轻，则表明顾客是真心抱歉，麻烦营业员为他拿东西。但如果营业员行动迟缓，或不愿意接待顾客，那么顾客提高声调，重复上述语句，则表示他已不耐烦，"对不起"已纯属客套，甚至带有讥讽的含义，表达了不愉快的情感。

3. 身体各部位的反应

表现明显的有呼吸器官、排泄系统和循环系统的变化，如顾客与营业员发生矛盾冲突时，双方处于急躁、愤怒状态，则呼吸、心跳、脉搏加快，面部红涨或苍白。当情绪变化达到顶点时，还会哭泣、叫喊等，借以发泄自己的感情。同样，当消费者处于兴奋、紧张、羞怯状态时也会发生相应变化。

总之，消费者购买活动中情感的外显是多方面的，也是比较复杂的。有时，一种外显的情感表达了多种心理活动。例如，消费者在选购商品时，有时表情紧张，可能是担心商品质量或性能有问题，唯恐吃亏上当，也可能是担心买不到商品，还有可能是担心买回去后家里其他人不喜欢等等。

【小思考 5-3】

古代印度人在审理疑难案件时，给每个嫌疑犯一把米，让其嚼后吐在无花果的叶子上。法官常常以此作为定案的依据。为什么？

答：因为人的情绪上的变化会引起生理上的变化。例如，在极度紧张的情况下，人的唾液分泌会减少，所谓"口干舌燥"。这时如果让人嚼一大把米，由于唾液量不足，口内的米就不能充分被咀嚼，因而吐出来的米是干的。法官可以据此作为定案的依据之一。

5.2.3 影响消费者情绪情感变化的主要因素

许多人或许都有过这样的经历：当感觉悲伤忧愁的时候，买东西时往往会不再一分一厘地计较价格；而如果在情绪烦躁时买东西，却常常会与别人反复讨价还价。

【小资料 5-6】

情 绪 营 销

2017 年，我们身边出现了一些很有意思的案例：第一个是喜茶，大家都知道喜茶的排队可以说是年度营销事件了，喜茶算是饮料连锁店的兴起；网易云音乐做了很多相关的营销事件，比如包下地铁整节列车、联合农夫山泉推出印有网易云音乐网友评论和留言的瓶装水；还有新世相的"逃离北上广"的经典策划，一大票年轻人在"逃离北上广"这个主题的感召下，兴致勃勃地围观一场想走就走的旅行；麦当劳在高考期间推出的准考证活动，不管是哪一年大学毕业的人都忍不住把自己的照片上传到麦当劳小应用里，体会一把当年高考的感觉。

我们也看到了绝味鸭脖的广告刷满了整个机场的一面墙，在这面墙上用极其醒目的白底红字涂满各种情绪化的表达；饿了么外卖平台，最早它的 slogan 是“饿了别叫妈，叫饿了么”，而现在已经把它的 slogan 改为“饿了就要”这样明确的态度表达；快手推出了“生活没有高低”的高水平 slogan，是对各个阶层的人们的喊话；包括大家都非常喜欢并且转发陌陌的各种宣传片，每次陌陌推出的宣传片都会让人觉得眼前一亮，有态度、有情绪的表达。这些优秀的营销策划、品牌升级和表达都有一个共性——从情绪的角度出发。

资料来源：http://money.jrj.com.cn/2017/10/25075423280305.shtml

【小资料 5-7】

三只松鼠开了家“黑科技”门店 商品可根据顾客心情自动定价

据亿邦动力网消息，在国家会议中心召开的 2017 云栖大会北京峰会上展示了一家应用“黑科技”的实体店。据悉，这是阿里云和三只松鼠的最新合作成果——“三只松鼠投食店”，实现了感知零售的应用，商品可以根据顾客的心情自动定价。在会上，主办方展示了三只松鼠新一代投食店的应用场景：从消费者进入三只松鼠的线下投食店开始，后台大数据系统便开启设置在店内的摄像头，三只松鼠的会员卡系统就会瞬间启动。当消费者走近货架时，后台系统会通过货架摄像头，对会员的心情、手势以及会员等级进行探知，电子标签则自动为消费者定价。此外，如果后台系统通过文本语义分析，检测到顾客最近几次来店都心情不佳，松鼠玩偶还会给顾客一个大大的拥抱，甚至送上一份小礼物，让人与人的连接更有温度。

资料来源：http://biz.jrj.com.cn/2017/12/20164723825073.shtml

分析提示：人们在现实生活中所接触到的一切，无论是外部对象还是人体的内部刺激，都会引起情绪和情感的变化。“可参照顾客心情推销商品的新型电子商店”正是利用了人们的情绪对消费心理的影响，从而取得了比较好的效果。

影响消费者情绪情感变化的因素主要有以下几个方面。

(1) 需要是否得到满足。需要是情绪产生的主观前提，人有多种不同的需要，人的需要能否得到满足决定着情绪的性质。如果客观条件能够满足消费者的需要，就会产生积极肯定的情绪，如高兴、喜欢、满意等。如果消费者的需要得不到满足，就会产生否定的、消极的情绪，如不满、失望等。

(2) 购物环境。人的情绪很容易受到环境的影响。如果购物环境优雅舒适、生机盎然，会使消费者产生愉快、喜爱的积极情绪；反之，则会使消费者产生厌烦、失望的消极情绪。因此，商业企业一般都很重视店堂和门面的装修以及商场内温度的控制、色彩的搭配、灯光的明暗、商品的摆放等，造成一种舒适、和谐的气氛以吸引更多的顾客。

【小资料 5-8】

色彩与情绪

美国心理学家做了一次有关色彩、情绪与消费行为的实验。该实验分别请来了十位客人参加四次晚餐，为四次晚餐分别布置了四种颜色的背景。第一次布置的是绿色背景，结果用餐的客人吃得很慢，大家的谈话都提不起精神，有的人甚至打起了瞌睡。第二次布置的是红色背景，客人们都比较兴奋，吃得快也吃得较多，有的人甚至打翻了酒杯，还有的人相互拌起嘴来。第三次布置的是白色，客人们吃饭时彬彬有礼，谈话之中没有什么内容，有的人打着哈欠，有的人觉得有些无聊。第四次布置的是黄色，客人们吃得好，谈话也相当投机，用餐之后分手的时候大家还相互约定下次再见。试分析该实验中色彩对人的情绪的影响。

资料来源：〔美〕亨利·阿塞尔. 消费者行为和营销策略. 韩德昌，等译. 北京：机械工业出版社，2000

分析提示：该案例说明了在特定的消费环境中，颜色对人的情绪会产生影响，并进而影响人的消费行为。具体地说，暖色调的颜色能够使人的情绪兴奋，消费者的行为在兴奋的情绪支配下能够比较容易地进行；而冷色调的颜色能够抑制人的情绪的兴奋，不利于消费行为的进行。

(3) 商品。商品是影响消费者情绪情感变化的主要因素，因为消费者进入商场就是为了购买商品。因此，商品的质量、数量、价格以及消费者认为商品符合其需要的程度，都会引起消费者的情绪和情感的变化。此外，商品命名、商品广告、商品装潢、商品造型，甚至商品的色泽，都能在不同程度上影响消费者对某种商品或某家商场的喜好程度，从而进一步影响消费者的购买行为。

(4) 服务。服务的影响主要包括以下两点。

其一是现场的服务员的服务质量。如今物质产品极为丰富，竞争日益激烈，一方面导致社会人际关系日益淡薄，社会普遍出现情感饥渴症，另一方面人们对情感回归的渴望、精神愉悦的追求、个性服务的期望亦与日俱增。企业在服务的过程中如能始终契合关注人生，关注“情”这一社会主题，便能最大限度地与消费者产生共鸣，有力营造企业及其品牌良好的个性亲和力。如果服务员主动热情、耐心周到地为顾客服务，那么顾客就会有一种受到尊重的感觉，甚至会形成惠顾心理，经常光顾这家商场；反之，如果营业员态度冷淡，举止粗鲁，会让顾客觉得很别扭并留下恶劣的印象，即使他勉强买了商品，也会产生不愉快的情绪情感体验。

其二是商家或厂家的售后服务。如果商家或厂家的售后服务搞得好，不仅使消费者在买商品的时候比较放心，没有后顾之忧；就是在买完商品后，如果商品出现了问题，消费者也能得到及时有效的服务。在这种情况下，消费者才会心情舒畅，真正体会到什么是“顾客至上”了。

【小资料 5-9】

亲情服务

美国塞夫威是世界著名超级零售集团，年营业额超过150亿美元，它的成功与其树立卓有成效的顾客需求中心策略密不可分。例如为了适应女性工作时间长、烹饪时间减少的需要，塞夫威在超市里新设了沙拉专柜、半成品专柜；为了满足顾客一次购足的需要，增设了酒、药品、花卉等专柜和洗衣房等；在出口交款处，为了缓解人们排队的焦急心情，塞夫威有意陈列杂志、口香糖、香烟、刮胡刀等商品，甚至提供上网服务，让顾客随手可及，轻松地完成排队过程。塞夫威实行会员制，但不是以会员制来赚取会费，会员凭卡可享受各种特价食品的优惠价，生日时还可以收到超级市场赠送的生日蛋糕，重大节假日还能得到生活提示卡、趣味小画片等，让顾客深感超市大家庭的温馨。亲情服务使塞夫威赢得美国大众的良好口碑，自然门庭若市、宾客蜂拥而来。

资料来源：〔美〕亨利·阿塞尔. 消费者行为和营销策略. 韩德昌，等译. 北京：机械工业出版社，2000

(5) 身体状况。身体健康、精力旺盛，是产生愉快情绪的原因之一；身体健康欠佳、过度疲劳或患病，容易产生不良情绪。由于消费者的身体状况存在个体差异，在服务过程中要区别对待。

5.3　本章小结

本章主要分析了消费者的情绪情感。所谓情绪情感，是人对客观世界的一种特殊的反应形式，是人对客观事物是否符合自己需要的态度的体验。情绪和情感密切相连的同时也有区别。情绪情感有两极性、扩散性两种特性。依据不同的分类标准，情绪情感能划分成不同的种类。按性质可以分为快乐、愤怒、恐惧、悲哀、喜爱等；按照发生的强度、速度和持续时间分类，可以分为心境、热情和激情；根据内容可以划分成道德感、理智感和美感。解释情绪的理论主要有强调生理因素的詹姆士—兰格情绪学说和强调认知因素的认知学说。詹姆士认为情绪就是人对自己身体变化的感知觉。正如他得出的结论所说的："情绪只是对身体状态的感觉，它的原因纯乎是身体的。"兰格认为情绪是一种内脏反应。美国心理学家阿诺德认为情绪与个体对客观事物的评估联系着。她强调了来自外界环境的影响，要经过人的评价与估量才产生情绪，这种评价与估量是在大脑皮层上产生的，情绪是由这种评价和估量所引起的。

消费者的情绪情感就是消费者对商品或服务是否符合消费者的需要而产生的态度体验。消费者情绪情感的效能主要表现在情绪情感可以影响消费者的动机和态度、影响消费者的体力和精力、影响消费者的活动效率、影响消费者的认知能力。影响消费者情绪情感变化的因素主要有以下几个方面：需要是否得到满足、购物环境、商品、服务以及消费者自身的身体状况等。

5.4　思考与技能实践

5.4.1　基本训练

1. 简答题

(1) 什么是情绪情感？情绪和情感的区别是什么？

(2) 情绪情感的两极性包括哪些方面？

(3) 消费者情绪情感的效能主要表现在哪些方面？

(4) 影响消费者情绪情感变化的因素有哪些？

2. 选择题

(1) 情绪情感的构成包括(　　)。

A. 主观体验　　B. 生理唤醒　　C. 内在意象　　D. 外部行为

(2) 情绪情感有两极性和(　　)两种特性。

A. 集中性　　B. 感染性　　C. 扩散性　　D. 边缘性

(3) 根据情绪情感发生的强度、速度、持续时间，可以分为(　　)。

A. 应激　　B. 心境　　C. 热情　　D. 激情

3. 判断题

(1) 情绪通常是指有机体的天然需要是否得到满足而产生的心理体验，而情感则与人在历史发展中所产生的社会需要相联系。（ ）

(2) 心境不是关于某一事物的特定的体验，它是具有弥散性的情绪状态。（ ）

(3) 道德感是人们认识和追求真理的需要是否得到满足而产生的一种情感。（ ）

(4) 詹姆士和兰格认为，躯体的变化在先，情绪的意识状态随后。（ ）

(5) 阿诺德认为情绪的来源是大脑皮层对情景的评估。（ ）

5.4.2 技能训练

1. 情绪理论

解释情绪的理论主要有强调生理因素的詹姆士—兰格情绪学说和强调认知因素的认知学说。詹姆士认为情绪就是人对自己身体变化的感知觉。正如他所说的："情绪只是对身体状态的感觉，它的原因纯乎是身体的。"兰格认为情绪是一种内脏反应。美国心理学家阿诺德认为情绪与个体对客观事物的评估联系着；她强调了来自外界环境的影响，要经过人的评价与估量才产生情绪，这种评价与估量是在大脑皮层上产生的，情绪是由这种评价和估量所引起的。

2. 表情

表情可以分为三类：面部表情、身段表情和语调表情。

(1) 面部表情：面部表情是由面部肌肉和腺体变化来表现情绪的，是由眉、眼、鼻、嘴的不同组合构成的。

(2) 身段表情：身段表情是由人的身体姿态、动作变化来表达情绪。

(3) 语调表情：语调表情是通过声调、节奏变化来表达情绪的，也是一种副语言现象，如言语中语音的高低、强弱、抑扬顿挫等。

5.4.3 操作练习

1. 实务题

找到并复制两则具有强烈情绪情感内容的广告，和另外两则属于同类产品但情感成分很少的广告。为什么厂家会使用不同风格的广告？

(1) 让十个学生按他们的喜好对上述广告进行排序和打分，并解释为什么。

(2) 让十个学生谈论他们观看上述广告的反应。通过这些反应能得出什么结论？

2. 综合题

用情感来迎合消费者的广告现在正日益流行，因为广告中的情绪性内容能增加广告的吸引力和持续力，而且情绪性广告比一般中性广告更容易被人记住。假如你是广告公司的一名策划人员，请为某婴儿食品策划一个30s的情感广告。

5.4.4 案例分析

情 感 鞋

美国著名的制鞋商塞浦勒斯，在企业濒临倒闭之际，聘请了心理学家弗兰克·罗里，请他主持产品设计。弗兰克·罗里认为，当今的美国人已不再为防寒和防湿而买鞋，消费者注重的已不是鞋子的基本功能，再用廉价、高质之类的老套路很难打开销路。于是，他要求设计人员发挥个人想象力，设计出各种富有情感色彩的鞋子，以引起消费者的遐想和共鸣，激发其购买欲。他给公司规定的经营宗旨是：销售情感胜于售鞋。因为他认为：顾客买回去的不是鞋，而是鞋所体现的各种情感。结果，情感鞋的面市，竟使公司收到起死回生的奇效。该公司抛出的男性情感型、女性情感型、野性情感型、轻盈情感型、优雅情感型、沉稳情感型等各式鞋子，由于能使不同感情型的消费者根据自己的感情偏好从中各取所需，因此，其产品一投放市场，就在不同的消费者群中引起强烈的心理呼应，取得了意想不到的销售效果，创造了公司历史上的销售高潮。

问题：从满足消费者情感需要的角度，分析该案例成功的原因。

5.4.5 网上调研

访问几个有广告的大众娱乐网站，找出并描述一个使用情绪诉求的广告。

5.4.6 单元实践

美超市偷拍顾客表情改善货品陈设

为了增加货品销路，美国一些超级市场便想到偷拍顾客选购货品时的面部表情和反应，利用高科技分析消费者的购物心理，以改善商店经营之道。

这些大型超市利用 IBM 开发的一套面部表情分析系统，为如何能最适当地将货品摆放货架上提供科学数据。这套名为“蓝眼”的高科技系统，是通过一架隐藏在货架后的微型摄像机将顾客面部表情拍下并输入计算机主机，由特别设计的软件对瞳孔、眼眉和嘴角的动作进行分析，从而了解顾客当时的情绪变化，让经营者由此得知不同货品的受欢迎程度，作为改善商品陈列方式的参考。

问题：

(1) 你认为超市这样做的理论根据是什么？

(2) 从道德的角度看，他们这样做是否存在问题？

实践要求：参照上述样本，为一家中国儿童玩具制造厂家的商品如何在超级市场中摆放提出建议。

第 6 章

消费者的学习

【学习目标】

知识目标：了解学习的概念与特点，掌握学习理论的基本内容。

技能目标：了解经典条件反射和操作条件反射的区别；根据所学的操作条件反射理论掌握一定的强化与塑形技巧。

能力目标：具有运用所学的几个典型的学习理论进行广告设计的能力。

【案例导读】

阿雯的购车经历

阿雯是上海购车潮中的一位普通的上班族，35 岁，月收入万元。她工作地点离家较远，加上交通拥堵，来回花在路上的时间要近三小时，她的购车动机越来越强烈。只是阿雯除了坐车的体验，对汽车知识一无所知。看到周边的朋友与同事在私家车里享受如水的音乐，阿雯不觉开始动心。某天，她开始了购车之旅。

初识爱车

阿雯是在上司的鼓动下上驾校学车的。在驾校学车时，未来将购什么样的车不知不觉成为几位学车者的共同话题。

“我拿到驾照，就去买一部 1.4 自排的波罗。”一位 MBA 同学对波罗情有独钟。虽然阿雯也蛮喜欢这一款小车的外形，但她怎么也接受不了自己会同样购一款波罗，因为阿雯有坐波罗 1.4 的体验，那一次是四个女生(在读 MBA 同学)上完课，一起坐辆小波罗出去吃中午饭，回校时车从某广场的地下车库开出，上坡时不得不关闭了空调才爬上高高的坡，想起爬个坡便要关上空调，实实在在地阻碍了阿雯对波罗的热情，虽然有不少人认为波罗是女性的首选车型。

问问驾校的师傅吧，师傅是驾车方面的专家，“宝来，是不错的车。”问周边朋友反馈过来的信息：在差不多的价位上，宝来好。阿雯的上司恰恰是宝来车主，阿雯尚无体验驾驶宝来的乐趣，但后排的拥挤却已先入为主了。想到自己的先生人高马大，宝来的后座不觉成了胸口的痛。如果有别的合适的车，宝来仅会成为候选吧。不久，一位与阿雯差不多年龄的女邻居，在小区门口新开的一家海南马自达专卖店里买了一辆福美来，便自然地向阿雯做了详细介绍。

阿雯很快去了家门口的专卖店，她被展厅里的车所吸引，销售员热情有加，特别是有这么一句话深深地打动了她：福美来各个方面都很周全，反正在这个价位里别的车有的配置福美来不仅都有，还会更多。此时的阿雯还没有在意动力、排量、油箱容量等抽象的数据，直觉上清清爽爽的配置，加之销售人员正对阿雯心怀的介绍，令阿雯在这一刻已锁定海南马自达了。乐颠颠地拿着一堆资料回去，福美来成了阿雯心中的首选。银色而端正的车体在阿雯的心中晃啊晃。

亲密接触

阿雯回家征求先生的意见。先生说："为什么放着那么多上海大众和通用公司的品牌不买，偏偏要买海南货？它在上海的维修和服务网点是否完善？"两个问题马上动摇了阿雯当初的方案。阿雯不死心，便想问问周边驾车的同事对福美来的看法。福美来还可以，但是日本车的车壳太薄，宝来车主因其自身多年的驾车经验，他的一番话还是对阿雯有说服力的。阿雯有无所适从的感觉。好在一介书生的直觉让阿雯关心起了精致的汽车杂志，随着阅读的试车报告越来越多，阿雯开始明确了自己的目标，10 万～15 万元的价位，众多品牌的车都开始进入阿雯的视野。此时的阿雯已开始对各个车的生产厂家、每个生产厂家生产哪几种品牌、同一品牌的不同发动机的排量与车的配置、基本的价格都已如数家珍。上海通用的别克凯越与别克赛欧，上海大众的超越者，一汽大众的宝来，北京现代的伊兰特，广州本田的飞度 1.5，神龙汽车的爱丽舍，东风日产的尼桑阳光，海南马自达的福美来，天津丰田的威驰，各款车携着各自的风情，在马路上或飞驰或被拥堵的时时刻刻，向阿雯亮着自己的神采。阿雯常用的文件夹开始附上了各款车的排量、最大功率、最大扭矩、极速、市场参考价等一行行数据，甚至于4S 店的配件价格。经过反复比较，阿雯开始锁定别克凯越和本田飞度。特别是别克凯越，简直是一款无懈可击的靓车啊！同事 A 此阶段也正准备买车，别克凯越也是首选。阿雯开始频频地进入别克凯越的车友论坛，并与在上海通用汽车集团工作的同学 B 联系。从同学的口里，阿雯增强了对别克凯越的信心，也知道了近期已另有两位同学拿到了牌照。但不幸的是，随着对别克凯越论坛的熟悉，阿雯很快发现，费油是别克凯越的最大缺陷，想着几乎是飞度两倍的油耗，在将来拥有车的时时刻刻要为这油耗花钱，阿雯的心思便又活了。还有飞度呢，精巧、独特、省油，新推出 1.5 VTEC 发动机的强劲动力，活灵活现的试车报告，令人忍不住想说就是它了。何况在论坛里发现飞度除了因是日本车系而受到抨击外没有明显的缺陷。正巧这一阶段广州本田推出了广本飞度的广告，阿雯精心地收集着有关广本飞度的每一个文字，甚至于致电广本飞度的上海 4S 店，追问其配件价格。维修成员极耐心的回答令飞度的印象分又一次得到了增加。此时，阿雯对电视里各种煽情的汽车广告却没有多少印象。由于工作、读书和家务的关系，她实在没有多少时间坐在电视机前。而地铁里的各式广告，按道理是天天看得到，但受上下班拥挤的人群的影响，阿雯实在是没有心情去欣赏。只是纸上得来终觉浅，周边各款车的直接用车体验对阿雯有着一言九鼎的说服力，阿雯开始致电各款车的车主了。

花落谁家？

阿雯的梦中有一辆车，漂亮的白色，流畅的车型，大而亮的灯，安静地立在阿雯的面前，等着阿雯坐进去。但究竟花落谁家呢？阿雯自己的心里知道，她已有了一个缩小了的备选品牌范围。但究竟要买哪一辆车，这个谜底不再遥远……

资料来源：http://wenku.baidu.com/view/40e6e67927284b73f24250d6.html(编者对原文有删减)

在这个案例中，可以看到阿雯通过自身体验、观察、咨询和主动获取信息等方式学习了汽车消费知识，她对自己的汽车梦有了一个清晰的规划。而这种获取汽车知识的理论基础就是我们要介绍的有关学习理论。

6.1 消费者学习概述

学习是消费过程中的一个不可缺少的环节。事实上，消费者的行为很大程度上是后天习得的。人们通过学习而获得大部分的态度、价值观、行为偏好、象征意义和感受力。同时，家庭、学校、社会文化等为人们提供了各种学习体验，这些体验极大地影响着人们所追求的生活方式和所消费的产品。

6.1.1 学习的概念

尽管学习遍布人们日常生活的各个方面，但是在关于个体是如何学习这一问题上并没有形成权威的、通用的专一理论。而对于消费者的学习观念，主要是基于心理学理论所进行的探讨，因此有些部分或许会和我们一般日常习惯上所认为的学习有所不同。

从广义上来说，学习是基于经验而导致行为或行为潜能产生较为持久改变的历程。因此，外部的环境与人的内在心路历程都会促成和影响人的学习。

在这样一种关于学习的界定中，应该注意到以下几点。

首先，学习是行为或行为潜能的变化。当人们能够展示自己的成绩，如开车或使用计算机时，学习就已经发生了。人们无法直接观察学习本身(大脑内的变化是很难观察到的)，但可以从人们操作的进步中发现学习确实发生了。不过，操作通常也并不能显示人的全部学习内容，因为对于现代艺术的鉴赏或对东方哲学的领悟，是很难在人们可测量的行动中表现出来的，这时候人们获得的只是一般性的态度。可见，在这种情况下，人们获得的是一部分行为的潜能，因为人们学习的态度和价值观能影响到读什么样的书或怎样打发闲暇时光。

其次，学习是一个过程。也就是说，学习作为最近获得知识(可能来自阅读、观察或思考等)和实际经验的结果，是不断发展和变化的。新获得的知识和经验反馈给个体，并成为在将来类似情境中行为的基本依据。

再次，学习只有通过体验才能发生。体验包括吸收信息(以及评价和转换信息)和做出反应来影响环境。可见，在学习历程中行为发生改变，但只有行为改变不一定就是学习。因为单是成熟因素也可以使个体的行为改变。例如，婴儿的身体活动中表现的基本动作(如转身、起坐、爬行、站立等)随年龄增加逐渐改变的行为，不能看成是学习，而主要是成熟的结果。所谓练习，是指在同样情境下个体多次重复某种反应。例如，婴儿口中自动发出“ma……ma……”的声音，并没有呼喊他母亲的意思，但后来当他母亲出现而多次重复之后，他会学习到把“ma……ma……”的声音与他“母亲”联系在一起；而且，学到之后，这种行为持久存在，不易消失。因此，“较为持久”的改变，也是学习行为的一个限制。因为有些行为的改变虽然明显，但只是暂时的，一旦原因消失立即恢复原状。

最后，定义中的“改变”一词可指原有行为的新变化，也可以是新的行为的产生，还可以是两者的交互作用。无论怎样改变，它都不代表任何有价值的意义。从教育的观点或是从道德的观点看，行为有好坏之分；但从学习心理学的观点看，由坏变好或由好变坏同样都是经过学习。所谓“养成不良习惯”或“产生错误观念”等说法，其中“养成”与“产生”等词，实际都含有学习的意义。

【小思考 6-1】

在疲劳或药物效应的情况下，人的行为也能发生改变，这种行为改变是否属于学习？

答：不属于。

6.1.2 学习过程的基本要素

虽然不同的学者对学习的本质有不同的描述，但大多数学习理论家都同意学习过程包含一些共同的基本要素：动机、暗示、反应、强化、重复。

1. 动机

在第 4 章中我们已经介绍了动机的含义和意义，动机对学习来说也是一种刺激，换句话说，动机能对学习产生激励作用。动机越强，学习者学习的积极性就越高。例如，希望成为优秀网球选手的人，会在这一动机的驱使下去学习有关的网球知识，并在可能的条件下随时加以练习。

2. 暗示

动机用来刺激学习，而暗示则为动机指向的确定提供线索。例如，一则网球野营的广告对那些网球迷来说就起到暗示作用，他们会突然意识到“参加这样一个野营活动是一个利用假期提高他们球技的好途径”。

市场上各种商品的价格、包装、广告等都对消费者起到暗示作用，这有助于商品的销售和消费者需要的满足。

3. 反应

反应指的是消费者根据刺激或暗示所采取的行动。暗示虽然可以为消费者的动机和反应提供一定的方向，但现实生活中却有许多暗示在分散消费者的注意力。因此，消费者最终购买什么产品，在很大程度上依赖于先前的学习；同样，学习则依赖于这些相关的先前反应得到了怎样的强化。

4. 强化

强化提高了某种特别的反应在将来的情境中再次发生的可能性，这种反应是特定的暗示与刺激的结果。强化指能够增加特定反应在未来发生可能性的任何因素或活动。例如，消费者买了某品牌的化妆品，用过后感到效果不错，下次就可能继续购买。很显然，买化妆品实现了她的美容预期，通过这种强化，学习就发生了。另外，如果这种化妆品在她用了一段时间后对皮肤没有任何改善，甚至起了负面作用，如过敏、发炎等，那她以后就再也不会购买这种品牌的化妆品了。

5. 重复

重复指某种信息不断地出现。重复能够增加学习的强度与速度。人们接触某种信息的次数越多，掌握得就越牢固。重复的效果直接与信息的重要性和所给予的强化有关。如果所学习的内容对消费者很重要或伴随着大量的强化，重复就可少些。许多广告内容对于当时的受众可能并不重要，也不能提供直接的激励与强化，重复就成为促销的关键。

有些消费者厌倦或讨厌广告的过度重复，因而拒绝接收广告信息，对广告产品产生反感，这会抵消广告的效果。因此，企业营销人员应当注意重复的度。

【小资料 6-1】

广告不息，重复不止

长时记忆是重复的结果。要使消费者记住企业的广告，重复是不可少的，但重复也得讲究方法，不同的重复策略所产生的效果可能会相差甚远。

2002 年度评选的“十大恶俗广告”和“十大失败广告”中，脑白金不负众望均获榜首之位。凭借自己雄厚的资金，脑白金对受众进行狂轰滥炸，其覆盖率鲜有匹敌。据统计，春节高峰期脑白金在 20 多家电视台同时播出，平均每台每天要播出两分钟多，加起来一天大概播出 40 多分钟。于是观众的漫骂、广告界的批评、媒体的点评交织在一块，脑白金却一往无前、“死不悔改”。骂归骂，脑白金的销量却扶摇直上。从这一层面上来说，脑白金又是一个成功的广告。其实脑白金的成功是歪打正着的，正好打中消费者的“睡眠者效应”。国外消费行为学家的研究表明：过多地重复广告信息虽然引起受众的反感，但却不影响受众对信息的记忆以及日后的商品购买行为，这些令人愉快或不愉快的一面将随时间的推移而不复存在，只有广告信息本身牢牢地保持在消费者记忆深处，这就是睡眠者效应。重复广告在提高销售上是不错的主意，特别是新产品刚上市时，但简单的重复很不利于品牌形象的建立。

和脑白金不同，蒙牛走了另外一条重复路线。从“心情的平方”到草原歌曲 VCD 的大放送，再到“中国航天员专用奶”，无论是理性上还是感性上，蒙牛都让消费者得到足够的满足。“中国航天员专用奶”看似简单的一句话，其中却蕴含了许多内容：首先，它抓住时机，把产品和中国航天史上的大事件联系起来；其次，它引起了国人的自豪感；最后，它诉求了产品的品质。在重复的路上，蒙牛同样保证了电视广告重复的次数，但绝不是简单的重复，蒙牛总是围绕主题来更改广告的画面，比起脑白金来可谓“温和得多”。蒙牛的重复还表现在媒体间的重复，蒙牛不仅搞电视广告，还搞户外、搞促销。蒙牛买下了许多重点城市的候车亭广告牌，一时间大面积的候车亭都上了“心情的平方”，又一时间都换成了“中国航天员专用奶”，并且保证户外紧跟电视广告。单单候车亭的广告也不是一成不变的，围绕“中国航天员专用奶”这一主题，画面时而男时而女，又有老又有少。这种有节奏的重复，受众的心情会好许多，从而欣然接受了广告信息。重复永远是广告宣传的一条金律，但不是简单地重复，重复出节奏与韵味才是最有真谛的。

资料来源：http://www.doc88.com/p-316741119343.html

6.2 刺激—反应学习理论

目前关于学习的有关理论主要有两大类。第一类是行为主义学习论，也称刺激—反应学习理论，这一理论主张学习完全可以由外部可观察到的行为来加以解释，认为学习就是刺激与反应之间建立一种前所未有的关系的过程。刺激—反应学习理论主要包括经典条件反射理论和操作条件反射理论。

第二类学习理论是认知学习理论。认知学习理论认为，学习是个体对整个问题情境进行知觉和理解，领悟其中的各种条件之间的关系以及条件和问题之间的关系，并在此基础上产生新的行为的过程。认知学习理论主要包括信息加工理论和模仿(替代)学习理论。信息加工理论认为，学习主要反映出消费者知识上的变化，即这一观点着重探讨消费者如何学习信息的心理过程，也就是信息如何转移到长时记忆。模仿学习理论是指通过观察他人及他人的行为结果而改变自身行为的过程。

6.2.1　经典条件反射理论

1. 经典条件反射的基本内容

诺贝尔奖获得者、俄国生理学家巴甫洛夫·伊凡·彼德罗维奇是最早提出经典性条件反射的人。他的有名的狗与铃声的实验，就是运用条件反射的效果，将狗条件反射成在铃声下分泌唾液。他的实验方法是，把食物显示给狗，并测量其唾液分泌。在这个过程中，他发现如果随同食物反复给狗一个中性刺激，即一个并不自动引起唾液分泌的刺激，如铃响，狗就会逐渐“学会”在只有铃响但没有食物的情况下分泌唾液。一个中性的刺激与一个原来就能引起某种反应的刺激相结合，而使个体学会对那个中性刺激做出反应，这就是经典条件反射的基本内容。

巴甫洛夫曾用各种信号(如灯光、铃声等)作为条件刺激，并变换条件刺激与无条件刺激之间的关系，以探求条件反射是如何建立的。这个过程如图 6-1 所示。

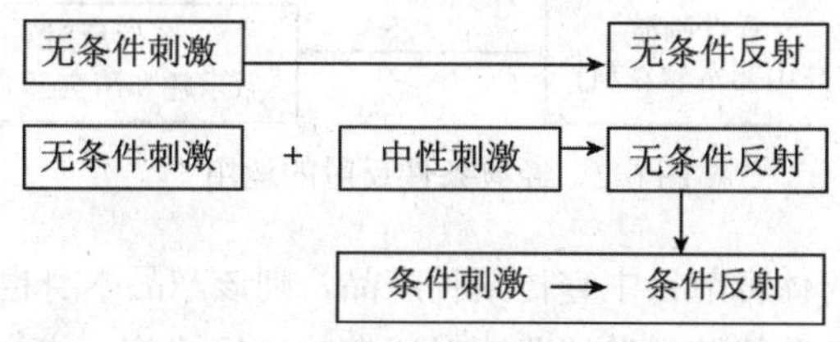

图 6-1　经典条件反射作用

由图 6-1 可以看出，经典条件反射的情境涉及四个事项——两个属于刺激，两个属于机体的反应。在刺激变量中，一个是由中性刺激演变而来的条件刺激(conditioned stimulus，CS)，在巴甫洛夫的实验中就是铃响。第二个刺激是无条件刺激(unconditioned stimulus，UCS)，如肉，它在条件反射形成之前就能引起预期的反应：条件反射形成之前，出现了肉，即 UCS，就引起唾液分泌。对于无条件刺激的唾液分泌反应称为无条件反射(unconditioned response，UCR)，这是在形成任何程度的条件反射之前就会发生的反应。由于条件反射的结果而开始发生的反应称为条件反射(Conditioned response，CR)，即没有肉，只有铃响的唾液分泌反应。当两个刺激紧接着(在空间和时间上相近)反复地出现，即条件刺激和无条件刺激相随出现数次后，条件刺激就代替了无条件刺激，从而产生了条件反射。在巴甫洛夫的实验中就是单独出现铃响即可引起唾液分泌。

2. 经典条件反射原理对营销和消费者行为研究的意义

经典条件反射原理对营销和消费者行为研究有重要意义，因为它能说明许多由环境刺激引起的个体反应。一个特别的刺激能引起人们积极的、消极的或中立的情感，以致影响人们对各种产品或服务的努力获取、回避或漠不关心的态度的选择。与消费者行为研究有关的经典条件反射作用主要涉及以下几个方面。

(1) 联想

联想指过去所经历过的，在空间上和时间上同时出现或相继出现，在外部特征和意义上相似或相反的事物反映在人脑中并相互建立联系，当其中一个事物出现时，就会在头脑中连带性地呈现出另一个与之相关的事物。简单地说，联想就是由一个刺激想到另一个刺激的心理过程。在经典条件反射作用下，两个刺激之间联系的次数越多，条件反射就越巩固。条件刺激并不限于听觉刺激。一切来自体内外的有效刺激(包括复合刺激、刺激物之间的关系及时间因素等)只要跟无条件刺激在时间上结合(即强化)，都可以成为条件刺激，形成条件反射。例如，利用经典条件反射作用使消费者通过联想来形成对各种品牌的有利印象。

许多产品通过形象广告来宣传，在这种广告里，品牌同引起愉快感觉的无条件刺激放在一起表现出来。当该品牌与这种无条件刺激同时出现时，该品牌自身就成了引起同样有利反应的条件刺激。因此，广告主一般都努力将其产品和服务同可以激发消费者积极反应的知觉、形象和情绪联系起来。例如，德国的一种软饮料 Brita 在做广告时就利用了一个清新美丽的瀑布的画面，将自己与清爽感觉联系起来。其原理如图 6-2 所示。

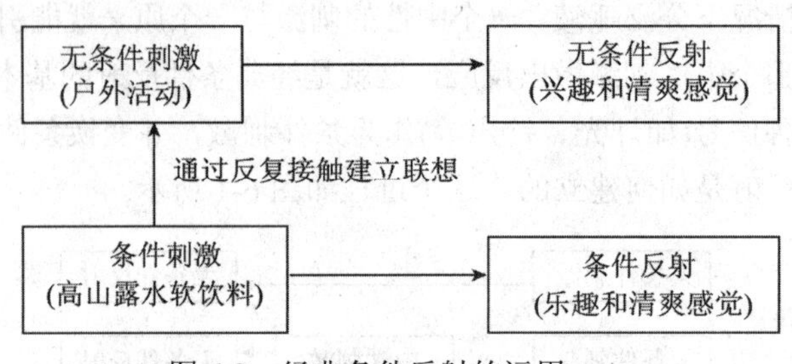

图 6-2　经典条件反射的运用

如果持续在令人兴奋的体育节目中宣传某种产品，则该产品本身也能令人兴奋。在礼品商店中播放祝福和歌颂友谊的歌曲能够引发消费者对朋友的良好情感，增加购买倾向。

【小资料 6-2】

背景音乐与产品选择

Gerald Gorn 曾研究广告中的背景音乐如何影响产品选择。首先，他调查了消费者喜欢和讨厌的音乐，也让消费者识别了两种中性颜色的钢笔(浅蓝色和浅褐色)。这样出现了四种情况：喜欢的音乐和浅蓝色的笔、喜欢的音乐和浅褐色的笔、不喜欢的音乐和浅蓝色的笔、不喜欢的音乐和浅褐色的笔。然后，他在播放某类音乐过程中，让消费者观看一则笔的广告。如果经典条件反射发生了，那么当配合喜欢的音乐出现时，受试者应该选择那支做广告的笔；同样的，做笔的广告时配合以不喜欢的音乐，受试者则选择另外的笔。表 6-1 表明了这个实验的结果。

表 6-1　喜欢和不喜欢的音乐如何影响对笔的选择

选择的音乐	选择笔的比率	
	做广告的笔	未做广告的笔
在喜欢的音乐下	79%	21%
在不喜欢的音乐下	30%	70%

资料来源：荣晓华. 消费者行为学. 2 版. 大连：东北财经大学出版社，2006

分析提示：从表 6-1 中可以看出，大多数受试者受配合出现的非条件刺激(喜欢或不喜欢的音乐)和中性刺激(浅蓝色或浅褐色)的影响，从而导致了他们的选择行为(笔的选择)。

(2) 抑制

当条件刺激不被无条件刺激所强化时，就会出现条件反射的抑制。条件反射建立以后，如果多次只给条件刺激而不用无条件刺激加以强化，结果是条件反射的反应强度将逐渐减弱，最后将完全不出现。例如，对以铃声为条件刺激而形成唾液分泌条件反射的狗，只给铃声，不用食物强化，多次以后，则铃声引起的唾液分泌量将逐渐减少，甚至完全不能引起分泌，出现条件反射的消退。

巴甫洛夫认为，消退是因为原先在皮质中可以产生兴奋过程的条件刺激，现在变成了引起抑制过程的刺激，是兴奋向抑制的转化。这种抑制称为消退抑制。巴甫洛夫指出，消退抑制是大脑皮质产生主动的抑制过程，而不是条件刺激和相应的反应之间的暂时联系已经消失或中断。因为如果将已消退的条件反射放置一个时期不做实验，它还可以自然恢复；同样地，如果以后重新强化条件刺激，条件反射就会很快恢复，这说明条件反射的消退不是原先已形成的暂时联系的消失，而是暂时联系受到抑制。一般来说，条件反射愈巩固，消退速度就愈慢；条件反射愈不巩固，就愈容易消退。

(3) 刺激泛化与分化

刺激泛化指由某种刺激引起的反应能够由另一种有差别但相类似的其他刺激引起。在条件反射开始建立时，除条件刺激本身外，那些与该刺激相似的刺激也或多或少具有条件刺激的效应。例如，用500Hz的音调与进食相结合来建立食物分泌条件反射。在实验的初期，许多其他音调同样可以引起唾液分泌条件反射，只不过它们跟500Hz的音调差别越大，所引起的条件反射效应就越小。这种现象称为条件反射泛化。以后，只对条件刺激(500Hz的音调)进行强化，而对近似的刺激不给予强化，这样泛化反应就逐渐消失。动物只对经常受到强化的刺激(500Hz的音调)产生食物分泌条件反射，而对其他近似刺激则产生抑制效应。这种现象称为条件反射的分化。

正确地利用刺激泛化能够使企业以成名产品的品牌带动各类新产品的销售，加快产品进入市场的速度，减少广告宣传费用，但是也给竞争者和各种假冒产品提供了可乘之机。例如，“娃哈哈”是著名的饮料品牌，“娃哈娃”饮料就容易被鱼目混珠。在这种情况下，营销人员应当运用刺激辨别理论，促使消费者识别不同的产品，做出不同的反应。常用的做法是在广告中指出本企业产品与其他产品的差别，如功能差别、名称差别、图案差别、色彩差别、字体差别、款式差别、体积差别、触觉差别以及防伪标签的使用等。

6.2.2 操作条件反射理论

1. 操作条件反射理论的内容

操作条件反射理论是由斯金纳最早提出的。该理论认为：学习是一种反应概率上的变化，而强化是增强反应概率的手段。如果一个操作或自发反应出现之后，有强化物或强化刺激相尾随，则该反应出现的概率就增加。

斯金纳的实验工具是一个自动控制的设计，称为斯金纳箱。他在箱内装一个小杠杆，小杠杆与传递食物丸的机械装置相钩连，杠杆一被压动，一粒食物丸就滚进食物盘。白鼠被引进箱内，自由活动，当它踏上杠杆时，就有食物放出，于是它可以吃食物。它一旦再压杠杆，第二粒食物丸又滚进食物盘。反复几次，这种条件反射很快形成。白鼠在箱内，持续按压杠杆，取得食物，直到吃饱。这就是操作条件反射的形成过程。

【小资料 6-3】

操作性条件反射

斯金纳在自己的研究和观察中发现，无论是巴甫洛夫的条件反射理论，还是华生的 S-R 理论都不能解释人类习得的所有行为，它们都只能解释其中的一部分，解释那些经历了类似于从“无条件刺激—无条件反射”到“条件刺激—条件反射”过程的反射行为。但是，人类的行为并不都是通过这种方式习得的，有很多行为，如吹口哨、走路，就不是通过这种方式习得的，它们也不具备巴甫洛夫所谓的条件反射的种种条件。首先，没有任何一种刺激物可以算得上是人们吹口哨的“无条件刺激物”，吹口哨并不是一种“无条件反射”；其次，人们吹口哨或走路并不是因为某种刺激的出现，有时候根本就是自发的动作。

因此，斯金纳认为，人类习得的行为可以分为两种：一种是经由巴甫洛夫的条件反射过程建立起来的，服从巴甫洛夫的条件反射理论，是对一定刺激的应答反应，因此，他把这类行为称为“应答性条件反射”；而另一类习得的行为最初出现的时候并没有明显的刺激出现，也许有刺激(但不明显)，也许纯粹是一种自发的行为，这一类行为称为“操作性条件反射”。

资料来源：斯金纳. 操作性条件反射. http://baike.baidu.com/view/819341.htm

2. 经典条件反射与操作条件反射的比较

从上述的实验与分析中可以看出，经典条件反射与操作条件反射的区别主要有以下几个方面。

(1) 在经典条件学习中，总是无条件刺激在前，无条件反应在后；而且后者是由前者所引起的。但是在操作条件学习中，却是条件反应在前，无条件刺激在后。

(2) 在经典条件学习中，条件反应与无条件反应在性质上是相同的(都是唾液分泌)。但在操作条件学习中，两者不同，条件反应是压杠杆，无条件反应是吃食物。

(3) 基于以上两点分析，可见经典条件学习实际上是一种刺激代替的历程，即条件刺激代替了无条件刺激而引起无条件刺激原来所引起的反应。在操作条件学习中不存在刺激代替现象。

(4) 在经典条件学习中，反应是由刺激引发的，个体处于被动地位。在操作条件学习中，反应乃是自发的，不是由外界任何刺激所引起，所以个体处于主动的地位。

3. 操作条件反射作用在市场营销中的运用

操作条件反射作用可以被用于市场营销中，把这一原理应用于促销策略时，有两个密切相关而又非常重要的概念需要认识：强化和塑形。

(1) 强化

在操作性学习方法中，个人为了学习必须对情境的某些方面做出积极反应。之所以称其为操作性学习，是因为个人的反应是在得到一种强化(积极的或消极的)后的结果。所谓强化，是指增强某种刺激与个体某种反应之间的联系，它是操作性条件反射的一个重要元素。例如，一个消费者购买了一种产品并体验到一种积极性后果，该消费者再次使用这种产品的可能性会增加；如果结果是不利的，再次购买该产品的可能性会减少，如图 6-3 所示。

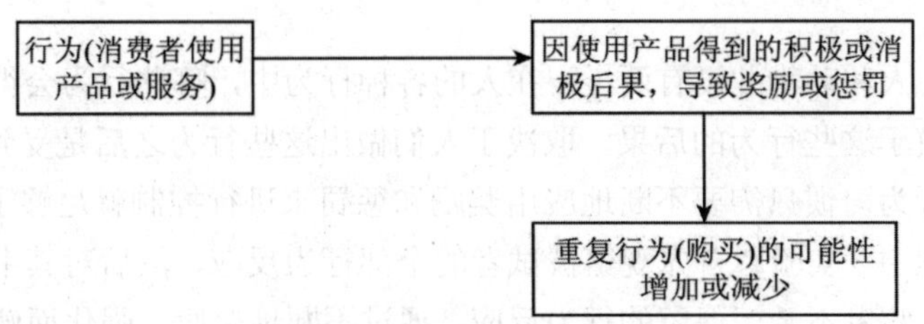

图6-3 营销中的操作性学习

要保持或改变消费者的行为，对市场营销人员来说，至少有以下几种强化类型可供选择，如表6-2所示。

表6-2 操作条件反射方法

行为后的操作	名　称	效　果
表现正面结果	积极强化	增加行为发生的可能性
消除负面结果	消极强化	增加行为发生的可能性
表现负面结果	惩罚	降低行为发生的可能性
发生中性结果	衰减	降低行为发生的可能性

① 积极强化：某些事件或结果可以增加特定行为重复发生的频率。例如，如果在消费者购买时给予某种回报，如现金折扣、赠送优惠券等，就会提高购物者未来在同一商店购物的可能性。在这种情况下，这种回报增加了行为重复的概率。因此，称之为积极强化。积极强化是营销人员影响消费者行为最常使用的手段。一般来说，消费者行为发生后得到的回报量越大而且得到的时间越早，那么这种行为就越有可能被强化，消费者就越有可能在未来重复类似的行为。

② 消极强化：当厌恶刺激或不愉快情境出现时，个体做出某种反应，从而避免了厌恶刺激或不愉快情境，则该反应在以后的类似情境中发生的概率增加。这类强化也称为逃避条件作用，如看见路上的垃圾后绕道走开，感觉屋内人声嘈杂时暂时离屋等。

③ 惩罚：如果行为发生后，有害的或负面的事件随之而来，这种行为就不会再发生或降低发生的频率。例如，假设某顾客进了一家商场，服务员对其的态度粗鲁，他以后就会不来或少来这家商场。

④ 衰减：衰减就是撤销对原来可以接受的行为的强化，由于一定时期内连续不强化，这种行为将逐渐降低反应频率，以至于最终消失。在操作条件作用中，无论是积极强化还是消极强化，其作用都在于增强某种反应在将来发生的概率，以达到塑造行为的目的；而衰减则不然，它是一种无强化的过程，其作用在于降低某种反应在将来发生的概率，以达到消除某种行为的目的。

【小思考6-2】

现在市场上经常流行的“买一赠一”“积分卡消费”等促销手段属于上述哪一种强化类型？

答：积极强化。

(2) 塑形

塑形即行为塑造，是指调整反射条件、改变某些行为发生的概率的过程。其目的不是取消这些行为，而是要提高行为发生的概率。通常它是通过有效强化不断接近预期反应目标的行为达到目的的。

在斯金纳看来，人和动物并没有两样，在人的各种行为中，哪些行为会得以保持，哪些行为最终会消失，都取决于这些行为的后果，取决于人们做出这些行为之后是受到了奖励还是惩罚。因此，培养人们的行为习惯只需要不断地应用奖励和惩罚来进行控制就足够了。

在行为塑造过程中，实验者首先观察被试者的全部行为反应，然后对其中的部分行为反应进行奖励，忽视其中实验者不希望保留的行为反应，通过不断地奖励、强化而塑造出一种基本上是全新的行为模式。利用这种方式，斯金纳曾经成功地教会了鸽子打乒乓球，甚至还教会鸽子在一架玩具钢琴上弹一支曲子。

【小资料6-4】

行为塑造

我们以斯金纳教鸽子啄彩色圆盘为例来说明具体的操作过程：在一只斯金纳箱里，在一面箱壁上某个地方嵌上一个与箱壁平齐的彩色小塑料圆盘，训练的目的是让鸽子啄这个彩色圆盘而不是箱壁上的其他任何地方。一开始，只要鸽子在箱子中的任何地方朝盘子这个方向稍微转动身体就给鸽子喂食，这样，多次强化以后，鸽子朝这个方向转动的频率就会提高，到鸽子经常做出这一行为时，就提高要求，只对鸽子转向圆盘这个方向时才予以强化，给鸽子喂食，由此强化鸽子的行为，等鸽子达到要求后再提高要求。最后，只有当鸽子啄圆盘时才予以强化，多次强化以后，鸽子就学会啄圆盘，行为塑造就完成了。

按照这个方法，还可以塑造很多更加复杂的行为反应。马戏团的动物就是用这种方式训练成功的；还有人利用这一方法教会一只兔子捡起一枚硬币含在嘴里，然后扔进一只小猪储蓄罐里；也有人教会了一头猪打开电视，捡起脏衣服扔进一只大篮子里，以及用吸尘器打扫房间。

斯金纳将行为塑造用于人类行为的研究，对一些精神和情感疾病的治疗起过不小的作用。他认为，通过奖励可以重新塑造精神病人的行为方式。他和两位研究生从20世纪40年代首次开始实验尝试，后来这种方法称为行为矫正法。他们在波士顿附近的州立医院进行实验，如果病人做出合适的行为，如自愿进食、自我修整或者协助整理房间等，就会得到一些奖励，如糖果和香烟，或者得到一些特权，比如自由选择进餐地点、与医生交谈、看电视等。

行为塑造的方法后来传播到了许多精神病院和感化院，现在在家庭教育方面也广为应用。但是，精神病医生们认为，这种方法虽然是一种比较有效的方法，对严重的精神病人来说尤其知此，但是，这是一种昂贵的方法，需要花费大量的时间和精力。而在家庭教育中，虽然对于塑造孩子的行为很有效，但却显得过于严格、没有人情味，很多家长并不能真正严格地按照行为塑造的技术来实施对孩子行为的控制，因此，它只能作为多种手段中的一种，而不是唯一。

很多企业都进行了类似于塑形的营销活动。例如，有的商店设立特价商品或特价柜台来招徕顾客。一旦消费者进入商店，其购买非特价商品的概率就会比没有进入商店的概率大大提高。

塑形可以导出新的和复杂的行为。在通常情况下，没有出现的行为是无法得到奖励的，而新的、复杂的行为很少自然出现，如果唯一被奖励的行为是在最后才可能出现的比较复杂的行为，那么一个人也许要等很长时间才能碰巧出现这种行为。相反，人们可以奖励已经出现的行为，虽然这些行为可能很简单。但是随着时间的推移，会引出复杂的行为，然后再奖励这些复杂行为。这样塑造行为的过程就通过连续逼近的方法完成了。

同样，塑形过程也可以用于新产品引入阶段。例如，免费试用期的做法可以使消费者更多地接触产品，亲身体验产品的特性；房地产公司为客户提供免费参观别墅所在地的旅游机会，实际上也是一种塑形战术。表6-3提供了关于免费样品和折价赠券怎样被用以介绍一种新产品，并使消费者从试用到重复购买的一个例子。

表6-3 营销中塑形过程的运用

逼近序列	最终目标：重复购买行为 塑形过程	运用强度
引诱产品使用	免费样品发送，大额折价赠券	产品表现，赠券
在缺少财力约束下引诱购买	折价赠券以低成本购买，含少量折扣的、有利于下次购买的赠券	产品表现，赠券
在适度财力约束下引诱购买	在适度成本下的小额折价赠券促进购买	产品表现
在完全财力约束下引诱购买	在没有赠券支持时出现了购买行为	产品表现

资料来源：〔美〕亨利·阿塞尔. 消费者行为和营销策略. 韩德昌，等译. 北京：机械工业出版社，2000

这里需要提醒的是，营销人员在使用塑形过程中必须谨慎。如果降低激励的手段太快，消费者也许还没有建立起满意的行为；但是如果他们过度使用激励，消费者的购买就会变得依赖于激励而不是产品或服务。这两种情况是营销人员必须事先考虑的问题。

6.3 认知学习理论

在人们的日常生活中，虽然许多简单行为的习得是通过经典条件反射作用或操作条件反射作用建立起来的，但并非所有的学习都仅仅是对一个刺激的自动反应。主体的认知过程在复杂学习中起着主要的作用。认知学习理论认为，学习是个体对整个问题情境进行知觉和理解，领悟其中各种条件之间的关系以及条件和问题之间的关系，并在此基础上产生新的行为的过程。如果说刺激—反应理论是一种“吃一堑，长一智”的经验上的学习的话，那么，认知学习理论是一种类似于在头脑中形成“认知地图”的概念上的学习。因此，当考虑认知学习时，重点不在于学到了什么(根据刺激—反应理论)，而是在于它是怎样被学到的。

6.3.1 信息加工理论

信息加工理论主要强调学习过程中信息的复杂的心理加工过程。消费者的信息处理过程是指消费者从环境中获取信息后进行处理的一连串过程。通过这样的过程，消费者决定哪些信息必须加以记忆储存，哪些予以遗忘，哪些为以后的评估所用。可见，消费者信息处理过程的重心是记忆，记忆在消费者信息的处理上扮演着重要的角色。这里主要从消费者记忆的结构、记忆的储存与提取、记忆的遗忘、记忆的衡量等几方面，来对消费者的信息处理内容进行探讨。

【小资料 6-5】

如何让观众记住广告？用美女改善观众自我感觉

美女广告能改善观众的自我感觉。

在美国成年人平均每天要接受 3000 条广告信息，和 20 年前相比，数量要高出 5 倍。18 个月大的孩子就开始学会辨认商品标志；10 岁的孩子就能记得 300～400 个商品品牌。为什么有的广告能给消费者留下深刻的印象？广告究竟是如何对消费者的行为产生影响的？

研究人员发现，名人广告和普通广告激活的大脑模式不同。

两名来自美国加利福尼亚理工学院的研究人员对广告宣传如何作用于人的大脑，并产生劝服效应进行了研究。

研究人员在消费者观看广告的时候，对他们的大脑进行扫描发现，当如时尚太阳镜一类的商品广告第一次出现的时候，消费者的大脑没有出现对于不同品牌广告的不同反应，但是当商品广告不断重复出现，对消费者产生刺激，大脑对这些商品进行再次辨认的时候，大脑的反应模式开始发生改变。当出现的是包装时尚或者有名人代言的商品时，大脑的布罗卡氏区第 10 区出现特异性激活。当出现的是那些包装没有吸引力或没有名人代言的产品的时候，这个区域则没有出现特异性激活现象。研究人员推测，某种类型的、不断重复出现的广告刺激可能会影响大脑中涉及做出决定的某个区域，促使消费者的行为发生改变。

名人广告利用了消费者记忆混淆的规律，假借名人的光环。

对于广告与消费心理的研究，国外已有很长的研究历史了，中国科学院心理研究所马谋超研究员所领导的课题组一直在从事这方面的研究。最近几年，国际学术界开始尝试从脑与行为的不同层次上探索人类的消费与经济行为。中国科学院心理研究所的樊春雷博士非常关注这方面的研究进展，他向记者介绍："这是一个新兴的研究领域，叫做神经营销学，是神经科学、认知心理学和营销学等学科的交叉。"樊春雷博士还说："但由于是新兴学科，大多数研究也只是零散的、探索性的。美国加利福尼亚理工学院这两名研究人员在实验中发现，名人广告相对于普通广告能够引起消费者大脑的不同反应，这一结果实际上并不是太令人惊讶，因为名人广告的独特作用在以前的实验研究中已得到很多的揭示。"

在 20 世纪 80 年代，美国科学家曾经做过这样一个实验，把诸如克林顿之类的名人的姓名和一些虚构的姓名放在一起，让受试者学习。学习完毕后，进行记忆测试。测试分即时测试和延时测试两种方式。在即时测试条件下(学习完毕后立即进行记忆测试)，受试者对名人姓名的记忆显著好于对虚构姓名的记忆；同时，受试者对于正确回忆出的姓名，也能很好地分辨出谁是名人，谁不是。

在延时测试条件下，受试者隔了一个星期之后再回到实验室进行记忆测试。科学家发现，在真假名人判断测试中，那些虚构的姓名竟然以很高的比例被误认为是名人，出现了由于记忆遗忘导致的记忆混淆现象。这项实验研究表明，名人很容易被人们记住，同时，由于记忆衰退导致的记忆混淆，人们常常将与名人同时出现但实际上无关的信息也误认为与名人有关。人类认知的这一特点，使得运用名人广告提升产品和品牌形象成为可能。

但名人广告并不总是有效的。比如，许多广告主不敢用刘德华做广告，视其为品牌杀手。这是因为人们看了刘德华的广告后，只记住了刘德华，其他信息全没有记住。这从另外一个角度证明了名人广告与普通广告的不同。

广告要想进入消费者的大脑，必须与其自我相关联。

樊春雷博士提到，广告对消费者的大脑的不同影响是存在的，不过影响性质和影响程度取决于广告内容和消费者自我的关联性质。这也能解释为何有的品牌广告能深入人心，影响到消费者的购买行为；而有的广告则毫无作用，或者起到的是负作用。

任何人对于和自我相关程度高的事物总是能给予更多的注意。樊春雷博士做过这样一个实验，让消费者看一组用于描述人格特质的形容词(比如，勇敢的)，并判断这些形容词是否适合用来描述某个品牌。随后，对消费者进行记忆测试，发现消费者对刚刚用过的形容词的正确分辨率很低；但是如果让消费者用同样的形容词来描述自己，消费者对这些形容词的正确分辨率则显著提高。人们对与自己相关的材料记忆得好，这被称为记忆的自我参照效应。

美国曾经有过这样一个实验，让人看自己的两张照片，一张是镜面照，也就是每天大家从镜子里面看到的自己的形象；另一张是标准照，就是普通相片呈现的形象。每个人都会觉得自己镜面照比标准照好看，而旁人则会觉得标准照好看。这是因为我们每天看到的自己都是镜面照的形象，对于这个形象很熟悉，而标准照是自己不熟悉的，所以大家都会有这种感觉，总认为自己的照片不好看。每天看到同样的东西，从而产生一种知觉上的熟悉性，由此影响到自己的情感偏好，对熟悉的东西产生好感。

广告刺激也是如此，每天受到某个品牌广告的刺激，也会影响自己的情感偏好。平时消费者在做出某种选择的时候，似乎没有更多地理性分析，只是根据喜欢、不喜欢，高兴、不高兴来进行选择，其实这种选择标准的形成来源于以往的经验和习惯，来源于与自我意识、个人好恶的认同。

大脑两半球的功能具有不对称性，广告对它们的影响也不一样。

人类大脑分为左右两个半球，外部信息在开始阶段主要以交叉投射的方式进入大脑。以视觉信息的输入为例，位于右视野的事物首先投射到大脑左半球，而位于左视野的事物首先投射到大脑右半球。

利用这一性质，科学家运用交叉投射技术来研究大脑两半球的不同功能特性，并发现了两半球功能的不对称性。

樊春雷博士解释说，一般而言，大脑左半球的功能优势主要体现在计算、语言、推理等认知任务上；大脑右半球的功能优势则主要体现在音乐、图像和情感等认知任务上。基于此，我们可以假设，如果消费者对某特定品牌已经有了感情，那么，他们对该品牌名称的检测就应该具有右脑优势。

但人类大脑是高度复杂的，大脑两半球的功能区分不是绝对的。许多研究表明，大脑左半球也参与情感加工，而且是积极性的情感加工。樊春雷博士在其近期的一项研究中还发现，消费决策的大脑机制可能存在着性别上的不同。

广告能够提高人的成就动机。

现在是广告时代，广告文化实际上就是消费文化。广告的作用不仅是帮助商家推销自己的品牌，樊春雷博士还向我们解释了广告的一个并未被普通人所了解的作用，那就是可以提高人的成就动机，让人获得更大的成就感。

美国芝加哥大学的心理学家做过这样一个实验，让年龄在 18 ~ 36 岁的男性受试者分别观看以年轻女性为模特和以老年女性为模特的两组图片，看完后对他们进行相关问题的测试。图片是从杂志广告中选取出来的，结果发现，在观看年轻女性图片的男性受试者中有 36%的人认为自己是一个外向的人，而在观看老年女性图片的男性受试者中认为自己外向的只有16%，差别显著。同时，相对于后一组，前一组中的男性受试者报告出的野心更大，对个人的权威性和声誉状况也给出更高的自我评价，报告出的收入水平也高于另一组。

人格问卷调查的结果表明，观看年轻女模特图片的男性受试者，在得分较高的人格特质中有80%是与睾丸激素水平成正相关的；而在观看老年女模特图片的男性受试者，这一比例只有18%，差别更明显。

在商业社会中，人们的工作压力、成就动机和抱负水平往往是受某种消费愿望的驱使。人们之所以如此渴望成功，渴望完美，在各种影响因素中，美女广告是功不可没的。

资料来源：http://tech.163.com/05/0324/10/1FJROEIV00091537_all.html

1. 记忆的结构

因为信息加工的发生是有阶段的，所以通常认为在记忆中有一些单独、连续的“储存室”，信息进一步加工之前被临时储存在这里。这种“储存室”主要有感觉记忆、短时记忆、长时记忆。

(1) 感觉记忆

感觉记忆又称瞬时记忆。当事物的刺激作用停止后，人们在一个很短的时间内保持它的印象。瞬时记忆在短时间内保存着全部材料，而且包含的信息储备比可能利用的更多，也可以说所看到的多于所知道的。瞬时记忆的储存时间以毫秒计，最长一两秒。

【小资料6-6】

感觉记忆

乔治·斯伯林(George Sperling)用速视器以15/1000～500/1000s的时间呈现符号(字母或数字)，研究发现，不管一次呈现的符号是多还是少，被试者只能准确报告四五个符号。随后乔治·斯伯林设计了一个新的程序，给被试者呈现12个符号，排成3排，每排4个符号。每个符号呈现50/1000s，然后按指示报告第一排符号或其他两排符号。结果，被试者平均能准确报告任何一排中字母的76%。如果要求报告的指示延迟1s，准确度就下降到36%。这个实验证明了感觉记忆的存在。

因此，对营销人员来说，让消费者看到企业的广告也许并不困难，但是如果不能引起消费者的兴趣而做进一步的处理，那么消费者所看到的也不过仅残存在他的感觉记忆中一两秒的时间。而这对整个广告效果来说，是起不到太大作用的。

(2) 短时记忆

短时记忆的保持时间比瞬时记忆的保持时间长，不过它储存信息的时间也只有一分钟左右。当某人正在阅读，而有人问他一个问题时，他可能再继续阅读一会儿，然后回答问题，当他继续阅读的这一会儿，别人所提的问题是被保持住了；人们从电话簿上查到一个电话号码，立刻就能根据回忆拨出这个号码，但是事过之后，却不记得这个号码了。这些都是短时记忆的实例。短时记忆有时也称为操作记忆。

除了持续时间之外，瞬时记忆和短时记忆之间还有两点不同：人充分意识到短时记忆的内容，而对瞬时记忆的内容是不那么充分意识到的；短时记忆通过重复在一定时间内保持短时储存的信息，而瞬时记忆中的信息却要很快消失。

短时记忆的容量很有限，根据米勒法则，短时记忆的容量在七个记忆组块左右。一旦进入短时记忆内的信息超过这一容量，就会造成信息过载。短时记忆的信息流失的另一个原因是新的信息不断进入，而短时记忆的容量又有限，所以旧的信息如果不再加以进一步处理，便会被新的信息所替代。

【小资料 6-7】

记 忆 组 块

1956年美国心理学家G. 米勒提出，人类记忆的广度为7±2，即5~9个无任何关系的项目。他从信息加工论的观点出发，认为如果人在主观上对材料加以组织，再编码形成“组块”，记忆中的信息容量可以扩大。组块指将若干单位联合成有意义的、较大单位的信息加工的记忆单元，也称为意义单元。同样的信息对具有不同知识经验的人来说，意义单元的大小是不同的。例如，排列九个英文字母HOW ARE YOU，对懂英语的人来说，仅构成三个组块，而对不懂英语的人则仍为九个组块。因此，7±2项目受到主体原有知识经验的影响，是以主体主观的意义单元数量计算，而不是以学习材料本身的客观特性计算。人们可以运用长时记忆中的经验和知识，把分离的小的意义单元组合成大的意义单元，从而扩大记忆广度，这个心理活动的加工处理过程称为意义单元组群。商品信息的设计要考虑消费者短时记忆的容量，例如，电话号码为七位数左右，广告语以七字左右易于记忆。

(3) 长时记忆

短时记忆的信息通过多次重复或编码，可以存放入长时记忆。长时记忆的保持时间约为一分钟以上，直至许多年，甚至更长的时间。信息转入长时记忆之后，就相对持久地被储存起来了。

长时记忆是一个复杂和重要的记忆系统，它包括了人们整个后天获得的经验，人们一生都能继续对长时记忆增添信息。信息常常通过衰退和干扰而从长时记忆中丧失，不过从长时记忆中丧失比从瞬时记忆和短时记忆中丧失要慢得多。

2. 记忆的储存与提取

信息基本上以形象储存和意义储存存放在长时记忆中。形象储存也称表象储存。表象就是当人们与某一事物接触后，在该事物离开眼前时，还可以在脑子里把它的各种常见属性浮现出来的那种情况，如对广告画面的回忆就属于表象。意义储存是以概念、公式、规律等为内容的储存。这种储存所保持的不是具体形象，而是关于事物的意义、性质、关系等方面的内容，并且是通过语词表现出来的。例如，对于商品的功能、价格等的记忆。意义储存有高度的理解性和逻辑性。

提取是人们从长时记忆中恢复信息的过程，大多数人都有记不起他们非常熟悉的事情的经历。通常人们对自己的提取内容的准确性都坚信不疑，而研究发现人们提取的准确性存在许多变数。研究证明，一个特殊的事件引起人们的情绪越强，事件发生的时间越久，目击者们的叙述越不相同。知觉、识记、遗忘的选择性是构成这种差别的主要原因。此外，当事者的主观愿望，以及试图使“故事”完美、达到逻辑化和戏剧化的潜在倾向，会使人无意识地篡改和添油加醋。

有关的消费者行为研究表明，消费者更容易记住的是产品的利益而不是它的属性，这就解释了当广告信息把产品的属性与消费者能从产品上得到的利益结合起来时，广告的效果最好。

3. 记忆的遗忘

人们识记过的事物，并不是始终都能回忆或再认。不能再认和回忆或错误的再认和回忆，就是遗忘。

遗忘可分为两类：一种是永久性的遗忘，即如果不经重新学习，永远不能再认和回忆；另一种是暂时的遗忘，即一时不能再认和回忆，但有了适当的条件，记忆还可能恢复。

(1) 遗忘的规律

艾宾浩斯对遗忘做了系统的研究，为了使学习和记忆尽量少受旧有的和日常工作经验的影响，他应用无意义的音节作为学习、记忆的材料。把识记材料学到熟能成诵，过了一定时间间隔，再重新学习，以重学时节约的诵读时间或次数作为记忆的标志。实验结果如表6-4所示，并用曲线表示，如图6-4所示。

表6-4　不同时间间隔后的记忆成绩

时 间 间 隔	重学时节省时间百分数(%)
20分钟	58.2
1小时	44.2
8小时	35.8
1日	33.7
2日	27.8
6日	25.4
31日	21.1

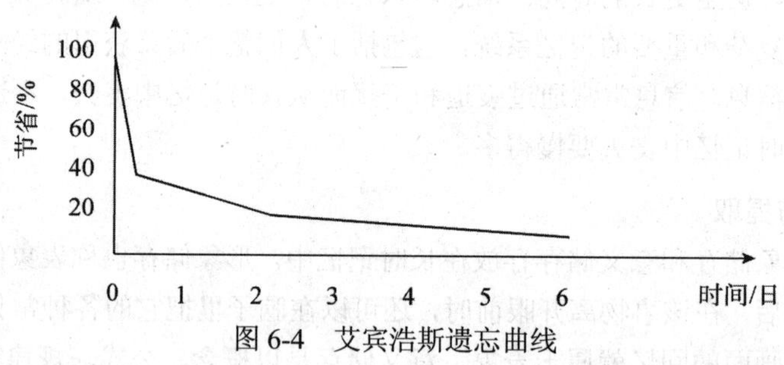

图6-4　艾宾浩斯遗忘曲线

这条曲线表明了遗忘发展的一条规律：遗忘的进程是不均衡的，在识记后最初遗忘得比较快，而以后逐渐缓慢。也就是说，遗忘的进程是先快后慢。

(2) 遗忘的原因

学习之后会产生遗忘是人人皆知的现象，但对遗忘产生的原因却有很多不同的解释。这里介绍几种主要的理论。

① 记忆痕迹的消逝

心理学认为，在学习阶段，因为经过神经系统的活动，在大脑中产生一种变化，留下一种痕迹，称为记忆痕迹。学习活动时，因学习材料性质的不同而经由不同的感觉器官接收外界信息，所以在大脑中留下的痕迹也不相同。遗忘之所以产生，就是由于停止练习后留下来的记忆痕迹泯没。大脑内的细胞因新陈代谢而不断变化，如新生细胞不参与原有的活动(练习)，留下的痕迹便因这种生理变化逐渐变浅并最终消逝。

② 储存资料的干扰

按照这种解释，遗忘的产生是由人们在学习与回忆之间做了什么来决定。如果在最初的学习和记忆之间，学习了其他材料，尤其是在学习材料类似的情况下，这先后学习的材料，可以相互干扰。先学习的材料对回忆后学习的材料的干扰作用，称为顺摄抑制；后学习的材料干扰先学习的材料的保持或回忆，称为倒摄抑制。

采用等组实验设计可以验证。

实验组：学习 A 材料……学习 B 材料……回忆 A 材料

控制组：学习 A 材料……休息……回忆 A 材料

实验要求：经过控制，使实验组和控制组的被试者学习能力相等。实验组先学习 A 材料，然后学习 B 材料，紧接着回忆 A 材料；控制组先学习 A 材料，然后在实验组学习 B 材料时休息，最后与实验组一起回忆 A 材料。实验结果会发现控制组的回忆得分明显高于实验组。造成这种差异的原因就是实验组在回忆之前学习 B 材料，对 A 材料的学习产生了倒摄抑制，使得 A 材料的回忆效果不好。

通过改变设计可以证明顺摄抑制的存在。

实验组：学习 A 材料……学习 B 材料……回忆 B 材料

控制组：休息……学习 B 材料……回忆 B 材料

这种设计的实验结果就会证明顺摄抑制现象。

上述实验是证明遗忘干扰论的有力证据。

【小思考 6-3】

在广告中，由于竞争者广告出现在企业的广告之后，而产生了目标消费者对本企业的广告回忆度降低。这种现象是倒摄抑制还是顺摄抑制？

答：倒摄抑制。

③ 动机情绪的影响

心理分析论的学者们认为遗忘既非记忆痕迹的消逝，也非经验的干扰，而是由于个人主动对记忆给予压抑所致。所谓压抑，是指个人不愿意去回忆以前的事，甚至有意把学得的经验掩埋，不让它出现在自己的记忆中。遗忘的产生不是学得经验的被动消逝，而是个人主动的压抑。也就是说，遗忘是一种行为，这一行为的背后有一个动机。换言之，遗忘对产生遗忘现象的人是有价值的。因此，心理分析论者所解释的遗忘，被称为动机性遗忘。

4. 记忆的衡量

“张冠李戴”的现象经常出现在人们的日常生活中。厂商有时花了大把的银子，却最终为他人做嫁衣。例如，对于广告来说，消费者是记住了厂家或商品的重要信息，还是仅仅记住了一些无关紧要的信息？更严重的，说不定在回忆时，却错误地将企业所做的广告诉求归诸竞争者的品牌？

在记忆的衡量上，比较常用的两个重要指标是回忆和再认。回忆是将过去产生的对事物的反映重现出来的过程；再认是当过去反映过的事物重新出现时，人们对于它感到熟悉，并能认出是过去反映过的事物。例如，若忘记了过去一个朋友的面孔形象，但当一个人把包括这个朋友在内的几张照片拿来看时，会马上认出这就是过去的那个朋友，这就是再认。可见，再认比回忆容易。

在消费者的再认测验中，比如向消费者呈现一个广告，问他(她)是否看过某本特定的杂志或看过某特定电视节目，如看过则问其能否回忆起所看到的任何一个广告，被广告宣传的产品、品牌以及关于产品的任何突出方面。一项研究表明，明确涵盖产品利益的一个品牌名称比一个非启发性品牌名称更能引起回忆。

许多调查机构开展回忆和再认测验。例如，某读者服务中心评价杂志广告的效果，在读完给定的一本杂志的问题后，向回答者呈现这本杂志，并请他们指出哪个广告是他们注意的，哪个使他们与广告客户联系，哪个他们读得最多，还可以问广告的哪个部分他们注意得最多并读得最多。当与类似型号的广告、竞争对手的广告和商家自己先前做的广告相比较时，所得出的读者再认得分才有意义。

6.3.2 观察学习理论

观察学习也称模仿学习、替代学习、社会学习等，是指通过观察他人及他人的行为结果而改变自身行为的过程。通常，当人们看到别人的行为带来好的结果时一般会效仿，而当某种行为带来不好的结果时就会避免这种行为。

观察学习理论的主要代表人物是班杜拉。他认为儿童通过观察他们生活中重要人物的行为而学得社会行为，这些观察以心理表象或其他符号表征的形式储存在大脑中，来帮助他们模仿行为。这一观点认为个体、环境和行为是相互影响、彼此联系的。三者影响力的大小取决于当时的环境和行为的性质。

1. 观察学习的过程

班杜拉把观察学习分为以下四个过程。

(1) 注意过程。观察者首先注意和知觉榜样情景的各个方面。榜样和观察者的几个特征决定了观察学习的程度：观察者比较容易观察那些与他们自身相似的或者被认为是优秀的、热门的和有力的榜样；有依赖性的、自身概念低的或焦虑的观察者更容易产生模仿行为。

(2) 保持过程。观察者要记住他们从榜样情景了解到的行为，所观察的行为在记忆中通常以符号的形式存在。个体储存他们所看到的感觉表象，并且使用言语编码记住这些信息。

(3) 复制过程。观察者还要复制从榜样情景中所观察到的行为。个体要想将符号表征转换成适当的行为，必须首先选择和组织反应要素，然后在信息反馈的基础上精练自己的反应，即自我观察和矫正反馈。

(4) 动机过程。个体并不模仿他们所学的每一件事，因此，在这里强化就非常重要，但并不是因为它增强行为，而是提供了信息和诱因，对强化的期望影响观察者注意榜样行为，激励观察者编码和记住可以模仿的、有价值的行为。

2. 观察学习在市场营销中的应用

观察学习一般是通过模特或榜样的某种行为来对其他人产生影响的，其影响方式主要有三种：外在模特方式、隐喻式模特方式和口头模特方式。

(1) 外在模特方式

模仿学习最常见的方式是外在模特方式，即要求消费者亲眼观察模特。例如，一个销售人员展示一种产品，这是活人模特方式；如果通过电视广告或者在商店里播放录像带，这是象征性模特方式。图6-5是对这种模特过程的描述。

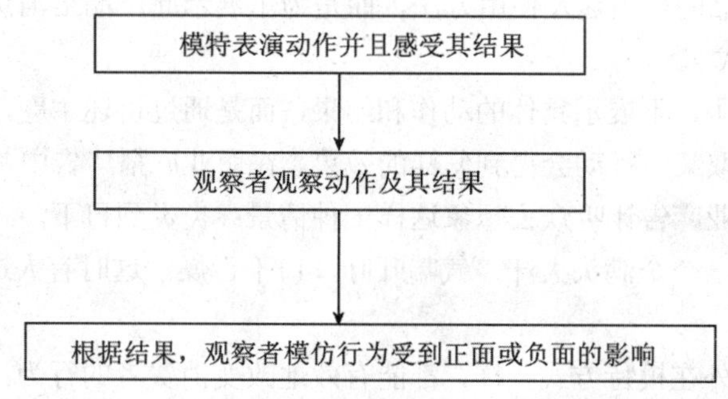

图6-5 模特过程

模特在营销活动中有三个方面的作用：第一，模特可以用来帮助观察者获得一种或更多的新的反应模式，这些反应模式在观察者过去的行为中是从来没有过的；第二，模特可以用来减少或阻止某种不受欢迎的行为；第三，模特还可以起到促进反应的作用，对观察者来说，别人的行为可以刺激反应的发生。

① 激发新的反应

模特方式可以激发一些消费者过去行为中所不曾发生的新反应。例如，在许多百货商场的化妆品柜台旁，放像机里总在播放某种化妆品的使用方法。电视画面既显示了操作程序与技巧，也展示了化妆后模特的风采，这很容易刺激潜在消费者产生“试一试”的欲望。特别是对于复杂的工业产品和消费品来说，如果消费者通过观察别人知道如何正确使用产品，就可能激发其购买。

通过模特方式激发消费者的反应，重要的是要使模特得到消费者的认同。在这个过程中，观察者的个性、模特的个性以及策划者本身的个性等都能对消费者是否认同产生影响。模特在得到社会的肯定以及其他方面的同时，也使消费者得到好处，它可以帮助消费者在市场上做出有效的选择，避免由于购买质量差的产品或使用不当而造成的损失。

② 减少或阻止不受欢迎的行为

在前面的操作条件反射作用中，我们提到了惩罚，即在消极行为发生以后，给予不喜欢的甚至令人讨厌的对待，以减少该行为发生的频率。如果把这些令人讨厌的反应在模特身上尝试，而不是在消费者身上尝试，问题就不至于那么敏感。因此，模仿学习是降低消费者行为中不受欢迎要素发生次数的方法之一。例如，海飞丝洗发水广告展示一些模特起先在异性眼中很有魅力，但后来这些模特在梳理头发的过程中，出现了令人厌恶的头皮屑，其中一位模特通过使用本产品，受到一位很有魅力的异性的青睐。

模特方式普遍被运用于公益广告中，一些不被社会所欢迎的行为可以通过模特令人反感的行为展示而产生积极的效果。例如，我国香港曾有过一个反腐败的电视公益广告，其画面是两个警察押着一个戴着脚镣的犯人，缓缓走进监狱的大门，就在大门被关上的一刹那，犯人回头看了一眼站在远处泪流满面的妻女，这时响起了画外音：“贪污使你妻离子散，家破人亡。”

③ 促进反应

当消费者已经知道产品的作用，模特方式的深层作用是通过展示正在使用该产品所带来的结果以加深消费者对产品的印象。例如，有一种催眠药品就是通过广告展示失眠的成人如何通过使用该产品而得以安然入睡。这种技巧在促销一些知名度高的产品方面被广泛使用。当然，这种广告并不是为了使人们知道产品的新用途及使用方法，而是为了展示此产品给消费者带来的良好结果。

(2) 隐喻式模特方式

在隐喻式模特方式中，不展示具体的动作和结果，而是通过讲述主题，使听众想象一个模特在不同情况下，如果采取某一行动会得到怎样的效果。在商业广播广告中常常可以使用隐喻式模特方式。例如，一则商业广告让听众去想象这样一种情景：炎炎烈日下，一群骑着自行车的年轻人疾行在山路上。他们一个个满头大汗，气喘吁吁，口干舌燥。这时有人送来了某品牌的冰茶，年轻人顿时欢呼雀跃。

隐喻式模特方式和外在模特方式一样，都能有效地改变消费者的行为，但这种方式在消费者行为研究中提到的比较少，可见人们对这种方式还不够重视。

(3) 口头模特方式

在口头模特方式中，既不展示行为，也不需要人们想象某个模特的动作，而是告诉人们，和他们类似的人群在某种特定环境下是如何行动的。这种方式试图建立一种社会行为规范，以此来影响他人的行为。

口头模特方式在上门促销时非常有效。例如，推销员可以告知潜在的买主，像他一样形象或地位的人已经买过某一产品、某个牌号或某一型号，在有些情况下这可能是一个有效的促销技巧。当然，如果推销员说谎或者只是使用技巧来诱导消费者买最贵的产品，那就是一种不道德的行为。

表6-5对三种模特方式做了一个概括，并且对媒介及其使用方式的选择进行了介绍和比较。

表6-5　三种模特方式的比较

方　式	描　述	案　例	可用的媒介
外在式	消费者观察模特行为以后的结果	保险公司的商业广告展示购买保险的新方法	电视；亲自送货上门；商场播放录像带
隐喻式	消费者被诱导想象某一模特(或自己)如何动作以及后果	航空公司和旅游公司的商业广告在北方寒冷的冬天请消费者想象“坐在海南充满阳光的沙滩上”	收音机；个人亲自送货上门
口头式	消费者听别人描述和他们类似的人如何在购买和使用的情景下动作	“为灾区人民献爱心”的募捐者宣传邻居的捐赠行为	个人亲自送货上门；收音机；直接邮购；其他印刷品广告

3. 影响观察学习效果的因素

心理学的研究成果表明，观察学习在改变行为方面很有效，甚至能改变动物的行为，有许多因素可以提高现场模仿学习的发生率。其中最主要的因素有以下几个方面。

(1) 模特个性。模特的个性能够影响观察者的模仿行为。一般来说，有魅力的模特比较容易引起别人的注意，而那些缺乏魅力的模特比较容易被人忽视。同时，那些被认为成功的或可靠的模特的影响比那些不成功的或不可靠的模特更有影响力。此外，模特的地位和能力对于决定模特是否成功也很重要。另外，观察者与模特之间的共性也能影响观察者的行为。因此，在商业广告中应该使用与目标市场人群相似的模特。例如，在雇用和分配销售人员时尽量选择与顾客相似的推销员。

(2) 观察者的个性。观察者的个性不同，模特对他们施加影响的程度也不同。例如，如果观察者依赖性强，缺乏自信心和自尊心，并且因模仿此行为而多次受到嘉奖，那么这些人比较容易接受成功的模特行为。但是，有洞察力和自信心的观察者只对他们认为够格的模特展示的高级行为感兴趣。

(3) 对模特行为后果的认识。在模仿学习中，观察者并不直接经历其后果，它的优势在于观察者可以得知有效购买和使用行为，避免不好的效果。因此，对模特行为所能带来的好的结果认识得越充分，就越能激发观察者的类似行为。

6.4　本章小结

学习是基于经验而导致行为或行为潜能产生较为持久改变的历程。学习过程包含着一些共同的基本要素：动机、暗示、反应、强化、重复。目前关于学习的有关理论主要有两大类：第一类是行为主义学习理论，也称刺激—反应理论，主要包括经典条件反射理论和操作条件反射理论；第二类学习理论就是认知学习理论。

经典条件反射理论是俄国生理学家巴甫洛夫在 20 世纪初用狗从事消化实验时发现的一种唾液反应现象中得出的。一个中性的刺激与一个原来就能引起某种反应的刺激相结合，而使个体学会对那个中性刺激做出反应，这就是经典条件反射的基本内容。操作条件反射理论是由斯金纳最早提出的。该理论认为：学习是一种反应概率上的变化，而强化是增强反应概率的手段。如果一个操作或自发反应出现之后，有强化物或强化刺激相尾随，则该反应出现的概率就增加。强化是指增强某种刺激与个体某种反应之间的联系，它是操作条件反射的一个重要元素。强化类型有积极强化、消极强化、惩罚和衰减。

信息加工理论主要强调学习过程中的信息的复杂的心理加工过程。消费者信息处理过程的重心是记忆，记忆在消费者信息的处理上扮演着重要的角色。记忆结构包括感觉记忆、短时记忆、长时记忆。信息基本上以形象储存和意义储存存放在长时记忆中。不能再认和回忆或错误的再认和回忆，就是遗忘。遗忘的进程是不均衡的，在识记后最初遗忘得比较快，而以后逐渐缓慢。也就是说，遗忘的进程是先快后慢。观察学习理论的主要代表人物是班杜拉。

观察学习是指通过观察他人及他人的行为结果而改变自身行为的过程。通常，当人们看到别人的行为带来好的结果时一般会效仿，而当某种行为带来不好的结果时就会避免这种行为。观察学习的过程包括注意过程、保持过程、复制过程、动机过程。观察学习一般是通过模特或榜样的某种行为来对其他人产生影响的，其影响方式主要有三种：外在模特方式、隐喻式模特方式和口头模特方式。影响模仿学习效果的因素有模特个性、观察者的个性以及对模特行为后果的认识等。

6.5 思考与技能实践

6.5.1 基本训练

1. 简答题

(1) 最早提出经典条件反射的人是谁？试述经典条件反射理论的基本内容。

(2) 最早提出操作条件反射的人是谁？试述操作条件反射理论的基本内容。

(3) 经典条件反射与操作条件反射的区别主要表现在哪些方面？

(4) 什么是塑形？举例说明塑形在市场营销中的运用。

(5) 模特在营销活动中有哪些作用？

2. 选择题

(1) 如果行为发生后，有害的或负面的事件随之而来，这种行为就不会再发生或降低发生的频率。这种强化方式是(　　)。

A. 积极强化　　B. 消极强化　　C. 惩罚　　D. 衰减

(2) 储存信息的时间在2分钟左右的记忆是(　　)。

A. 感觉记忆　　B. 短时记忆　　C. 长时记忆

(3) 先学习的材料对回忆后学习的材料的干扰作用，称为(　　)。

A. 顺摄抑制　　B. 倒摄抑制

(4) 将过去产生的对事物的反映重现出来的过程是(　　)。

A. 再认　　B. 回忆　　C. 联想　　D. 识记

(5) 模仿学习最常见的方式是(　　)。

A. 外在模特方式　　B. 隐喻式模特方式　　C. 口头模特方式

3. 判断题

(1) 从学习心理学的观点看，学习过程包含着由坏变好或由好变坏。(　　)

(2) 在巴甫洛夫的实验中铃响是无条件刺激。(　　)

(3) 当条件刺激不被无条件刺激所强化时，就会出现条件反射的抑制。(　　)

(4) 操作条件学习实际上是一种刺激代替的历程。(　　)

(5) “吃一堑，长一智”的学习属于认知学习。(　　)

6.5.2 技能训练

1. 经典条件反射与操作条件反射的比较：

(1) 在经典条件学习中，总是无条件刺激在前，无条件反应在后，而且后者是由前者所引起的。但是在操作条件学习中，却是条件反应在前，无条件刺激在后。

(2) 在经典条件学习中，条件反应与无条件反应在性质上是相同的(都是唾液分泌)；但在操作条件学习中，两者不同，条件反应是压杠杆，无条件反应是吃食物。

(3) 基于以上两点分析，可见经典条件学习实际上是一种刺激代替的历程，即条件刺激代替了无条件刺激而引起无条件刺激原来所引起的反应。在操作条件学习中不存在刺激代替现象。

(4) 在经典条件学习中，反应是由刺激引发的，个体处于被动地位。在操作条件学习中，反应乃是自发的，不是由外界任何刺激所引起，所以个体处于主动的地位。

2. 模特在营销活动中有以下三个方面的作用：

(1) 模特可以用来帮助观察者获得一种或更多的新的反应模式，这些反应模式在观察者过去的行为中是从来没有过的。

(2) 模特可以用来减少或阻止某种不受欢迎的行为。

(3) 模特还可以起到促进反应的作用，对观察者来说，别人的行为可以刺激反应的发生。

6.5.3　操作练习

1. 实务题

组织一个实验，让消费者对某一产品种类中的三种品牌进行评估。把三个品牌分别放在背景音乐不同的三个房间中，并确保这些品牌在质量和价格方面没有区别。在第一个房间中放摇滚乐，在第二个房间中放西方古典音乐，在第三个房间中放中国民乐。让消费者挑出他们最偏爱的品牌和音乐。然后回答以下问题：

(1) 对品牌的偏爱是否与对音乐的偏爱有关？

(2) 你能用哪种理论解释你的结论？

2. 综合题

设计三则广告，其中一则基于经典条件反射，一则基于操作条件反射，一则基于模仿学习。

6.5.4　案例分析

保鲜盒的别样营销

对首尔一个普通家庭主妇林女士来说，家庭的每个角落都少不了乐扣乐扣(lock-lock)保鲜盒的存在。她的冰箱中充满了形状各异的乐扣乐扣，大到 12 升容量的泡菜坛，小到 0.1 升的调料盒。此外无论卧室、客厅，还是洗手间，都有大小不一的乐扣乐扣用作整理箱。连女儿拎来拎去的化妆盒、外出野餐的篮子，也离不开乐扣乐扣。

作为乐扣乐扣生产商，韩国海纳开碧(Hanacobi)公司会长金俊一对此感到欣慰。据 2004 年 2 月韩国一家家用消费品调查公司的数据，99%的韩国主妇都知道乐扣乐扣，90%的家庭都用它，74%受访者回答“今后有意购买同类产品”。2003 年乐扣乐扣销售额达 1 亿美元，用户遍及 50 多个国家和地区。“公司计划到 2008 年，乐扣乐扣能成为世界第一厨房用具品牌。”金俊一说。

1. 集中一点

出于不想跟大多数人一样在公司上班的想法，金俊一于 1978 年创建了一家公司进口厨房用品。从事进口业务期间，金俊一感觉颇为顺利。“但老做同样的事情没有意思，做进口业务没有深度。”他接受《财经时报》采访时说，“我想要自己的品牌，找到那种‘有根’的感觉。”

1985 年金俊一成立了海纳开碧公司，生产 600 多种的厨房用品。然而他却发现全球至少有 10 万家公司，与海纳开碧类似。因为行业进入门槛低，即使开发出成功的产品，在市场上也不能维持长时间的领先优势。但为了领先，又必须不断开发新品。“结果造成了很大的浪费；而且因为产品幅度太广，量始终上不去，也无法压低成本。”

而亚洲金融危机的爆发，使得金俊一更加坚定了“找到一种市场最需要而公司能生产的拳头产品”的想法。他对这种产品的要求是首先全世界人都要用；其次产品只需要一种颜色，减少企业的投入。

金俊一花 6 个月在世界各国考察后发现，自从 1945 年世界第一个保鲜盒诞生后，多年来技术改进不大，软盒盖和硬盒身难以严密合缝，极易漏水。而韩国人爱吃泡菜，但泡菜放在冰箱里特别容易串味。金俊一感到密封式保鲜盒存在巨大的商机。

为了研发这种保鲜盒，他很快花掉了以前所赚得的钱。不过在 1997 年 4 月海纳开碧研发出一种能彻底解决漏水的密封容器后，1998 年新型保鲜盒终于上市，一年内恢复盈利。金俊一从保鲜盒打开和关闭时发出的“啪啪”脆响中找到灵感，为其起名为 lock&lock(乐扣乐扣)。

与传统的保鲜容器相比，乐扣乐扣除了 100%完全密封性外，食物储藏时间为同类密封容器的五倍以上；而且利用多种大小的保鲜盒能节省厨房和冰箱 40%以上的空间；另外，盒盖中四面锁定装置已通过韩国生活环境试验研究院 300 万次的测试，也就是说，即使人们每天使用 10 次，其寿命也能维持 821 年。

2000 年，海纳开碧在全球 57 个国家申请了相关专利。2003 年，公司的年销售额从 1997 年的 1000 万美元猛增至 1 亿美元，占据了韩国 74%的市场份额。

2. 别样营销

从 1999 年开始，乐扣乐扣只用了三年时间便成为韩国第一品牌。分析其中的原因时，金俊一认为电视购物起了至关重要的作用。“家庭主妇是我们的主要购买群体，她们停留在电视前的时间最长。”他说，“我们的商品必须依靠人的反复讲解，让消费者来理解其中的细节差异。”

海纳开碧通常是选择当地知名的电视购物公司，与对方约定对销售额进行分成。比如，2003 年 3 月，海纳开碧在美国利用销售额超过 43 亿美元的 QVC 电视购物公司推广产品时，一天之内售出 175 万只乐扣乐扣。现在，海纳开碧 30%～40%的销售额都花在电视销售上。

不过，金俊一认为电视购物在整个营销体系中扮演的是个“先遣队”的角色。海纳开碧通过电视购物销售的产品最高不会超过 30%。“乐扣乐扣通常采取的战略是，选择高质量的电视购物频道进行前期宣传，同时采用多店铺战略，进军大卖场、百货商店、厨房用具商店，以增加销售量。”他说。

除了电视购物以外，海纳开碧还努力与其他公司合作，通过协作营销的方式推动消费者对自己产品的认知。比如，在 LG 生产的“泡菜冰箱”中内置乐扣乐扣泡菜容器；与咖啡生产商合作，用乐扣乐扣作为其包装盒等。

另外，考虑到韩国家庭主妇的口口相传是推动产品销售的重要渠道，海纳开碧还组建了一支由家庭主妇组成的 15000 人的志愿者队伍。这些志愿者都是乐扣乐扣的忠实用户，她们经常在超市、海纳开碧店面或者自己家里向别人展示如何充分利用乐扣乐扣的便利。

“但我们并没有推销乐扣乐扣的义务。”一位志愿者接受《财经时报》采访时说，“成为志愿者一方面因为乐扣乐扣实在好用，另一方面海纳开碧经常组织我们从事社会公益事业，而这是一个人不能完成的。此外如果表现突出，海纳开碧还给我们一些意外之喜，比如资助我们到国外观看足球世界杯。”

3. 盯住中国

成为韩国第一品牌并不是金俊一的终极目标。从1998年起，他就带着乐扣乐扣参加世界各地的顶级家庭用品展会，推介他的宝贝。2004年4月海纳开碧在上海设立分公司，正式进军中国。

然而与韩国相比，中国消费者对电视购物的信赖感非常低。海纳开碧决定除了继续利用电视购物的“先遣队”功能外，在上海开设大型旗舰店，来打造品牌的高档形象。“你在我们的大型旗舰店里甚至会看到养在乐扣乐扣里的金鱼。”金俊一说。

2004年初，海纳开碧又在威海投资2500万美元筹建生产基地。“威海与韩国很近，第一天发的货第二天就能到达。”金俊一解释说，“而且山东不像上海和广东，由于外资企业入驻太多导致劳动力成本增长过快。”

不过，威海生产的乐扣乐扣保鲜盒全部出口到欧美市场，而在中国销售的产品却从韩国进口。金俊一认为这主要是因为中国消费者目前对于进口产品更认可。“但最终中国制造会直接进入中国市场，这也是选择生产基地时选在中国，而没有选择印尼、马来西亚的原因之一。”

在中国市场，海纳开碧初期计划将着重品牌和公司形象，而不是产品的销售量。韩国专卖店成功运营的经验也被移植到中国：专卖店内设置DVD等设施用于广告宣传，并安排专员现场讲解。而且多个店铺统一形象，实施标准化管理。

然而仅仅在上海市场，就有200多种乐扣乐扣的模仿产品，而且价格更为便宜。“当消费者使用了我们的产品后，感觉到与别的产品不一样，这才是最重要的。”金俊一表示，“我们70%的时间用于介绍与其他产品的区别，30%用于诉讼。”他介绍说公司用了3年半时间开发完善产品，别人很难学到其技术。而且乐扣乐扣盒体与盒盖接触的部分，有专利保护。

资料来源：http://www.ynpxrz.com/n1674706c2320.aspx

问题：

(1) 乐扣乐扣为什么利用电视购物进行营销？

(2) 用所学的哪一个学习理论能比较恰当地解释乐扣乐扣的成功营销？

6.5.5 网上调研

分别访问百事可乐和可口可乐网站，了解它们为什么在产品很知名的情况下还要持续不断地做广告？并根据所学的学习理论来分析它们的广告诉求特点。

6.5.6 单元实践

专家促销

某科技先导型的制药厂，一向很重视科技开发，不断推出许多新药品。因了解的人不多，新药品难以打开市场。为了改变这种状况，厂长想出这么一个办法：聘请医学院的专家帮助销售新药。厂长亲自上门联系，得到了医学院的大力支持，医学院派出 20 名专家担任制药厂的顾问，专门负责到全国各地讲学，从药理作用、临床效果等方面讲述制药厂生产的新药的特点，进行产品促销。顾客面对真正的医院专家而不是电视上演员装扮的“医学专家”，凭着对专家的尊重和认可，他们消除了心中的疑虑，也敢于和乐于购买医学专家推荐的新药了。制药厂为了充分调动专家促销其产品的积极性，每年付给医学院 16 万元，并为专家印发名片，按每人推销药品的多少给予奖励。自从制药厂实施了这些办法后，专家们宣传促销的积极性大有提高，新药的销售速度明显比以前加快，该厂的经济效益有了大幅改观。

问题：

(1) 专家促销的优势是什么？

(2) 这个案例涉及了哪些学习理论？

实践要求：参照上述样本，根据所学的相关理论，为学校附近的一家商场策划一次促销活动。

第 7 章

消费者的态度

【学习目标】

知识目标：了解态度的概念与特点，理解态度的功能与构成，掌握有关态度形成和改变的基本理论。

技能目标：理解态度层次的含义，并能根据消费者的态度层次制定相应的营销策略。

能力目标：具有运用所学的有关态度的理论来塑造和改变消费者的态度的能力。

【案例导读】

可口可乐的失误

自从 1886 年亚特兰大药剂师约翰·潘伯顿发明了神奇的可口可乐配方以来，该品牌饮料在全球的市场上可谓无往而不胜，直到 1975 年百事可乐从达拉斯开始发起“口味挑战”。

在随后的几年中，百事在越来越多的美国消费者中参加未标明品牌的可乐饮料口味测试，并不断传播人们更喜欢口味偏甜百事可乐的结论。在一浪高过一浪的攻势中，百事宣扬青春、激情、冒险的品牌精神，声称其产品口味足以担当起挑战经典与传统的重任，并引发了美国年轻一代的共鸣。口味挑战导致可口可乐的国内占有率稳中微降，而百事却在缓慢而顽强地增长。于是，可口可乐的第一位外国人首席执行官——古巴人罗伯托·郭思达在 1981 年上任伊始便宣称：可口可乐已没有任何值得沾沾自喜的东西了，公司必须全面进入变革时代，其突破口便是数十年来神圣不可侵犯但如今已不适应时代要求的饮料配方。为此，1982 年可口可乐开始实施代号为“堪萨斯计划”的划时代营销行动。2000 名调查员在十大城市调查顾客是否愿意接受一种全新的可乐。其问题包括：如果可口可乐增加一种新成分，使它喝起来更柔和，你愿意吗？如果可口可乐将与百事可乐口味相仿，你会感到不安吗？你想试一试新饮料吗？调查结果显示，只有 10%～12%的顾客对新口味可口可乐表示不安，而且其中一半的人认为以后会适应新可口可乐。在这一结论的鼓舞下，可口可乐技术部门在 1984 年终于拿出了全新口感的样品，新饮料采用了含糖量更高的谷物糖浆，更甜、气泡更少，柔和且略带胶黏感。在接下来的第一次口味测试中，品尝者对新可口可乐的满意度超过了百事可乐，调查人员认为，新配方可口可乐至少可以将市场占有率提升一个百分点，即增加 2 亿美元的销售额。

但更换百年配方毕竟是天大的事，为了万无一失，可口可乐又掏出 400 万美元进行了一次由 13 个城市的 19.1 万名消费者参加的口味大测试，在众多未标明品牌的饮料中，品尝者仍对新配方“感冒”，新可乐以 61%比 39%的压倒性多数战胜旧可乐。

正是这次耗资巨大的口味测试，促使可口可乐下决心推陈出新，应对百事挑战。

1985年4月23日，行销了99年的可口可乐在纽约市林肯中心举行了盛大的新闻发布会，主题为“公司百年历史中最有意义的饮料营销新动向”。郭思达当众宣布，“最好的饮料——可口可乐，将要变得更好”，新可乐取代传统可乐上市。

共有700余位媒介记者出席了新闻发布会，通信卫星还将现场图像传送到洛杉矶、亚特兰大和休斯顿等地。在24小时之内，81%的美国人知道了可口可乐改变配方的消息，这个比例甚至高于16年前阿波罗登月时的24小时内公众获悉率；据说更有70%以上的美国人在“新可乐”问世的几天内品尝了它，超过任何一种新产品面市时的尝试群体。

但对于可口可乐公司而言，一场营销战争恰恰是从4月23日上午的那个新闻发布会开始的。仅以电话热线的统计为例：在“新可乐”上市4小时之内，接到抗议更改可乐口味的电话650个；4月末，抗议电话的数量是每天上千个；到5月中旬，批评电话多达每天5000个；6月，这个数字上升为8000多个，相伴电话而来的，是数万封抗议信，大多数的美国人表达了同样的意见：可口可乐背叛了他们。“重写《宪法》合理吗？重写《圣经》呢？在我看来，改变可口可乐配方，其性质与此一样严重。”为此，可口可乐公司不得不新开通数十条免费热线，雇用了更多的公关人员来处理这些抱怨与批评。

似乎任何劝说也无法阻止人们因可口可乐的改变而引发的震惊与愤怒，《新闻周刊》的大标题宣称“可口可乐乱弹琴”。人们表示，作为美国的象征、美国人的老朋友，可口可乐如今突然被抛弃了。在西雅图，57岁的马斯林建立了美国老可口可乐饮用者协会，身着印有抗议文字的T恤衫的人公然将新可乐倒在大街上；在休斯顿棒球场，人们面对大屏幕上新可乐的广告嘘声四起；在更多的地方，人们开始囤积已停产的老可口可乐，导致这一“紧俏饮料”的价格一涨再涨；而皮卡德因其《老可口可乐最好喝》的唱片畅销，迅速暴富。作为老对头的百事可乐，更是幸灾乐祸地宣布4月23日为公司假日，并称既然新可乐的口味更像百事了，那么可口可乐的消费者不如直接改喝百事算了。大惑不解的可口可乐市场调查部门紧急出击，新的市场调查结果使他们发现，在5月30日前还有53%的顾客声称喜欢“新可乐”，可到了6月，一半以上的人说他们不喜欢了。到7月，只剩下30%的人说“新可乐”的好话了。

在1985年6月底，“新可乐”的销量仍不见起色，愤怒的情绪却继续在美国蔓延，传媒还不停地煽风点火。焦头烂额的可口可乐决定恢复传统配方的生产，定名为Coca-Cola Classic(古典可口可乐)；同时继续生产“新可乐”(NewCoke)。7月11日，郭思达率领公司高层管理群站在可口可乐标志下宣布了这一消息，使美国上下一片沸腾，当天即有18000个感激电话打入公司免费热线，ABC电视网中断了周三下午正在播出的热点节目插播了这条新闻。古典可口可乐的复出几乎成了第二天全美各大报的头版头条新闻，“老可乐”的归来甚至被民主党参议员大卫·普核尔在议院演讲时称为“美国历史上一个非常有意义的时刻，它表明有些民族精神是不可更改的”。当月，可口可乐的销量同比增长了8%，股票攀升到12年来的最高点，每股达2.37美元，而新可乐的市场占有率降至0.6%，同时下降的还有百事可乐的股票，下跌了0.75美元。

资料来源：http://www.doc88.com/p-854247476379.html

在这个案例中可以看到，消费者对可口可乐积极的品牌态度影响了消费者的行为。可口可乐调查部门的错误，在于只计算了产品的口感成分，却忽略了万万不该忽略的品牌情感成分。可见，让老可口可乐配方“退休”，是可口可乐公司没有对消费者的态度进行深入研究造成的。

7.1　消费者态度概述

消费者是否买某个产品，在很大程度上依赖于他对该产品的态度。因此，很多营销努力花在找出消费者对某产品有什么样的态度，并寻求在适当的情况下改变那些态度上。

7.1.1　态度的含义、特点与功能

1. 态度的含义

态度一词最早指身体姿势或身体位置，意指一个人的物理准备状态。后来，态度演变为专指心理状态的术语，特指对一个特定客体的反应准备。

目前，学术界对态度概念的理解虽然没有取得一致，但绝大多数人都同意，态度包含认知、情感和行为三种成分。它决定着人们在现实生活中注意什么样的对象，决定着人们怎样加工有关对象的信息，决定着人们对有关对象的体验，也决定着人们对有关对象进行反应的行为倾向。

这里，我们将态度定义为：态度是指个人对某一对象所持有的评价与行为倾向。态度的对象是多方面的，其中有人、事件、物、团体、制度以及代表具体事物的观念等。

通过态度来预测行为，是人们最初研究态度，并将它置于重要位置的原因。但是，近几十年来的大量研究表明，人的行为与态度之间的关系是非常复杂的，很多行为都取决于多种因素的综合作用，而不是简单地为态度所左右。不过，态度一经产生，它确实会对人们的行为产生影响。

2. 态度的特点

人们的态度一旦形成，就通常具备以下几个特点。

(1) 对象性。态度必须指向一定的对象，若没有对象，就谈不上什么态度。态度是针对某一对象而产生的，具有主体和客体的相对关系。人们做任何事情，都会形成某种态度，在谈到某一态度时，就提出了态度的对象。例如，对某个商店的印象如何，对商品的价格有何感觉，对服务员有什么看法等。没有对象的态度是不存在的。

(2) 习得性。态度是通过学习获得的，不是生来就有的。态度不是本能行为，虽然本能行为也有倾向性，但这是不学就会的；而所有的态度都不是遗传来的，而是后天获得的。例如，消费者对某商场的态度，或者是他自己在购物的过程中通过亲身体验得来的，或者是他通过广告宣传、其他客人的评价等形成的。

(3) 内隐性。态度是一种内在结构。一个人究竟具有什么样的态度，别人只能从他外显的行为中加以推测。例如，一个员工在业余时间里总是抱着各种专业书在看，那么就可以从他的行为中来推测他对学习是抱着积极的态度。

(4) 稳定性与可变性。态度的稳定性是指态度形成后保持相当长的时间不变。态度是个性的有机组成部分，它使人在行为反应上表现出一定的规律性。例如，某消费者在某商场购买商品后，感觉很好，从而形成了对这家商场的肯定的态度，以后当他再想购物时，很可能还选择这家商场，这也就是人们常说的“回头客”。回头客的多少，既反映了商场服务质量的高低与商品本身是否

物有所值，也反映出了客人态度的稳定与否。当然，态度也并非一成不变，当各种主客观因素发生变化时，态度也会随之改变。就以上例来说，如果消费者在这家商场受到营业员不太礼貌的接待或发现这家商场的商品价格太高或质量不好，他就会改变原来对这家商场的积极肯定的态度，而产生消极、不满的情绪，他可能从此不再光顾这家商场。

3. 态度的功能

人们为什么会有态度？态度有用吗？态度起着什么样的心理作用？心理学家丹尼尔·凯兹认为，人们之所以会持有某种态度，是因为这种态度具备一定的功能。例如，有些态度总结了大量信息并使事情简单化，从而使人们能更快、更容易地做出决策；有些态度表达人们的品质、性格和对其他人的偏爱情况，因此别人会以此知道如何更加有效地同他们交往；有些态度支撑着人们的自信，有助于他们对自己感觉更好；还有些态度有助于人们获得即时回报，避免受到惩罚。根据上述分析，他提出了态度的四种功能。

(1) 知识功能。态度是消费者寻求清楚和次序的驱动力，能帮助消费者组织他们日常接触的大量信息，并对这些信息进行排序，忽略不相关的信息。对于任何一个人来说，如果他知道自己喜欢什么和不喜欢什么，做决定就变得容易了。例如，某个对音响感兴趣的人，可能阅读关于这方面的杂志，参观展览，并与朋友们讨论，从而知道最新的产品是什么。

(2) 价值表达功能。态度能表达消费者的自我形象和现存的价值观，特别对于高度参与的产品。例如，广告常常暗示使用或购买某一特定的产品将会增强自我意识或成就感等。

(3) 自我防卫功能。人们持有某种态度是为了保护其自尊，这里态度保护个人使之不受焦虑和恐吓的威胁。例如，消费者购买许多产品，如漱口水，可避免产生焦虑的状态。

(4) 效用功能。人们持有特定的品牌态度部分是因为品牌的效用。人们用过的产品曾经帮助过他时，他对该产品的态度就倾向于赞同。例如，一个人可能对一个特定的酒吧形成一种态度，是因为他在那里可以遇到朋友，并且啤酒很好喝。

总之，态度具有不同的功能，而且同一个态度对象起作用的功能可能不同，最终会影响人们对该态度对象的整体评估。例如，两个对某品牌的口香糖同样喜欢的人，依据他们的态度是反映了效用功能(这种口香糖会使我的口腔清新)还是自我防卫功能(这种口香糖能避免我口腔中的异味)，在他们的态度的性质上会有明显的不同。在营销实践中，如果试图用该口香糖避免不好的口腔气味来影响效用性消费者，或者试图用该口香糖能清新口腔去影响自我防卫导向的消费者，都不能取得预期的效果。

可见，了解态度的这些功能，就可以帮助我们解释为什么有些态度很难改变，也解释了为什么不同的消费者对同一事物或品牌会有不同的态度。如互联网，有的人对它持有正面态度，因为它能使人增加知识(知识功能)、迅速快捷地找到所需要的信息(效用功能)，具有网上聊天的虚拟性(自我防卫功能)等；当然也有很多人对互联网持有偏见，特别对于青少年上网玩游戏或网络骗子等(效用功能与自我防卫功能)。

与此相似，有人会对来自印度的软件更青睐，因为他们认为这些软件比美国的便宜(效用功能)。这就是人们头脑中的“思维定势”。

【小思考 7-1】

那些在公众场合使用的惹人注目或引人注意的产品(如服装、汽车)经常与哪种功能的态度联系在一起？

答：价值表达功能。

7.1.2 消费者态度的构成

1. 态度的成分

前面将态度看成对事物的总体评价，也可以说是人们对某一事物的总体感觉，但是人们为什么会有这样的感觉以及是什么促使人们形成相应的态度却不得而知。

心理学家认为态度的背后有三个层面：认知成分、情感成分和行为成分。

(1) 认知成分。态度的认知成分是指对人与事物的认识、理解和评价，即通常所说的信念或想法，它是态度形成的基础。研究表明，人们对于态度对象的认知具有一定的组织性，它在头脑中构成一种既定的模式，表现出态度的倾向性。因此，态度的认知成分与一般的事实认知不同，甚至通常还带有偏见性。

(2) 情感成分。态度的情感成分即一个人对某事物的感觉，或在某事物激发下的情绪。它是指个人对一定事物的喜欢或厌恶、尊敬或蔑视、同情或冷淡。通常，人们对自己喜欢的事物会抱有好感，持积极的态度，而对自己反感的事物则持消极的态度。人们对一定事物的情感反应强度决定其态度的强度。

(3) 行为成分。态度的行为成分是指个人对态度对象的反应倾向，具体可表现为表达态度的言语和行为。现实消费活动中，消费者的一些行为表现，如是否购买某一牌号的商品，对某种商品是否产生惠顾动机，是否愿意经常光顾某家商店等，就是其对某种牌子的商品或某家商店的态度的行为反应。

2. 态度的层次

态度的上述三种成分之间有没有关系？如果有的话，是一种什么样的关系？在特定的条件下，人们是先思考再行动还是先行动再思考？这就涉及态度的层次问题。所谓态度层次，是指这三种成分之间的发生顺序。

(1) 高度参与层次。所谓消费者参与，是指消费者对某一商品或服务关心或感兴趣的程度，即某事物对消费者的重要程度。消费者在高度参与时，会通过积极地搜寻信息过程发展品牌信念，在此基础上评估品牌，形成明确的品牌态度，做出相应的购买决策。也就是说，消费者首先有想法，然后产生感觉，最后才付诸行动，如图 7-1 所示。这里，消费者的品牌态度对其行为有显著的影响作用。对于这个层次的消费者，营销人员应当通过广告大力宣传产品的属性和利益，以影响消费者的信念。

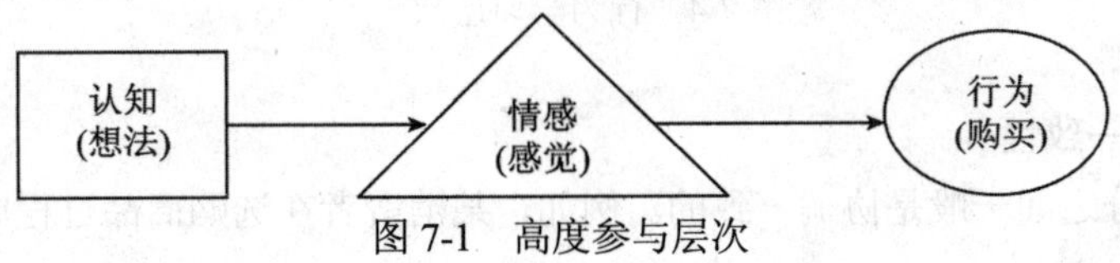

图 7-1 高度参与层次

(2) 低度参与层次。消费者在低度参与时，不会积极地搜寻和处理信息，也没有强烈的品牌偏好，而是根据被动接受的或有限的信息做出购买决策，产生购买行为，品牌评估可能在随后才发生并且很微弱，或者根本没有发生，即购买了产品却没有形成品牌态度(品牌评估)。也就是说，消费者行动在先，然后产生感觉，最后才形成想法，如图 7-2 所示。对于低度参与的消费者，品牌态度对于行为没有明显的影响，或者说，品牌态度的作用在缩小，因为明确的态度在购买之前并没有出现。但是消费者在第一次购买后所发生的微弱的品牌评估仍然有可能影响其将来的购买行为。如果对所购产品不满意，以后购买的可能性就减少。可见，在低度参与层次下，由于强调通过重复简单的信息来发展出与产品属性或产品利益相关的信念，营销人员应该重视商场中的店面广告与展示，或者是将产品与广告放在人潮密集的地方，以引起消费者的注意。

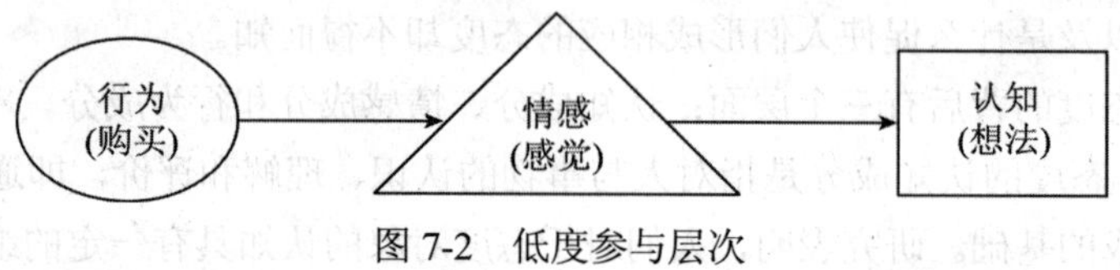

图 7-2　低度参与层次

(3) 经验学习层次。经验学习层次也称情绪性层次，是指消费者并未事先了解品牌的属性和利益，而是根据自己的情感或想象来对产品做出整体评估，并据此采取购买行动，随后才形成对该品牌属性和利益的认识。也就是说，消费者先有感觉，然后产生行动，最后再思考，如图 7-3 所示。在经验学习层次中，消费者对产品的形象和符号等象征意义最为敏感，会持续不断地搜寻此类信息。经验学习层次表明，当某品牌被消费者感知为富有象征意义和愉悦精神的产品时，认知过程就不是形成态度的中心了，营销人员可以直接影响消费者的品牌评估或情感过程而不必影响其品牌信念，可以运用符号和形象激发其对产品的积极情感。

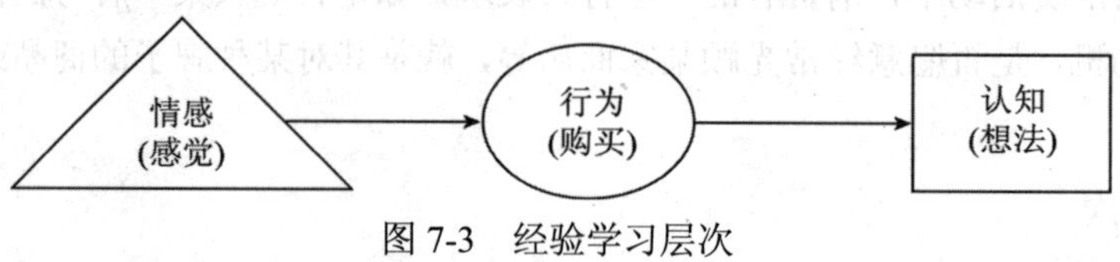

图 7-3　经验学习层次

(4) 行为学习层次。行为学习层次是指因为环境或情境的因素促使消费者在未形成情感与信念之前，就先采取了行动。因此，在行为学习层次中，行为最先出现，接着根据该行为形成信念，最后才是情感，如图 7-4 所示。例如，某消费者在过生日时收到朋友送的某一品牌的化妆品，她用了一段时间后感觉很适合她的皮肤，因此对这一品牌的化妆品产生了好感。从营销的角度看，可以通过样品赠送、免费品尝等方法，使消费者能有机会接触到产品。

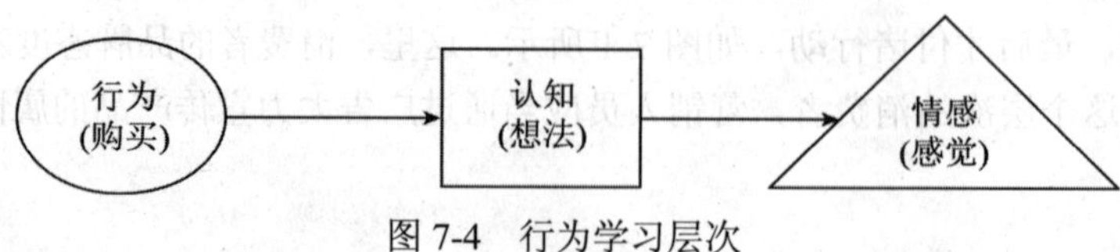

图 7-4　行为学习层次

3. 态度成分的一致性

态度的三种成分之间一般是协调一致的。例如，某消费者在选购商品过程中，如果他认为大型商场服务优，物美价廉，所处位置方便，他就会对大型商场比较满意，产生喜欢、愉快的情感，从而经常到大型商场购物。因此，态度的三种成分之间的相互一致性，对研究消费者的态度与行为的关系是非常重要的。营销人员可以通过提供信息和产品形象塑造等活动影响消费者的认知过程和情感过程，进而影响消费者的购买行为，因为态度的三个成分之间是具有一致性的。

态度的一致性主要和两个因素有关：态度的价值性与强度。态度的价值性是指认知、情感与行为成分的正面性或负面性。为了维持一致性原则，正面的认知会伴随正面的情感，而负面的认知则会伴随负面的情感。高强度的认知伴随着高强度的情感，而低强度的认知则会伴随着低强度的情感。

7.1.3 态度与行为的关系

1. 态度与行为

态度属于行为的指导和动力系统，对消费者的行为有很直接、重要的影响。有关态度与行为之间关系的探讨几乎和态度本身的研究历史一样长远。大多数学者对态度和行为之间的关系基本上持肯定的意见，认为一个人的态度决定了他的行为，即前面论述的态度与行为的一致性。例如，某个人觉得不该发展烟草工业，他就不可能抽烟。

研究也表明，态度的三个成分之间也可能存在着不一致的现象。在通常情况下，当态度的三种成分出现冲突的时候，情感成分起主要作用。例如，我认为某人不错，可我不太喜欢他，所以不想或很少与他打交道。但是，在消费者的实际购买行为中，由于受到种种因素的影响，消费者的认知、情感和行动之间常常表现出很复杂的关系。换句话说，消费者对产品有正面的认知(信念)和情感不一定导致实际的购买，对产品有负面认知(信念)和情感也不一定不购买。

研究表明，以下因素能够导致态度和实际行为之间的差异。

(1) 消费者的需要或动机。一种积极的态度要有一种明确的需要或动机才能转变为具体的行为。如果消费者不需要一台汽车或者他已经有一台虽然不太喜欢但仍然可以使用的汽车，就不太会再买一台新的奔驰汽车，虽然他对奔驰汽车有高度的正面评价。

(2) 消费者的购买能力。积极的信念和情感转化为动机要有购买能力作为支撑，如果消费者没有能力购买奔驰汽车，他就只能买一辆不太喜欢但价钱便宜的汽车。

(3) 消费者品牌信念和情感的强度以及新信息的影响。如果消费者所建立的品牌信念和情感并不强烈，或者又获得了新的信息，最初的态度就可能发生改变。

(4) 缺乏直接的产品经验。研究发现，当消费者有直接的产品经验时，他们的态度就更可能与随后的行为有关。缺乏产品经验可能会导致较弱的态度倾向，并和行为无关。

(5) 变化的市场条件。市场条件的变化会影响到消费者行为和态度之间的不一致。例如，竞争品牌的特价促销可能会诱发消费者去购买一个不太喜欢的品牌；购买不到喜欢的品牌也可能会导致消费者去买一个不太喜欢的品牌，而实际上态度却并没有发生变化。

(6) 消费者对未来的预期。这是指消费者对产品未来发展趋势的预期以及对自己未来收入状况的预期等。例如，消费者预计不远的将来会有更好的物美价廉的汽车出现，或者预计自己未来的收入会大幅度减少，现在就不会花费高价购买高档汽车。

【小资料 7-1】

态度和行为有时候会出现不一致

早在20世纪30年代初，美国学者R. T. 拉皮尔就在一项著名的研究中对态度与行为相一致的看法提出了疑义。在这项研究中，拉皮尔与一对年轻的中国留学生夫妇做了一次环美旅行。由于当时美国人对东方人普遍持有歧视态度，拉皮尔和同伴们行前预料很难得到旅馆和饭店的良好接待。但是，在万余英里的行程中，他们光顾的184家饭店和66家汽车旅馆，只有一家拒绝接待。6个月以后，拉皮尔给他们光顾过的旅馆、饭店和一些他们没有光顾过的旅馆和饭店寄去了调查问卷。问卷共有两种：一种是只就中国人提问，一种是分别就中国人、德国人、法国人、日本人等提出类似的问题。因为拉皮尔担心只就中国人的提问会引起怀疑，而得不到确切结果。两种问卷都包括这样的问题："你愿意在你那里接待中国人吗？"结果如表7-1所示。

表7-1　对"你愿意在你那里接待中国人吗"的回答

分　类	光顾的旅馆		未光顾的旅馆		光顾的饭店		未光顾的饭店	
回答总数	47		32		81		96	
具体分类	1	2	1	2	1	2	1	2
回答数	22	25	20	12	43	38	51	45
否定的回答	20	23	19	11	40	35	47	41
回答看情况	1	2	1	1	3	3	4	3
肯定的回答	1	0	0	0	0	0	0	1

注：具体分类中1表示只就中国人提问；2表示分别就中国人、德国人、法国人和日本人提问。

也就是说，尽管上面那对中国夫妇在实际旅行中受到了很好的接待，但开饭店或旅馆的美国人对中国人依然怀有极大的偏见和歧视。拉皮尔和其他一些研究者依此得出了态度和行为之间有时存在着很大的不一致性的结论。

资料来源：荣晓华. 消费者行为学. 大连：东北财经大学出版社. 2011:156

分析提示：拉皮尔的研究表明了态度与行为的关系是非常复杂的。因此，人们更注意研究在什么情况下，以及在什么样的前提下态度与行为具有相关的关系。

2. 消费偏好

态度即便不能完全预测人们的实际行为，却可以很好地预测人们的消费偏好。所谓消费偏好，是指人们趋向于购买某类商品或到某类商场购物的心理倾向。消费偏好与消费行为直接相关，这也就是为什么还要探讨消费偏好的原因。

(1) 影响消费偏好的因素

态度是偏好形成的基础，心理学研究表明，态度至少有两个特征对偏好的形成具有重要影响。第一是态度的强度。一般来说，态度强度越大，态度就越稳定，改变起来也就越困难。人们对某一对象的态度强度与态度对象的突出属性有关，而态度对象的突出属性对人的重要程度是因人而异的。任何事物都有许许多多的属性(形状、外观、价格等)，人们对事物的认知是针对事物的具体属性而言的。不仅如此，对于同一个人来说，随着他的需要或目标的改变，其态度对象的突出属性也会发生变化。因此，人们有时并不是为了产品或服务本身才出钱去购买，而是因为这些产品或服务能够给人们提供某种收获。

第二是态度的复杂性。态度的复杂性是指人们对态度对象所掌握的信息量和信息种类的多少，它反映了人们对态度对象的认知水平。人们对态度对象所掌握的信息量和信息种类越多，所形成的态度就越复杂。例如，对于某个特定航空公司的态度可能很简单，除了起飞时间、直达服务及其他时间方面的便利外，人们往往觉得相互竞争的大航空公司之间差别很小。然而对于整个航空旅行的态度则比对于个别航空公司的态度要复杂得多。对航空旅行的态度涉及速度、方便程度、节约时间、费用、身份、声望、空中服务、行李携带等多方面的问题。

一般来说，复杂的态度比简单的态度更难以改变。例如，对旅行支票的态度属于简单态度。如果一位旅游者之所以对旅行支票持否定态度，只是因为他并不认为这些旅行支票真的有用，那么只要向他指出一个人离家在外时丢失钱包是多么不方便，他就会改变这种态度。然而，一个对出国旅游持否定态度的人，要改变他的态度倾向就非常难。即使他相信别人所说的出国旅行的费用很合理，他可能仍然会坚持自己的否定态度，理由是文化环境陌生、饮食或传统不同等。要改变他对出国旅游的否定态度，必须改变整个态度中的许多成分。可见，态度越复杂，就越难以改变。

(2) 消费偏好的形成

人们在形成消费态度的过程中，首先要权衡和评价哪个商品或哪家商场能使其有所收获。如果经过分析、评价，认为各种收获都能满足需要，就会对这一消费对象产生偏好。图7-5表明了人们对某一目的地的消费偏好形成的过程。

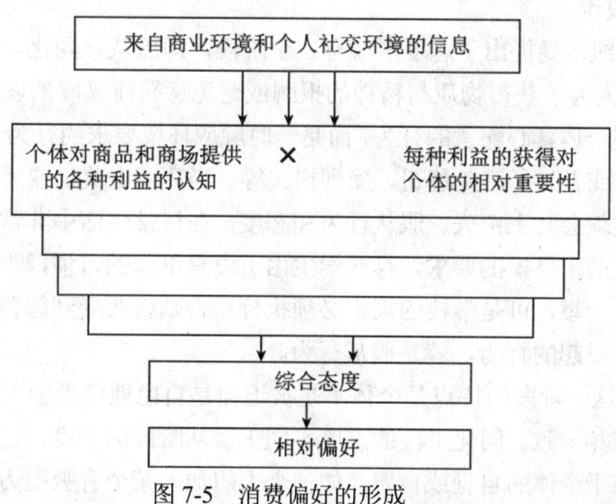

图7-5 消费偏好的形成

图7-5表明，消费者在选择消费对象时，会考虑各消费对象能使他获得哪些利益，即消费对象能满足他需要的程度，从而导致他对这一消费对象的相对偏好。

【小资料 7-2】

态度与消费偏好

美国学者班克斯对芝加哥地区465名妇女调查7种商品的偏爱商标、购买意图和实际购买的相互关系。结果表明，偏爱商标和购买意图几乎相同，被调查的465人中的96%，在有购买意图的商标中包括了她们最喜爱的商标。还有美国学者佩里曾研究过消费者的购买意图和行为能否根据对商品的态度进行预测的问题。他在对230人调查后发现人们的态度与行为之间存在密切联系，而且对商品的态度与消费者的购买意图有直接的关系。抱有最善意态度的消费者大都怀有明确的购买意图，持有最恶意态度的消费者完全没有购买意图，而漠不关心的消费者对是否购买则不清楚。

资料来源：荣晓华. 消费者行为学. 大连：东北财经大学出版社. 2011：157

7.2 消费者态度的形成与改变

了解消费者的态度更主要是为了对其施加影响，从而最终影响消费者的行为，所以了解和掌握态度改变的知识和方法则成为本章阐述的核心内容。

7.2.1 态度形成和改变的理论

人的态度不是生下来就有的，而是在一定的社会环境中形成的。刚出生的婴儿，无所谓态度，在其发育成长过程中不断接触周围事物，从而在大脑中形成了各种印象、看法，获得了相应的情绪体验就逐渐形成了对事物的态度。态度形成和改变的理论很多，在这里主要介绍以下几个。

1. 凯尔曼的阶段论

心理学家H. C. 凯尔曼提出了态度形成有三个阶段，即服从、同化、内化。

(1) 服从阶段。人为了获得物质与精神的报酬或避免惩罚而采取的表面顺从行为称为服从。服从阶段的行为不是个体真心愿意的行为，而是一时顺应环境要求的行为。其目的在于获得奖赏、赞扬、被他人承认，或者为了避免惩罚、受到损失等。当环境中奖励或惩罚的可能性消失时，服从阶段的行为和态度就会马上消失。服从行为和态度，在日常生活中非常普遍。例如，刚入学的大学生对于学校规定的出早操的要求，有些学生由于没有早起的习惯，刚开始觉得非常别扭，甚至觉得学校真是多此一举，可是学校的规定必须执行，否则就要受到惩罚，无奈只能出早操。这种不愿早起又不得不早起的行为，就是服从行为。

(2) 同化阶段。这一阶段的特点是个体不是被迫而是自愿地接受他人的观点、信念，使自己的态度与他人的要求相一致。同化阶段的态度不同于服从阶段的态度，它不是在环境的压力下形成或转变的，而是出于个体的自觉或自愿。如一个人想加入某个有吸引力的社会团体，他就会承认该团体的章程，愿意以该团体的规范约束自己的行为，接受团体对他的要求和指导，并以该团体一分子的态度对待工作与生活。还以大学生出早操为例，某学生坚持了一段时间以后，由于出早操给他的身体和精神都带来了好处，即使不出操不给任何惩罚，他也会主动遵守学校的这一规定。

(3) 内化阶段。内化阶段是指人们从内心深处真正相信并接受他人的观点而彻底转变自己的态度，并自觉地指导自己的思想和行动。在这一阶段，个体把那些新思想、新观点纳入了自己的价值体系，以新态度取代旧态度。一个人的态度只有到了内化阶段，才是稳固的，才真正成为个人的内在心理特征。

态度的形成从服从阶段到同化阶段，再到内化阶段，这是一个复杂的心理过程。当然，并不是所有的人对所有事物的态度都要完全经历这个过程。人们对一些事物的态度的形成可能经历了整个过程，但对另一些事物可能只停留在服从或同化阶段。

2. 认知平衡理论

认知平衡理论的创始人是美国社会心理学家弗里茨·海德。这个理论认为，认知的平衡是这样一种情境：被认知的对象和情感平静地共同存在着，因此，不论对认知组织的变化还是情感表现的变化都没有压力。而一旦失去这种平衡，就会产生紧张和恢复平衡的力量。认知平衡理论用 P-O-X 模型来说明其原理。P 是认知主体，O 是认知客体，X 是与 P、O 有关系的某种情境、事件观念或第三个人。P、O、X 这三者具有情感或态度上的联系，态度可以是肯定的，也可以是否定的。反映 P 的认知结构中三者关系既可以是平衡的，也可以是不平衡的。当三方关系均为肯定，或两方为否定，一方为肯定时，是平衡状态，否则就是不平衡状态，如图 7-6 所示。不平衡状态就会产生心理紧张，造成恢复平衡的心理压力，从而导致态度改变、求得平衡。

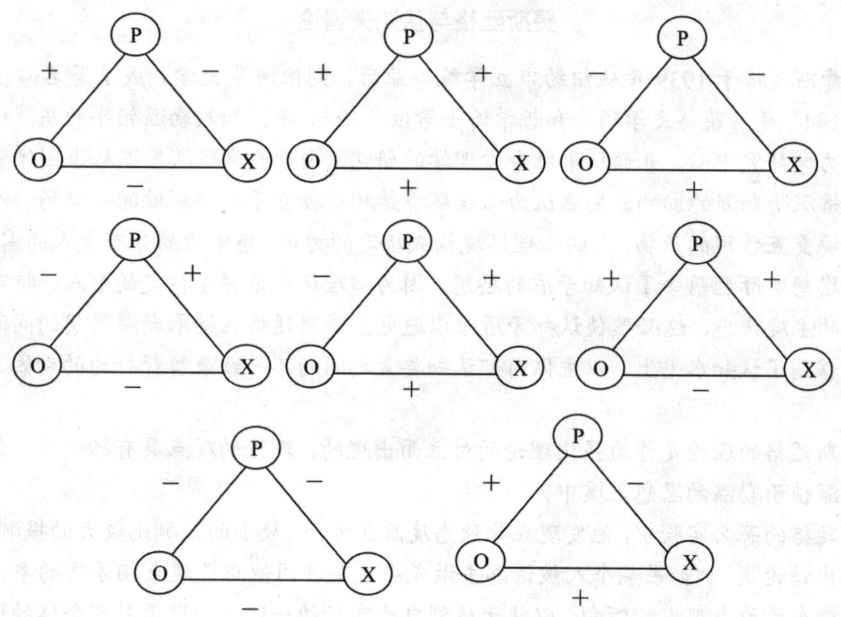

图 7-6　P-O-X 模型

3. 认知失调理论

认知失调理论是美国社会心理学家费斯廷格提出的。这一理论的基本出发点是，人们在观点、态度、行为之间具有一种一致或平衡的取向，即两个认知元素之间要达到一致的趋向。所谓认知元素，是指一个人对自身、对自己的行为及对环境所了解的事情。费斯廷格认为，每种认知结构都是由诸多基本的认知元素构成的，而认知结构的状态也就自然取决于这些基本的认知元素相互间的关系。他将这种关系分为三种可能性：

(1) 协调，此时两种元素的含义一致。

(2) 不相干，此时两种元素的含义互不牵连。

(3) 不协调，此时两种元素的含义彼此矛盾。

不协调的程度可以用以下公式说明：

$$\text{不协调的程度}=\frac{\text{不协调认知数目}\times\text{认知对象的重要性}}{\text{协调认知数目}\times\text{认知对象的重要性}}$$

费斯廷格认为，作为心理上的不适，不协调的存在将推动人们去努力减少不协调，并力求达到协调一致的目的。减少不协调的具体途径有三条：

(1) 改变行为。

(2) 改变态度。

(3) 引进新的认知元素。

【小资料 7-3】

费斯廷格与认知失调论

利昂·费斯廷格于 1939 年从纽约市立学院毕业后，到依阿华大学，成了著名心理学家勒温的研究生。1942 年，获得文学硕士和哲学博士学位。1945 年，加入勒温领导的马萨诸塞技术研究所团体动力学研究中心，开始从事社会心理学的研究。由于长期跟随勒温从事团体动力学的研究，费斯廷格深受勒温的影响。勒温认为心理环境是相对独立于物理环境的心理场，人的行为是人与心理环境交互作用的产物，人的心理环境构成特定的力场，场中力的分布受人的需求的制约。勒温的上述思想实际已蕴含了认知矛盾的思想，因为心理环境依赖于特定的个人、特定的时间和空间、特定的主观状态，这必然使认知矛盾难以避免。费斯廷格在继承勒温思想的同时，将理论的参照点转移到了认知水平上，以主体内部认知要素之间的不一致来解释行为的动因，创立了认知失调论。

尽管费斯廷格的理论是作为强化理论的对立面出现的，理论的观点具有独创性，但是他的观点的萌芽却深植于勒温的思想土壤中。

在费斯廷格的著名实验中，他发现在导致态度改变方面，较小的报酬比较大的报酬更有效果。由此，他得出结论说："如果某个人被诱惑去做或去说某件同他自己观点相矛盾的事，则个体会产生一种改变自己原来观点的倾向，以便于达到自己言行的一致……用于引发个体的这种行为的压力越小，态度改变的可能性越大；压力越大，态度改变的可能性越小。"

实验需要被试者执行一件极其枯燥乏味的工作。实验分 3 个组进行，每组 20 人：①控制组；②1 美元报酬组；③20 美元报酬组。实验者告诉被试者，他们正在从事的工作事实上是非常有趣的，并要求被试者告诉后面的被试者(实际上是实验者的同伙)这项工作的确令人高兴和愉悦。上述过程完毕后，实验者要求被试者以 5～15 之间的任一数值表示工作令人欢欣的程度。结果不出所料，所有的实验组都比控制组对工作有更高程度的估价。这一现象用传统的强化理论是不能解释的。更少的报酬能导致更大的态度改变，而更多的报酬成了坚持原有态度的理由，因而不会导致失调的体验，更无法导致观点或态度的改变。

费斯廷格的这一实验曾引起激烈的争论。许多学者重新设计实验以验证费斯廷格的发现，却没有发现支持费斯廷格结论的有力证据。1965 年，罗森伯格(Rosenberg)曾设计过一项实验，实验结论与费斯廷格的结论恰好相反，态度的改变与报酬的多少成正比，即报酬越多，态度改变的倾向越大。

资料来源：http://tieba.baidu.com/f?kz=325484653(编者对原文有删减)

4. 多属性态度模型

多属性态度模型有好几种不同的表达方式，其中菲什宾的影响最大。

菲什宾理论的主要观点是，人们对显著信念的评价能引发他们对事物的整体的态度。简单地说，人们趋向喜欢有“好的属性”的对象，趋向不喜欢有“坏的属性”的对象。在菲什宾多属性模型中，对对象的整体态度由两个因素构成：显著信念与对象的联系程度以及对显著信念的评价。其公式为

$$A_0 = \sum_{i=1}^{n} b_i e_i$$

式中，A_0为对对象的态度；b_i为有属性 i 的对象的信念强度；e_i为对属性 i 的评价；n 为与此对象有关的显著信念的数量。

对于大多数事物，我们都有一些信念。例如，我们也许相信并认为健怡可乐：几乎不含热量；含有咖啡因；相对来说贵一些；是一家大公司生产的。关于这种品牌饮料的所有信念构成了对于健怡可乐的认知。这里需要指明的是，信念不必是正确的或真实的，只要消费者相信就行。

人们对于任何的产品、品牌或事物都可以形成许多信念。但是由于人们的认知能力是有限的，不可能在头脑里储存关于某一事物的所有信念，所以只有很少一部分信念被激活然后被有意识地考虑到。那些被激活的信念称为显著信念。只有对对象的显著信念才能形成人们对对象的态度，进而产生相应的行为。因此，了解消费者态度的关键是弄清显著信念。图 7-7 列举了消费者对佳洁士牙膏的一些信念。

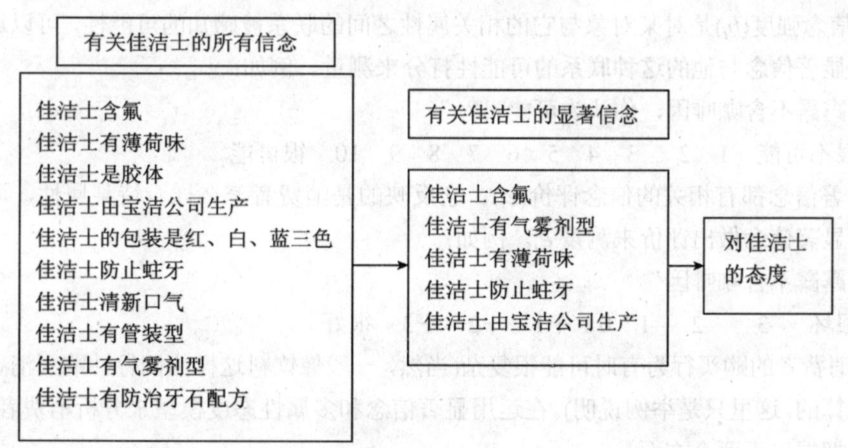

图 7-7　消费者对佳洁士牙膏的一些信念

人们对产品或品牌的信念(尤其是显著信念)之所以能预测人们的态度和行为，是因为许多关于产品属性的信念本身具有评价性质。“防止蛀牙”“可靠的表现”“吸引人的式样”等通常被视为正面信念。一个产品或品牌与越多的正面信念相联系，每种信念的正面程度越高，则人们的态度就越积极，就越可能导致人们的购买行为。

多属性态度模型说明了人们在整合过程中通过结合对产品的显著信念的评价和信念的强度，从而形成对该产品的整体的态度。那么，消费者在实际的购买决策中是怎样整合他们的知识的呢？下面举例说明。

表7-2说明了消费者如何把信念的强度和信念的评价结合起来以形成对两种品牌饮料的态度。这个消费者分别对每种品牌的三种属性有显著信念，这些信念在内容、强度和评价上有所不同。

表7-2 多属性态度模型的一个例子

产品	饮料1(露露)			饮料2(低热量百事可乐)		
属性	不含咖啡因 (i=1)	纯天然成分 (i=2)	杏仁味道 (i=3)	不含卡路里 (i=1)	含咖啡因 (i=2)	可乐味道 (i=3)
信念强度	$b_{11}=10$	$b_{12}=5$	$b_{13}=8$	$b_{21}=7$	$b_{22}=6$	$b_{23}=10$
信念评价	$e_{11}=3$	$e_{12}=1$	$e_{13}=-1$	$e_{21}=2$	$e_{22}=-3$	$e_{23}=1$
总体态度	$A_{01}=27$			$A_{02}=6$		

其中：

$$A_{01}=\sum_{i=1}^{n} b_{1i}e_{1i}=10\times3+5\times1+8\times(-1)=27$$

$$A_{02}=\sum_{i=1}^{n} b_{2i}e_{2i}=7\times2+6\times(-3)+10\times1=6$$

由于 $A_{01}>A_{02}$，可以预测到该消费者在买饮料的时候，他更倾向于露露而不是低热量百事可乐。

这里，信念强度(b_i)是对某对象与它的相关属性之间的联系被感知的可能性，可以通过让消费者为每一种显著信念与他的这种联系的可能性打分来测量。例如：

“露露不含咖啡因，你认为可能吗？”

很不可能 1 2 3 4 5 6 7 8 9 10 很可能

每一显著信念都有相关的信念评价(e_i)，它反映的是消费者怎么样看待某属性，同样可通过让消费者对显著信念做出评价来测量 e_i。例如：

“露露不含咖啡因”

很坏 −3 −2 −1 0 ＋1 ＋2 ＋3 很好

可见，消费者的购买行为有时可能很复杂(当然，一般像饮料这样的例行性购买消费者是不会这样仔细计算的，这里只是举例说明)。在运用显著信念和多属性态度模型来分析消费者的行为时，营销人员要把握以下两个方面。

第一，消费者对产品或品牌的信念的强度受到他们过去经历的影响。而且，消费者在实际使用某产品后对该产品的属性或结果的信念的强度会趋于更高，而仅仅是通过广告宣传或与营销人员交谈而形成的信念强度就要低得多。这是因为建立在亲身经历基础上的信念更容易被激活，从而对人的态度和行为产生更大的影响。因此，营销人员可以通过分发免费样品或出售便宜的小包装试用品来增加消费者的实际接触，从而最大限度地把潜在顾客转化为现实顾客。

第二，一般来说，有关一个对象的显著信念的数量不会超过九个。如果一个消费者解释和整合信息的能力有限，那么他对许多对象所能得到的显著信念就会更少。而且，正如表7-2所显示的，对显著信念的评价按每个显著信念的强度成比例地对对象的心理和行为产生影响。因此，对积极的属性强的信念将比同等积极的属性较弱的信念对对象的态度产生更大的影响。同理，消极的信念评价按照它的信念强度“权重”成比例地影响对对象的心理和行为，减少对对象的态度的积极性质。可见，对同一产品来说，由于消费者可能看重的是不同的属性，因而他可能对各属性赋予不同的“权重”，其结果就是不同的消费者对产品或品牌会产生不同的偏爱。

5. 精细加工可能性模型

佩蒂等人提出的精细加工可能性模型(elaboration likelihood model，ELM)，有助于说明不同的广告内容在消费者态度改变过程中的作用。这一理论模型把消费者态度改变归纳为两个基本路径：中枢的和边缘的。中枢说服路径把态度改变看成消费者认真考虑和综合信息的结果，即消费者进行精细的信息加工，综合多方面的信息，分析和判断广告商品的性能与证据。边缘说服路径认为态度的改变不在于考虑商品本身的性能及证据，不在于进行逻辑推理，而是根据广告中的一些线索，如专家推荐、广告诉求点的多少、信息源的可信度、广告媒体的威望、广告是否给人美好的联想和体验等直接对广告做出反应。

该理论认为，广告的信息内容和策略与潜在消费者的路径选择有密切关系，处理认知性信息时，中枢路径被激活；处理情绪性信息时，激活的是边缘路径。但是，路径的选择除了和广告内容有关以外，还和消费者自身的条件有关系。因此，弄清楚不同的路径起作用的条件是至关重要的。

后来有学者(Maclnnis 和 Jaworski)认为消费者是否通过中枢路径对广告进行精细的加工取决于其MAO水平：M指动机(motivation)，消费者必须处于高卷入状态；A指能力(ability)，消费者必须具有必要的知识和信息加工技能；O指机会(opportunity)，指消费者接触广告时的条件是促进还是妨碍信息加工的程度，如分心的刺激或时间限制不利于信息加工，适当的重复有利于信息加工。只有同时满足了这三个条件，精细的信息加工才有可能。因此，当消费者具有较高的MAO水平时，中枢路径在品牌态度的形成过程中起主要作用，在这种情况下，广告宣传中应提供更具体、更具有逻辑性和事实性的信息；反之，当消费者的MAO水平较低时，边缘路径起主要作用，理性广告会因为消费者缺乏相应的信息处理的动机或能力而显得枯燥，而情感广告则容易引起消费者的共鸣。例如，促使新新人类购买其崇拜的青春偶像在广告上推荐的某种饮料的原因，实际上与该饮料的特性毫无关系，起作用的是对偶像的喜爱。这是因为人们在对该饮料本身的特性不太了解的情况下，只能通过该信息的外围因素(如产品包装、广告形象吸引力或信息的表达方式)来决定该信息的可信性。

【小资料 7-4】

需要满足与态度改变

美国推销专家戈德更在他所著的《推销技巧》中指出："所谓推销，就是要使顾客深信，他购买你的产品是会得到某种好处的。""买卖一种产品，目的在于满足人们的某种需要，买卖本身只不过是达到这一目的的一种方式。推销员不应该单纯向顾客推销产品，而应借助所推销的产品，想方设法唤起并刺激顾客，使他们为满足其现在或将来的需要产生购买欲望，商品推销本身处于次要地位。"下边有几则广告措辞，它们虽然都是为同一件事或商品所做的广告，但由于广告措辞的不同，带给人们的心理感受就有很大的差异，因而在影响消费者态度的效果上也会有所不同。

(1) 在同一时间，两位旅游代理商持有基本相同的旅游计划和旅游标准，对意大利度假事宜刊登广告，招揽顾客。这两张广告的共同特点是：设计美观、新颖，文字简单明了，广告摆放场地合宜。其中一张广告上写的是："为您包办去意大利的假日旅游事宜。"另一张上写的是："请您今春去意大利度假。"

(2) 在一次展销会上，展示了各种不同的洗碟机。一家公司的洗碟机上有这样一条广告："本洗碟机用电子计算机控制，为厨房必备电器。"竞争对手的洗碟机上的广告是："有了本洗碟机，您再也不用亲自动手洗涤餐具了。"

(3) 两家公司分别就电动剃须刀刊登广告。一条是："您为何不用电动剃须刀？"另一条是："您想每天早晨节省四分钟的剃须时间吗？"

7.2.2 影响消费者态度改变的因素

态度的改变有两种情况：一个是方向的改变，另一个是强度的改变。例如，原来不喜欢某家商场，后来变得喜欢了，这是方向的变化；原来对某商场有犹豫不决的态度，后来表示非常愿意到这家商场购物，这就是强度的变化。当然，方向与强度也有关系，从一个极端转变到另一个极端，既是方向的改变，又是强度的改变。

影响消费者态度改变的因素主要有以下几个方面。

1. 消费者本身的因素

消费者的需要、性格特点、智力水平、自尊心、受教育程度以及社会地位等，对态度的改变都会产生影响。

(1) 需要。态度的改变与消费者当时的需要密切相关，如果能最大限度地满足他当时的需要，则容易使其改变态度。

(2) 性格特点。从性格上看，凡是依赖性强、暗示性高或比较随和的人容易相信权威、崇拜他人，因而容易改变态度。反之，独立性强、自信心高的人则不容易被他人说服，因而不容易改变态度。

(3) 智力水平。就一般而言，智力水平高的人，由于具有较强的判断能力，能准确分析各种观点，不容易受他人左右。反之，智力水平低的人，难以判断是非，常常人云亦云，因而容易改变态度。

(4) 自尊心。自尊心强的人，心理防卫能力较强，不容易接受他人的劝告，因而态度改变也比较难。反之，自尊心弱的人则敏感易变。

其他如受教育程度高和社会地位高的人要想改变他们的态度也比较难。

2. 态度的特点

态度的强度、态度形成的因素、态度的价值性、态度的三种成分之间的关系以及原先的态度与要求改变的态度之间的距离等都能对消费者态度的改变产生影响。

(1) 态度的强度直接影响消费者态度的改变。一般来说，消费者受到的刺激越强烈、越深刻，态度的强度就越大，因而形成的态度越稳固，也越不容易改变。例如，消费者在购物中受到营业员的人身侮辱或在超级市场寄存物品时贵重物品被损或丢失，会使消费者产生强烈的愤怒或不满，因而对某商场或某家超级市场产生强烈的否定情绪。这种态度一经形成就难以改变。

(2) 态度形成的因素越复杂，越不容易改变。例如，一个消费者对某商场的否定态度如果只依据一个事实，那么只要证明这个事实是纯偶然因素造成的，消费者的态度就容易改变过来。而如果态度是建立在很多事实的基础上的，那么要改变态度就比较难。

(3) 态度的价值性也对消费者的态度产生重要影响。态度的价值性是指态度的对象对人的价值和意义的大小。如果态度的对象对消费者的价值很大，那么对他的影响就会很深刻，因而一旦形成某种态度后，就很难改变。反之，态度的对象对消费者的价值小，则他的态度就容易改变。

(4) 构成态度的三种要素(认知成分、情感成分、行为成分)一致性越强，越不容易改变。如果三者之间直接出现分歧、不一致，则态度的稳定性较差，也就比较容易改变。

(5) 消费者原先的态度与要改变的态度之间距离的大小。要转变一个人的态度取决于他原来的态度如何，如果两者差距太大，往往不仅难以改变，反而会使之更加坚持原来的态度，甚至持对立的情绪。例如，要让一个恐高症患者或在一次空难中死里逃生的人乘飞机旅行几乎是不可能的事。

3. 外界条件对态度改变的影响

除了消费者和态度本身的特点影响态度的改变以外，一些外界条件也能改变消费者的态度。这些外界条件有以下几点。

(1) 信息的作用。从某种意义上说，消费者的态度是他们在接受各种信息的基础上形成的。研究表明，能吸引注意力的、可理解的、可信的和容易记忆的信息具有较大的说服性。此外，信息传播的诉求特征和信息的结构特征也能影响消费者态度的改变。例如，很多广告采用恐怖诉求、幽默诉求、情感诉求等来对消费者产生影响。在信息的结构特征方面，涉及的最基本的一个问题就是单面信息和双面信息。在广告和销售展示中，营销者往往只展现产品好的一面，却一点不涉及产品可能具有的负面特征或某个竞争产品可能具有的优势，这类信息就是单面信息。而双面信息就是同时提供产品好的和不好的方面，是一种反直觉的做法，大多数营销人员都不愿意尝试这种做法。但是，对于改变那些已有的强烈态度，双面信息往往比单面信息更加有效。而且，双面信息对于受过较高教育的消费者特别有效。单面信息则在巩固已有态度方面比较有效。当然，产品的类型、环境因素和广告形式都会影响这两种信息的相对有效性。

(2) 消费者之间态度的影响。态度具有相互影响的特点。因为消费者之间的意见交流，不会被认为是出于个人的某种利益，也不会被认为是有劝说其改变态度的目的，因而不存在戒备心理。此外，由于消费者之间角色身份、目的和利益的相同或相似性，彼此的意见也容易被接受。事实证明，当一个人认为某种意见是来自与他自己利益一致的一方时，他就乐于接受这种意见，有时甚至主动征询他人的意见，以作为自己的参考。

(3) 团体的影响。消费者的态度通常是与其所属团体的要求和期望相一致的，这是因为团体的规范和习惯力量会无形中形成一种压力影响团体内成员的态度。如果个人与所属团体内大多数人的意见相一致，他就会得到有力的支持；否则，就会感受到来自团体的压力。例如，虽然某消费者非常想买一套家庭影院，但由于他所在团体的人们都买了计算机，所以他也就打消了买家庭影院的念头，而去买了计算机。这就是所谓的群体压力下的“从众行为”。

(4) 企业形象对消费者态度的影响。一般情况下，具有良好形象的生产企业推出的产品容易得到消费者的信赖和喜欢，这是大量市场销售实践所证明的。这是因为消费者一般深信，名牌产品是不会让他们失望的。而商品经销企业在销售生产企业的产品过程中所表现出的经营思想、经营艺术、服务质量、服务水平及商业信誉等在某种程度上也体现了商品经销企业的形象。

【小资料 7-5】

老大娘买李子的故事

有位老大娘到小区门口的水果摊买李子。她走到第一个卖李子的摊位前，小贩说：“大娘，买李子不？我敢保证我的李子又大又甜，这次吃了下次您还想买。”老太太听了，摇了摇头，走了。

她走到第二个卖李子的摊位前，问：“李子怎么卖？”小贩说：“我这有两种李子，一种是甜的，一种是酸的，您要哪一种？”老太太说：“给我一斤酸的吧。”于是小贩给老大娘称了一斤酸李子。

老大娘又随便看了看，望见还有一家摊位卖李子，于是走上去说：“你这个李子多少钱一斤？”第三个小贩说：“我的李子有很多种，不知道您想要哪一种？”老大娘说：“酸的。”小贩奇怪，问：“您为什么要酸的呢？一般人都爱吃甜的。”老大娘说：“我儿媳妇怀孕了，喜欢吃酸的李子。”小贩说：“大娘，您对您儿媳妇真好，做您的儿媳妇真是三生有幸。我这里还有一些猕猴桃，我听说吃猕猴桃对孕妇特别好，您这么疼爱儿媳妇，不如买一些给您媳妇尝尝。”于是老大娘又买了一斤猕猴桃。小贩继续说：“大娘，您以后说不定还会买水果给您儿媳妇吃的，我天天都在这里做生意，您有机会多来光顾我，如果您觉得好的话，我给您更多的优惠。”老大娘高兴地答应了。

第一个小贩犯了什么错误？

只知道推销产品，而不从顾客的角度来考虑问题，还没有了解客户的需求和信息，他就盲目地做出了判断。

第二个小贩犯了什么错误？

第二个小贩诚实，但是他完成了交易之后就就此罢休了，没有问老太太买酸李子的真正原因是什么。

第三个小贩好在什么地方？

他尝试去了解他的顾客，探寻顾客的真正需求，问老太太为什么要买酸李子，并借此机会挖掘更深的销售机会。因此，探寻顾客的需求是非常重要的，也是首要的任务。

资料来源：http://wenku.baidu.com/view/a8d3e801e87101f69e319599.htm. 2014-07-23(编者对原文有删减)

分析提示：从上述案例可以看出，只要企业能从顾客的角度出发，提供高质量的服务，就能赢得消费者。

7.2.3　改变消费者态度的策略

说服消费者是营销宣传的中心目标。在信息社会，消费者每天都会受到各种商品信息的轰炸，并逐步掌握了不少策略以维持已形成的消费态度。不过，即使消费者的态度固若金汤，还是可以通过很多方法突破消费者的这种“保护机制”。在营销实践中，改变消费者态度的策略有很多，这里主要介绍以下几种。

1. 改变态度的基本动机功能

改变基本动机功能是通过使态度的某一功能特别突出，从而来调整消费者的态度。如前所述，态度的基本功能包括效用功能、自我防卫功能、价值表达功能和知识功能。消费者对同一产品的喜爱，可能是基于不同的理由，因此，可以通过改变态度的基本功能来改变消费者的态度。例如，斯沃琪(Swatch)手表借着新奇和有创意的外形设计，而将手表由原先以计时为主要功能转变成以传达个人风格和收藏的价值为主要功能。因此，调整了过去消费者对手表的看法和态度，同时也吸引了那些喜欢价值表达功能的消费者。

【小资料7-6】

火烤过的香蕉为何竟被高价抢购？

一位美国商人鲍洛奇，早年在美国一个叫杜鲁茨城的最为繁华的街道替老板看摊卖水果。有一次，老板贮藏水果的冷冻厂发生了一场火灾。当消防人员赶来把大火扑灭时，16箱香蕉已被大火烤得变成了土黄色，表面还出现不少小黑点。但这些香蕉一点都没变质，相反，由于火烤的原因，还别具一番风味。

老板把这些香蕉送到鲍洛奇的摊位上，让他降价处理。当时，普通香蕉每磅的售价是4美分，老板让鲍洛奇以每磅2美分出售。老板还交代，香蕉只要能够卖出去，不至于浪费就行了，即使价格再低一点也可以卖。不少顾客走到摊前，见到这些丑陋不堪的香蕉，都摇着头转到别的摊位去了。第一天，鲍洛奇只卖出了8磅。

第二天一大早，鲍洛奇就开始叫卖了：“各位先生，各位女士，大家早上好！我刚批过来一些进口的阿根廷香蕉，风味独特，只此一家，数量有限，快来买呀！”很快，鲍洛奇的摊前就围了一大群人。众人盯着这些黄中带黑的“阿根廷香蕉”，有些犹豫，不知道要不要买。看到这么多人围到自己的摊位前，鲍洛奇兴奋极了，立刻说：“阿根廷香蕉，阿根廷香蕉！最新进口的，我们公司好不容易批到的。这种香蕉产在阿根廷靠海的地区，阳光充足，水分多，风味独特！”

人们还是将信将疑，鲍洛奇不失时机地问一位穿着得体的小姐：“小姐，请问您以前尝过这种‘阿根廷香蕉’吗？”这位小姐在摊位前张望很久，鲍洛奇早就注意到她了。她好奇地盯着这些香蕉，很像打算买，只是还没有最后拿定主意。鲍洛奇决定从她身上打开突破口。

“哦，我可没有，从来没有尝过。这些香蕉蛮有意思的，只是有点黑。”小姐说。

“这正是它们的独特之处，否则的话，它们就不叫阿根廷香蕉了。你见过鹌鹑蛋吧？鹌鹑蛋也是带有黑点，但是鹌鹑蛋却特别好吃，不是吗？”

鲍洛奇说：“请您尝尝，您从来没有尝过风味如此独特的香蕉，我敢打赌！”于是他马上剥了一只香蕉递到小姐的手里，小姐接过去吃了一口。

"味道怎么样，是不是非常独特？"鲍洛奇追问道。

"嗯，味道确实与众不同。我买8磅。"小姐说。

"这样美味的阿根廷香蕉只卖10美分一磅，已经是最便宜的啦。我们公司好不容易弄到这么点儿货，错过机会您想买就买不到了。"鲍洛奇大声吆喝起来。

既然那位小姐已经带头买了，而且说味道独特，再加上鲍洛奇的鼓动，大家不再犹豫，纷纷掏出钱来，想尝尝"进口的阿根廷香蕉"到底是什么样的独特味道。于是你来5磅，他来3磅，很快，16箱被大火烤过的香蕉竟然以高出市价1倍多的价钱卖得精光。

资料来源：齐振松. 善抓客户好奇心. 中国医药报(市场周刊)，2008-12-1

启示：在众多消费者中，有相当一部分人的购买行为是受求新、猎奇购买动机驱动的，也有的是受追求高档、显示身份地位所驱动，还有的是受从众动机驱动，更多的是几种动机兼而有之。此例中的鲍洛奇正是从命名、定价、产地、口味到寻找"购买带头人"(穿着体面的小姐)等多个环节，抓住了具有这几类购买动机的消费者群体，一举把"残次品"售罄。

2. 改变态度的构成成分

我们知道，态度的构成成分有三个：认知成分、情感成分和行为成分。因此，可以通过改变态度构成中的任一成分，来达到最终改变消费者态度的目的。

(1) 改变认知成分

改变认知成分指改变消费者对品牌或产品的信念，其具体方法有以下几种。

① 促使消费者对产品有新的积极的评价，这是最常用的策略。这种策略往往需要产品有新的形态，如标识、包装、颜色、功能等。例如，我国的机绣产品在这方面具有较大的成功。我国的机绣品做工精细，针法千变万化，且能表现复杂的图案和色彩，具有其独特的一面，在中东地区已有了较大的地位和市场，市场占有率很高。但在20世纪70年代末期，已习惯于使用我国产品的中东地区和国家、东南亚地区、韩国等成为我们在中东地区机绣产品的有力竞争对手，这个市场有被其他各国逐步瓜分的危险。在进行大量市场调查的基础上，辽宁省工艺品进出口公司对客户们普遍提出的我国产品多年来始终是老面孔、包装陈旧、无吸引力、上不了超级市场货架等问题进行了分析。为了改变这一局面，有关部门及时地设计出了符合当地风俗习惯的新包装，其式样、款式、花色都比较新颖独特，又能摆在超级市场的货架上。产品一经推出，就得到了当地进口商们的一致赞赏，纷纷提出了大量的供货要求，一下子恢复了我国机绣产品一枝独秀的局面。

② 提高已存在的积极信念的强度。营销人员也可以通过改变消费者已存在的积极信念的强度，来影响消费者的态度。在欧洲，20世纪90年代中期，牛肉的消费下降了50%以上，这严重打击了牛肉供应商。研究表明，消费者受鸡肉广告的吸引，认为鸡肉含有更低的胆固醇和卡路里，而原来对牛肉种种健康性的信念被遗忘了。为此，牛肉行业委员会花费数千万元广告费，将牛肉和鸡肉做比较，从而重新唤起并加强了消费者认为牛肉是健康食品的信念，并在短期内使牛肉的消费量有了很大的提高。

③ 降低已存在的消极信念的强度。黄油和蛋黄等食品的属性曾获得很积极的评价，因为它给食品以丰富和令人满意的味道。但20世纪90年代后，黄油和蛋黄成为心血管疾病的罪魁祸首，消费者普遍持有负面和消极的看法。克拉夫公司推出它的无脂色拉佐料(蛋白奶油)和蛋黄酱产品

系列，重点打消消费者对高脂、高胆固醇食品的顾虑和消极态度，打开了市场。

(2) 改变情感成分

营销人员越来越多地试图在不直接影响消费者品牌信念和行为的条件下先影响他们的情感，促使他们对产品产生好感。一旦消费者以后对该类产品产生需要，这些好感会导致购买行为。甚至，好感会直接促进购买，在使用过程中建立对品牌的正面信念。营销人员建立消费者对产品的好感的方法有三种：经典性条件反射、激发对广告本身的情感和增加对品牌的接触。

① 利用经典性条件反射。企业将消费者喜爱的某种刺激与品牌名称放在一起展示，多次反复就会将该刺激产生的正面情感转移到品牌上来。例如，极限挑战运动能够激发消费者感受力量和毅力的正面情感，如果把极限挑战运动的镜头与某运动饮料的品牌多次在一起播放，就会将消费者对该项运动的喜爱转移到本品牌上来。

② 激发对广告本身的情感。消费者如果喜爱一则广告，也能导致对产品的正面情感，进而提高购买参与程度，激发有意识的决策过程。使用幽默广告、名人广告、比较广告、情感性广告等都能增加受众对广告的喜爱，这类广告中不一定要含有具体的认知信息。消费者对广告本身的态度(如喜欢或不喜欢)是营销成败的关键。

③ 增加对品牌的接触。研究表明，大量的品牌接触也能增加消费者对品牌的好感。对于低度参与的产品，可以通过广告的反复播放提高消费者的喜爱程度，而不必改变消费者最初的认知结构。这里，重复是以情感为基础的营销活动的关键。重复的真正意义是使人们获得积极的熟悉感，从而更倾向于认同和选择。不过，只有适当的重复才可以增加人们的接受性。过分的重复将产生惯性，会使消费者由于厌倦不再注意那些信息。所以，聪明的广告商总是以丰富、变化的广告画面与创意去重复强调同一主题，而很少以广告的反复播放来获得重复效果。可口可乐就是以独具风情的广告来打开不同国度的市场的。

(3) 改变行为成分

行为能够直接导致认知和情感的形成。因此，营销人员可以直接引发消费者的行为，然后透过行为来改变消费者的态度。例如，某消费者不喜欢某品牌电扇，认为它是无名小厂生产的，外观粗糙，但是在天热的时候附近商店没有别的品牌电扇出售，或者其他品牌电扇价钱太贵，只好买了该品牌电扇。使用后感到风力很大，也很耐用，就改变了对该品牌电扇的认知和情感。研究显示，试用产品后所形成的态度会更持久和更强烈。

3. 利用依从技术

从接受他人请求而行动，使别人请求得到满足的行为，称为依从。做广告的人和说服性专业人士(如推销员、政治家、律师等)有很多说服他人的技巧，这些技巧通常都与推销术有关。常用的技巧有以下几个。

(1) 登门槛技巧(foot-in-the-door technique)

这是常见的一种推销术，原意是指推销员只要把脚踏进人家的大门，就能成功地实现推销的目的。现在，“登门槛技巧”泛指在提出较大要求前，先提出较小的要求，通过使别人接受较小的要求，从而改变对较大要求的态度并相应增加其接受性。很多电话推销者使用这一技巧：他们首先提一个小请求并得到人们的赞同，接下来便会竭力推销产品。

【小资料 7-7】

登门槛技巧

在 1966 年由费里得曼和费拉瑟两位心理学家通过实验证明了这种效应。心理学家挨家挨户地去找各家的主妇，声称他们正在为“安全驾驶委员会”工作，希望得到主妇们对这一运动的支持，请她们在一份请愿书上签名，这份请愿书将送到州参议员的手中，请求他们为安全驾驶立法而努力。几乎所有被请求的妇女都同意签名。

几个星期以后，心理学家再次上门要求这些签了名的主妇和一些新找来的主妇在她们的院子前面竖一块不太美观的大牌子，上面写着“谨慎驾驶”。结果以前同意在请愿书上签名(一个小要求)的主妇，55%以上同意竖这块牌子(一个大要求)，而以前没签过名的主妇只有不到 17%的人同意。让那些主妇同意最初的小要求，使后来顺从大要求的人数增加了三倍多。

资料来源：http://baike.baidu.com/view/232172.htm(编者对原文有删减)

(2) 低球技术(low-ball technique)

低球技术与登门槛技巧相类似，也同样是很好的诱发态度改变的方法。具体做法是，先提出一个小的要求，待别人接受后马上提出一个更大的要求。有些推销员往往在推销出低价位商品后，再抓住有利时机推荐高价格商品。研究表明，运用低球技术要比直接提出较大要求更容易被人们所接受。例如，二手车销售商往往把价格标得很低，等到顾客同意出价购买时，又以种种借口加价。日常生活中，如果你请别人帮忙时开始就提出较大要求，很容易遭到拒绝，而先提出较小要求，别人同意后再增加要求的分量，则更容易达到目标。

低球技术与登门槛技巧同为激发人们依从行为的渐进策略，但二者是有区别的。登门槛技巧的两步之间有一定的时间间隔，且两个要求之间没有直接的联系。而低球技术的两步操作是紧接在一起的，没有较长的时间间隔，而且两个要求之间有直接的联系。

(3) 吃闭门羹技巧(door-in-the-face technique)

这正好是与登门槛技巧相对应的现象，是指人们拒绝了一个较大要求后，对较小要求的接受程度增加的现象。比如，当营销代理商提出一个大的请求，遭到拒绝后，他们通常立即提出一个较小的、更加合乎情理的请求。在日常生活中，当有人设法以通情达理的方式对待你的时候，反过来你也会觉得难为情，甚至以更合理的方式回应他。很多推销员完全明白，第一个不合理的请求肯定会遭到拒绝，从而增加了第二个更合理的请求被同意的可能性。在日常销售活动中，售货员的标价和砍价就是对这种技术的应用。

心理研究者查尔迪尼等人曾做过一项研究。研究人员将参与实验的大学生分成两组：对第一组大学生，研究人员要求他们带领少年们去动物园玩一次，需要两个小时，仅有 17%的学生答应了这个请求；对第二组大学生，研究人员首先请求他们花两年时间担任一个少年管教所的义务辅导员，这是一件费时费力的工作，几乎所有的大学生都谢绝了，他们接着提出了一个较小的请求，希望大学生带领少年们去动物园玩两个小时，结果，有 50%的学生答应了这一请求。

(4) 那不是全部技巧(that's-not-all technique)

很多推销员通过附加免费奖励(如“请别走，买了这套刀具，你还会免费得到一把剪刀和一个蒸笼”)，或者在消费者拒绝购买前通过主动降价取悦消费者，以获得消费者的依从。这就是所谓的那不是全部技巧。在这种情形下，推销员看起来像是设法提供一桩好交易，因此消费者会感到难为情，不得不设法使自己通情达理。

心理学者伯格曾进行一系列的实验，测验那不是全部技巧的有效性和协调因素。其中的一个实验是在一个面包店里，以 75 美分的价格向那不是全部技巧组的被试者推销一个杯形蛋糕，并通过附加两个免费小甜饼来取悦消费者。在对照组，一开始就告诉被试者用 75 美分可以买一个杯形蛋糕和两个小甜饼。尽管两组的买卖相同，销售结果却大不一样：实验组有 73%的被试者接受这项交易；而对照组只有 40%的被试者接受这项交易。

(5) 角色扮演技巧(role-playing technique)

角色扮演技巧是指人依照自己的角色行事，如为师者，传道、授业、解惑，便是在扮演自己的角色；也指模仿别人的角色行事，如老师不在，学生干部代替老师管理班级，也是一种角色扮演。

在一个有关角色扮演的经典性研究中，研究者先测量被试者对某一事物的态度，然后要求几个被试者扮演演说家的角色，按照既定的要求做一次发言，每次发言所表达的是一种比被试者本人原有态度更为极端的态度，其他被试者则仅仅是这几位发言者的听众。角色扮演后，实验者对被试者的态度重新做了测量。结果发现：扮演演说家角色的被试者态度沿着发言时所做表现的态度方向，发生了重大改变，而听众的态度却很少受影响。一些研究进一步揭示：在角色扮演中所花费的力气越大，改变态度的效果就愈好。他们让被试者做一次与他们原有态度不一致的讲话，并且让他们同时通过耳机听自己讲演的声音。为了提高任务的难度，说话的声音延迟几分钟后才通过耳机传入其耳朵。这时，被试者既要讲话，又要听自己刚刚讲过的话，相当困难。结果显示，“延期听反馈”的被试者有双倍的可能被他自己的讲话所说服，这是因为，为自己不相信的某件事花费巨大的力量，要比只花费轻微力量能够引起更大的不协调，更有可能改变态度。

(6) 运用逆反心理

逆反心理泛指个人用反向的态度与行为来对外界的劝导做出反应的现象。实质上，所谓逆反心理是个人心理抗拒反应的一种特殊形式，它并不是一种心理的变异反应，而是人在适应外部环境时的一种正常心理机能。

探究周围世界的未知事物是人类普遍的行为反应。对一件事物做不说明原因的简单禁止，会使这件事具有区别于其他事物的特殊吸引力，使人自然地将更多的注意转移到这件事物之上。为什么某些电影、书籍越禁止越走俏？从认知失调理论的观点来说，当人们感到禁止的理由不充分时，就找不到充分理由来扼制自己的探究欲望，从而心理的平衡会朝违反禁止的方面倾斜，使人倾向于做出偷食禁果之类的行为。实验证明，对一件东西的外部禁止越是严格，它对人们的吸引力也越大。在美国，有一位名叫费理德曼的心理学家做过这么一项有趣的试验。他先将一所小学的两个班级中的学生各随机抽取 20%，划分为 A、B 两个组。然后他在 A 组的孩子中放置一些色泽迥异的电动玩具，然后用警告而神秘的口吻对他们说：“谁也不许碰它，否则我将严厉惩罚他！”在 B 组中同样放置这类玩具，他做出一副漫不经心的样子，然后和蔼地说：“请你们不要动它，不然我会生气的。”一周之后，让上述 A、B 两组的孩子各自写出他所喜欢的东西时，结果，被费理德曼训斥的 A 组几乎都非常喜爱这些电动玩具，而 B 组却对此不感兴趣。这种奇妙的现象称为“罗森塔尔效应”。通俗地讲，这是一种逆反心理，当外在理由越充分，刺激越强烈，人的内心需求越强，好奇感也就越大；反之，刺激越小，人的内心需求越弱，好奇心也就越小。因而在营销的过程中，要把握住客户消费者的需求，未必要做广告，铺天盖地地吆喝，这样往往达不到预期的效果，反而浪费了不少的精力和财力，最主要的是要采取一种特别的方式来达到销售的目的。

【小资料 7-8】

“鬼苹果”的推广

马铃薯从美国传入法国的历史非常具有启发性。马铃薯刚传入法国时长期得不到推广，原因是宗教界称它为“鬼苹果”，医生认为它有害健康，农学家则说它会枯竭土壤。而当时法国正面临着食品不足的危机。法国著名农学家巴蒙蒂埃在德国做俘虏时曾经吃过马铃薯，他回国后，努力推广马铃薯，但经过了很长时间也没能说服任何人栽种马铃薯，于是他采取了一个计策。1787年，国王批准他在一块以贫瘠著称的土地上种植马铃薯，他要求国王派遣全副武装的士兵在田野里看守马铃薯，但是这些士兵白天守卫，一到晚上就撤回去。这样做的结果却激起了人们的好奇心，他们开始在晚上偷偷地把马铃薯挖出来，然后种在自己家的菜园里。马铃薯就这样在法国传播开来，而这正是巴蒙蒂埃所企求的。

资料来源：荣晓华. 消费者行为学. 大连：东北财经大学出版社. 2011:170

【小思考 7-2】

自由市场上的售货人会将价格定得远远超过实际应有的价格，然后在讨价还价中，再设法让顾客在拒绝高价后接受一个比高价低得多，而实际上又高于应有价格的价目。这是上面五种技巧中的哪一种？

答：吃闭门羹技巧。

7.3 本章小结

本章主要介绍了消费者态度的有关理论及改变消费者态度的方法和技巧。态度是指个人对某一对象所持有的评价与行为倾向。态度具有以下特点：对象性、习得性、内隐性、稳定性和可变性。态度的功能有知识功能、价值表达功能、自我防卫功能、效用功能。态度的背后有三个层面：认知成分、情感成分和行为成分。态度的上述三种成分之间的关系涉及态度的层次问题。所谓态度层次，是指这三种成分之间的发生顺序。具体包括高度参与层次、低度参与层次、经验学习层次和行为学习层次。在通常情况下，态度的三个成分之间是一致的。但研究也表明，态度的三个成分之间也可能存在着不一致的现象。当态度的三种成分出现冲突的时候，情感成分起主要作用。

态度即便不能完全预测人们的实际行为，却可以很好地预测人们的消费偏好。所谓消费偏好，是指人们趋向于购买某类商品或到某类商场购物的心理倾向。消费偏好与消费行为之间有着直接相关。态度是偏好形成的基础。心理学研究表明，态度至少有两个特征对偏好的形成具有重要影响：第一是态度的强度，第二是态度的复杂性。消费者在选择消费对象时，会考虑各消费对象能使他获得哪些利益，即消费对象能满足他需要的程度，从而导致他对这一消费对象的相对偏好。

态度形成和改变的理论很多，本章主要介绍了凯尔曼的阶段论、弗里茨·海德的认知平衡理论、费斯廷格的认知失调理论、菲什宾的多属性态度模型理论及佩蒂等人提出的精细加工可能性模型。

改变消费者态度的策略主要有改变态度的基本动机功能、改变态度的构成成分、利用依从技术。对于改变态度的构成成分，可以分别改变态度的认知成分、情感成分和行为成分。改变态度的认知成分的方法有促使消费者对产品有新的积极的评价、提高已存在的积极信念的强度、降低已存在的消极信念的强度。改变态度的情感成分的方法有利用经典性条件反射、激发对广告本身的情感、增加对品牌的接触。利用依从技术的方法有登门槛技巧、低球技术、吃闭门羹技巧等。

7.4　思考与技能实践

7.4.1　基本训练

1. 简答题

(1) 消费者态度有哪些层次？每一层次的营销策略是什么？

(2) 导致消费者态度和实际行为之间差异的因素有哪些？

(3) 菲什宾的多属性态度模型是怎样的？在运用显著信念和多属性态度模型来分析消费者的行为时，营销人员要把握好哪些问题？

(4) 精细加工可能性模型的基本内容是什么？

(5) 影响消费者态度改变的因素主要有哪些？

2. 选择题

(1) 当态度的三种成分出现冲突的时候，起主要作用的是(　　)。

A. 认知成分　　B. 情感成分　　C. 行为成分

(2) 消费者先有感觉，然后产生行动，最后再思考。这是消费者态度层次中的(　　)。

A. 高度参与层次　　B. 低度参与层次　　C. 经验学习层次　　D. 行为学习层次

(3) 态度的一致性主要和两个因素有关：态度的强度与(　　)。

A. 稳定性　　B. 价值性　　C. 习得性　　D. 可变性

(4) 心理学家 H. C. 凯尔曼提出了态度形成有三个阶段，即(　　)。

A. 服从　　B. 同化　　C. 外化　　D. 内化

(5) 当消费者的 MAO 水平较低时，起主要作用的是(　　)。

A. 中枢路径　　B. 边缘路径　　C. 水平路径

3. 判断题

(1) 人们不可能在头脑里储存关于某一事物的所有信念。　　(　　)

(2) 精细加工可能性模型认为，消费者处理认知性信息时，激活的是边缘路径。　　(　　)

(3) 态度形成的因素越复杂，越不容易改变。　　(　　)

(4) 对于改变那些已有的强烈态度，单面信息往往比双面信息更加有效。　　(　　)

(5) 低球技术的两个要求之间没有直接的联系。　　(　　)

7.4.2 技能训练

1. 消费者态度的构成

(1) 态度的成分

心理学家认为态度的背后有三个层面：认知成分、情感成分和行动成分。

态度的认知成分是指对人、对事物的认识、理解和评价，即通常所说的信念或想法。它是态度形成的基础。

态度的情感成分即一个人对某事物的感觉，或在某事物激发下的情绪。它是指个人对一定事物的喜欢或厌恶、尊敬或蔑视、同情或冷淡。

态度的行为成分是指个人对态度对象的反应倾向，具体可表现为表达态度的言语和行为。

(2) 消费者态度的层次

所谓态度层次，就是指这三种成分之间的发生顺序。具体包括以下四种。

高度参与层次：消费者首先有想法，然后产生感觉，最后才付诸行动。

低度参与层次：消费者行动在先，然后产生感觉，最后才形成想法。

经验学习层次：消费者先有感觉，然后产生行动，最后再思考。

行为学习层次：消费者的行为最先出现，接着根据该行为形成信念，最后才是情感。

2. 改变消费者态度的策略

(1) 改变态度的基本动机功能。

(2) 改变态度的构成成分。

① 改变认知成分。改变认知成分的方法有促使消费者对产品有新的积极的评价、提高已存在的积极信念的强度、降低已存在的消极信念的强度。

② 改变情感成分。营销人员建立消费者对产品的好感的方法有三种：经典性条件反射、激发对广告本身的情感和增加对品牌的接触。

③ 改变行为成分。

(3) 利用依从技术。常用的技巧有登门槛技巧、低球技术、吃闭门羹技巧等。

7.4.3 操作练习

1. 实务题

找两则广告，一则说明情感成分的使用，而另一则说明认知成分的使用。在你看来，为什么在每一则广告中各自的企业采取这种方式？

2. 综合题

影响消费者态度改变的因素有哪些？假如你想在大学生中形成对香烟消费的反对态度，那么你将侧重于态度的哪种成分？为什么？你将使用哪种类型的广告诉求？为什么？你是采用单面信息传递还是双面信息传递？为什么？

7.4.4 案例分析

把斧子卖给总统

美国有一位名叫乔治·赫伯特的推销员，成功地把一把斧头推销给小布什总统。布鲁金斯学会得知这一消息后，把刻有“最伟大推销员”的一只金靴子赠予了他。这是1975年该学会的一名学员成功地把一台微型录音机卖给尼克松总统以来，又一学员登上了如此高的门槛。

布鲁金斯学会创建于20世纪初，以培养世界上最杰出的推销员著称于世。学会有一个传统，在每期学员毕业时，设计一道最能体现推销员能力的实习题让学生去完成。克林顿当政期间，他们出了这么一道题目：请把一条三角裤推销给现任总统。八年间，有无数个学员为此绞尽脑汁，可是，最后都无功而返。克林顿卸任后，布鲁金斯学会把题目换成：请将一把不甚锋利的旧斧子推销给小布什总统。许多学员知难而退。因为现在的总统什么都不缺少，即使缺少，也用不着他亲自购买；再退一步说，即使他亲自购买，也不一定正赶上你去推销的时候。

然而，乔治·赫伯特却做到了，并且没有花多少工夫。他认为，把一把斧子推销给小布什总统是完全可能的。因为，布什总统有一座农场，那里长着许多树。于是他给布什总统写了封信。信中说：“有一次，我有幸参观过您的农场，发现那里长着许多矢菊树，有些已经死掉，木质已变得松软。我想，您一定需要一把小斧头，但是从您现在的体质来看，这种小斧头显然太轻，您大概需要一把不甚锋利的旧斧头。现在我这儿正好有一把这样的斧头，它是我祖父留给我的，很适合砍伐枯树。假若您有兴趣的话，请按这封信所留的信箱给予回复……”最后布什总统就给乔治·赫伯特汇来了15美元。

乔治·赫伯特成功后，布鲁金斯学会在表彰他的时候说：金靴子奖已空置了20多年。20多年间，布鲁金斯学会培养了数以万计的推销员，造就了数以百计的百万富翁。这只金靴子奖之所以没有授予他们，是因为布鲁金斯学会一直想寻找这么一个人，这个人不因为说某一目标不能实现而放弃，从不因某种事情难以办到失去自信。

资料来源：荣晓华. 消费者行为学. 大连：东北财经大学出版社. 2011:173

问题：

(1) 乔治·赫伯特为什么能成功？

(2) 用所学的哪一个态度理论能比较恰当地解释乔治·赫伯特的成功营销？

7.4.5 网上调研

在互联网上访问几个登载广告的一般的或娱乐性的站点。

1. 找到并描述某个试图改变以下态度成分的广告：

(1) 情感成分。

(2) 认知成分。

(3) 行为成分。

2. 找到并描述某个使用以下因素或成分促成态度形成或改变的广告：

(1) 可靠的信息源。

(2) 恐惧诉求。

(3) 幽默诉求。

7.4.6 单元实践

巧用“吃闭门羹技巧”

在一架班机即将着陆的时候，乘客们忽然听到乘务人员报告：由于机场拥挤腾不出地方，飞机暂时无法降落，着陆时间将推迟一小时。顿时，机舱里响起一片喧嚷抱怨之声。尽管如此，乘客们也不得不做好思想准备：在空中等上这令人难熬的一小时。谁知几分钟之后，乘务员又向乘客宣布：晚点时间将缩短到半个小时。听罢这个消息，乘客们都如释重负地松了一口气。又过了几分钟，乘客们再次听到机上的广播说：“最多再过三分钟，本机即可着陆。”这一下，乘客们个个喜出望外，拍手称快。虽然飞机仍然是晚点了，但乘客们却反而感到庆幸和满意。

问题：飞机晚点了，乘客们为什么反而感到庆幸和满意？试用所学的理论加以解释。

实践要求：按照上述方法，临时给学生留一次作业，看学生们的反应。

第 8 章

消费者的个性、自我意识与生活方式

【学习目标】

知识目标：了解个性、自我意识的内容和特点；理解品牌个性的价值与来源、自我意识的结构及生活方式对营销人员的意义；认识和了解有关个性的理论。

技能目标：具有能根据消费者的外部表现来分析顾客类型的技巧，并掌握与不同类型顾客交往的方法。

能力目标：具有熟练分析消费者个性的能力；具有运用 VALS2、CHINA-VALS 和全球扫描系统来细分消费者的能力。

【案例导读】

大宝护肤品：面对工薪阶层

大宝是北京三露厂生产的护肤品，在国内化妆品市场竞争激烈的情况下，大宝不仅没有被击垮，而且逐渐发展成为国产名牌。据《人民日报》1997 年市场调查，大宝获得护肤品市场占有率、受欢迎程度和知名度三项第一，获 1996 年全国市场产品竞争力调查美容化妆品类理想品牌、实际购买品牌和购物首选品牌三项桂冠。这些数据表明，只要定准了目标，消费者自然会选择你的产品。

在日益增长的国内化妆品市场上，大宝选择了普通工薪阶层作为销售对象。既然是面向工薪阶层，销售的产品就一定要与他们的消费特征相吻合。一般来说，工薪阶层的收入不高，很少选择价格较高的化妆品，而他们对产品的质量也很看重，并喜欢固定使用一种品牌的产品。因此，大宝在注重质量的同时，坚持按普通工薪阶层能接受的价格定价。价格同市场上的同类化妆品相比占据了很大的优势，本身的质量也不错，再加上人们对国产品牌的信任，大宝很快争得了顾客。许多顾客不但自己使用，也带动家庭其他成员使用大宝产品。

大宝还了解到，使用大宝护肤品的消费者年龄在 35 岁以上居多，这一类消费群体性格成熟，接受一种产品后一般很少更换。这种群体向别人推荐时，又具有可信度，而化妆品的口碑好坏对销售起着重要作用。大宝正是靠着群众路线获得了市场。

在广告宣传上，大宝是唯一可与外资化妆品广告攻势相抗衡的国产品牌。大宝强调广告媒体的选择一定要经济而且恰到好处，因而选择了中央电视台二套节目播出，理由是该台不仅向全国播出，而且故事片多，许多消费者在闲暇时喜欢收看。更重要的是，中央二套的广告价格较一套便宜许多，还可以套播。大宝赞助了大宝国际影院和大宝剧场两个栏目。这样加起来，每日在电视上能见到七八次大宝的广告，如此高密度、轰炸式的广告，为大宝带来了较高的知名度。

广告的成功还在于广告定位与目标市场相吻合。大宝曾经选用体育明星、影视明星做广告，但效果不是很好。后来大宝一改化妆品广告的美女与明星形象，选用了戏剧演员、教师、工人、摄影记者等实实在在的普通工薪阶层，在日常生活的场景中，向人们讲述了生活和工作中所遇到的烦恼以及用了大宝护肤品后的感受。广告的诉求点是工薪阶层所期望解决的问题，于是，“大宝挺好的”“要想皮肤好，早晚用大宝”“大宝明天见，大宝天天见”等广告词深深植入了老百姓的心中。

资料来源：汪彤彤. 消费者行为分析. 上海：复旦大学出版社，2008

启示：在我国，工薪阶层是人数较多的群体，他们经济收入居中等水平，生活上能够温饱，没有奢望，注重实际，追求消费的实用性，消费心理比较稳定。“大宝”能够成功，最为关键的就是它抓住了这一群体的这些特征，在产品定位、质量、定价、广告宣传上都为工薪阶层量身定制，最终引起了他们的共鸣，成为他们心中的品牌。

可见，在许多情况下，生活方式是一个人自我意识的外在表述。也就是说，在一定的经济条件下，一个人所选择的生活方式，很大程度上受到他的自我意识的影响。同时，生活方式又与人的个性密切相关。一方面，生活方式很大程度上受个性的影响。例如，一个具有拘谨、保守性格的消费者不大可能选择诸如蹦极、跳伞之类的探险活动。另一方面，生活方式关心的是人们如何生活、如何消费等外显行为，而个性侧重于从内部来描述，更多地反映消费者的知觉特征、情绪情感等。可以说，二者是从不同的层面来刻画个体。基于以上的分析，本章分别来论述消费者的个性、自我意识和生活方式。

8.1 消费者的个性

消费者在购买活动中所表现出来的千差万别的行为，主要是由于消费者不同的个性心理所决定的。个性是人们在一定的生理素质的基础上，在一定的社会历史条件下，通过社会实践活动形成和发展起来的。

8.1.1 个性的含义与特点

1. 个性的含义

个性(在西方又称人格)一词源于拉丁语 Persona，它有两个含义：一方面，原指演员在舞台上所戴的假面具，后引申为一个人在生命舞台上所扮演的角色；另一方面，指能独立思考、具有独特行为特征的人。由于个性结构较为复杂，因此，许多心理学者从自己研究的角度提出个性的定义。西方人格心理学家奥尔波特曾综述过几十个不同的定义。例如，美国心理学家吴伟士认为：“人格是个体行为的全部品质。”美国人格心理学家卡特尔认为：“人格是一种倾向，可借以预测一个人在给定的环境中的所作所为，它是与个体的外显与内隐行为联系在一起的。”

这里介绍一个比较具有综合性的概念：个性是个人在适应环境的过程中所表现出来的系统的、独特的反应方式。它是由个人在其遗传、环境、成熟、学习等因素交互作用下形成的，并具有很大的稳定性。

首先，这个定义强调了个性是人对环境做出的一种反应，而这种反应在不同的人之间是不同的，带有浓重的个人色彩；其次，这种独特的反应方式具有系统性、完整性和稳定性；最后，个性的形成主要受四种因素的影响，即遗传、环境、成熟、学习。婴儿出生后只是一个个体，并没有形成自己的个性，尚未成长为一个社会的人，所以，称他们为“未成人”。随其成长，他的内部世界在丰富着、发展着、完善着，最后成长为一个从事社会实践活动的独立的个体，成长为完全的、现实的、具体的社会成员，形成了全面整体的个人、持久统一的自我，这时他便具备了自己的个性。

2. 个性的特点

研究个性必须探讨它的特性及表现，这样才能把个性心理与其他心理现象区别开来。个性具有以下几方面特点。

(1) 自然性与社会性

人的个性是在先天的自然素质的基础上，通过后天的学习、教育与环境的作用逐渐形成的。因此，个性首先具有自然性，人们与生俱来的感知器官、运动器官、神经系统和大脑在结构上与机能上的一系列特点，是个性形成的物质基础与前提条件。但人的个性并非单纯自然的产物，它总是要深深地打上社会的烙印。初生的婴儿作为一个自然的实体，还谈不上有个性。

个性又是在个体生活过程中逐渐形成的，在很大程度上受社会文化、教育教养内容和方式的塑造。可以说，每个人的人格都打上了他所处的社会的烙印，即个体社会化结果。正如马克思所说：“‘特殊的人格’的本质不是人的胡子、血液、抽象的肉体本性，而是人的社会特质。”

(2) 稳定性与可塑性

个性的稳定性是指个体的人格特征具有跨时间和空间的一致性。在个体生活中暂时的偶然表现的心理特征，不能认为是一个人的个性特征。例如，一个人在某种场合偶然表现出对他人冷淡，缺乏关心，不能以此认为这个人具有自私、冷酷的个性特征。只有一贯的、在绝大多数情况下都得以表现的心理现象才是个性的反映。

尽管如此，个性或人格绝不是一成不变的。因为现实生活非常复杂，随着社会现实和生活条件、教育条件的变化，年龄的增长，主观的努力等，个性也可能会发生某种程度的改变。特别是在生活中经历过的重大事件或挫折，往往会在个性上留下深刻的烙印，从而影响个性的变化，这就是个性的可塑性。当然，个性的变化比较缓慢，不可能立竿见影。

(3) 独特性与共同性

个性的独特性是指人与人之间的心理和行为是各不相同的。因为构成个性的各种因素在每个人身上的侧重点和组合方式是不同的，如在认识、情感、意志、能力、气质、性格等方面反映出每个人独特的一面，有的人知觉事物细致、全面，善于分析；有的人知觉事物较粗略，善于概括；有的人情感较丰富、细腻，而有的人情感较冷淡、麻木等。就如同世界上很难找到两片完全相同的叶子一样，也很难找到两个个性完全相同的人。

强调个性的独特性，并不排除个性的共同性。个性的共同性是指某一群体、某个阶级或某个民族在一定的群体环境、生活环境、自然环境中形成的共同的典型的心理特点。正是个性具有的独特性和共同性才组成了一个人复杂的心理面貌。

8.1.2 个性理论

有关个性的理论很多，这里主要介绍在消费者行为和个性的关系研究中起着比较重要作用的几种理论。

1. 卡特尔人格理论

美国心理学家卡特尔根据自己的研究，确定人格包含十六种根源特质。于是他把十六种因素在某些情况下可能产生的表现编成十六组，每组包括十几个问题的试卷，每个问题有三个答案，供被试者选择。然后根据被试者得分进行统计处理，找出被试者的人格特质。这就是卡特尔的《十六种人格因素测验》(简称 16PF)。卡特尔的十六种人格因素特质是：①乐群性；②聪慧性；③情绪稳定性；④好强性；⑤兴奋性；⑥有恒性；⑦敢为性；⑧敏感性；⑨怀疑性；⑩幻想性；⑪世故性；⑫优虑性；⑬激进性；⑭独立性；⑮自律性；⑯紧张性。

2. 精神分析理论

在所有的人格理论中，内容最复杂而且影响最大的是弗洛伊德创立的精神分析理论(也称心理分析理论)。弗洛伊德的精神分析理论不仅对心理学本身产生了巨大的影响，甚至可以说，20 世纪人类文化的每一个方面，几乎都受到精神分析理论的影响。正因为精神分析理论的影响太大，同时也由于该理论本身的局限性，引起了很多学者们的批评与研究，并形成了所谓新精神分析学派。所以，后人把精神分析理论分为经典的(即弗洛伊德的)精神分析理论与新精神分析理论两种。

弗洛伊德的人格理论，主要可以分为两大主题：人格结构与人格发展。这里主要介绍弗洛伊德的人格结构。

在弗洛伊德看来，人格是一个整体，在这个整体之内包括彼此关联且相互作用的三个部分，分别称为本我、自我和超我。由于这三个部分的交互作用而产生的内驱力，支配了个人所有的行为。

(1) 本我。本我是人格结构中最原始的部分，是遗传下来的本能。本我之内包含着一些生物性的或本能性的冲动(最原始的动机)，其中又以原始性的冲动和破坏性冲动为主，这些动机就是推动个人行为的原始动力。弗洛伊德把这种原始动力称作“力比多”。外在的或内在的刺激都有可能促使力比多增加，而力比多增加时就会增加个人的紧张与不安。为了降低紧张，本我要求立即满足需求以发泄原始的冲动。所以本我是受“快乐原则”支配的，由本我支配的行为不但不受社会规范、道德标准的约束，甚至由本我支配的一切都是潜意识的。

(2) 自我。自我是个体在与环境的接触中由本我发展而来的。在本我阶段因为个体的原始性冲动需要获得满足，就必须与周围的现实世界相接触，从而形成自我适应现实环境的作用。例如，因为饥饿而使本我有原始性的求食冲动，但是哪里有食物以及如何取得食物等现实问题，必须靠自我与现实接触才能解决。因此，人格的自我部分是受“现实原则”所支配的。自我介于本我与超我之间，它的主要功能有以下几方面：一是获得基本需要的满足以维持个体的生存；二是调节本我的原始需要以符合现实环境的条件；三是管制不为超我所接受的冲动；四是调节并解决本我与超我之间的冲突。由此可见，自我是人格结构中的主要部分。

(3) 超我。超我是在人格结构中居于管制地位的最高部分，是由于个人在社会化的过程中将社会规范、道德标准、价值判断等内化之后形成的结果。平常所说的良心、良知、理性等，都是超我的功能。本我寻求快乐，自我考虑现实环境的限制，超我则明察是非善恶。所以，超我是本我与自我的监督者，它的主要功能有：管制社会所不接受的原始冲动；诱导自我使其能以合于社会规范的目标代替较低的现实目标；使个人向理想努力达成完美的人格。

本我、自我、超我三者不是完全独立的，而是彼此交互作用而构成人格整体。一个正常的人，其人格中的三部分经常是彼此平衡而和谐的。本我的冲动应该有机会在合于现实的条件下，并在社会规范许可的范围内，获得适当的满足。

【小思考 8-1】

弗洛伊德的人格结构中，受道德原则支配的是哪一个？

答：超我。

3. 自我论

自我论是 20 世纪 50 年代以来发展起来的一种个性理论。这里的“自我”，是指个体对自己心理现象的全部经验，它是描述性的，而不是像精神分析学说那样是动力的和解释性的。自我论的主要代表人物有罗杰斯和马斯洛。这里简单介绍一下马斯洛的观点。

马斯洛认为，心理学不应该只偏重研究挫折、冲突、焦虑、仇视等属于异常者的行为，更应该对正常人的欢愉、鼓舞、爱情、幸福等健康生活上的问题加以研究。马斯洛对人类行为持乐观的看法，他认为人类不像动物主要靠本能支配的行为方式，人类的行为受环境及社会文化影响而有很大的可变性。

马斯洛的个性理论主要讨论两方面的问题：一方面讨论人类动机的发展，另一方面讨论自我实现者的个性特征。马斯洛把动机称为需要，又按需要的性质和彼此间的关系排列为五个层次，其中自我实现的需要是最高层次的需要。

总之，强调以人为本的自我论，将个性心理学的研究带入了一个新的境界。自我论改造了特质论者的支离与精神分析论者的病态观的缺点，它重视整个的人、健康的人，使个性心理学的研究范围扩大，研究的目标更高。

4. 人格状态理论

1964 年加拿大临床心理医生埃里克·伯恩博士在其专著《人们玩的游戏》一书中，提出了一种新的人格结构理论。该理论把人格分成三个部分，或者说人格是由三种自我状态构成的，它们分别是儿童自我状态、成人自我状态和父母自我状态。

(1) 儿童自我状态

一个人最初形成的自我状态就是儿童自我状态。儿童自我状态由自然的情感、思维和行为构成。一个人按他的儿童自我状态行动时，他或者想怎么干就怎么干，称为自然儿童自我状态；或者按他小时候所受的训练来行动，称为顺应儿童自我状态。

儿童自我状态是一个人的人格中感受挫折、不适当、无依无靠、欢乐等情感的那一部分。此外，儿童自我状态也是好奇心、创造性、想象力、自发性、冲动性和新发现引起的激动等的源泉。儿童自我状态负责人们完全不受压抑的、表面可笑的行为，天真烂漫的行为以及自然的言行。

儿童自我状态是人格中主管情感和情绪的部分。人们的欲求、需要和欲望大部分也由儿童自我状态掌管。每当一个人感到自己需要什么东西时，他的儿童自我状态就表达了他的愿望。例如，“我还想吃一块糖！”或者“我还没玩够。”可见，儿童自我状态表现出来的多是原始的、具有动机或动力性的东西。如果一个人的儿童自我状态疲弱，那么他就是一个缺乏活力的、刻板的人。

(2) 成人自我状态

成人自我状态是人格中支配理性思维和信息的客观处理的部分。成人自我状态掌管理性的、非感情用事的、较客观的行为。当一个人成人自我状态起主导作用时，他待人接物比较冷静，处事谨慎，尊重别人。这种状态支配下的人，说话办事逻辑性强，喜欢探究为什么、怎么样等。

(3) 父母自我状态

父母自我状态是人们通过模仿自己的父母或其他在其心目中具有父母一样权威的人物而获得的态度和行为方式。父母自我状态提供一个人有关观点、是非、怎么办等方面的信息；父母自我状态以权威和优越感为标志，是一个“照章办事”的行为决策者，通常以居高临下的方式表现出来。父母自我状态具有两面性：一方面是慈母式的，如同情、安慰；另一方面是严父式的，如批评、命令。父母自我状态告诉人们应该怎么样，也帮助人们分清功过是非。

在一个心理健康的人身上，这三种自我状态处在协调、平衡的关系中，三者都在发挥作用。在不同的情境中，有时是他的儿童自我状态起主导作用，有时是他的成人自我状态起主导作用，而有时是他的父母自我状态在支配着他的行为。哪种自我状态起主导作用，要视当时的具体情况而定。

【小思考 8-2】

埃里克·伯恩博士的这三种自我状态大体上和本节有关人格理论的哪个理论相对应？

答：大体上与弗洛伊德的“超我”“自我”和“本我”相对应。

8.1.3 个性类型

关于个性类型的划分有两种方式：一种是基于纯心理学理论研究的成果，如内倾或外倾、男性气质或女性气质、内控型或外控型、自尊或自卑等；另一种是从应用的角度而划分的个性类型。

1. 基于纯心理学理论划分的个性类型

基于纯心理学理论来划分的人格类型主要有以下几种。

(1) 内倾和外倾

最早在心理学领域内规范化地使用内倾和外倾这一概念的是心理学家荣格。他认为人在与周围世界发生联系时，人的心灵一般有两种指向，一是指向个体内在世界，称为内倾；另一种是指向外部环境，称为外倾。具有内倾性格特点的人一般比较沉静、富于想象、爱思考、退缩、害羞、敏感、防御性强；而外倾者则爱交际、好外出、坦率、随和、轻信、易于适应环境。内倾和外倾实际上是个连续体，而不是各自独立的两个极端。大多数人处于内倾和外倾这一连续体中的某一位置上，绝对内倾或外倾的人并不多见。管理者一般认为不同的工作岗位对人格特征有相应的要求，通常不会有人挑选一个内倾的人担当推销员的工作。

(2) 内控型和外控型

内控型的人，是那种坚定地认为自己是自己命运的主宰，只有自己才能控制自己的命运的一类人。这种人独立性强，不容易受外界影响而改变自己的行为。这种人如果碰到了好事，则认为是自己努力的结果。如果遇到倒霉事，也只怪自己，认为是自己造成的，因而这种人从不怨天尤人。

外控型的人则相反。他认为一切事情都是命运主宰的，自己只是处于被动地位。因此，无论成功还是失败，他们总认为是外力的结果。例如，面对一次升迁机会，如果没能如愿，内控型的人会认为自己还不合格，可能是自己工作干得还不太出色或资历不够；而外控型的人则可能会骂领导，认为是领导不公正。研究表明，外控型的人相对于内控型的人对工作更不满意，对工作环境更为疏远，对工作的投入程度更低，缺勤率更高。同样对自己所处的环境不满意，内控者倾向于离职，而不是继续留在这里工作。

(3) 自卑型和自尊型

把人分为自卑、自尊两大类型也是一种心理学的基本观点。所谓自卑，就是认为自己软弱、无能，对自己评价较低；自尊则是自视较高，认为自己了不起，对自己的能力估计较高。

一般情况下人们有时会有自卑感，这并不表明这个人有问题或不正常，相反它会构成一种追求卓越的力量，促使人做出更大的努力，最终获得成功并因此而产生优越感。但是如果过于自卑，就可能摧垮一个人，导致整日唉声叹气，最终一事无成。

有时人们为了掩饰自卑心理以求得心理平衡，会显出很高傲的样子，表现出强烈的自尊，但这种高傲假象很容易被识破。因为这种高自尊的人比较敏感、脆弱，而且攻击性较强，一有机会就会贬低别人以抬高自己。这种人通常不会有所作为，只是小心翼翼地把自己笼罩在高傲的幻象中，欺骗自己以求自安。这样的人是组织中事端的制造者之一。

恰当的自尊是必要的，它是维护个人心理的统整性、保持心理健康的重要前提。但一个人优越感过强、自视太高就可能变成一个专横跋扈、自吹自擂、傲慢无礼、爱贬低别人的人。这样的人在组织中与他人合作时容易发生问题。

(4) 马基雅维里主义(Machiavellianism)

马基雅维里，16 世纪意大利人，著有关于如何获得和操弄权术的专著。信奉高马基雅维里主义的人重视实效，保持情感的距离，相信结果能替手段辩护，人与人之间没有什么信义可言。“只要行得通，就采用。”

高马基雅维里主义者更愿意操纵别人，赢得的利益更多，更难被他人说服，却更多地说服别人。高马基雅维里主义者在以下几种条件下工作成效显著：①当他们与别人面对面直接交往时；②当情境中要求的规则与限制最少，并有即兴发挥的自由时；③情绪卷入与获得成功无关时。

马基雅维里主义者的人格特点：①更相信自己；②心理稳定性好；③临危不乱；④当他们拥有自由权利时更富有创造性。例如，更多地使用欺骗手段，招法多且新，能从操纵中获得更多的满足。

“成者王侯败者寇”就是我们中国式高马基雅维里主义者的行为原则，“不饮盗泉之水，不受嗟来之食”则是低马基雅维里主义者的宣言。中国的传统文化褒扬后者，而贬抑前者。

2. 消费者的个性类型分析

根据消费者在购买活动中的表现，可以把消费者划分为以下几种类型。

(1) D型顾客(demanding customer，要求型顾客)

要求型顾客无疑是那种畅言无忌的顾客。当他们遇到他们想要的东西，便会马上买下来。但某种服务在他看来如果不到位，或者是他遇到什么问题，他会马上同你争吵。这种顾客是那种比较好战、容易惹麻烦的顾客。

研究表明，18%的顾客属于这种类型。他们总是在驱使他人，注重事情的结果，而且希望别人也如此。他们不注意细节，而且非常容易烦躁。如果你就某个技术故障做长篇的解释，他们连听第二句的耐心都没有。他们不在意事情的原委，而只注重事情的结果，而且他们要什么，就要马上得到。

如何辨认D型顾客呢？D型顾客的言谈、爱好溢于言表。他们对自己的身份很敏感。购买商品时他们要最好的。他们的服装时尚，而且价格很高。他们常富有竞争力，而且希望获胜。他们不喜欢细节，很愿意读经营方面的书。

由于具有D型特征的人把自己视为宇宙的中心，他们总是占据很大的空间，他们步履轻快，行为果敢，走在路上会把没有用的东西都踢开。如果D型人执行某种任务正朝你走来，赶快闪开，否则你会被撞到一边。对D型人来说，他们的任务或正在做的事情是唯一重要的东西，至少他们是这样认为的。他们总是把身体的重心放在前腿，以便随时冲出去，执行任务。

与D型顾客交往时的身体语言应注意：如果你正在为一个D型顾客服务，握手时一定要有力，眼睛正视着他，身体稍微靠前(但要保持应有的距离)。要知道他们不愿意与软弱的人打交道，他们愿意与了解他们的坚强、自信的人打交道。因此，在与他们接触时一定要把这一点表现出来。

如何与D型顾客交谈？与D型顾客讲话时，要直截了当。语调要洪亮、清楚、自信、直接。你的步履节奏要快，行动要雷厉风行，仿佛你正在采取措施和行动。

成功地与D型顾客交往的词语有快、马上、现在、今天、利益、底线、取胜、结果。表8-1列举了与D型顾客交往时应做的和不应做的。

表8-1 与D型顾客交往时应做的和不应做的

应 做 的	不 应 做 的
清楚、具体、击中实质	漫不经心，浪费时间
有所准备，安排有序	没有组织，丢三落四
抓住问题，不跑题	闲聊、传谣
提供的事实有逻辑性	模糊不清，漏洞百出
问具体问题办事	带有个人色彩
给出选择	替他们做决定

(2) I型顾客(influential customer，影响型顾客)

影响型顾客非常健谈。他们有一种与人交往并能得到肯定的强烈愿望。因此他们非常乐观，说话有说服力，有鼓舞性，对人非常信任。他们的谈话充满热情，脸上总是带着微笑，当然他们希望对方也这样。

如何辨认I型顾客？I型性格的人脸上总是露着微笑，非常健谈，也非常注重外表。I型性格的人喜欢读有关人物的杂志，喜欢事情正在进行时的气氛。I 型性格的人很容易辨认，走路时他们会停下与人打招呼，喜欢观察所有的事情。如果他们走路时撞到你身上，那是因为他们的注意力正集中在其他的人和事情上。I型性格的人总是迟到，谈话总是跑题，不是因为他们心不在焉，而是因为他们更喜欢的是交往，而不是谈话的主题。他们打电话时喋喋不休，热情洋溢。

与 I 型顾客交往时的身体语言应注意：I 型顾客喜欢有感染力的手势。他讲话时，你要面带微笑，离他近些，使他感到你对他的接受。

如何与I型顾客交谈？由于I型顾客讲话富有表情，同他们讲话时也要富有表情，这样他们才会注意听你讲话。你的声调应该显示出你的友好、热情、精力充沛、有说服力，讲话时有高低变化，语言要富有色彩，讲话时节奏要快，并多用手势。

成功地与I型顾客交往的词语有乐趣、我觉得、你看起来非常漂亮、最现代的、承认、最新的、太棒了、太好了。表 8-2 列举了与I型顾客交往时应做的和不应做的。

表 8-2　与I型顾客交往时应做的和不应做的

应　做　的	不 应 做 的
让他们畅谈自己的想法	做事太恪守方式
谈论人及他们的目标	讲话太简短，不爱讲话
询问他们的看法	注重事实、数据
告诉你的观点	不做决定
提供证据	讲话时显得高人一等
刺激他们的冒险欲望	陷入谈话的圈套，花太多的时间交谈

(3) S 型顾客(steady customer，稳定型顾客)

稳定型顾客很能包容。即使是商品有问题而使他感到很不方便，他也不会用抱怨的方式来麻烦你。S 型顾客有耐心、随和、有逻辑性和条理性。他讨厌变化，因为他不想让什么事打断他最初的生活秩序。在为S型顾客服务时，一定要让他有稳定感。

40%的顾客属于 S 型顾客。S 型性格的人总是能努力地工作，甚至是别人的工作。事实上，即使S型顾客不真正购买商品，他也会为其他顾客考虑。

如何辨认S型顾客？他们性格随和，衣着随便，购物时喜欢去自己熟悉、觉得可靠的地方。如果不是你把事情搞糟，或是伤了他们的感情，他们很有可能成为你终身的客户。

与S型顾客交往时的身体语言应注意：因为S型顾客随和，不喜欢变化，站在他们面前时应该身体靠后，身体放松，手势的幅度要小，要创造一种安静的气氛。

如何与S型顾客交谈？要创造一种安静的气氛，你讲话的语调应该温和、镇定、安静，音调要低，语速要慢，行动要有节奏，就像对待一个婴儿那样温柔体贴。

成功地与S型顾客交往的词有考虑一下、别急、信任、保证、诺言、安全、可靠、保守、稳定、让我帮助你。表 8-3 列举了与 S 型顾客交往时应做的和不应做的。

表8-3 与S型顾客交往时应做的和不应做的

应 做 的	不 应 做 的
用个人的评论开始谈话	单刀直入进入实质
表现出对他们的真诚	简单地摆事实
耐心倾听，要有反应	要求尽快答复
提出你的观点时应有逻辑性	威胁或要求
随便、非正式地提出建议	鲁莽、速度太快
避免伤害他们的感情	打断他们
对他们做出保证	把他们的接受误认为满意
给他们时间思考	强迫迅速做出决定

(4) C型顾客(compliant customer，恭顺型顾客)

C型顾客是完美主义者，他们希望一切都是精确的、有条理的、准确无误的。他们天性认真，做事讲究谋略。要想使C型顾客满意，你必须掌握所有的事实、数据、数字。他们做事严格认真、一丝不苟。C型顾客严格遵守规定，如果你在政策或做法上稍有偏误，他们马上就会让你知道。14%的顾客属于C型。

如何辨认C型顾客？C型顾客的脸上总是面无表情，你不知道他们在想什么。他们性格保守，这从他们的衣着就能看出。他们喜欢自己动手。

如果路上有什么挡道，C型性格的人极不情愿将它们搬走，最后只有经过各种分析、推理和权衡后，他们才可能把东西搬走。站着时，他们喜欢把双臂抱在胸前，一只手放在下巴下好像在思考。事实上他们也总是在思考问题。

与C型顾客交往时的身体语言应注意：不要有任何身体接触，也不要离他太近，只要站在对面，让他能看见你。站立时，身体重心要放在脚后跟。眼睛对视，少用或不用手势。

与C型顾客交谈时的语调语速应注意：和C型顾客交谈，你的语调一定要控制，不要起伏太大，他们对过分的反应会起疑心。讲话时要直接而简洁，语速要慢，行动也要慢，并且显出是经过深思熟虑后采取的行动。

与C型顾客交谈时的词汇有证据、证明保证没有冒险、研究表明、数据表明没有责任、这些都是事实信息、分析、思考一下。表8-4列举了与C型顾客交往时应做的和不应做的。

表8-4 与C型顾客交往时应做的和不应做的

应 做 的	不 应 做 的
有所准备	没有组织，乱七八糟
考虑问题的所有方面	强迫他们迅速做出决定
具体说明你所能做的事情	模糊不清
树立时间观念	许诺太多
引用名人的数字和事实	太重感情
给他们时间做出决定	出其不意
留给他们空间	身体接触

8.1.4　人格测验

人格测验有很多种类，这里介绍几个有代表性的人格测验。

1. 自陈量表

自陈量表是一类有组织和有一定随意程度的人格测验。该测验的类型一般以问卷形式组成，问卷项目的根据常常是以实验为基础的人格理论。项目的内容是具体的，对每一条项目都有两种或几种选择性回答，如同意、不同意，是、否，喜欢、无所谓、不喜欢。

一个自陈量表，可以设计用来测量单一人格特质，也可以设计用来测量多个人格特质。以下介绍的几个人格测验，都是测量多个特质的测验。这些测验都是国外学者所编制的，但都由国内学者修订为中文而在国内使用。在本章中已介绍过卡特尔的十六种人格因素量表，其对应的十六种人格因素问卷适用于十六岁以上的青年及成年人。明尼苏达多项人格测验(简称 MMPI)是著名的人格测验之一，是由美国明尼苏达大学教授郝兹威和莫肯利所编制，因而得名。该量表问世以来，被广泛应用于各种领域，如企业管理、教育、司法、医疗等。美国心理学家爱德华编制的“爱德华个人兴趣量表”(简称 EPPS)也是一个著名的自陈式人格量表。

2. 投射测验

上面介绍的人格量表，都有固定的题数，而且每题的内容都有具体清楚的说明。这种内容有组织、范围有限制的人格测验，虽然检测方便和易于整理，但是由于题目彼此分离，不能对人格的全貌有所了解，而投射法的人格测验能够弥补这一不足。

有人曾给投射测验下过这样的定义：投射测验是一种对行为的无意识和对隐藏的内容尤为敏感的工具，它允许甚至鼓励被试者回答广泛，千差万别，能在被试者对测验目的最少觉察的情况下引出他们非同寻常的、内容丰富的反应资料。

(1) 罗夏墨迹测验

罗夏墨迹测验由瑞士精神病学家罗夏创立。该测验包括十张内容不同的墨迹图片，其中五张是浓淡不同的黑色墨迹图，两张是红与黑的墨迹图，三张是几种颜色混合的墨迹图。该测验最初设计制作时，先在一张纸的中间滴上一些墨水，然后将纸对折，并用力压下，使墨汁向四周流动，就会形成两边对称但形状不定的图形。罗夏曾用多种这类图片，测量各种不同的被试者，最后选定具有代表性的十张，作为测验材料，并由此确定记分方法和解释被试者反应的原则。

【小资料 8-1】

如何进行罗夏墨迹测验

测验时，测验者先让被试者放松，只向他们提供足以完成任务的信息，然后呈现墨迹图，让被试者自由地考虑他从每张图片上看到了什么，想到了什么，图片像什么。这种测验属于个别测验的性质，每次只能检测一个人。在整个测试过程中，应该注意以下几个方面。其一，根据被试者所回答的内容是有生命的还是无生命的，是人还是动物，是可爱的还是厌恶的，测验者解释被试者人格上的差异。其二，对内容的解释可以有象征性意义，例如，狂暴行为象征强烈的厌恶，狐狸象征狡猾和侵略，鸵鸟象征躲避冲突等。其三，解释时还要注意全部回答的情况，不能以单一回答为基础，而是以全部反应为基础；同时，主试者还要记录被试者的语言反应，并注意他的情绪表现和伴随语言反应出现的行为。

罗夏墨迹测验也像人格理论一样受到了一些批评，罗夏本人也认为应该谨慎地看待测验结果，它们对人格的评定只能作为一种参考资料。

资料来源：http://baike.baidu.com/view/737941.htm(编者对原文有改编)

(2) 主题统觉测验

主题统觉测验(thematic apperception test，TAT)，是美国心理学家默里于1938年在哈佛大学创制的，是使用最广泛的投射测验。这种测验的性质，类似于小学生常见的看图说话的形式。全套测验包括三十张内容有些暧昧的卡片(全为黑白色)和一张空白卡片。图片内容大多是人物，兼有部分景物。

测验时，每一个被试者只能从三十一张图片中选取二十张图片(包括一张空白的在内)使用。选取标准要看被试者的性别与年龄而定。检测时，每次也只能测验一个人。进行时每次给被试者一张图片，要他以他所看到的内容为主题，凭个人的想象，编造一个故事。故事的内容不加限制，但必须符合以下几点：第一，图中所描绘的是怎样一个情境；第二，图中情境发生的原因是什么；第三，故事的结局会怎样；第四，个人的感想。

TAT的目的主要是唤起被试者的幻想，引起他们对生活中重要事件的联想。当要求他们猜想眼前的画面代表什么可能的事情时，被试者的人格特点就会在他想象的故事中流露出来。当他们认真地去理解这个模棱两可的情节时，防御就会更少，他们的内在倾向和欲望也更容易表露出来。这就为探索他们的人格特点提供了材料。

(3) 情境测验

情境测验就是主试者在某种情境下观察记录被试者的行为，从而测定其人格特质。用于测验人格的情境，主要有“实际生活情境”和“设计的情境”两种。前者多用在教育上，后者多用于对特殊工作人员的选拔上。用在教育上的有“品格教育测验”，用在特殊人员选拔上的有“情境压力测验”。

8.1.5 品牌个性

品牌是一个大的概念，不仅包括产品本身(名称、功能、质量、商标)，还包括品牌概念(品牌核心理念、产品概念)和品牌服务(服务人员塑造、服务质量、服务项目)。比如谈到海尔，我们就会想到“真诚到永远”的海尔口号、卡通形象“海尔兄弟”、优质服务、跨国公司，如果对公司有深入了解，还会感受到创新、竞争、团队合作的企业文化。

品牌个性就是品牌的独特气质和特点，是品牌的人性化表现。品牌是由诸多要素组合而成的，消费者最初只能认识到品牌的名称、标识、口号等视觉效果的东西。当品牌进入成熟期后，产品和品牌理念都已经比较稳定，消费群体也相对稳定，这时品牌就跟一个人从不成熟进入成熟一样，具有自己的独特气质和特点，也就是品牌的个性。品牌具有个性，也就是自己成熟的表现，同时也会吸引那些“趣味相投”的消费者，形成认同自己个性的消费群体，并形成忠诚度。比如年轻人都喜欢喝可口可乐，因为它代表着活力、激情，跟自己的个性比较符合；成功的商业人士都喜欢坐奔驰车，因为它代表着大气、稳重、高档、高品位。

1. 品牌个性的核心价值

品牌的价值，是企业最宝贵的无形资产。但品牌的价值从何而来？实际上，品牌的价值存在于消费者的意识里，可以说，产品是由厂商生产的，而品牌却是消费者创造的，是消费者造就了品牌。在消费者眼里品牌不仅仅代表了某种产品，它实际上是消费者微妙的心理需求的折射。由此可见，品牌个性乃是品牌价值的核心，提升品牌价值就必须塑造出鲜明的品牌个性。具体来说，品牌个性具有以下这些价值。

(1) 品牌个性的人性化价值。品牌个性是品牌的人性化表现，是品牌人格化后所显示出的独特性，一个品牌如果没有人性化的含义和象征，那么这个品牌就失去了其个性。品牌个性是吸引人类意识的主要原因，人类喜欢有人情味的东西。如果能够为品牌创造一种个性，满足消费者的情感需求，就更容易打动消费者，品牌就会成长。如同人际关系会发展一样，往往正是这种情感方面的因素，促进了消费者对品牌的忠诚。品牌个性能提供人类情感方面的诉求点和生活体验，从而使品牌得到发展。例如，百事可乐品牌创建活动中所展示出来的个性——年轻有活力、特立独行和自我张扬迷倒了新新人类。新一代年轻人饮用百事可乐不仅仅是喝饮料，而是认可、接受百事可乐的品牌个性，把百事可乐看作他们的朋友，他们通过百事可乐来展示他们与上一辈(他们喝可口可乐)不一样的个性。正因为百事可乐有意塑造出的非凡的品牌个性，使百事可乐变得人性化，从而获得了青少年一代的高度认同，所以才能在激烈的饮料大战中与可口可乐相抗衡。可以说，百事可乐的品牌个性促进了青少年与百事可乐的情感联系，使百事可乐变得人性化，从而促使青少年喜爱百事可乐，强化了他们的购买决策，进而造就了百事可乐的品牌价值。

(2) 品牌个性的购买动机价值。明晰的品牌个性可以解释人们购买这个品牌的产品的原因，也可以解释人们不购买另外品牌的产品的原因。品牌个性赋予消费者一些逼真的东西，这些东西会超越品牌定位；品牌个性也使品牌在消费者眼里活起来，这些元素能够超越产品的物理性能。正是品牌个性所传递的人性化的内容，使得消费者试着接受一种产品，下意识地把自己与一个品牌联系起来，不再选择其他品牌。品牌个性切合了消费者内心最深层次的感受，以人性化的表达触发了消费者的潜在动机，从而使他选择那些独具个性的品牌。可以说，品牌个性是消费者购买的动机触动器。

(3) 品牌个性的差异化价值。品牌个性最能代表一个品牌与其他品牌的差异性。差异性是现今品牌繁杂的市场上最重要的优势来源。没有差异性，一个品牌很难在市场上脱颖而出。国内许多厂商都喜欢用产品属性来展示其差异性，但这种建立在产品上的差异性很难保持。因为产品的差异性是基于技术的，一般比较容易仿效。而由品牌个性建立起来的差异则深入到消费者的意识里，它提供了最重要、最牢固的差异化优势。个性给品牌一个脱颖而出的机会，并在消费者脑子里保留自己的位置。塑造不同的品牌个性是七喜公司营销的诀窍。近三十年来，七喜建立了“非可乐”的品牌定位，但却与品牌的个性不一致。后来，七喜利用这一点不一致，针对美国人逐渐不喜欢可乐作为清新饮料的情况，夺取了很大的市场份额。它宣传的主题是：“您想尝尝别的味道？只有一种！”七喜“爽点”的特征，强化了它的反偶像的品牌个性，同时也发出了颇有竞争性的品牌定位提示，加强了七喜的差异化价值。

2. 品牌个性的来源

品牌个性作为品牌的核心价值，是构成品牌力的重要组成部分。因此，塑造品牌个性就成为企业品牌管理人员的重要任务。品牌个性的形成是长期有意识培育的结果，它的形成大部分来自情感方面，小部分来自逻辑思维方面。因为品牌个性反映的是消费者对品牌的感觉，或者品牌带给消费者的感觉。品牌个性可以来自与品牌有关的所有方面。以下是品牌个性来源的重要方面。

(1) 产品自身的表现。产品是品牌行为的最重要载体，企业产品随着其在市场上的拓展而逐渐广为人知，从而形成自身鲜明的个性。英特尔的 CPU 产品以极快的速度推陈出新，该公司的创新品质形成英特尔最重要的品牌个性，使得计算机用户趋之若鹜，造就了英特尔巨大的品牌价值。

(2) 品牌的使用者。由于一群具有类似背景的消费者经常使用某一品牌，久而久之，这群使用者共有的个性就被附着在该品牌上，从而形成该品牌稳定的个性。中国内地手机市场，华为率先推出高档商务手机，得到成功商务人士的青睐。渐渐地，商务人士共同的行为特征就凝聚在华为高档手机上，从而形成了华为成功、自信、注重效率的品牌个性。而华为公司也有意识地强化这种品牌个性，它的高端机系列广告也以成功的商务人士作为使用者形象，使其品牌个性得到了强化，形成了华为与其他手机品牌的显著区别。而 OPPO 手机的使用者多为年轻一代，故而形成时尚、年轻、前卫的品牌个性而广为年轻人所接受，同样在手机市场上脱颖而出。

(3) 品牌的代言人。通过借用名人，也可以塑造品牌个性。透过这种方式，品牌代言人的品质可以传递给品牌。在这一点上，耐克公司是做得较为出色的一个。耐克总是不间断地寻找代言人。从波尔·杰克逊到迈克尔·乔丹、查理斯·巴克利、肯·格里菲，耐克一直以著名运动员为自己的品牌代言人，这些运动员阐释了耐克 JUST DO IT 的品牌个性，迷倒了众多的青少年。

【小资料 8-2】

品牌个性与人物联想

了解品牌的个性与人物联想的关系，可以让企业清楚地知道，其品牌要迎合哪一类型消费者的喜好，要找什么样的“意见领袖”来做品牌的代言人。只有品牌个性与人物联想对应，才能对品牌产生加法甚至乘法效果；否则，只会对品牌产生副作用，甚至将已有的个性稀释殆尽。例如，与充满阳刚之气的万宝路相比，箭牌则是休闲的；与创新、热情、快捷的招商银行相比，工商银行、农业银行则是保守的、缓慢的。表 8-5 所示是一些成功品牌的品牌个性写真。

表 8-5　一些成功品牌的品牌个性写真

品　牌	品 牌 个 性	个 性 来 源
Lee(牛仔裤)	体贴的，贴身的	广告语：最贴身的牛仔；“贴身无间的平面表现”
Lee’s(牛仔裤)	结实的，耐用的，强壮的	使用者形象，强劲有活力的继承性以及颇有吸引力的广告
柯达(相机)	简单的，温馨的	布朗尼男孩和柯达女孩的人物造型；美好回忆，柯达一刻；即可拍相机

(续表)

品 牌	品 牌 个 性	个 性 来 源
哈雷(机车)	爱国的，粗野的，自由的	纹身的车主，老鹰商标； 对抗日本竞争者； 聚会时星条旗飘扬
五十铃(汽车)	冒险的	穿灰色法兰绒衣服的强壮男士
海尔(家电)	真诚的，负责任的，创新的	品牌口号：真诚到永远； 五星级售后服务； 砸冰箱事件； 不断推陈出新的产品阵容

现在，让我们来做一个有趣的游戏：回想一下我们所认识的名人们，看看他们和我们所熟知的品牌之间有什么内在的联系。如果你觉得哪个人和某一品牌是一致的，就用线把它们相连，如表 8-6 所示。

表 8-6 品牌个性与人物联想

个 性 特 征	描 述	品 牌 联 想	人 物 联 想
单纯	纯朴的，诚实的，友善的	柯达，康柏	钱学森
时尚	年轻的，活力的，独特的	保时捷，百事可乐	苏有朋
称职	可信赖的，领先的	英特尔，联想	乔丹
高尚	上层的，有教养的，迷人的	劳斯莱斯，凌志，奔驰	霍利菲尔德
强壮	男子气概的，运动的，粗野的	耐克，万宝路	宋祖英

资料来源：http://www.docin.com/p-510566403.html

(4) 品牌的创始人。由于企业不断地发展，其创始人的名声渐渐广为人知，这样创始人的品质就会成为该品牌的个性。例如，福特、比尔·盖茨，他们都以自己的形象塑造了品牌，突出了品牌的个性。许多创始人(如比尔·盖茨、柳传志)的形象广为人知，这是形成品牌个性塑造最有用的来源。

3. 品牌个性的塑造

塑造品牌个性，就是建立一种象征，它能让品牌唤醒消费者的想法、追求和精神；取得消费者共鸣，产生一种认同感。通过满足消费者情感需求，从而达成消费购买。久而久之，也就形成了品牌竞争力、忠诚度、美誉度，使品牌得到发展、提升。

【小资料 8-3】

美特斯·邦威："不走寻常路"

美特斯·邦威的目标受众是 20～25 岁的年轻人，他们已经具有自己的思想，有积极独立的生活主张、生态活度。他们不愿随波逐流，被人云亦云的社会所淹没，渴望真实自我，希望能证明自己，美特斯·邦威"不走寻常路""每个人都有自己的舞台"，独特的品牌形象、品牌个性(精神)把目标消费者的这种心理特征描绘得淋漓尽致。同时，其形象代言人郭富城与周杰伦巨大的个人影响力与“美特斯·邦威”品牌名称本身的独特性，使美特斯·邦威品牌形象在真维斯、佐丹奴、班尼路等品牌林立的休闲服中脱颖而出、个性鲜明。随着品牌的不断推广，品牌知名度、认知度不断上升，销售连创新高，一举打造了“美特斯·邦威”国内休闲服知名品牌的地位。美特斯·邦威目前的广告语是“每个人都有自己的舞台”，延续了上一次“不走寻常路”的个性化特点，再次体现当代年轻人充满自信、追求自然、渴望个性独立的时代气息。

分析提示：美特斯·邦威的例子说明，品牌的个性塑造不能离开目标人群的消费心理，消费者是有个性的，他喜欢的也是跟他个性相符合的品牌。人们总喜欢符合自己观念的品牌，他们往往喜欢那些与自身相似或与自己崇拜的、认可的人或事或东西相似的个性。因此，对于某一消费群体而言，创建具有与之相近个性的品牌将是一种有效的战略，品牌的个性跟消费者的个性越接近(或者跟随他们所崇尚或追求的个性越接近)，他们就越愿意购买这种品牌的产品，品牌忠诚度也就越高。

另外，品牌个性一定不能太复杂。虽然人的个性极其复杂、难以捉摸，但是如果让品牌个性太复杂，那是徒劳的。公司常常会碰上这样的问题，即一个品牌应该有多少个性特点。这并没有标准答案，但是一般不应该超过七条或八条，再多的话，公司就很难面面俱到地表达那么多的个性而不把消费者搞糊涂。最好重点建立三到四条个性特点，并使之深入人心，而不要试图通过复杂的宣传活动来推广十条或更多的个性。

资料来源：https://wenku.baidu.com/view/5ba93b6348d7c1c708a145d7.html

【小资料8-4】

我们的牛看见了草原

“展现在牛眼前的是茫茫草原，嫩绿的草地上点缀着野花，瓦蓝的天幕下，几群懒洋洋的牛……几秒钟之后，宰杀完成，牛肉进入分割车间，进行排酸处理。”清真皓月集团的品牌推广人员正在向广告制作公司解释牛的宰杀过程。“一定要突出车间的安静，我们原来还想在宰杀车间里放音乐呢！宰杀的时候是直接切断或麻痹神经，牛根本不会感觉到痛苦。并且，在不见纤尘的车间里，一头头肥壮的肉用牛，‘主动’走过流水线的过道，没有撕心裂肺的尖叫，有的只是安静和从容。从进入宰杀流程到牛肉分割，所有的牛都不会感觉到一丝的痛苦……”

清真皓月集团是国内向阿拉伯国家出口牛肉最多的几家大型企业之一。这位推广人员介绍说：清真皓月集团这种称为“迷幻引导”的先进技术，就是给即将宰杀的牛注射迷幻引导的专用药水。在宰杀过程中，牛将会处在一种愉快放松的状态，没有抵抗、没有恐惧。这种技术的实质原本是为了提高牛肉的品质，因为科学研究发现，如果在宰杀过程中牛出现惶恐和紧张，将会在体内产生很多剧烈的变化，影响牛肉的口感和营养成分。

后来，清真皓月集团发现，所有了解了以上宰杀过程的人，对于皓月牛肉都会产生莫名的好感：一个清真企业，如此善待一头被宰杀的牛，让它在梦境中毫无痛苦地死去，其中充满了人道和崇高。尽管人们明白，那些牛可能从未见过草原，更无从憧憬，人们被感动的是企业的良苦用心。“这样的企业，自然不用担心他们的卫生问题，以及出售病牛肉、出售过期食品这样的事情。对牛尚如此宽厚，做人自然襟怀坦荡。”超市里，一个购买了皓月牛肉的老年消费者的话，印证了这项品牌推广的成功。

为了创造企业诚信的品牌内涵，常规的办法往往是进行人物塑造和公益捐助。在广告疲劳的今天，消费者对于常规手法的麻木，大大降低了宣传的作用。一个身价数亿的富翁一样可以卖注水猪肉，在普通消费者心目中，"品牌防范"的意识越来越强。皓月的迂回策略，就是通过对加工工艺上的细节加工，带来了受众的共鸣，体现了品牌个性的人性化价值，换取了品牌塑造的成功。

资料来源：http://www.rs66.com/a/14/32/19990.html(编者对原文有删减)

8.2　消费者的自我意识

每个人都有自我意识，它是个体通过与父母、同伴、老师以及其他重要人物的相互作用而形成的。一个人的自我意识对他自己来说是非常重要的。自我意识与生活方式有着非常密切的关系。在很多情况下，生活方式就是个人自我意识的外在表述。换句话说，在一定的经济收入和能力条件下，一个人所选择的生活方式，在很大程度上受他的自我意识的影响。

从心理学的角度来看，自我意识是隐藏在个体内心深处的心理结构，是个体的意识发展的高级阶段，是个性的自我调控系统。个体正是通过自我意识来认识和调控自己，在环境中获得动态平衡，求得独特发展的。

8.2.1　自我意识的含义和特点

1. 自我意识的含义

自我意识是个体对有关自己一切方面的知觉、了解和感受的总和，是指自己可意识到的执行思考、感觉、判断的部分。它涉及"我是谁""我是什么样的人""我应该是什么样的人"等一些基本的价值判断。由于每个人都需要在行为上与他的自我意识保持一致，因此，有关其自我的知觉也就构成了个性的一个基础。这种与自我保持一致的行为，有助于维护个人的自尊，也使他在与别人交往时具有一定的预见性。例如，一个内心追求高品质生活的人，可能会希望拥有一辆豪华轿车和高级别墅；一个内心渴望自由、无束缚的人，则可能会希望拥有一辆跑车，四处旅游。这些决定了消费者往往喜欢购买那些他们认为与自己的自我概念相吻合的品牌。

【小资料 8-5】

我非我，"我"广告

其实许多貌似飘忽不定、非理性捉摸不定的排斥心理，都有与其对应的文化心理原因，并非真的没有任何线索可循。只有对消费者进行细心分析，找出浮在意识之下的潜能，侵入人们心智，运用心理战术，掌握消费者的性格和心理上的隐患，然后针对其难以启齿的心理疾患，投其所好，让消费者兴高采烈地把商品买回去！

广告要想进入消费者的大脑，必须与其自我相关联。人们一般都有自恋倾向，最注意的还是自己。每个人都是脆弱的神经集合体，当自己的想法或自我映像心理遭受挑战、蒙受批评的时候，这根神经就会发作出现自我防卫的行为。相反当商品形象与心理映射的融会贯通，在商品中融入一些消费者能借以识别自己的特色，就会激活消费者内脑宇宙的熟悉感和自我感，出于“生命拥有自我”本能，就会产生将“归宿自己”的一部分归在自己掌控中，从而使得消费者自然成为自我形象的买主。这就是“产品内嵌识别筛选买场”设计中最核心的精髓！

任何人对于和自我相关程度高的事物总是能给予更多的注意。不同的广告对消费者大脑的影响不同，影响性质和程度取决于广告内容和消费者自我的关联性质，消费者所感知的品牌价值定位与自身价值观的重合程度越高，越能产生共鸣。按照内脑宇宙自参照系原则，消费者是主观地有选择性地运用感官摄入信息，并由内在的信念、价值观和规条参照过滤而决定其意义。只有当外界信息与内在自我有相关性，才不至于产生完全陌生、都须重新审视的监查过程。

消费心理学实验证实人们对与自己相关的材料记忆得更好，这被称为记忆的自我参照效应。例如让消费者看一组用于描述人格特质的形容词，并判断这些形容词是否适合用来描述某个品牌。随后，对消费者进行记忆测试，发现消费者对刚刚用过的形容词的正确分辨率很低；但是如果让消费者用同样的形容词来描述自己，消费者对这些形容词的正确分辨率则显著提高。

参与体验式“我”广告：目前的广告几乎都是高高在上，凌驾于消费者之上。用户无法参与到整个广告制作全过程中，更无法成为广告的主角。即使少数选秀式的广告主角选秀等活动，也属于活动营销，广告依然属于广告公司的自我臆想、一厢情愿、独我独行而已。若是制作参与体验式“我”广告，有几个原则，一般情况不用明星不用名人，不委托广告公司全案完成；相反，要让普通受众成为广告故事中缺席的男女主角，让消费者参与到广告全案制作过程中，包括文案、脚本、拍摄创意、人物性格设定等完全开放投票式，同时将千篇一律广而告之的广告变成基于不同小区、不同县城、不同网站、不同受众群等不同的广告，借助消费者参与力量和网络互动平台的力量，使得“广告制作过程本身就是广告，消费者全息融入广告里面”。消费者在参与广告创造过程、在五花八门创意和巨额奖金的引诱下，把自己置换进广告中去，从而使受众的感觉、品位、思维、行为、情绪等体验与商品意义合而为一。通过真实消费者的情感流露投入，将动态仿真体现出消费者不自觉的心态和自我认同感、消费潜意识，从而真正以极大的弹性和宽度构筑了一个“体验欲望的超现实场景”，克服普通广告“有限狭隘抽样调查偏差、‘反客为主、自以为是、强奸民意、脱离受众’、广告制作公司惯性和惰性”等弊端，将一种“消费者隐藏自我”的认同感注入广告中，从而体现“我广告，我明星；我互动，我关注；我参与，我推荐”的网脑精神。

而一般的信息都很难与己相关，那么就只好通过不断的刺激强化，潜移默化，形成一种熟悉感，并产生好感。这就是“多见效应”：仅仅多次见到一个人就会增加对这个人的喜欢。熟悉感实质是生成自我感觉的背景，是一种安全态的表现。这就解释了为何国际著名大品牌即使很有名了，还坚持不断打品牌，一方面由于有新生代消费者出生接受新刺激，另一方面就是要让消费者每天不断看到同样的东西，产生知觉上的熟悉性，由此影响到自己的情感偏好。(《商业胜经——解读消费者原欲、本能、情感、潜意识》摘录)

资料来源：http://blog.sina.com.cn/s/blog_5375b1db0102vj95.html

2. 自我意识的特点

自我意识具有如下几个方面的特点。

(1) 自我意识是习得的而不是天生的。心理学研究表明，婴儿是没有自我意识的。个体自我意识从发生、发展到成熟，大约需要二十年的时间。

(2) 自我意识具有相当的稳定性和持久性。人的自我意识一旦形成以后，就具有相对的稳定性和持久性，除非发生重大的生活变化，否则是很难改变的。

(3) 自我意识具有一定的目的性，在很大程度上对一个人的自我起到保护和加强作用。自我意识虽然是隐藏在内心深处的心理结构，但它具有很强的自我防御功能，一旦受到侵害，就会本能地做出反应。所以，我们不要轻易攻击别人的信仰，免得自讨没趣。

(4) 自我意识的独特性。自我意识对每个人都是独特的，当然在不同的条件下人们可能受不同的自我意识的影响。例如，在有些情况下人们主要看重生理的自我，而在另一些情况下人们对社会的自我更在意。

8.2.2 消费者自我意识的结构

自我意识是一个具有多维度、多层次的复杂心理系统，可以从形式、内容和观念上对它进行分析。

1. 自我认识、自我体验和自我调控

从形式上，自我意识表现为认知的、情感的、意志的三种形式，分别称为自我认识、自我体验和自我调控。

自我认识是自我意识的认知成分，指消费者对生理自我(如身高、体重)、心理自我(如思维活动、个性特征等)和社会自我(如人际关系)的认识。它包括自我感觉、自我观察、自我分析和自我评价等。

自我体验是自我意识的情感成分，在自我认识的基础上产生，反映消费者对自己所持的态度。它包括自我感受、自尊、自信、成就感、内疚、自豪感等。

自我调控是自我意识的意志成分，指消费者对自己行为与心理活动的自我作用过程。它包括自立、自主、自律、自我控制和自我教育等层次。

2. 生理自我、社会自我和心理自我

从内容上，可以把消费者的自我意识分为生理自我、社会自我和心理自我。

所谓生理自我，是指消费者对自己的生理属性的认识，包括对自己的身体、容貌等方面的认识。消费者对化妆品、服装、健身器材等的消费，就是生理自我的表现。

所谓社会自我，是指消费者对自己的社会属性的意识，包括对自己在各种社会关系中的角色、地位、权力等方面的意识。因此，别人看待他的方式或者他认为别人看待他的方式，能够对他的购买行为产生影响。

所谓心理自我，就是消费者对自己心理属性的意识，包括对自己的人格特征、心理状态等的认识。其中，对自己人格特征的认识对消费者购买行为的影响最大。例如，常常听有的消费者这样描述买某商品的原因："它符合我的风格。"

3. 现实自我、投射自我和理想自我

现实自我是消费者从自己的立场出发对现实的自我的看法，即对实在的自我的认识。它是消费者对自己现实的观感。

投射自我即别人眼中的自我，是消费者想象中别人对自己的看法，如想象自己在他人心目中的形象、想象他人对自己的评价以及由此而产生的自我感。但投射自我与现实自我之间往往有差

距，当差距加大时，便会觉得自己不被他人所理解。

理想自我是消费者从自己的立场出发对将来的自我的希望，也是个人想要达到的完善的形象和追求的目标。理想自我虽然不是现实的自我，但它对个人的认识、情绪和行为的影响很大，是个人行为的动力和参考系。对消费者来说，理想自我是导致最多地购买自我提高产品的部分。例如，书籍、化妆品、整容手术或一些高档产品等都是导致自我发展的产品。一项针对中国年轻一代消费者的调研表明：有 78%的消费者同意“我希望自己是一个现代化的中国人”，而只有 18%的人认同“我希望自己是一个西方化的中国人”。“西方化的中国人”意味着“跟随”“被动”和自我的遗失，而自主、先进、适应潮流的“现代化中国人”概念才能最好地表达中国人应有的精神风貌。

4. 延伸自我

消费者购买某些产品，有时是为了表明自己的某些特别重要的特征。贝克尔发展了一种称为延伸自我的理论来解释这种现象。延伸自我说明了消费者有时根据自己的拥有物来界定自我。因为有些拥有物不仅是自我意识的外在显示，同时也构成了自我意识的有机组成部分。如果丧失了那些关键性的拥有物，将可能成为另外的个体。因此，消费者所拥有的财产或者所购买的商品，常常被消费者本人看作消费者自己的自我意识的延伸或扩展。例如，如果消费者拥有一套豪华别墅，那他本人往往认为自己是成功的和富足的。可以这样理解：我就是我所拥有的，我的拥有物构成了我。如果丧失了这些拥有物，我将不成为我，而成为另外的我或另外的个体。消费者的延伸自我是自我与产品结合最紧密的一种形式。

消费者用于自我定位及延伸的物品可以划分为四个层次。

(1) 个人层次：珠宝、汽车、服饰等。

(2) 家庭层次：私宅、私宅内的装潢和摆设等。

(3) 社团层次：邻居、籍贯，如农场和社区关系密切的人。

(4) 集团层次：特定社会阶层、相关群体等。

【小思考 8-3】

所有的产品都具有象征意义吗？为什么？举例说明。

答：不是所有的产品都具有象征意义。有些产品，如食盐、肥皂等就没有什么象征意义，因为这些产品在社交中很少被人所注意。一般来说，一项产品越引人注意，就越具有重大的象征意义，如汽车、服装和家具。这些产品有助于向自己和他人证明他确实是这样或那样的一种人。

8.2.3 自我意识与产品的象征性

注意观察实际生活中的许多消费现象不难得出这样一个结论：商品(或劳务服务)除了具有使用价值以外，还有一种象征性的价值。换句话讲，不同档次、质地、风格的商品能用以反映一个人的自我形象。消费者评价和选择一件商品，不仅看其使用价值如何，还要看它是否有助于“使我成为我想象或期望的人”以及“我希望他人如何看待我”。消费者总是购买那些自认为与其自我形象相一致的商品，而不去购买与自我形象不一致的商品。有的时候，虽然在别人看来某种商品对他不合适，但只要消费者自认为是符合自我形象的，他就会购买。大多数消费者都希望自己所购买的商品能反映自己的自我形象，或者突出其形象的某一方面，也正是从这个意义上讲，消费者的自我概念对其购买行为具有重要的作用。

那么，哪些产品最有可能成为传递自我意识的符号或象征品呢？一般来说，成为象征品的产品应具有三个方面的特征。第一，应具有使用可见性。也就是说，它们的购买、使用和处置很容易被人看到。第二，应具有变动性。换句话说，由于资源禀赋的差异，某些消费者有能力购买，而另一些消费者则无力购买。如果每人都可拥有一辆“奔驰”车，那么这一产品的象征价值就丧失殆尽了。第三，应具有拟人化性质，能在某种程度上体现一般使用者的典型形象。像汽车、珠宝等产品均具有上述特征，因此，它们很自然地被人们作为传递自我意识的象征品。

8.2.4 消费者的自我意识与品牌选择

消费心理学研究认为，人们可能从消费者所使用的品牌、他们对不同品牌的态度以及品牌对他们的意义等方面来判断他们的自我(个性)。消费者对自己具有明确的认知，在选择品牌时会考虑这个品牌是否适合自己的“自我形象”，他们只会购买有助于加强自己形象的品牌，这一点与人们选择性格比较接近的人做朋友是一样的。

依据自我形象来判断其个性的方法是基于心理学家罗杰斯的“自我论”。该理论中，罗杰斯提出了“自我观念”，它是指人们由于自己的特性而进行认知的一种方法。不同的人对自己有不同的反应，从而形成自己是属于哪类人的观点。

越来越多的研究支持自我观念的理论，研究包括不同的产品领域，如汽车、清洁用品、衣服、家用电器、家具以及休闲娱乐活动等。例如，对一些购买与拥有汽车的消费者的研究表明，绝大多数汽车主的形象与汽车品牌的形象是和谐一致的。

现实自我观念与理想自我观念之中，哪一个更能反映消费者的购买行为呢？在这一问题上，目前的研究仍有分歧。但较为一致的观点是：现实自我观念与理想自我观念都对购买注意力有很大的相关性。这表明，二者同样都是选择好的品牌的重要指标。

然而，每个消费者的行为因其所处的境况而异。在家里看电视时喝的饮料的品牌与周末晚上与朋友在酒吧喝的饮料的品牌可能是不同的。此时有条件的自我形象，即人们希望他们在某个特定场合时的形象是品牌选择的重要因素。消费者常常根据所处的境况来选择品牌，使自我形象与周围人群对他的期望相适应。例如，人们常常对将在某种场合见到的人先进行预测和评价，然后根据他们的自我形象来选择适合这种场合的自我形象。

另外，消费者的自我意识对产品的品牌形象及其购买行为的影响，可能会成为无意识的和无须认真权衡与考虑的过程。例如，很多年轻女性也许会经常选购减肥饮料，因为她们的自我概念里包含了对苗条身材的追求，但在做购买决策时，她们不大可能进行如此的思考。这意味着广告营销应该努力塑造产品形象并使之与目标消费者的自我意识相一致，虽然每个人的自我意识是独一无二的，但不同消费者之间也存在共同或者重叠的部分。例如，许多消费者的自我意识中都可能把自己视为环境保护主义者，那些以关心环境保护为诉求的公司和产品将更可能得到这类消费者的支持。

【小资料 8-6】

消费者的自我概念与豪华轿车品牌的形象

在北京国际车展上，勺海智威汽车市场研究公司从十六个方面，了解了现场观众对已经引入中国市场或即将引入中国市场的奥迪、宝马、奔驰、凯迪拉克、沃尔沃以及凌志六个豪华轿车品牌的形象问题。

调查所关注的六个品牌目前的品牌形象，显示了这些品牌的厂商在中国市场努力塑造其品牌特征的长期结果，当然也包括车展上各品牌风采展示的效果。

在车展上，研究者使用了十六个形象指标，要求被访者判断六个品牌中，哪些品牌更符合这一说法。

研究分析了所有被访观众中有车族的结果，忽略了无车族的结果。这样选择的一个假设是，豪华品牌的轿车，通常是人们购买的第二部车或者第三部车。

本次调查在北京国际车展期间进行，共获得有效样本 317 个。在选择样本时，要求被访者至少观看了一半的整车展馆，并且观看时间不少于两小时。样本限制在 18～60 岁。为保证样本能更好地代表普通消费者，在选择样本时，排除了现场工作人员、参展商以及与汽车相关的专业人士。

分析结果显示：

奔驰在“尊贵的”“技术领先的”“有品位的”“高品质的”和“经典的”五个指标上中选率最高。

宝马在“现代的”“有驾驶乐趣的”“有活力的”“时尚的”“创新的”“有个性的”六个指标上中选率最高。

奥迪在“物有所值的”指标上中选率最高，显然，与进口的奔驰乃至于国产的宝马相比，奥迪在中国市场上丰富的车型以及其价格不能不让消费者感觉到一种相对的“物有所值”。

沃尔沃在“安全的”和“含蓄的”指标上中选率最高。

在“亲切的”这一点上，奔驰、宝马、奥迪三者不相上下，显示了中国消费者对这三个品牌的熟悉程度。

凯迪拉克在“尊贵的”指标上获得了仅次于奔驰的中选率。曾经享誉京城，如今在婚礼车队上不时能够看到的加长版凯迪拉克、车展上的 CTS 和概念车以及美国总统座驾的声誉，共同造就了这一中选率。

资料来源：http://www.docin.com/p-346088315.html(编者对原文有删减)

问题：从消费者自我意识的角度分析上述结果的原因及对营销人员的启示。

分析提示：对于豪华轿车的用户来说，品牌形象的意义要大于车本身。通常而言，消费者希望他们所选择的轿车品牌能够强化或者体现出理想的自我概念。更为重要的一点是，从消费者行为学的角度看，中国消费者在选择轿车时，希望品牌形象能体现出真实的自我，但他们更为在意的是：希望品牌能体现出社会的自我，他们更关心的是：别人是怎么看我的。因此，厂商们在塑造品牌形象时，通过与消费者的自我概念相联系，以便打动其目标市场。

8.3　消费者的生活方式

生活方式指消费者对时间和金钱的态度以及消费选择的方式，简而言之，是消费者对于如何生活而选择的方式。即使在统计指标上十分相似的人，如年龄、职业、收入、学历、种族、民族、生活区域都相同的人，在消费支出和商品选择方面也会有很大的差别，这就是生活方式的作用。

生活方式可以通过个人的活动(activities)、兴趣(interests)和意见(opinions)来加以辨别，这也就是一般所谓的 AIO。生活方式影响人们的需求和欲望，同时影响人们的购买和使用行为。生活方式决定了人们很多的消费决策，而这些决策反过来强化或改变人们的生活方式。

8.3.1　生活方式在整个社会系统中的作用

在现实生活中，人们一提到“生产”这个词，很自然地就会想到“生活”这个词。这从一个角度反映了人类的基本社会活动可以划分为生产和生活两大体系，生产活动是人类特有的生命运动形式，是人类社会赖以建立的基础和发展过程的起点，没有物质和精神产品的生产就谈不上人们的生活。但在既定的社会生产条件下，人们又要通过生活活动满足自身生存、享受和发展的需要，没有生活活动也就没有人类自身的生产和再生产，当然人类的物质生产也就无法进行。因此，生产活动和生活活动是人类所从事的一切活动的两大基本部分，而对这两种活动方式的基本概括就是生产方式和生活方式。生活方式是回答一个人、一个群体以至一个社会中的人们“怎样生活”的概念的。生活方式能涵盖人们的一切生活领域，如劳动、闲暇、交往、家庭生活活动等，当然，生活方式也能影响人们消费行为的所有方面。

在现实生活中，很少有消费者，特别是日用品的消费者会以一种理性的、非激情的、经济的方式做出购买决策。恰恰相反，他们需要通过自身的行为，以参照群体为标准，来表达自己努力想成为或已成为哪类人。因而，他们这种因受外界刺激或某种未满足感而采取的行为，很多是与要购买的一些产品的使用价值无关的，更多倾向于取得或回避具有令人愉快或厌恶的心理感受。这在心理学上被称为唤醒的作用，构成了生活方式的意识内涵。而生活方式的物质内涵是由带有象征意义的物品组成。这种象征物具有把某人的信息向外界传达的作用。按照消费者所要突出的“形象”，他们对象征标志的需要各不相同，具体表现在对产品或服务的不同需求上，或者说生活方式相似的消费者对产品或服务具有共同的期望、态度和偏好。由于生活方式具有意识内涵和物质内涵，因此生活方式所反映的信息，一方面超越了一个人所处的社会阶层，另一方面超越了他的个性。这就可以说明为什么不同收入、不同年龄、不同地域、不同性别的人受某种广告的影响去购买同一产品或服务的行为。

8.3.2　生活方式的测量

不同的人有不同的生活方式。即使社会阶层和职业都相同的人，他们的生活方式也可能不同。

影响生活方式的因素除了社会阶层和职业外，还有动机、情绪、价值观、家庭生命周期、文化和亚文化以及过去的经历等。

测量并描述生活方式的常用方法称作心理地图。心理地图是一种工具，这种工具使用心理的、社会的以及个人的因素，借由市场中消费者的性格、态度以及他们所接触的媒体等，来决定如何进行市场细分。利用心理地图的方法，营销人员可以调整他们的营销策略，以适应各个不同细分市场的需求。

早期对生活方式的测量集中于消费者个人的活动，如消费者的行为、兴趣、看法等，即前面所述的AIO。现在的心理测量试图全方位地了解消费者的生活方式，其研究通常包括以下几方面。

- 态度：对他人、地点、想法、产品等的评价性陈述。
- 价值观：消费者认为什么是最重要的以及拥有关于什么是可接受的和需求的信念。
- 活动和兴趣：消费者花费大量时间用于哪些非职业行为，如体育运动或社区服务。
- 人口统计变量：年龄、收入水平、职业、家庭结构、少数民族背景、性别等。
- 媒体使用特征：消费者使用哪一种或几种特征的传播媒体。
- 使用频率：对该类别产品的使用情况，可分为大量使用者、中度使用者、少量使用者和未使用者。

对生活方式的测量，首先要有大量的被试者(即被调查者)，然后使用统计技术将这些被试者分组。分组一般是以态度、价值观或活动和兴趣为依据的，有时也可以以人口统计因素为依据。其他的如媒体使用模式或使用频率等通常用作参考。

1. AIO 量表

AIO量表是通过问卷调查的方式了解消费者的活动、兴趣和意见，以区分不同的生活方式类型。研究人员从消费者中抽取大样本，以问卷的方式向被调查者提出一系列长长的问题和答案，请消费者以文字表述或选择答案的方式回答。提出的关于活动方面的问题是消费者做什么、买什么、怎样打发时间等；兴趣方面的问题是消费者的偏好和优先考虑的事物；意见方面的问题是消费者的世界观、道德观、人生观、对经济和社会事务的看法等。表8-7列出了测量消费者态度、兴趣和意见因素的主要指标以及回答者的人口统计项目。

表8-7 消费者态度、兴趣和意见测量表

态　度	兴　趣	意　见	人口统计项目
工作	家庭	自我表现	年龄
爱好	住所	社会舆论	性别
社会活动	工作	政治	收入
度假	交际	业务	职业
文娱活动	娱乐	经济	家庭规模
俱乐部会员	时尚	教育	寓所地理区域
社交	食品	产品	教育
采购	媒介	未来	城市规模
运动	成就	文化	生命周期阶段

资料来源：龚振. 消费者行为学. 大连：东北财经大学出版社，2002

研究人员通过分析消费者的回答，把回答相似的消费者归为一类，以识别不同的生活方式群体，从而为不同的细分市场制定相应的营销策略。

2. 价值观和生活方式结构法

价值观和生活方式结构法(values and life styles，VALS)是由 SRI 国际公司的研究人员阿诺德·米歇尔开发出来的。20 世纪 80 年代，他根据 2713 名美国消费者对 800 多个问题的回答，设计出一个把消费者分为九个生活方式群体的系统，称为 VALS 类型。VALS 法综合两个视角来建立生活方式群体，一是马斯洛需要层次论，二是社会学家戴维·瑞斯曼关于内在驱动者和外在驱动者的划分。内在驱动者指从个性表达和个人品位上来判断价值的人，外在驱动者指受他人行为和反应影响而动摇决策的人。据此，VALS 类型学把人们归集到“成就者”“社会自觉者”和“归属者”这三类。例如，“成就者”和“社会自觉者”都是富足的，但外在驱动型的“成就者”会倾向于获得“权力象征”(如拥有一间外观给人深刻印象的房子)，而一个内在驱动型的“社会自觉者”更可能买一间具备有效动力装置的房子(如具备太阳能的)。

1989 年美国标准研究协会开发了 VALS2，它不仅考虑消费者的内在心理因素，同时也考虑了经济、人口、产品、媒介等因素及其变化，把一般的个性理论与研究产品扩散结合起来，按照人们的心理特征和收入、教育程度、驱动力、购买愿望的迫切程度等背景材料将美国人细分为有明确差别的 8 个群体。

(1) 实现者：指成功的、复杂的、积极的、能挣会花的人。实现者是在许多背景上都很成功的消费者，关心社会问题，对变化持开放态度，对于上等的、补缺导向的产品的购买常常表现出文化素养。

(2) 满足者：指成熟的、满意的、会思考的人。他们非常实际，偏好耐用、功能性和有价值的产品。

(3) 成就者：指有成就的、职业与工作导向型的人。他们偏好对风险的预测和已确定的、有威望的产品，表示自己的成功和高贵。

(4) 体验者：指年轻、有生气、冲动和反叛意识的人。他们在衣着、快餐食品、音乐、电影和录像上的消费占有很大的比重。

满足者、成就者和体验者都有有效的背景材料，但各自的人生观不同。

(5) 有信仰者：有很强的原则，保守，遵循习俗和传统，偏好熟悉的产品和已知的品牌。

(6) 努力争取者：指不确定的、不安全的、寻求一致的、受到资源限制的人。他们与成就者有些像，但是背景材料少，关心他人的认同。

(7) 制造者：指行动型的、自我满足的、传统的、家庭观念重的人。这些人偏好实用性或功能性的产品，有时喜欢自己动手设计制造自己使用的产品，购买的产品有工具、汽车和捕鱼设备。

有信仰者、努力争取者和制造者只有较少的背景材料。

(8) 为谋生奋斗者：是处于社会底层的、受资源限制的人。这些人大多年老退休，背景材料最少，最关心目前需要的满足，是小心谨慎的购买者。

【小思考 8-4】

有以下特点的人是上述八个美国人细分群体中的哪一个？

其特点是：跟随时尚；将许多可支配收入用于社会活动；冲动性购物、关注广告、听摇滚音乐。

答：体验者。

3. 中国消费者生活形态模型——CHINA-VALS

2002 年，中国新生代市场监测机构宣布在中国消费者细分市场的分群深度研究上取得重大成果。基于在美国、日本业界领先的消费者生活形态的分类研究模型 VALS，通过 1997 年以来在中国内地进行的关于居民媒体接触习惯和产品/品牌消费习惯的连续调查积累的大量翔实的数据，新生代市场监测机构对中国的消费者进行了心理层面上的分析，建立了适应中国市场分众时代复杂的经济态势下的中国消费者生活形态模型 CHINA-VALS。

这一模型把中国消费者按消费心理因素分为 14 种族群。其中，理智事业族、经济头脑族、工作成就族、经济时尚族、求实稳健族、消费节省族 6 种族群为积极形态派，占整体的 40.41%；个性表现族、平稳求进族、随社会流族、传统生活族、勤俭生活族 5 种族群为求进务实派，占整体的 40.54%；平稳现实派包括工作坚实族、平稳小康族、现实生活族 3 种族群，占 19.05%。

从整体分析，包括积极形态派和求进务实派的 11 种族群占中国消费者整体的 80%以上，反映中国消费者普遍持有积极、务实的消费心态。而每种族群的消费者在消费者总量的比例大多都在 6%～8%，分布均匀，其中随社会流族(13.95%)、经济时尚族(8.54%)在 14 种消费者中所占比例最大。而以随社会流族、经济时尚族为代表的随社会流族、经济时尚族、平稳小康族、工作成就族、平稳求进族、工作坚实族占整体的 47.9%，共同构成位于社会中层的中国消费者人群。这与中国整个社会发展态势以及典型消费形态相吻合，也验证了 CHINA-VALS 模型的精确与精准。

新生代市场监测机构的专家还根据 97 条有关生活形态测试的语句获得的数据进行分析，在深入消费者生活形态和消费心理层面上综合消费者的分层(以教育程度、职业、收入等为标准)，“画”出了 14 种消费者的心理“肖像”。例如，理智事业族事业成就欲望强，饮食生活超脱社会水平，男性占七成；而随社会流族个人主观性较弱，易受他人影响，男女比例、年龄分布较均匀，工作倾向也不明显。而不同族类的人在消费行为上也有显著的不同，理智事业族高收入倾向明显；随社会流族习惯“货比三家”。

新生代市场监测机构这种对中国消费者 14 种族群的划分方法，很大程度上改善了市场细分的效果，以这种市场细分为基础，公司还可以从消费者的产品及品牌消费习惯、媒体接触习惯、人口统计变量等多个角度针对具体的某一族群进行详细的分析。

中国消费者生活形态模型 CHINA-VALS 源于在新生代市场监测机构自 1999 年开始的 CMMS(即中国市场与媒体研究，China Marketing & Media Study)项目，主要是关于居民媒体接触习惯和产品/品牌消费习惯的连续调查。此项目通过 PPS 抽样和入户访问的形式连续五年调查了涵盖全国 30 个重点城市的 15～64 岁消费者，2001 年调查的样本量达 70684 个，涉及消费者生活形态的方方面面。

4. 国际生活方式：全球透视

VALS2 具有浓厚的美国色彩，而 CHINA-VALS 刻画的是中国消费者的生活方式。市场营销正日益成为一种全球性活动，如果存在一种可以识别的、跨越文化差异的生活方式细分，将有助于营销人员制定跨文化的营销策略。

大型的、国际性的广告公司 BSBW 就发展了这样一个“全球扫描”系统。该系统是基于每年在全球 14 个国家或地区，对 15000 名消费者进行调查所获数据的基础上形成的。这 14 个国家或地区包括澳大利亚、加拿大、哥伦比亚、芬兰、法国、德国、中国香港、印度尼西亚、日本、墨西哥、英国、美国和委内瑞拉等。

在融合生活方式和购买数据的基础上，BSBW 发现了五种全球性生活方式细分市场。虽然这些细分市场或群体在上述国家或地区都存在，但研究表明，每一群体在人口总数中的百分比因国家(或地区)而异(详见表 8-8)。

表 8-8　“全球扫描”识别的全球生活方式细分市场

类　型	描　述
奋斗者(26%)	起步中的年轻人，平均年龄 31 岁，很忙。他们努力奋斗去获得成功，同时承受巨大压力去实现各种目标。他们是物质主义者，追求安逸，及时行乐。由于缺乏时间、精力和金钱，他们尽一切可能寻求便利
成就者(22%)	年纪稍大并且在很多方面远远超越了奋斗者。富有、自信并处在事业高峰期。他们既是舆论领袖又是时尚倡导者。他们塑造了社会主流价值观。他们重视地位，注重品质
受压抑者(18%)	这一群体属于社会底层，面临超过其他群体的各种各样的问题，其中很大一部分是女性。受压抑者面临经济和家庭上的各种问题，由此耗尽了他们的精力和资源，也剥夺了他们很多的生活乐趣
适应者(18%)	他们是年龄较大的一群，但这些人对新事物并不排斥。他们对自己和生活都很满意，尊重新思想同时又不放弃自己的标准。他们都准备参加新的活动以丰富其晚年生活
传统者(16%)	浑身体现出所在国家和文化的古老价值观，传统、保守、留恋过去。他们偏爱那些已经尝试过和被认为是真实的事物，喜欢过去那些好的思维方式、饮食和生活习惯

资料来源：〔美〕德尔. L·霍金斯，等. 消费者行为学. 符国群，等译. 北京：机械工业出版社，2000

生活方式测量的详尽程度可以有很大的不同。有的时候比较笼统，有的时候则很详细。例如，一项对海外旅游者的生活方式进行的研究中，根据旅游者是否以这样或那样的方式积极参与变革他们所生活的世界，把旅游者分成两类：“变革与震撼世界者”和“恋家者”。而另一项与流行服饰相关的生活方式的研究包括了 40 个陈述句，如“我选择那些适合我年龄的衣服”或“无论在什么场合，我都按照我的意愿着装”。

另外，在用心理描述法测量生活方式时，对生活方式的分类也不可以推而广之。比如一项消费者价值观问卷调查发现，基于变化—稳定与创新—刻板这两个维度，可以将日本人划分为四种类型：成功者(有事业心)、知识分子(有个性)、团体主义者(充分利用团体获得最大好处)和依赖者(忠诚)。而在其他的国家，如泰国、新加坡等，则是按照完全不同的生活方式分类。美国、日本等市场经济发达国家早已将生活方式视为市场研究中的一项重要内容与方法。

8.3.3　生活方式与市场营销

了解消费者的生活方式对市场营销人员是很有价值的。

首先，了解消费者的生活方式，可以预测消费者的行为。例如，一个有“绿色”价值观的人喜欢保护大自然的生活方式，换句话说，这个人将更喜欢去购买自行车而不是汽车，更喜欢成为一个素食者而不是吃大鱼大肉的人等。因此，通过知道一个人的基本生活方式，能够对他的购买行为、产品的类型和对于这个人最具有吸引力的宣传做出预测。如前面提到的两类海外旅游者——“变革与震撼世界者”和“恋家者”，前者总是积极地参与变革他们所生活的世界，比如积极介入社会和政治事务、积极参与体育活动、听音乐会、喜欢乘飞机到海外旅游等；而“恋家者”即使住在“变革与震撼世界者”的隔壁，其收入、文化水平和职业也都差不多，却有着完全不同的生活方式，家对于他们有着较重要的意义，他们花许多钱购置家具，还花费很多时间修缮和粉刷房屋，他们对汽车很感兴趣，爱看电视，爱读报纸。总之，通过对这两类人的生活方式的了解，就可以清楚地看出他们的购买或消费倾向。例如，可以预测前者要比后者更愿意旅游，或者更愿意到国外去旅游。

其次，了解消费者的生活方式，有助于选择目标消费者，进行恰当的市场定位。例如，瑞士帝豪手表是定位于高速运动中精确计时的手表，因此这家手表商的全球广告口号是“压力之下，毫不屈服”，并赞助了澳门汽车大奖赛、香港赛马等。然而并非所有的亚洲国家或地区的消费者都有这种精确与运动的生活方式。这家手表商发现中国的企业家没有那么爱好体育，感觉到它的国际广告活动对中国人来说可能太体育化，于是这家手表商为中国制作了专门的广告，淡化了体育感，表达也更为直接。

再次，了解消费者的生活方式，有助于更为准确地把握和引导消费者的行为。例如，它可以更准确地把握原先单靠人口统计指标、地理指标等难以划分的市场，如艺术、娱乐、旅游等。了解消费者的生活方式甚至可以用在百货商店、购物中心、超级市场中的商品摆放上。商品的传统摆放法已让位于有组织、有创意的摆放方法，商品可以不再根据其类型摆放，而是按照生活方式进行摆放，著名的法国拉法耶特百货商店就做到了这一点。其管理者认为这样的摆放对消费者更具视觉刺激，更能激发购买欲望，更能使消费者在店中保持一种持久的兴奋感和冲动感。

8.4 本章小结

本章主要介绍了消费者的个性、自我意识和生活方式。

个性是个人在适应环境的过程中所表现出来的系统的、独特的反应方式。它是由个人在其遗传、环境、成熟、学习等因素交互作用下形成的，并具有很大的稳定性。个性具有以下几方面特性：自然性与社会性、稳定性与可塑性、独特性与共同性。有关个性的理论很多，本章主要介绍了卡特尔人格理论、弗洛伊德的精神分析理论、自我论和人格状态理论。

关于个性类型的划分有两种方式：一种是基于纯心理学理论研究的成果，例如，内倾或外倾、男性气质或女性气质、内控型或外控型、自尊或自卑等；另一种是从应用的角度而划分的个性类型，如 D 型、I 型、S 型、C 型。品牌个性就是品牌的独特气质和特点，是品牌的人性化表现。品牌个性具有以下这些价值：品牌个性的人性化价值、品牌个性的购买动机价值和品牌个性的差异化价值。

自我意识是个体对有关自己一切方面的知觉、了解和感受的总和，是指自己可意识到的执行思考、感觉、判断的部分。自我意识具有如下几个方面的特点：自我意识是习得的而不是天生的、自我意识具有相当的稳定性和持久性、自我意识具有一定的目的性、自我意识的独特性。从形式上，自我意识表现为认知的、情感的、意志的三种形式，分别称为自我认识、自我体验和自我调控。从内容上，可以把消费者的自我意识分为生理自我、社会自我和心理自我。从自我观念上看，可以把消费者的自我意识分为现实自我、投射自我和理想自我。延伸自我说明了消费者有时根据自己的拥有物来界定自我。

生活方式指消费者对时间和金钱的态度以及消费选择的方式，简而言之，是消费者对于如何生活而选择的方式。测量并描述生活方式的常用方法称作心理地图。心理地图是一种工具，这种工具使用心理的、社会的以及个人的因素，由市场中消费者的性格、态度以及他们所接触的媒体等来决定如何进行市场细分，其具体研究方法主要包括 AIO 量表、价值观和生活方式结构法(VALS)。AIO 量表是通过问卷调查的方式了解消费者的活动、兴趣和意见以区分不同的生活方式类型。2002 年，中国新生代市场监测机构对中国的消费者进行了心理层面上的分析，建立了适应中国市场分众时代复杂的经济态势下的中国消费者生活形态模型——CHINA-VALS。这一模型把中国消费者按消费心理因素分为 14 种族群，其中最大族群为随社会流族。了解消费者的生活方式对市场营销人员是很有价值的。首先，了解消费者的生活方式，可以预测消费者的行为。其次，了解消费者的生活方式，有助于选择目标消费者，进行恰当的市场定位。最后，了解消费者的生活方式，有助于更为准确地把握和引导消费者的行为。

8.5　思考与技能实践

8.5.1　基本训练

1. 简答题

(1) 联系实际谈谈品牌个性的核心价值有哪些。

(2) 从自我观念上看，可以把消费者的自我意识分为哪几种？并解释其含义。

(3) 什么是延伸自我？消费者用于自我定位及延伸的物品可以划分为哪几个层次？举例说明。

(4) 了解消费者的生活方式对市场营销人员有什么价值？

2. 选择题

(1) 影响个性形成的主要因素是(　　)。

A. 遗传　　B. 环境　　C. 成熟　　D. 学习

(2) 弗洛伊德的人格结构中，受道德原则支配的是(　　)。

A. 本我　　B. 自我　　C. 他人　　D. 超我

(3) 掌管理性的、非感情用事的、较客观的行为的是三种人格状态中的(　　)。

A. 儿童自我状态　　B. 成人自我状态　　C. 父母自我状态

(4) 投射测验包括(　　)。

A. 罗夏墨迹测验　　B. 主题统觉测验　　C. 自陈量表　　D. 情境测验

(5) (　　)顾客是完美主义者。

A. D 型　　B. I 型　　C. S 型　　D. C 型

(6) 对自己的角色、地位、权力等方面的认识属于(　　)。

A. 生理自我　　B. 社会自我　　C. 心理自我　　D. 现实自我

3. 判断题

(1) 自我意识是天生的。(　　)

(2) 根据自己的拥有物来界定自我，这是指消费者的理想自我。(　　)

(3) 在衣着、快餐食品、音乐、电影和录像上的消费占有很大的比重的这类人属于 VALS2 中的满足者。(　　)

(4) 根据新生代市场监测机构建立的中国消费者生活形态模型，中国最大的族群为随社会流族。(　　)

8.5.2 技能训练

1. 消费者自我意识的结构

自我意识是一个具有多维度、多层次的复杂心理系统，可以从形式、内容和观念上对它进行分析。

(1) 从形式上，自我意识表现为认知的、情感的、意志的三种形式，分别称为自我认识、自我体验和自我调控。

(2) 从内容上，可以把消费者的自我意识分为生理自我、社会自我和心理自我。

(3) 从自我观念上看，可以把消费者的自我意识分为现实自我、投射自我和理想自我。

2. 1989 年美国标准研究协会开发了 VALS2，按照人们的心理特征和收入、教育程度、驱动力、购买愿望的迫切程度等背景材料将美国人细分为有明确差别的 8 个群体：实现者、满足者、成就者、体验者、有信仰者、努力争取者、制造者、为谋生奋斗者。

3. 根据新生代市场监测机构建立的中国消费者生活形态模型，这一模型把中国消费者按消费心理因素分为 14 种族群。理智事业族、经济头脑族、工作成就族、经济时尚族、求实稳健族、消费节省族 6 种族群为积极形态派，占整体的 40.41%；个性表现族、平稳求进族、随社会流族、传统生活族、勤俭生活族 5 种族群为求进务实派，占整体的 40.54%；平稳现实派包括工作坚实族、平稳小康族、现实生活族 3 种族群，占 19.05%。

8.5.3 操作练习

1. 实务题

针对“全球扫描”系统中的 5 个细分市场，识别并描述与这 5 个细分市场中的一个相匹配的男、女电视人物或角色各一名。

2. 综合题

分别调查 10 个大学生和 10 个大学教授群体(40 岁以上)，哪些产品最有可能成为他们传递自我意识的符号或象征品？这两个群体在这方面有区别吗？其原因是什么？写出一份调查分析报告。

8.5.4 案例分析

认真的女人最美丽——台新银行玫瑰卡品牌个性塑造

台新银行玫瑰卡在上市的短短一年半时间里突破了 10 万张的发卡量，并以独特的诉求建立了其女性的、认真的品牌个性，一跃成为台湾女性信用卡的领导品牌。

台新银行加入发卡行列之前，台湾的信用卡市场几乎是花旗与中信的天下。根据资料显示，女性持卡人拥有较好的信用历史，她们工作稳定，发生呆账的情形少。女性消费者较容易被感性诉求打动，进而产生认同。加上女性消费能力的不断提升，台新银行预测女性的信用卡市场将有很大的发展空间，因此将女性区隔为台新银行信用卡的主要目标市场。

她们的个性写真是：喜欢煮咖啡，不喜欢煮饭；工作全力以赴，表现一流，渴望有女强人的成就，又渴望如小女人般受宠；热情、爱冒险，却又心思细密；喜欢出国旅游，会赚钱，也会花钱，高兴就好；有自己的生活品位，有自己的消费主张，有专属于女人的信用卡——台新银行玫瑰卡。

玫瑰卡第一阶段的定位是“最女人的信用卡”，它清楚地表达了玫瑰卡的属性。广告以展现玫瑰卡的气质并且塑造玫瑰卡独特的个性来取得目标群的认同，让目标消费群接触到广告时会被诉求所感动，相信自己便是那一位拥有玫瑰卡的独特女人。

第二阶段则对“最女人的信用卡”进行升华，以“认真的女人最美丽”为个性写真，因为“认真”是一种生活态度、消费主张；“美丽”则是女人热衷追求、喜爱被赞美的心理。

品牌个性一经设定，所有的营销广告活动便围绕其展开。为此，台新银行采取了以下策略。

(1) 建立产品优势。例如，增加持卡权益：旅游平安险，金卡免费道路救援服务，全球购物保障，代缴电费、电话费及交通罚款等。

(2) 直接行销。直接针对目标女性现场办卡。通过业务员在全省人流集中处(如百货公司、电影院等门前)摆摊位，直接与目标对象接触，缩短犹豫期，成功率非常高。

(3) 针对性的推广。在细分出女性市场以后，台新银行又针对不同的女性进行了一系列有针对性的推广活动。例如，针对应届毕业的大专女学生，寄发 DM，允许她们以年费 6.6 折优惠申请，并获得免费的 SPA 试用；针对 50000 名高使用率之玫瑰卡会员，鼓励她们推荐自己的亲朋好友申请台新银行信用卡。

(4) 与女性杂志结合。参与《美丽佳人》杂志三周年庆，由《美丽佳人》引进法国巴黎名模，展现当季流行秀，并举办《美丽佳人》杂志音乐会。后又由《美丽佳人》杂志邀请国内知名音乐家举办演奏会，邀请玫瑰卡会员欣赏。

(5) 创造持续的情人节活动。辅以成功的事件行销运作，与女人最爱的“情人节”紧密结合。在每年西洋情人节及七夕，举办大型现场办卡活动，以女人喜爱又与玫瑰卡相关联的玫瑰花、巧克力及玫瑰花茶做赠品。情人节已成为玫瑰卡的节日。

(6) 借不同版本玫瑰卡上市之机，展开独特的公关活动。例如，1997 年 11 月至 12 月，推出“认真的女人，宠爱自己”活动，玫瑰卡会员可以在全省 UBEX 特约商店，优惠选购一只纯 HVS 级 0.3 克拉 UBEX 南非天然美钻。

由于一系列的卓越策划，台新银行玫瑰卡成功地在信用卡市场绽放，成为女性信用卡第一品牌。“认真的女人最美丽”更成为广告流行语，被人们广泛引用，成为台新银行玫瑰卡最重要的品牌资产。

资料来源：张勇. 信用卡如何营销. http://blog.sina.com.cn/s/blog_a769cceb0101jw8x.html

问题：分析台新银行玫瑰卡品牌个性塑造的成功之处。

8.5.5 网上调研

“品牌代言人的个性特点可以传递给品牌”吗？分别访问可口可乐、百事可乐、耐克、麦当劳的网站，找出两三个它们曾经用过的或正在用的品牌代言人，分析代言人的个性特点与品牌特点之间的关系。

8.5.6 单元实践

电子商务对农村居民消费与生活的影响

一、农村电子商务发展现状

在当代社会，随着科学技术的发展，互联网已然成为国民经济和社会进步的巨大推动力量，电子商务也已在我国国民经济中占据重要地位。另一方面，随着农村经济的不断发展，农村居民的生产生活需求日益旺盛，老旧的农村商业体系无法满足农村居民的有效需求。电子商务的发展弥补了这一缺陷。当下农村，电商正在潜移默化地影响着居民的生产和生活的各个方面。

但是受限于农村和农民的特殊性，以及基础设施、农民文化素质和传统小农思想等因素的影响，农村电子商务总体处于较低端的的发展水平，并存在一系列问题。同时也形成了不同于城市电子商务的一些特点。

二、农村电子商务目前状况和问题

(一) 目前现状

一方面，随着网络的发展，电子商务逐渐受到重视，得到了各方面的扶持与帮助。发展农村电子商业意义重大，有利于促进农村商品流通、发展农村市场，带动城乡一体化进程。另一方面，对于电子商务行业来说，农村是一个巨大的潜在市场。全国县域经济的 GDP 总和约占全国 GDP 的 56%、农村县域经济的社会消费总额大概占全国的 50%。可以说农村电子商务发展前景远大。

总体而言，我国农业电子商务的发展仍然处于摸索的阶段，时至今日，虽然电商已经逐步渗透、进入农村地区，但对比城市电子商务和其他农村电商发展成熟的国家，其中的差距仍然很大，因而分析我国农村电子商务发展特征和存在问题尤为重要。

(二) 存在问题

1. 农村基础设施不完善

据 2010 年的中国农村互联网发展状况的调查报告显示，农村的互联网普及率低至 15%，并且各个地区在信息基础设施建设方面的发展极不平衡。在实际调查中可以发现网购主要依赖于电商服务站，大部分居民缺乏直接参与电子商务的硬件条件。

另一方面，我国农村地域广阔，分布相对比较广泛且部分地区较偏僻，导致了“最后一公里”问题产生。本次调查显示，有 22.3%的农村居民认为在电子商务交易过程中遇到过最主要的问题是物流配送问题。由此可见，物流及其配套设施已在很大程度上限制了电子商务在农村进一步发展。

2. 农村传统文化保守

一方面，农村传统文化较为保守，以小农经济为主，导致了农民追求于自给自足的生活，本身对商业依赖较低。加之大部分农村居民缺乏相应的文化知识，致使他们无法接受电子商务。另一方面，当前在农村开展电子商务推广宣传的组织较少，且受限于农村保守的传统文化观念，进展不顺。

电子商务作为新兴商业平台，本身风险较高。调查数据显示，36.4%的农村居民认为质量问题是其进行网购时所遇到的最主要的问题。另一方面，农村居民收入相对较低，农民群体社会保障不足，这导致他们承受风险能力弱，因此部分农民对电子商务存在抵触心理。

3. 农村电商缺乏政策指导和法律规范

除了为数不多的村镇，多数农村电子商务从业者无法得到来自政府的行业规划和引导。调查显示，仅有 1.2%的农村居民接受过政府关于电子商务的宣传或培训。缺乏相关指导，农村居民对行业信息和市场需求的变化只能依靠自我摸索，这在一定程度上增加了相关从业难度。

同时，农村电子商务的相关法律法规缺乏。而农村电子商务可能涉及的问题往往比传统商业更多。一方面，部分商品不具备大众认可的质量评价标准和机制，在质量、宣传、安全等方面都存在隐患。另一方面，农村消费者也需要相关法律法规保障自我消费权益，从而增加对电子商务这一新生交易方式的信任与信心。

三、电子商务对农村居民的影响特点及问题

随着电子商务在农村的普及，以及农村发展日益富裕，农村居民将在生活、工作等方面受到电子商务的影响，农村居民的需求也会进一步推动农村电子商务的完善和成熟。但在现阶段，农村市场和农村居民的特殊性导致农村电子商务有别于城市电子商务的特点和问题。

(一) 信息不对称、渠道不畅通

农村居民相对文化程度较低，缺乏获取信息的渠道，对互联网等新兴事物接受和理解能力差。这导致大部分农村居民对电子商务不了解，调查中有 71.6%的农村居民表示对电子商务完全不了解或不是很了解。农村居民受限于信息不畅通和缺乏有效渠道，直接影响了其进一步享受电子商务发展的红利。以苏州地区为例，调查人群中接受过网络培训、从网络获得新技术和从网络获得商机的分别仅占到 1.2%、7.4%、8.6%。同时农村居民获得电子商务服务的渠道较少，主要通过淘宝、京东等品牌电子商务平台。

(二) 电子商务线下站点的出现

基础设施是电子商务发展的必要条件。而农村条件相对落后、基础设施较差，限制了农村电子商务的蓬勃发展，主要问题有宽带网络普及低、物流条件差、网络支付体系不健全等。同时由于农村居民相对文化水平较低，无法独立完成网购，导致了电子商务线下站点的出现和发展，如京东的京东帮、淘宝的农村淘宝等。现阶段这些服务点主要提供电子商务推广和代购买、代退货的工作。而部分发展和推广较好的地区已开始通过服务站点出售特色产品，形成了农民—电商服

务站点—顾客的新型电子商务模式，对传统农村生产和销售模式进行了改进和补充。

(三) 形成网购与实体购物互相补充的格局

受限于传统农村消费诉求和实体购物渠道的特征，农村居民消费结构较为单一，而通过电子商务平台农村居民则可以丰富商品种类，获得传统商业难以提供的商品和服务。据调查结果显示，农村居民网购主要集中在服装服饰、家电和日用品，且网购目的主要是节省时间和购买知名品牌产品，而不仅仅是追求便宜实惠。这对传统农村商业不便利和缺乏品牌产品的结构进行了有力补充，丰富了农村居民的消费供给，满足了其消费诉求和消费水平。

(四) 在生活娱乐方面影响力低下

电子商务作为新兴事物在农村出现并发展，势必会影响到农村传统人际交往模式和日常生活娱乐方式。但因为中国农村传统的差序格局，电子商务对传统农村居民的日常交际影响较小。且受限于目前农村以老人孩子为主，电子商务对其生活娱乐影响也比较小。调查结果显示，仅有28.4%的农村居民认为电子商务影响了其日常娱乐方式，有 14.8%的居民认为电子商务减少了其现实中的人际交往。

四、结语

综上所述，可知电子商务对于江苏农村方方面面都产生了影响。电子商务便利、优化了农村居民的消费结构，反哺了农村商业的向外拓展，改变了农村居民生活生产的方式。虽然目前仍存在着种种问题亟需解决，如农村电子商务渠道单一、农村基础设施落后、相关法规不健全等，但随着国家大力扶持和市场进一步发展，中国农村互联网经济和农村电子商务必然会得到进一步发展，从而更好的服务于农村居民，带动农村经济发展，从而形成良性循环。

资料来源：http://www.xdsyzzs.com/dianzishangwu/3310.html(编者对原文有删减)

问题：网络给人的生活方式带来的改变有不利的方面吗？举例说明。

实践要求：按照上述方法，分析电子商务给你自己的生活方式带来了哪些改变。

第 9 章

影响消费者行为的社会环境因素

【学习目标】

知识目标：掌握社会阶层、参照群体的含义和特点；理解参照群体对消费者行为的影响方式；了解影响消费者购买角色变化的因素。

技能目标：能运用家庭生命周期理论来具体分析某一(类)家庭的购买决策类型和消费特点。

能力目标：具有运用社会阶层的特点预测其消费方式的能力。

【案例导读】

家庭购车，到底谁说了算？

很多观点认为，家庭购车的决策权往往都是掌握在男人手中，但是 2015 年 12 月 29 日发布的《中国家庭汽车消费白皮书》(简称《白皮书》)显示，女性在购车选择中的决策权也日渐明显。

据介绍，这份《白皮书》调研报告由宝宝树大数据营销中心收集了超过 2 万人的样本量完成。该调查数据显示，无论是首次购车还是二次购车，夫妻双方共同参与挑选车辆的比例都在 40%以上，其中二次购车则主要由女性来挑选。而在二次购车中，完全由女性挑选车辆的比例达到 18.8%。同时，家庭的第二辆车主要由女方驾驶的比例较高，达到了 47.5%。由此可见，在家庭购车的决策影响因素中，女性的决策影响力更为明显。

“如今全面二孩政策的放开，对各行各业都有所触动。”宝宝树销售副总裁陆烨玮告诉《每日经济新闻》记者。

此次发布的《白皮书》显示，在所有用户数据中，有超过 5 成(50.7%)的用户是因为有了孩子而需要购车或换车，另外有 10.4%的用户是因为孕妇出行不便而购车或换车。

因此，如何通过营销手段吸引那些家庭的购车、换车，成为目前不少企业关注的焦点。目前是女性更多参与家庭购车的年代，提供吸引女性的增值服务则成为有效有段之一。

此外，吸引女性的增值服务可以有效促进女性用户购买汽车的意愿。数据显示，家庭用品、孩子用品等增值服务对于用户购车的影响超过 80%，女性还希望 4S 店能够提供美容护肤、母婴室等多元化的服务。

调查显示，女性决策权的提升和对家庭消费的主导力，对未来包括汽车在内的家庭消费品的产品布局，将带来影响。

资料来源：http://m.nbd.com.cn/articles/2015-12-30/974394.html

消费者购买行为分析的内容主要就是在分析消费者购买决策的基础上，进一步分析影响消费者购买决策的因素。一般来说，影响消费者购买决策的因素不外乎三大方面：个人因素、环境因素和营销因素。前几章研究分析了影响消费者行为的个人心理方面的原因，本章和下两章将分析影响消费者行为的环境因素，它包括社会因素和情境因素两个方面。

9.1 参照群体与消费者行为

群体是指由两个或两个以上的人为达到某种目标而组成的相互影响、相互作用的人群结合体。根据这一定义，群体不能太大，因为太大的群体中的成员无法意识到对方的存在，也不可能彼此都有交互作用。此外，在马路上一起围观车祸的一群人，或凭自由买票而进同一影院观看电影的一群人，也不能算是群体。

9.1.1 参照群体的概念与类型

所谓参照群体，就是指对个人的行为、态度、价值观等有直接影响的群体。虽然个体并不一定是该群体的实际成员，但它对个体行为的影响却是很大的。

从消费者行为学的观点来看，所有影响消费者购买行为的正式和非正式群体都是人们的参照群体。消费者可以使用产品或品牌来认同某一群体或成为其中的一员。他们通过观察参照群体成员的消费方式来学习，并在他们自己的消费决策中使用同样的标准。

参照群体可以分为直接的参照群体和间接的参照群体，如图 9-1 所示。直接的参照群体是直接接触到人们生活的面对面的成员群体关系。他们可以是主要成员群体或次要成员群体。

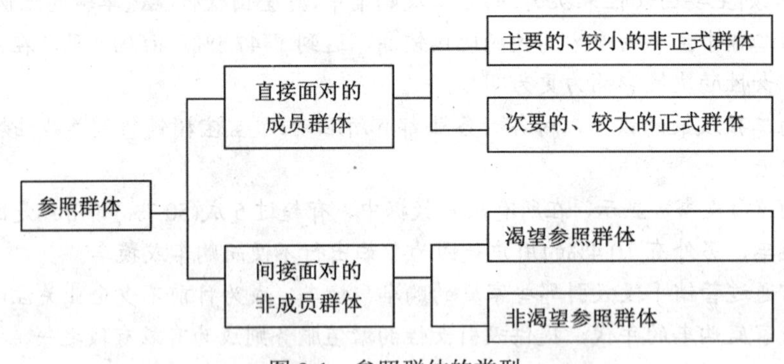

图 9-1 参照群体的类型

主要成员群体包括人们以非正式的面对面的方式经常相互影响的所有群体，如家庭、朋友或同事。相反，人们与次要成员群体的交往是非持续而且更正式的，这些群体如俱乐部、宗教团体等。

间接的非成员群体包括渴望参照群体和非渴望参照群体。渴望参照群体是人们渴望加入的群体，非渴望参照群体是人们试图与其保持距离、避免与其有关的群体。

9.1.2　参照群体对成员行为方式的影响

大多数人都会选择一些群体作为参照群体，那么参照群体是怎样影响消费者的情感、认知和行为的呢？

1. 群体规范的影响

群体规范是指群体所确立的、每个成员必须遵守的行为准则。每个群体都有特有的行为准则。这种准则，有的是明文规定的，有的是约定俗成的，但都有约束和指导成员行为的效力。群体成员的态度和行为，如果符合群体规范，就会受到群体的肯定；如果成员偏离或破坏其准则，群体就会运用各种方法加以纠正。当然，群体规范不是一成不变的。随着形势的变化，它也会发生变化。而且，参照群体对成员行为的影响既可以是主动的，也可以是被迫的。也就是说，成员既可以主动模仿别人的行为，也可能在群体压力下不得不采取某种行为。后一种现象在社会心理学中又被称为从众现象，即一个人因受别人影响而按照别人的行为方式去行动。

【小资料 9-1】

群体规范的形成过程

美国心理学家谢里夫的实验说明了群体规范的形成过程。实验在暗室进行。一个被试者坐在暗室里，面前的一段距离内出现一个光点。光点闪现几分钟后消失，然后让被试者判断光点移动多远。实际上，光点并没有动，但在暗室中看光点，每个人都会觉得光点在移动，这是一种视错觉现象。这样的实验进行几次，每个被试者都建立了个人的反应模式。有的人觉得光点向右上方移动，有的人觉得向左下方移动，有的人觉得向上方移动，等等。每个人的反应模式都各不相同。随后，让被试者一起在暗室内看出现的光点，大家可以相互讨论，说出自己的判断。实验反复进行，经过一段时间之后，大家对光点移动方向的判断逐渐趋于一致。这就是说，群体的规范代替了个人的反应模式。

实验继续进行，出现了一个有趣的现象。当把这些被试者重新分开单独做判断时，每个人并没有恢复他原先建立的个人反应模式，也没有形成新的反应模式，而是一致保持群体形成的规范。这表明群体的规范会形成一种无形的压力，约束着人们的行为，甚至这种约束并没有被人们意识到。

资料来源：http://baike.baidu.com/view/1232918.htm(编者对原文有删减)

【小资料 9-2】

从众心理对消费行为的影响

心理学家温卡特桑对消费者行为中的从众性和依赖性进行过实验研究。他的受试者是某大学管理系的 144 名学生。有 A、B、C 三套不同质量的男用西服，要求学生们就式样、色彩和尺寸等进行综合考虑，从中挑选出一套自认为最好的服装。实验在三种条件下进行：一是控制条件，二是从众条件，三是对抗或诱导条件。控制条件是让个人在没有集体影响的情况下任意挑选。其余两种实验条件下个人都处于小集体当中。这个小集体只有四人，三人是协助实验者的工作人员，他们名义上也是受试者，而真正的受试者只有一人，他并不了解这种安排，以为他们和自己一样。在从众条件下，名义的受试者事先由实验者指定，一致挑选 B 为最好的服装。在宣布各自的评选结果时，先由名义受试者依次发言，都说 B 是最好的服装。实验结果表明，在从众条件下，受试者选择 B 为最好服装的比率最高。

资料来源：http://www.doc88.com/p-6933979017816.html(编者对原文有删减)

分析提示：所谓社会从众，就是群体成员放弃自己的判断而采取与大多数人一致的行为。在群体压力下，人们很容易出现这种所谓的“随大流”现象。本案例就是一个典型的社会从众的实验，说明了消费者行为中同样具有从众性。

2. 信息性影响

参照群体对信息的影响是将关于消费者本人、他人、物质环境方面等有用信息传达给消费者。对消费者来说，信息既可以直接获得，也可以通过间接的观察而得到。而且，消费者对信息的接受，既可能是他有意识地、主动地寻求来的，也可能是他在偶然的情况下或不经意间听到的，还有可能是参照群体的成员或者说观念领导者热心的推荐或劝说的结果。

3. 功利性影响

消费者为了获得赞赏或避免惩罚而采取的消费行为，就是所谓的功利性影响。当消费者认为参照群体能够控制奖励和惩罚而且他们本人也希望得到相应的奖励或避免某种惩罚的时候，这种功利性影响就出现了。例如，为了得到朋友们的赞同，我们可能会专门购买某一品牌的化妆品或摩托车。还有，一些口香糖或洗发水广告中显示人们会不喜欢别人身上的异味或肩头上的头皮屑，以此向人们推销某种产品。

4. 价值表达的影响

参照群体对价值表达的影响表现在它能影响人们的自我认同感，这是以个人对群体价值观和群体规范的内化为前提的。在这种情况下，即使没有外在的奖励与惩罚，个人也会按照群体规范行事，因为群体的价值观已经成了个体自身的价值观。

9.1.3 影响参照群体影响力的因素

参照群体不会对消费者的每个购买决策都施加影响，即使在群体影响确实起作用的情况下，消费者也会受到其他变量的影响。因此，在不同的情况下，参照群体对消费者购买行为的影响程度是不一样的。也就是说，参照群体对消费者行为的作用力的大小是不一样的。其影响因素主要有以下几个方面。

1. 产品的明显程度

参照群体对不同产品和品牌的影响程度是不同的。这种不同的影响至少体现在两个方面：第一个方面是这种产品是必需品还是非必需品，必需品是每个人都必须拥有的东西，非必需品是特定阶层的人或在特定的情况下才拥有的东西；第二个方面是他人对这种产品的认识程度，即公众的还是私人的，公众商品指那些当自己拥有和使用时能引起其他人重视的东西，私人商品指那些在家里使用的、别人无法注意到的东西。这两个方面结合起来就构成了表 9-1 所示的组合。一般来说，一件产品的必需程度越低，参照群体的影响程度越大；产品的公众性越强，即产品或品牌的使用可见性越高，群体影响力越大。

表 9-1　参照群体对不同产品和品牌的影响程度

产　　品	必　需　品	非 必 需 品
公众的	公众必需品 参照群体对产品的影响力：弱 参照群体对品牌的影响力：强	公众奢侈品 参照群体对产品的影响力：强 参照群体对品牌的影响力：强
私人的	私人必需品 参照群体对产品的影响力：弱 参照群体对品牌的影响力：弱	私人奢侈品 参照群体对产品的影响力：强 参照群体对品牌的影响力：弱

【小思考 9-1】

手表、游艇、化妆品、跑步机分别属于下列产品中的哪一种？

A. 公众必需品　　B. 公众奢侈品　　C. 私人必需品　　D. 私人奢侈品

答：属于 A 的有手表；属于 B 的有游艇；属于 C 的有化妆品；属于 D 的有跑步机。

2. 个人与参照群体的关系

一般来说，个人对参照群体越忠诚，他就越会遵守群体规范，参照群体对他的影响就越大。例如，当一个人要参加一个渴望群体的活动时，他就会非常重视自己的穿着打扮；而对于要参加一个非渴望群体的活动时，他就会显得很随便。

3. 个人特征

个人在购买中的自信程度越低，他越容易求助于参照群体成员，参照群体对他的影响就越大，特别在购买他不太熟悉的产品或重要的产品(如汽车、保险等)时更是这样。此外，个性、安全感、地位等也对个体是否遵从起重要作用。个人在群体中的地位能影响他对群体规范遵守的程度。一般地说，一个人在群体中越受欢迎，或在群体中的地位越高，越能够自觉地遵守群体规范，与群体保持一致。

4. 参照群体的特征

群体影响个体的能力随着群体规模的大小、凝聚力的高低以及领导力的强弱而不同。群体人数越多，越难以达成一致，因而其影响力就会减小。群体凝聚力或领导力越强，其影响力就越大。

9.1.4　几个与消费者相关的参照群体

从营销的角度看，参照群体的作用是个体在购买或者消费决定中的参照框架。消费者在评价自己的态度和行为时所用到的参照者是各种各样的，从个人到家庭成员到更广泛的亲属，或者从志愿者协会到社会阶层、职业、种族群体、年龄等。这里主要介绍与消费者相关的几种特殊参照群体：朋友群体、逛商店群体、工作群体、虚拟群体。此外，意见领袖和家庭对消费者来说可能是最令人感兴趣的群体，将在后面做详细介绍。

1. 朋友群体

朋友群体属于典型的非正式群体，其影响力位居家庭之后。

寻求和保持朋友关系是多数人的基本驱动力。朋友能满足人的很多需要，如友谊的需要、安全的需要。研究表明，朋友的观点和偏好对消费者最终选择的产品或品牌有重要的影响。例如，品牌服装、精巧的珠宝、美食等产品的市场推销人员认识到同伴的影响的力量，并经常在广告中描述这样的情景。

2. 逛商店群体

几个人一起逛商店，无论他们是买东西还是仅仅消磨时间，都可以称为逛商店群体。这样的群体通常是家庭或者朋友群体的旁支，因此他们的功能是购买伙伴。同购买伙伴逛商店的动机多种多样，如可以将其视为一种社交方式，以此与人建立良好的关系；或者将其视为一种展示自我的方式，如展示自己的经济地位或表现自己的鉴赏能力、讨价还价的能力等。

3. 工作群体

人们在工作中度过的时间很多，对于上班族来说，每周都在 40 小时以上。这就提供了使得工作群体有充分的机会作为影响成员消费行为的重要力量。

正式的工作群体和非正式的工作群体都能影响消费者行为。正式的工作群体能有一个持续不断的机会去影响他人的相关的消费态度和行动。非正式的工作群体包括在同一公司工作中成为朋友的人，他们通常在喝咖啡和午餐的休息时间或者工作后的会面中对人们的消费态度和行为产生影响。

4. 虚拟群体

由于计算机和互联网的出现和普及，产生了一种新类型的群体——虚拟群体。人们打开计算机，进入网络中访问有特殊兴趣的网址，或者进入聊天室。在互联网上，人们可以自由表达自己的思想，以匿名的方式与他人交往。通过访问网址或与人聊天，人们可以得到各种各样的相关信息，当然包括有关商品或消费的各种信息。

9.1.5 意见领袖

参照群体中经常包括意见领袖或观念领导者，他们是指那些经常能影响他人的态度或意见的人。从营销的角度看，意见领袖就是指那些在非正式的产品沟通中，就某一特定的产品或服务能够提供建议与信息的一群人。显然，说服这些人购买他们的产品或服务对营销人员来说是非常重要的。很多在今天成为人们生活一部分的产品或服务，最初就是受到了这些有影响的意见领袖或观念领导者的推动。

1. 意见领袖的特征

意见领袖一般有以下几个方面的特征。

(1) 人格特征。意见领袖通常是最早出于纯粹的好奇心而试用新产品和服务的人。他们通常是社区的活跃分子，不甘寂寞。而且，意见领袖一般都比较任性，具有公开的、独特的个性，这让他们更可能以与众不同的方式去尝试那些未知的而又让人感兴趣的产品和服务。此外，意见领袖通常具有高度的自信心，可能比一般人更健谈与合群，因而他们更具有影响力。

(2) 独特的产品知识。意见领袖最大的也是最明显的特征，就是对某一类产品比群体中的其他人有着更为长期和深入的介入。由于某些原因，有的人对某类产品或活动有更多的知识和经验，因而在其他人看来，他在这方面更有权威。因此，意见领袖通常是和特定的产品或活动区域相联系的。

(3) 丰富的市场知识。意见领袖虽然通常是和某种产品或活动相联系的，但也有这样一些人，他们似乎了解许多产品、购物场所和市场的其他方面信息。他们一般也愿意与人讨论产品或购物，主动向他人介绍关于产品的大量信息。

2. 如何发现与寻找意见领袖

对于营销人员而言，由于意见领袖对于其目标消费者具有强大的影响力，因此如何发现意见领袖便是一个相当重要的工作。但是，意见领袖通常并不显眼，甚至常常是很随便的、面对面的，因此要定位意见领袖并不容易。于是营销人员经常试图创造意见领袖。例如，很多企业用影星、体育明星或其他社会名流来宣传其产品。用知名人士做宣传的效果在很大程度上取决于该代言人的可信性与吸引力以及人们对他(或她)的熟悉程度。如果在代言人与产品之间能够建立起联系，用知名人士做宣传就可能获得成功。

某些产品领域有职业性的意见领袖。例如，计算机行业的从业人员对计算机的品牌、理发师或美容师对护发品或美容品的意见对其他消费者的影响确实很重要。

此外，意见领袖或观念领导者也可以通过社会学技术测量出来。例如，可以通过大众媒体的使用来确定观念领导者。例如，耐克公司推测《跑步者世界》的订阅者可能是散步鞋和跑鞋等产品的观念领导者。此外，也可以通过设计调查问卷的形式来确认意见领袖，如表 9-2 所示。

表 9-2 意见领袖调查表

提示：这是关于(产品类别)的一份简短的调查表。请仔细阅读每个句子。对于每个句子，请写出一个数字表明你对句中意见的看法。这些数字从 1 到 7，数字越大表明同意程度越高。 1. 我对______的意见好像与别人都不一样。 2. 当我考虑购买_____时，我向别人征求意见。 3. 当别人选择_____时，他们不向我征求意见。 4. 在我购买_____之前不需要和别人商讨。 5. 别人向我征求购买_____的意见。 6. 我很少问别人应购买哪种______。 7. 我认识的人根据我告诉他们的信息选择_____。 8. 我在购买______之前，喜欢征求别人的意见。 9. 我常常劝说他人购买我喜欢的______。 10. 当我征求别人的意见后，我购买_______感觉更好。

3. 意见领袖与营销策略

市场营销人员应该认识到，意见领袖并不普遍适用于所有的领域。一个人可能在某个领域扮演意见领袖的角色，但在另外一个领域则不是。可见，意见领袖的重要性在不同的产品或不同的目标市场上存在着很大的区别。因此，对于不同的产品或品牌应该寻找不同的意见领袖。在使用意见领袖时应该注意以下几个方面。

(1) 广告模特的使用

广告在使用模特时，应力图使消费者模仿意见领袖。因此，模特的选择是很重要的。观察现今市场上的营销策略，有许多企业采用影视明星、运动明星等名人来推广产品，就是希望借这些名人在该产品上所具有的领袖性意见来推广产品。这种利用名人名誉担保的推广手法能否取得成功，还受到很多因素的影响。例如，名人的可信度、消费者对名人的熟悉度等。此外，企业在决定由谁来进行名誉担保时，还要考虑这个名誉担保者是否具有某些特质使他适合担任该产品的代言人。例如，有些名人同时扮演很多产品的代言人，这是否会引起消费者识别或记忆方面的混乱或冲突；或者，如果代言的名人在事后发生了一些绯闻或丑闻，就可能对产品造成严重的负面影响。

一般来说，在营销或广告上利用名人的方式大概有以下四种：一是证言，主要是基于强调名人自身对该产品的实际使用，而由名人来证实该产品的品质与功效；二是名誉担保，即名人用他的名誉来保证产品的质量与功效；三是演员，即名人纯粹以广告演员的身份出现在产品的广告中，在这种情况下，名人单纯只是扮演广告片中的一个角色而已，并没有任何推荐或担保的意思；四是代言人，即名人长期担任某一产品或某一公司的代表性人物。

【小资料 9-3】

应规范广告代言人的权与责

随着北京某家医院“送子”神话的破灭，名人、明星为虚假广告张目的行径引起了广泛关注。北京市消费者协会为此向社会公开发表了《致社会名人、明星的一封公开信》，建议首都的社会名人、明星，在为各类报纸、期刊、电视等媒体做广告时，要提高作为社会公众人物对社会应承担责任的意识，拒绝做虚假和可能对消费者进行误导的广告。

但从当前媒体披露的情况来看，名人和明星们对此兴致不高。由此看来，以为对名人好言相劝，虚假广告就能风停雨住，未免有些天真。那么，他们为何对公众的质疑和追问如此漫不经心呢？笔者以为，最根本的原因还在于我们的法律对于广告代言人的权与责有失规范。1995 年 2 月 1 日起施行的《中华人民共和国广告法》，虽然明确了广告主、广告经营者、广告发布者在广告活动中所应承担的责任，却没有规范广告代言人的权与责。例如，如果名人在广告中以某产品消费体验者的身份向人们推介某种产品，他是否应承担对产品质量进行了解并如实相告的义务？如果名人在广告中煞有介事地说：我天天用××，而事实上他既没用过该产品，又对其质量一无所知，那么，这算不算是欺骗？要不要承担责任？事实上，由于没有相应的法律规范，名人做广告成了只收钞票而无须承担任何责任的游戏。名人们当然就不会去管广告内容是真是假了。如此这般，也就难怪名人和明星们如此热衷广告事业了。

因此，只有通过立法规范广告代言人的权与责，对虚假广告代言人处以重罚，并为消费者上当受骗造成的损失承担连带责任，才能真正不让虚假广告借助公众人物祸害公众，进一步纯净广告市场。其实，这也有利于名人和明星公众形象的保护。

资料来源：阿默. 应规范广告代言人的权与责. 中国经济时报，2005-08-23

(2) 样品的赠送

赠送样品时不能随机地以任何消费者作为样本，而应该尽量将产品送到可能成为意见领袖的人手里。例如，克莱斯勒公司为了引入它的某款新车，向 6000 名可能的观念领导者提供新车，让他们免费使用一个周末。这些人包括经理和社区首脑，也包括经常提供意见却不受瞩目的人，如理发师。随后的市场调查发现，有 32000 多人驾驶或乘坐了这种汽车，而其口头赞誉则流传更广。所以，如果营销人员能够辨认出意见领袖，提供给他们产品(像上述那样的借给他们)是完全值得的。

(3) 正确处理顾客的抱怨或投诉

因为消费者会同其他消费者谈论他们有关产品、商店和服务的经历，而意见领袖的谈论要比一般人的影响更大。所以，当顾客的期望未被满足时，企业必须及时妥当地处理他们的抱怨或投诉。甚至在有些情况下，企业应当鼓励消费者去抱怨，因为这样能增加抱怨者对产品的忠诚度。

9.2　社会阶层与消费者行为

任何社会都有社会等级，因而可以据此把社会分为不同的阶层。对社会阶层的划分虽然不那么简单，但它确实很有价值。因为它可以从一个方面来了解并预测消费者的行为。

9.2.1　社会阶层的特点与构成

社会阶层指的是某一社会中根据社会地位或受尊重程度的不同而划分的社会等级。显然，存在于社会中的各个社会阶层是一个连续的系统，而且，划分这个系统的标准不是唯一的。也就是说，一个人位于哪个社会阶层不是单一地由某个因素决定的，而是至少由几个因素决定的。这些因素包括受教育程度、职业、经济收入、家庭背景、社会技能甚至住房档次以及居住的地理位置等。其中，受教育程度、职业和经济收入是尤为重要的。当然，在不同的社会里，上述各因素的相对重要性可能有差异。例如，对中国人来说，经济收入和父母亲的社会地位相对比较重要；而对英国人来说，他们可能更看重世袭成分在社会地位中的作用。

1. 社会阶层的特点

社会阶层的特点主要表现在以下几个方面。

(1) 社会阶层使社会出现了等级。社会阶层具有从地位高到地位低的纵向等级体系，人们可能并不知道划分这些等级的所有依据，但任何人都知道这种等级的存在，并确定自己处在哪个社会等级。同时，通过对他人社会阶层的认识来决定与其交往的方式。

(2) 社会阶层的稳定性与动态性。社会阶层具有相对稳定的特点。一个人的社会阶层不会在几天之内改变，甚至几年内也不会改变。与此同时，一个人的社会阶层也是会发生变化的。尽管这种变化一般来说不是突然发生的，但很多人并不是一生中都属于一个阶层。导致一个人社会阶层发生变化的原因主要有两方面：一是个人因素，如由于个人的努力或自甘堕落等生活变迁的原因，会使他的社会阶层发生变化；另一方面就是社会因素，如社会制度的变革改变了人们的生活方式或价值观念，或者由于某种原因剥夺了某些人的权利，从而导致个人社会阶层的变化。

(3) 社会阶层内部的同质性。每个社会阶层内部都具有同质性，处在同一社会阶层的人在职业类型、居住环境、饮食习惯、社交习惯等方面趋于一致。

(4) 社会阶层与收入水平的偏离。虽然收入水平是决定社会阶层的一个重要因素，但两者之间没有一对一的关系。由于社会阶层也同样取决于其他因素，如教育、职业和个人品位，因此常常看到收入处在中等水平的人处在较高的社会阶层，反之亦然。

2. 社会阶层的构成

某个社会可以被划分为多少个社会等级或社会阶层，要依划分标准的不同、社会等级之间差距的大小以及研究者的不同而不同。

美国商业心理学家和社会学家把社会阶层划分成六个。这六个社会阶层及消费特点如下。

(1) 上上层，约占美国人口总数的 1%。他们大都具有显赫的家世，拥有巨额资产。这一阶层的消费者是名贵珠宝、古董、著名绘画作品的主要购买者及高档消遣、娱乐方式的主要顾客，他们处于社会消费的最高层次，因而对其他阶层的消费者常具有示范消费的作用。

(2) 上下层，约占人口总数的 2%。他们主要是那些享受高薪或经营特殊行业而发财致富的人。他们大都经过自己的艰苦奋斗而由中产阶级进入到上流社会，因而有强烈的显示自我的欲望，渴望在社会及公共事务中显示其地位、身份。比起其他阶层的消费者，他们更讲究排场与追求豪华的生活，因而豪华、昂贵的商品最能满足他们的心理需要。他们是私人别墅、游艇、游泳池及名牌轿车的主要消费群体。

(3) 中上层，约占人口总数的 12%。这一阶层的消费者大都受过良好的教育并拥有令人羡慕的职业，如医生、律师、大学教授、科学研究人员等。他们非常重视教育的作用，重视家庭智力投资。他们偏爱高品质、高品位的商品，因为这与他们的身份相称。他们大都拥有良好的住宅、高级时装、家具等。

(4) 中下层，约占人口总数的 30%。这一阶层的消费者尊重传统，具有良好的公共道德，遵纪守法。喜欢购买大众化、普及性的商品，不太看重商品是否时髦。“白领阶层”是这一阶层的主体。

(5) 下上层，约占人口总数的 35%。这一阶层的消费者受教育程度大都较低，因而属于低薪收入阶层。为了生计，整天忙碌于工作与生活中，很少有精力和兴趣去关心社会时尚的变化，消费上多是习惯型的购买者，喜欢购买实用价廉的商品。

(6) 下下层，约占人口总数的 20%。这一阶层属于贫困阶层，几乎没有受过什么教育。他们的收入水平处于社会最低层。他们没有固定的购买模式，购买行为常具有冲动性，他们是低档商品的主要购买者。

中国社会科学院于 2001 年完成的《当代中国社会阶层研究报告》，从专家的视角对当代中国社会阶层变动状况进行了分析。按新标准划分的 10 个社会阶层是国家与社会管理者阶层、经理人员阶层、私营企业主阶层、专业技术人员阶层、办事人员阶层、个体工商户阶层、商业服务人员阶层、产业工人阶层、农业劳动者阶层和城乡无业、失业、半失业者阶层，它们分属 5 种社会地位等级：上层、中上层、中中层、中下层、底层。

9.2.2　社会阶层的决定因素

一个人的社会阶层是和他特定的社会地位相联系的。处于较高社会阶层的人，必定是拥有较多的社会资源、在社会生活中具有较高社会地位的人。社会阶层并不是单纯由某一个变量(如收入或职业)所决定，而是由包括这些变量在内的多个因素共同决定。正如后面所要看到的，决定社会阶层的因素既有经济层面的因素，亦有政治和社会层面的因素。在众多的决定因素中，其中某些因素可能比另外一些因素起更大的作用。

(1) 教育。人的受教育程度直接影响着他的能力、知识、技术、价值观、审美观等。而且随着社会的发展，它在划分社会阶层中所起的作用越来越大。在一般情况下，一个人所受的教育程度越高，他的社会地位就越高。

(2) 职业。职业地位是人们在现代社会中地位的主要衡量方式。其中，职业声望是人们对职业地位的一种主观评价。一般来说，职业声望越高，职业地位越高，社会名声越大，所处的社会阶层越高。

(3) 收入。收入一直被用来衡量人们的购买力和社会地位，因为没有收入就谈不上消费。收入与人们的消费方式、生活习惯等有着密切的关系。一般来说，收入高的人比收入低的人的社会地位高。因此，很多人认为应该按收入来划分社会阶层。但也有很多人不能同意这样的观点。例如，我国前几年出现的所谓“脑体倒挂”“搞导弹的不如卖鸡蛋的”等说法，就说明了收入与社会地位之间的关系的不一致。

(4) 权力。权力意味着一个人在群体和社会中向别人施加影响的能力，尤其在某些国家，权力就是一切。

(5) 个人业绩。一个人的社会地位与他的个人成就密切相关。同是大学教授，如果你比别人干得更出色，就会获得更多的荣誉和尊重。

(6) 拥有的财物。财物是一种社会标记，它向人们传递有关其所有者处于何种社会阶层的信息。拥有财物的多寡、财物的性质同时也反映了一个人的社会地位。

(7) 价值取向。个体的价值观或个体关于应如何处世待人的信念是表明他属于哪一社会阶层的又一重要指标。由于同一阶层内的成员互动更频繁，他们会发展起类似或共同的价值观。这些共同的或阶层所属的价值观一经形成，反过来成为衡量某一个体是否属于此阶层的一项标准。不同社会阶层的人对艺术和抽象事物的理解、对金钱和生活所存在的不同看法，实际折射的就是价值取向上的差异。

(8) 阶层意识。阶层意识是指某一社会阶层的人，意识到自己属于一个具有共同的政治和经济利益的独特群体的程度。人们越具有阶层或群体意识，就越可能组织政治团体、工会来推进和维护其利益。从某种意义上说，一个人所处的社会阶层是与他在多大程度上认为他属于此阶层所决定。一般而言，处于较低阶层的个体会意识到社会阶层的现实，但对于具体的阶层差别并不十分敏感。

9.2.3　不同社会阶层消费者的行为差异

社会阶层的轮廓提供了价值观、态度和行为的主要图像，这些可以通过对各类社会阶层的调查获得。调查表明，不同社会阶层消费者的行为差异主要表现在以下几个方面。

1. 支出模式上的差异

不同社会阶层的消费者所选择和使用的产品是存在差异的。科曼发现，特别富裕的中层美国人将其大部分支出用于购买摩托艇、野营器具、大马力割草机、雪橇、后院游泳池、临湖住宅、豪华汽车或跑车等产品上；而收入水平与之差不多的上层美国人则花更多的时间和金钱于私人俱乐部、孩子的独特教育、古董、字画和各种文化事件与活动上。研究还发现，较低阶层的很多家庭是大屏幕彩电、新款汽车、高档炊具的购买者。虽然这一阶层的收入比中等偏下阶层(劳动阶层)平均要低1/3左右，但他们所拥有的汽车、彩电和基本家庭器具的价值比后者平均高20%。下层消费者的支出行为从某种意义上带有“补偿”性质：一方面，由于缺乏自信和对未来并不乐观，他们十分看重眼前的消费；另一方面，低的教育水平使他们容易产生冲动性购买。

2. 休闲活动上的差异

社会阶层从很多方面影响个体的休闲活动。一个人所偏爱的休闲活动通常是同一阶层或临近阶层的其他个体所从事的某类活动，他从事新的休闲活动往往也是受到同一阶层或较高阶层成员的影响。虽然在不同阶层之间，用于休闲的支出占家庭总支出的比重相差无几，但休闲活动的类型却差别颇大。

3. 对信息的利用与依赖程度的差异

一般来说，高阶层的消费者比低阶层的消费者能更多地利用不同渠道获得商品信息。这主要是因为高阶层的消费者大都受过良好的教育，相比于低阶层的消费者，他们读书、看报、翻阅杂志的时间和机会较多，因而可以充分利用不同媒体获得有价值的商品信息。而受教育程度低的消费者，平时大都很少读书、看报，却比较喜欢看电视，因而看电视成为他们信息的主要来源。另外，不同社会阶层的消费者购买商品时对广告的依赖程度也有很大差别。国外的一个研究比较了1000多名女顾客在百货商店的购买行为，发现处于上层和下层的消费者之间具有明显差异。上层的消费者大约90%以上依赖广告，而下层的购买者依赖广告的仅占39%。

4. 对商店选择的差异

不同阶层的消费者喜欢光顾的商店类型也很不同，并不是所有消费者都愿到高档、豪华的商店去购物，只有高阶层的消费者才比较喜欢这类购物场所。因为在这种环境里购物会使他们有一种优越感和自信，得到一种心理的满足。而低阶层的消费者在这种环境里缺乏自信，则有一种自卑和不自在的感觉。因此，通常人们只到与自己地位相称的商店购物。另外，人们选择的商店类型还与购买商品的类型有关。通常人们在购买风险性高的商品时(如珠宝首饰、时装等)，不愿到折扣商店。高阶层的消费者更是如此。

【小思考 9-2】

一个人的一生只能属于一个阶层吗？举例说明。

答：由于社会阶层的动态性，所以一个人的社会阶层是会发生变化的。例如，一个瓦工显然应该划归工人阶层。然而，如果这个瓦工积累了一些资本，并建立了自己的企业，他最终可能成为一个富裕的开发商，因此成了中产阶层。

9.3　家庭与消费者行为

每个人的一生中都离不开家庭。家庭是以婚姻、血缘或有收养关系的成员为基础组成的一种社会生活组织形式或社会单位。父母、子女是家庭的基本成员。

最基本的家庭类型是核心家庭，即由父母和子女构成的家庭。核心家庭在每种文化中都非常重要。此外，还有扩展家庭，即包括核心家庭和其他亲属在内的家庭，最常见的是包括一方或双方祖父母在内的大家庭。随着社会的变迁，这种扩展家庭的数目越来越少，而一种比较特殊的核心家庭——单亲家庭相对地越来越多。

9.3.1　家庭购买决策

作为基本的消费单位，家庭购买决策是分析营销策略的一个很重要的方面。

1. 家庭成员的决策角色

在第 12 章中，我们将详细分析家庭成员的决策角色。营销人员应该把家庭购买情形与家庭成员的决策角色放在一起考虑。通常营销中认为个人既是决策者又是消费者(使用者)。而家庭营销增加了三种可能：有时涉及一个以上的决策者，有时涉及一个以上的消费者(使用者)，有时决策者与消费者(使用者)是不同的人。

根据家庭成员决策角色的分析，在为家庭购买的商品制定营销策略时，要注意以下几个问题：

(1) 产品是为个人购买的还是供大家一起使用的？

(2) 产品是个人去选购还是大家一起去买？

(3) 产品是否很昂贵？购买它是否会影响到其他产品的购买？

(4) 家庭成员对产品的价值观是否存在异议？如果是这样的话，怎样才能减少冲突？

(5) 要购买的产品是否可以供家庭的多个成员使用？如果是这样的话，有必要对产品进行改进以满足更多人要求吗？

(6) 哪个家庭成员会直接影响产品的购买决定？要使用什么媒体和信息来说服他人呢？

2. 家庭决策类型与决定购买角色的因素

根据家庭成员购买角色的分析，我们知道，一个家庭成员在家庭购买决策中可以扮演不同的角色，起不同的作用。在不同的家庭中，决策者的角色可以是由不同的人来完成的。据此，可以把家庭决策类型分为以下几类：妻子主导型，是妻子做决定；丈夫主导型，是丈夫在决策中担任主角；混合型或民主型，是双方共同做决定；各自做主型，是指决策完全由伴侣们独立做出。

以往对于家庭决策类型的研究一般都忽略了家庭决策中的一个重要参与者——孩子。在我国，虽然一般的城镇家庭都是独生子女，因而儿童的数量正在稳定地减少，但是他们作为消费者的重要性并没有下降。甚至随着儿童在家庭中地位的提高，儿童市场是相当庞大的，而且是相当重要的。不管是学龄前儿童还是青少年，他们对家庭的购买决策都有着非常重要的影响。

家庭决策类型不是一成不变的。某些因素的变化，也会影响家庭购买角色的变化。影响家庭购买角色变化的因素有以下几点。

(1) 商品因素。商品因素包括商品的价格、商品的重要性以及商品是否具有可分享的使用性等。如果商品的价格很高，甚至能影响到家庭其他项目的开销，大多数家庭成员都会以某种方式加入决策。对于一些不太重要的商品，如卫生纸等，几乎用不着家庭统一决策。另外，当商品具有可分享的使用性时(如家用轿车、假期)，集体决策的可能性也越大。相反，当商品只因家庭的某一成员主要使用时，这一决策的制定就主要由这个成员来完成。

(2) 社会阶层。不同社会阶层可能产生不同的决策模式。一般来说，高层次或低层次的家庭倾向于采用自主的或独立的决策风格，而处于中间层次的家庭，则倾向于平等或共同的决策。当然，随着财富的不断增长和受教育水平的提高，这些社会阶层的区别也在逐渐减小以至消失。

(3) 家庭生命周期。在家庭生命周期的不同阶段，人们决策的方式会有所不同。特别是随着子女在家庭决策中参与的程度的不同，会进一步影响家庭决策的制定。

(4) 角色分配。家庭成员在购买决策中都扮演一定的角色，而且，角色分配得越具体，则家庭成员在与他们的角色有关的方面越容易做出自主的决策。例如，妻子在喂养孩子方面承担着专门的角色，因此，她们在购买孩子的服装和食品方面有更大的自主权。

(5) 个人特征。消费者的个人特征会影响在家庭购买决策中的作用。这些个人特征包括具有相对的权力的大小、对产品领域的介入程度以及受教育的程度等。夫妻中的一方比另一方更有权力的时候(主要与经济能力有关)，这一方通常就有更大的决策权。另外，家庭中的某一成员对某一产品介入的程度越深，在这个产品领域里进行购买时，他或她就越有可能影响其他家庭成员。

【小资料 9-4】

家庭成员共同决策

前进策略发布的一项调查结果发现：价格是决定家庭集体决策购物的首要因素，单价在 3000 元以上的产品就需要家庭成员共同决策。

从调查结果来看，消费者认为需要与家庭成员共同决策购买的每件产品的均价在 3022 元以上。而从价格分布来看，30.9%的受访者表示价格在 1000～2000 元之间的产品需要和家人商量，占到整个受调查人数的近 1/3。由此看来，大部分人在考虑购买商品时，1000 元以上就会与家人商量。

本次调查中，有 87.5%的受访者表示，在购买金额较大的商品时一定会与家人商量后才购买，远高于其他因素。另外家人共同使用的商品，其家庭集体决策购买的比例也较高，占到了 41.7%，其余依次为高科技产品、家人更有购买经验的产品以及第一次购买的产品，只有 0.3%的受访者明确表示就自己说了算，不需要参考家人意见。

资料来源：http://biz.163.com/41227/1/18JUBR7O00020QDS.html(编者对原文有删减)

问题：针对上述数据企业会制定怎样的营销策略？

分析提示：商家在制定营销策略时，对于价格较低的商品，可以采取针对个体的营销方式，因其购买决策相对比较简单，购买过程也比较迅速，尤其对于比较私人化的低价产品，只要针对个体的消费偏好，采取相应的营销措施来满足客户需要即可。但对于大件商品，特别是家庭成员共同使用的产品，由于更多地受到家庭成员集体意见的影响，所以其营销手段也应考虑家庭的特点，采取针对家庭的营销方式，来推动产品的销售。

9.3.2 家庭生命周期

家庭生命周期是一个家庭在建立发展过程中经历的阶段。它是由婚姻状况、家庭成员年龄、家庭规模以及主人的工作状况等因素综合而成的。

关于家庭生命周期各阶段的划分，不同的学者划分的阶段不完全一样。本书把家庭生命周期划分为五个阶段，即单身期、初婚期、满巢期、空巢期和家庭逐步解体期。当然，这只是一个模式，并不是所有的家庭都一定完全按照这个顺序。但对于家庭生命周期中的每一个大致的阶段来说，都有着许多共同的、明显的消费行为特征。

1. 单身期

单身期主要是指已经成年但尚未结婚者所处的时期。在国外很多青年有了独立生活的能力以后就离开父母的家而独闯天下。在我国，随着大学生就业人数的增多和进城打工者的日益增加，这部分人数也在逐渐增多。在这一时期，由于单身消费者没有什么经济负担，因而有较高的可支配收入，而且他们的消费心理多以自我为中心。在消费内容上，由于更时髦的娱乐导向，使得他们把钱花在服装、音乐、餐馆、度假、约会等方面。

2. 初婚期

这个时期指的是结婚以后还没有生育的这一段时间。随着人们工作、生活节奏的加快以及观念的改变，这个时期在整个家庭生活周期中所占的时间比例有增大的趋势。由于夫妻双方都有工作，又没有孩子的负担，因此这一时期比较富裕。其消费心理与行为主要以夫妻为中心，即以规划和发展小家庭为核心，他们主要购买一些家常用品以及享受比较浪漫的休闲、度假等。

3. 满巢期

这是一个比较长的阶段，是指从第一个孩子出生到最小的孩子也已长大成人的这段时间(在我国，大多数城镇家庭都是独生子女)。孩子带来了新的需求从而改变了消费模式：婴儿时期主要是购买玩具、食品等；学龄期主要是各种学习和教育费用，而且随着年级的升高，各种费用也越来越高。特别是高中阶段和大学阶段，仅仅学费对父母来说就是一笔很大的开销。尤其对于工薪阶层来说，在孩子上中学以后一直到大学毕业参加工作之前，其家庭消费主要以孩子为中心，而自己常常比较节俭，尽可能地压缩其他各种消费。而对于大多数的家庭来说，孩子在毕业参加工作以后到结婚组成新的家庭之前的这一段时间，是收入和消费的高峰期。家庭收入的主要支出是一些高档的消费品，如家具、家用电器、举家外出旅游等。同时，在中国的大部分家庭，还要为子女的婚事做一些储备。

4. 空巢期

子女成家立业以后，组成了新的家庭，成为另一个消费单位，只剩下父母二人，这一时期属于家庭生命周期的空巢期。

在空巢期之内，因为没有子女的拖累，父母的经济负担已经大大减轻，他们已经具备充分享受消费的条件。而且，这一时期，大部分家庭的夫妻已经到了退休的年龄，有更多的闲暇时间供自己支配。因此，对那些经济收入较高、有一定积蓄的家庭来说，他们还有一种“补偿消费”的心理，弥补过去由于经济条件、时间条件、精力等各方面的限制而没有充分消费的缺憾。最常见的就是夫妻双双外出旅游。同时，由于年纪越来越大，他们逐渐以身体健康为消费导向。例如，购买有助于睡眠的设施、各种健身器材、保健用品等。

5. 家庭逐步解体期

自然法则决定着家庭的最终走向。家庭逐步解体时期是在家庭生命周期的最后一个阶段，夫妻中的一人去世或生活能力极大下降不得不转向依靠子女的时期。由于老年人自身活动能力的减弱，其消费能力也相应下降。这时的消费基本上以吃和保健为主。如果年老多病，医药方面的花销也不小。

【小思考 9-3】

家庭决策类型有哪几种？它对消费者的购买行为有影响吗？举例说明。

答：有影响。家庭决策类型主要有妻子主导型、丈夫主导型、混合型或民主型和各自做主型。不同的家庭决策类型对消费行为会产生影响。例如，在丈夫主导的家庭中，由于购买商品主要由丈夫说了算，因此这样的家庭购买就体现出较强的男性购买特征，即比较注重商品的质量、性能，而对商品的外观和颜色等却不太挑剔；而在妻子主导的家庭中，则正好相反，体现出较强的女性购买特征。

9.4 本章小结

本章介绍了影响消费者行为的社会环境因素，如参照群体、社会阶层、家庭等几个方面。参照群体就是指对个人的行为、态度、价值观等有直接影响的群体。参照群体对消费者行为的影响方式主要有信息性影响、功利性影响和价值表达影响三种。社会阶层指的是某一社会中根据社会地位或受尊重程度的不同而划分的社会等级。任何社会都可以按照不同的标准划分成不同的等级。常用的划分社会阶层的标准有教育、职业、收入、权力等。国际上一般把社会阶层划分为上上层、上下层、中上层、中下层、下上层、下下层。家庭是构成社会组织的基本单位，家庭购买决策对于分析消费者行为有重要的作用。家庭决策类型分为以下几类：妻子主导型、丈夫主导型、混合型或民主型、各自做主型。影响购买角色变化的因素有商品因素、社会阶层、家庭生命周期、角色分配、个人特征。家庭生命周期一般分为以下五个阶段：单身期、初婚期、满巢期、空巢期和家庭逐步解体期。

9.5 思考与技能实践

9.5.1 基本训练

1. 简答题

(1) 社会阶层的特点主要表现在哪几个方面？

(2) 不同社会阶层消费者的行为差异主要表现在哪几个方面？

(3) 影响家庭购买角色变化的因素有哪些？

(4) 影响参照群体影响力的因素有哪些？

(5) 在使用意见领袖时应该注意哪些方面？

2. 选择题

(1) 划分社会阶层的标准主要有(　　)。

A. 收入　B. 受教育程度　C. 权力

D. 职业　E. 性别

(2) 参照群体对消费者行为的影响方式主要有(　　)。

A. 信息性影响　B. 功能性影响　C. 功利性影响　D. 价值表达影响

(3) 对消费者行为的影响力量仅次于家庭的是(　　)。

A. 朋友群体　B. 逛商店群体　C. 工作群体　D. 虚拟群体

(4) 在营销或广告上利用名人的方式大概有(　　)。

A. 证言　B. 名誉担保　C. 演员　D. 代言人

3. 判断题

(1) 一件产品的必需程度越低，参照群体的影响程度越小。　(　　)

(2) 收入水平与社会阶层两者之间没有一对一的关系。　(　　)

(3) 个人在购买中的自信程度越低，参照群体对他的影响就越大。　(　　)

(4) 正式的工作群体和非正式的工作群体都能影响消费者行为。　(　　)

9.5.2 技能训练

1. 国际上一般把社会阶层划分为：

(1) 上上层。

(2) 上下层。

(3) 中上层。

(4) 中下层。

(5) 下上层。

(6) 下下层。

2. 家庭生命周期一般分为以下五个阶段：

(1) 单身期。

(2) 初婚期。

(3) 满巢期。

(4) 空巢期。

(5) 家庭逐步解体期。

9.5.3 操作练习

1. 实务题

准备好纸和笔，花一个小时观看黄金时段的电视节目，记录所有广告。对每个使用了名人的广告，记录下名人的名字、广告的产品或服务。分析名人是否被用作证言、名誉担保、演员或者代言人。

2. 综合题

从两部不同的电视剧中选出两个家庭。首先按照本章中社会阶层的分类方法确定他们的社会阶层，然后分析各家庭的生活方式和消费行为。如果他们分属不同的社会阶层，请对他们进行比较。

9.5.4 案例分析

高收入者购买行为影响大众消费

2017 年 6 月 5 日，胡润研究院与亚洲国际豪华旅游博览(ILTM Asia)连续第七年合作发布《中国奢华旅游白皮书》(*The Chinese Luxury Traveler 2017*)，这份 26 页的专业报告深入研究了中国高端旅游者的旅游消费情况和未来旅游趋势。该报告指出，60%高端旅游者每晚住宿预算超过 3000 元，32%超过 5000 元。酒店服务人性化是最主要考虑因素，其次是房间视野好。

度假型酒店以 81%的选择率高居高端旅游者最青睐的豪华酒店形式第一位。商务型(18%)、民宿型(9%)和公寓型(6%)酒店也受到小部分高端旅游者的喜爱，但选择率远远低于度假型。当地菜以 56%的选择率成为中国高端旅游者最青睐的酒店餐厅菜系。日料和粤菜以 32%和 31%紧随其后。法国菜、意大利菜和川菜都进入前十，而火锅和韩国菜系未进入前十。另外，酒店私人餐厅受到重视，主要为了私人宴请和用餐，其次是商务宴请和用餐。

当下流行的共享类住宿方式在高端市场还处于萌芽阶段，私人短租房如 Airbnb 仅以 25%的选择率大幅落后于私人精品酒店(48%)和邮轮游艇(45%)这两种更传统的非商务酒店类住宿方式。69%的受访者对未来三年选择私人短租房的可能性表达了中立或拒绝的态度。

对于去年印象最深的一次出国旅行，61%受访者选择了商务舱或头等舱。超过半数的高端旅游者(58%)表示体验过私人定制旅行服务。高端旅游者青睐行程设计合理、能提供个性化服务和能解决问题的旅行社，比重分别为 59%、55%和 49%。其中，看重旅行社解决问题能力的比重比两年前增加了 11%。

旅游类型方面，过去一年中国高端旅游者出国旅游依然以休闲度假为主，占 41%。极地探索和轻度冒险延续了过去两年的强劲势头，位列第二(31%)和第四(20%)。海岛海滨作为 2017 年调查的新选项成为中国高端旅游者过去一年出国旅游主题的大黑马，以 23%的占比超越邮轮(13%)和自驾(14%)等传统旅行项目位列第三。

在 80 后年轻一代中，海岛海滨度假更是成为最热主题，以接近一半的比例(46%)排名第一。值得注意的是 80 后年轻一代旅游者对于非洲和极地的渴望在逐步增加，相比去年的 23%和 17%，今年分别上升到了 36%和 32%。

资料来源：http://www.sohu.com/a/146208068_260616

问题：上述现象对营销人员有什么启示？

9.5.5　网上调研

就“购买家庭轿车谁做主”这一问题进行网上调研。

9.5.6　单元实践

明星代言：受众研究为你导航

那个戴着鸭舌帽、穿着运动 T 恤和宽松牛仔裤、一副我行我素模样、挥舞双节棍的动感小子，认识吗？相信大家对他一定不陌生。对，他就是广告天王周杰伦。他代言的品牌涉足通信产品(动感地带、松下手机)、服装(国内著名休闲服饰美特斯 • 邦威)和饮料(百事可乐、统一茶饮料)等多个行业，还担任某化妆品品牌的代言人。我们已经习惯了看到同一个明星在不同品牌的电视广告中不停地变脸，然而这种多品牌明星代言人的传播效果怎样呢？周杰伦虽然为多达十几家品牌做广告代言人，但调查结果显示，受众对其所代言品牌的记忆度是非常不同的。受众记忆最深的是他代言的动感地带和百事可乐，而对其他代言品牌(德尔惠球鞋、松下手机、香港电讯、统一方便面等)的记忆度都比较低。

资料来源：张燕玲. 宝人指数——中国明星公众影响力指数 2005 年度报告

问题：

(1) 明星代言的优缺点有哪些？

(2) 探讨本案例中为什么受众对同一明星代言的不同产品有不同的记忆度。

实践要求：参照上述样本，选择一个明星代言人，制作一份相似的问卷，看看能有什么结论。

分析提示：

(1) 有许多企业采用影视明星、运动明星等名人来推广产品，就是希望借由这些名人在该产品上所具有的领袖性意见来推广产品。但这种利用名人名誉担保的推广手法能否取得成功，还受到很多因素的影响，例如，名人的可信度、消费者对名人的熟悉度等。此外，企业在决定由谁来进行名誉担保时，还要考虑这个名誉担保者是否具有某些特质使他适合担任该产品的代言人。例如，有些名人同时扮演很多产品的代言人，这是否会引起消费者识别或记忆方面的混乱或冲突；或者，如果代言的名人在事后发生了一些绯闻或丑闻，就可能对产品造成严重的负面影响。

(2) 在本案例中，受众对其所代言品牌的记忆度是非常不同的。受众记忆最深的是他代言的动感地带和百事可乐，而对其他代言品牌(德尔惠球鞋、松下手机、香港电讯、统一方便面等)的记忆度都比较低。这表明受众对明星都有一定的心理定位，而只有当代言人的特质与某产品相匹配时，才能产生比较好的效果。

第 10 章

文化、亚文化与消费者行为

【学习目标】

知识目标：掌握文化、亚文化的含义和特点；理解中国传统文化的特点及对消费者行为的影响；了解宏观、微观经济因素对消费者行为的影响。

技能目标：能根据所学的知识划分亚文化群并判断不同亚文化群的消费特点。

能力目标：具有熟练分析企业跨文化营销中的消费者心理和行为的能力。

【案例导读】

星巴克与跨文化营销

如今，在中国的很多大城市都有星巴克，星巴克只用了短短几年时间，就在中国成了一个时尚的代名词。它所标志的已经不只是一杯咖啡，而是一个品牌和一种文化。

1971 年 4 月，位于美国西雅图的星巴克创始店开业。

1987 年 3 月，星巴克的主人鲍德温和波克决定卖掉星巴克咖啡公司在西雅图的店面及烘焙厂，霍华德·舒尔茨则决定买下星巴克，同自己创立于 1985 年的每日咖啡公司合并改造为“星巴克企业”。

现在，星巴克在全球范围内已经有超过两万家连锁店，分布在北美洲、拉丁美洲、欧洲、中东和环太平洋地区。星巴克是唯一一个把店面开遍四大洲的世界性咖啡品牌。

1998 年，星巴克在台湾地区开出第一家店后，目前在中国已经拥有超过 1000 家店。尽管这些店铺还主要集中于几大城市，例如，上海市场已经突破 100 家，但从 2005 年开始，它已经将目光投向了中国的二级城市。

星巴克靠什么从一间小咖啡屋发展成为国际最著名的咖啡连锁店品牌？原因之一就是它懂得如何将文化与品牌进行有机的结合，推行的是一种全新的体验文化式的营销方法，使每一个光顾星巴克的消费者，可以从品尝咖啡的过程中获得一种超值的文化体验与享受，成为一种跨文化营销成功的典范，具体分析如下。

品牌本位论认为：品牌不仅是产品的标识，而且有自己的内容，是其基本内容的标识，品牌是代表特定文化意义的符号。星巴克的“品牌人格谱”就是将星巴克文化从多个角度进行特定注释的“符号元素”集合。

1. 品牌定位

“星巴克”这个名字来自美国作家麦尔维尔的小说《白鲸》中一位处事极其冷静、极具性格魅力的大副，他的嗜好就是喝咖啡。麦尔维尔在美国和世界文学史上有很高的地位，但麦尔维尔的读者群并不算多，主要是受过良好教育、有较高文化品位的人士，没有一定文化教养的人不可能去读《白鲸》这部书，更不要说去了解星巴克这个人物了。从星巴克这一品牌名称上，就可以清晰地明确其目标市场的定位：不是普通的大众，而是一群注重享受、休闲、崇尚知识、尊重人本位的富有小资情调的城市白领。

2. 品牌识别

星巴克的绿色徽标是一个貌似美人鱼的双尾海神形象。这个徽标是1971年由西雅图年轻设计师泰瑞·赫克勒从中世纪木刻的海神像中得到灵感而设计的。标识上的美人鱼像也传达了原始与现代的双重含义：她的脸非常朴实，却用了现代抽象形式的包装，中间是黑白的，只在外面用一圈彩色包围。1971年星巴克创建这个徽标时，只有一家咖啡店。如今，优美的“绿色美人鱼”，竟然与麦当劳的“M”一道成了美国文化的象征。

3. 品牌诉求

顾客体验是星巴克品牌资产核心诉求，就像麦当劳一直倡导销售欢乐一样，星巴克把典型美式文化逐步分解成可以体验的元素：视觉的温馨，听觉的随心所欲，嗅觉的咖啡香味等。试想，透过巨大的玻璃窗，看着人潮汹涌的街头，轻轻吸饮一口香浓的咖啡，这非常符合“雅痞”的感觉体验，在忙碌的都市生活中何等令人向往！Jesperkunde在《公司宗教》中指出：“星巴克的成功在于，在消费者需求的中心由产品转向服务，再由服务转向体验的时代，星巴克成功地创立了一种以创造星巴克体验为特点的‘咖啡宗教’。”星巴克人认为：他们的产品不单是咖啡，咖啡只是一种载体。而正是通过咖啡这种载体，星巴克把一种独特的格调传送给顾客。咖啡的消费很大程度上是一种感性的文化层次上的消费，文化的沟通需要的就是咖啡店所营造的环境，文化能够感染顾客，并形成良好的互动体验。

4. 品牌传播

星巴克的品牌传播并不是简单地模仿传统意义上的铺天盖地的广告和巨额促销，而是独辟蹊径，采用了一种卓尔不群的传播策略——口碑营销，以消费者口头传播的方式来推动星巴克目标顾客群的成长。

舒尔茨对此的解释是：星巴克的成功证明了一个耗资数百万元的广告不是创立一个全国性品牌的先决条件，充足的财力并非创造名牌产品的唯一条件。你可以循序渐进，一次一个顾客，一次一家商店或一次一个市场来做。实际上，这或许是赢得顾客信任的最好方法，也是星巴克的独到之处！

星巴克通过一系列事件来塑造良好口碑。例如，在顾客发现东西丢失之前就把原物归还；门店的经理赢了彩票把奖金分给员工，照常上班；南加州的一位店长聘请了一位有听力障碍的人教会他如何点单，并以此赢得了有听力障碍的人群，让他们感受到友好的气氛等。

5. 品牌联盟

星巴克提升品牌的另一个战略是采用品牌联盟迅速扩大品牌优势，在发展的过程中寻找能够提升自己品牌资产的战略伙伴，拓展销售渠道，与强势伙伴结盟，扩充营销网络。

6. 品牌攻略

星巴克的最终目标是要在全球开设25000家连锁店，就像麦当劳快餐店(拥有30000家分店)那样，无处不在。

星巴克向各地拓展的做法是先攻下该地区的大城市，塑造良好的口碑后，再以此为中心，向周围较小的市镇进军。在拓展过程中，星巴克会先参考各地的人口结构资料，仔细进行分析，确定有合适的客户群之后，才会进入该地区。

跨国企业在海外立足的根本是入乡随俗，实行本土化经营。咖啡是西方的，星巴克是美国的，而星巴克的咖啡文化却是全世界的。这正是星巴克在全球化过程中巧妙运用本土化策略的结果。在中国和日本，星巴克让本来对咖啡并不熟悉的东方人品味出了“东西合璧”的美妙感觉，从而醉心于星巴克；在欧洲，星巴克让对音频“保守且挑剔”的英国人从咖啡中喝出了下午茶的韵味。这便是文化融合的力量，是本土化的高明之处。星巴克是带着其独特的咖啡文化进入一片陌生市场的，但正是在陌生的市场中，星巴克丰富了自身，让顾客置身于星巴克，有一种既陌生又熟悉的新鲜感觉，这就保证了星巴克在世界范围内的市场开拓无往而不胜。

资料来源：http://www.doc88.com/p-316741119343.html

从上述案例可以看出，企业在跨国经营的过程中，只有在产品本土化的基础上，了解当地客户喜好的变化并能更快地做出反应，才能抵消因海外生产而增加的制造成本。正如中国古话所说：“入境而问禁，入国而问俗，入门而问讳。”这恰如其分地表达了进行市场营销前了解文化差异的重要性。

10.1　文化与消费者行为

现代企业在营销中必须重视社会文化因素，借助于文化营销，才能适应不同特色的环境，形成自身的独特优势。例如，中国是个多民族国家，仅从饮食口味而言就有南甜北咸、东酸西辣之别，在穿着上也有各自的民族风格。即使对同一商品属性重要程度的评价也由于文化价值观念的差异而不一致：日本人、中国的台湾人和香港人认为衣服的美学属性最重要，而新加坡人和韩国人则认为其功能属性最重要。这些都是在长期的社会文化作用下形成的，对企业营销有深层次的影响。

10.1.1　文化概述

1. 文化的含义

文化的含义十分广泛，人类社会所创造的一切成果和人类生活的各个方面，都可以纳入文化的范畴。

一般来说，文化有广义和狭义之分。广义文化是人类在长期的历史发展中共同创造并赖以生存的物质与精神存在的总和。对此应从三个方面理解：首先，广义文化与人类及人类的创造活动相联系，是以人为中心的；其次，广义文化涵盖人类历史全过程，具有传承性、发展性；最后，广义文化的外延涵盖物质创造和精神创造的全部。

狭义的文化专指人类的精神创造，是某一社会集体(民族或阶层)在长期历史发展中经传承累积而自然积聚的、共存的人文精神及其物质体现总体体系。这个定义也要把握三点：首先，狭义文化不但以人为中心，而且以人的精神活动为中心；其次，狭义文化关注的不是个别人的精神活动，而是经历传承累积积聚的、共有的成体系的人文精神；最后，狭义文化关注的不仅是全人类的普遍共性，而且更注重不同民族阶层、集团人文精神的特点。

这里给出一个比较权威的文化的定义。1982年，世界文化大会在《总报告》和《宣言》中，对文化含义做了如此描述："文化是体现出一个社会或一个社会群体特点的那些精神的、物质的、理智的和感情的特征的完整复合体。文化不仅包括艺术和文学，而且包括生活方式、基本人权、价值体系、传统和信仰。"

2. 文化的特点

文化具有以下几方面的特点。

(1) 文化是后天习得的。文化是通过学习而得到的。人类个体在很小的时候，就从自己周围的社会环境中学会了一整套的信念、价值观、习惯等。文化的习得一般通过三种方式：正式学习，在这种学习方式中，大人教孩子"如何去做"；非正式学习，在这种学习方式中，儿童主要是通过模仿别人的行为而获得经验；专门学习，在这种学习方式中，教师在专门的教学环境中告诉学生为什么要做以及怎样去做等。

(2) 文化的影响是无形的。文化是无形的、看不见的，它对人的影响也是潜移默化的。所以，在大多数情况下，人们根本意识不到文化对他们的影响。人们总是与同一文化下的其他人一样行动、思考、感受，这样一种状态似乎是天经地义的，只有当被暴露在另一个有不同文化价值观或者习惯的人的面前时(例如，当我们到另外一个不同的地区或国家做客时)，才会意识到自己所特有的这种文化已经塑造了自身的行为。

(3) 社会文化既有稳定性，又有可变性。社会文化是在一定的社会环境中形成的，所以具有相对的稳定性，一种文化一旦形成，便会在一定时期内发挥作用，并通过各种形式传递下去。同时，社会文化又是动态的，它会随着时间的变化而缓慢地演变。特别是由于科技的进步和社会生产力的发展，新的生活方式会出现，同时价值观和习惯等也会发生变化。所以，对市场营销人员来说，不仅应该了解目标市场现在的文化价值观，还要了解正在出现的新的文化价值观。

(4) 社会文化的共享性。特殊的信念、价值观或风俗习惯等必须被社会中大部分成员所共享才能被认为是文化的特征。因此，文化常被看作将社会成员联系在一起的群体习俗。社会中的各种社会机构都在传播文化成分，并使文化共享成为现实。这些机构主要包括家庭、教育机构、大众媒体以及宗教机构等，其中家庭是最重要的文化传播机构。

(5) 社会文化的规范性。现代社会越来越复杂，文化不可能规定人的一举一动，只能为大多数人提供行为和思想的边界。这种"边界"的设置有时比较宽松，它通过影响诸如家庭、大众媒体的功能而发挥作用。文化对个人的行为设置的"边界"，也就是通常所说的社会规范。社会规范是群体共享的行为和思想方面的理想模式，也就是关于特定情境下人们应当或不应当做出某些行为的规则。当实际行为与规范发生背离时，就要受到惩罚。惩罚方式多种多样，从轻微的不认同到被整个群体所抛弃不等。所以，社会规范对个人的影响更多的不是让你做什么，而是不能做什么。只有在孩提时代或学习一种新文化的过程中，遵循规范才会获得公开的赞许。在其他情况下，按文化方式行事被认为是理所当然的，而不一定伴随赞许或奖赏。

价值观、社会规范、惩罚和消费模式的关系如图10-1所示。

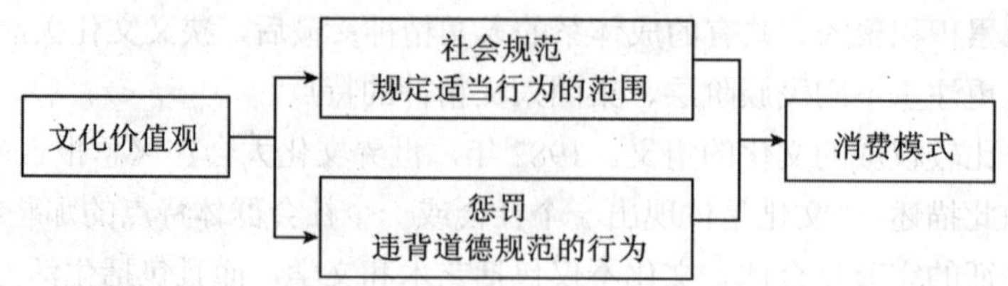

图 10-1　价值观、社会规范、惩罚和消费模式的关系

【小思考 10-1】

文化是否包括遗传性或本能性的反应？为什么？

答：不包括。因为文化是学来的。

10.1.2　中国传统文化与消费者行为

中国传统文化，是指以汉族为主体的、多民族共同组成的中华民族在漫长的历史发展过程中创造的特殊文化体系。它是以几千年来的小农经济为基础，以宗法家族制度为背景，以儒家伦理道德为核心的传统农业文化、血缘文化与修养文化的统一。中国传统文化源远流长，在这种文化背景中繁衍生息的中华民族，其价值观念、思维方式、生活方式、消费观念等都有其独特性。

1. 中国传统文化的主要特点

(1) 讲究中庸之道。大理学家朱熹认为，中庸就是“不偏之谓中，不易之谓庸”。意思是说，在事物的发展过程中，对于实现一定的目的来说，都有一个一定的标准，达到这个标准就可以实现这个目的，否则就不可能实现这个目的。没有达到这个标准称之“不及”，超过这个标准称之“过”。所谓“中庸之为德”，就是要经常遵守一定的标准，既不“过”，也不“不及”，做到不偏不倚。

中庸是中国人的一个重要的价值观，几千年来一直深刻地影响着我们中华民族的思想和行为。

(2) 注重人伦。中国文化以重人伦为特色，即强调伦理关系。我国传统文化的核心，就是以伦理道德为核心的儒家文化，而儒家文化的伦理观念就是从最基本的血缘关系发展而来的。所以，中国传统社会的人际关系都是从夫妇、父子这些核心关系派生出来的。中国人非常看重家庭成员的依存关系，以及在此基础上的家族关系、亲戚关系。

(3) 看重面子。外国人学习汉语时，对“面子”一词肯定很费解。的确，与外国人比起来，中国人对自己的形象和“脸面”特别关注，尤其重视通过印象整饰和角色扮演而在他人心目中留下一个好的印象，以期获得一个“好名声”。因此。中国人一般比较注重给别人、自己“留面子”，而最怕的大概就是“丢人现眼”。

(4) 重义轻利。中国传统文化的特点之一，就是与金钱或物质利益相比，人们更注重情义。特别是在二者发生冲突的时候，追求的是舍利而取义。因而中国人最痛恨的是“见利忘义”“忘恩负义”的人，而讲究“滴水之恩当涌泉相报”。中国文化的这种重义轻利特点，使得在正常的人际交往和工作中容易感情用事、注重“哥们义气”，并且热衷于相互之间赠送礼品，讲究“礼尚往来”。

2. 中国传统文化对消费者行为的影响

因为中国文化具有上述几个基本特点，相应地，中国人的消费心理和消费行为主要表现在以下几方面。

(1) 消费者行为上的大众化。儒家文化的核心就是中庸、忍让、谦和，认为“出头的椽子先烂”“枪打出头鸟”。反映在消费者行为中就是，大众化的商品有一定的市场，消费者行为具有明显的“社会取向”和“他人取向”，以社会上大多数人的一般消费观念来规范自己的消费行为，喜欢“随大流”、赶潮流。比较明显的例子就是中国人在婚丧嫁娶方面的消费相互攀比、送礼成风。很简单的一个理由就是，别人在这方面都大操大办，如果我不这样做的话，既没面子又吃亏。

(2) “人情”消费比重大。中国人比较注重人情，强调良好的人际关系的重要性。这种特点对消费行为的最直接的影响就是比较重视人情消费。比如上面提到的婚丧嫁娶时的相互攀比和送礼，有的人为了面子，甚至不惜举债也要操办或“随礼”。因此，常常听到这样的抱怨：这个月光“随礼”就花了我半个月的工资。这种人情消费不管在城市还是在农村，都大有愈演愈烈之势。虽然很多人都觉得苦不堪言，但到头来还得“死要面子活受罪”，因为如果不这样的话，那多没面子呀！

(3) 消费支出中的重积累和计划性。几千年来，中国人一直崇尚勤俭持家的消费观念，而鄙视奢侈和挥霍，对超前消费也是抱着观望和小心谨慎的态度。因此，中国消费者花钱时较为谨慎，对西方人的贷款买东西更不太感兴趣。在购买商品的种类和功能方面，注重商品的实用性和使用价值，而较少购买用于享受方面的奢侈品。而且，一般都是按计划购买，特别对于中老年人来说，更少发生冲动购买和计划外购买。中国人消费行为中的这种重积累和计划性的特点，固然和中国人的消费水平有关(很多中国人还在为“奔小康”而努力)，但更重要的还是传统文化的影响，这就是为什么有些人已经很富了，可是他们还是维持在较低的消费水平上。需要指出的是，在青少年消费者中，他们的消费观念已经有了很大的变化。例如，他们敢于超前消费，敢于标新立异等。这也是我国消费者心理和行为的一个新动向。

(4) 以家庭为主的购买准则。中国人的家庭观念比较强，因而在消费行为中往往以家庭为单位来购买商品。无论在购买决策上，还是在购买商品的内容与种类上，都与整个家庭息息相关。一般来说，特别是在大件商品的购买上，都要与家人一起讨论来制定决策并实施购买行为。而且所买的商品，都要尽可能地满足大家的需要(儿童用品除外)。这种以家庭为主的购买准则，一方面，反映了家庭在中国人心目中的地位，而且中国人也比较重视自己在家庭中的责任和义务；另一方面，很多人长期以来生活在比较贫困的状态中，如果只以自我为中心来消费，就会影响到其他家人的生活质量，当然，也有可能是由于大多数中国人没有自己的“私房钱”的原因。

(5) 品牌意识比较强。中国人买商品时比较注重商品的品牌，尤其对于服装或高档消费品更是如此。这一方面是因为中国人爱面子，名牌商品代表一定的质量和价格，可以满足人们的炫耀心理；另一方面，中国人一般对商品的知识了解得比较少，或者根本不愿意去了解，只注重对商品的总体印象，所以购买名牌商品既减少了购买时认知商品性能的麻烦，又减少了购买风险。中国市场上假冒商品的盛行和很多因素有关，其中也许和人们对名牌的偏爱甚至崇拜而又缺乏商品知识有关。

(6) 注重直觉判断的购买决策方式。中国人在思维方法方面常常依靠个人经验和直观外推可以解释的领域，对事物的认识往往采用的是直观外推、类比象征、内省体验、混沌记录、简洁隐晦的价值观和方法论。因此，中国人购物时常常先要对相关商品获得一个总体的良好印象，然后再从其总体性能上寻找相应的依据，看这个印象是否正确，很少对商品进行细致的或理智的分析。也就是说，中国人购物时常常采用的是大体的和直觉的判断方法，采用的是模糊思维和综合思维。

【小资料 10-1】

脑白金——吆喝起中国礼品市场

在中国，如果谁提到“今年过节不收礼”，几乎随便一个人都能跟你说“收礼只收脑白金”。脑白金已经成为中国礼品市场的第一代表。

睡眠问题一直是困扰中老年人的难题，因失眠而睡眠不足的人比比皆是。有资料统计，国内至少有 20%的妇女存在睡眠不足现象，90%的老年人经常睡不好觉。“睡眠”市场如此之大，然而，在红桃 K 携“补血”、三株口服液携“调理肠胃”概念创造中国保健品市场高峰之后，在保健品行业信誉跌入谷底之时，脑白金单靠一个“睡眠”概念不可能迅速崛起。

作为单一品种的保健品，脑白金以极短的时间迅速启动市场，并登上中国保健品行业“盟主”的宝座，引领我国保健品行业长达五年之久。其成功的最主要因素在于找到了“送礼”的轴心概念。

资料来源：http://www.tianya.cn/publicforum/Content/no100/1/11868.shtml(编者对原文有删减)

问题：分析脑白金成功的原因。

分析提示：脑白金成功的主要原因在于第一个把自己明确定位为“礼品”——以礼品定位引领消费潮流。中国是礼仪之邦。过年过节送礼，看望亲友、病人送礼，公关送礼，结婚送礼，下级对上级送礼，年轻人对长辈送礼等种种送礼行为，使得礼品市场非常浩大。

10.1.3 跨文化营销心理

在全球一体化进程日益加快的今天，企业的活动越来越多地冲出原有的范围，融入世界经济的大熔炉。越来越多的企业在为它们的产品寻找新的市场和消费者时发现，虽然这个世界显得越来越小，但在不同文化环境中的消费者之间仍有很多差距。这里，我们把跨文化的消费者分析限定在不同国家的消费者之间的比较上。例如，号称拥有这个星球上最好的比萨饼派送系统的多米诺比萨饼公司发现，在全世界派送比萨饼是各不相同的。例如，在英国，顾客不喜欢送货员敲门，他们认为这样很不礼貌；在日本，房子没有按照次序编号，因此经常要走过几条街才能找到一个地址；而在科威特，人们希望比萨饼被送到等候的汽车中，而不是送到家门口。

【小资料 10-2】

颜色、禁忌与喜好

红色是中国人最钟爱的颜色，而英国的红脸国王威廉二世却是暴虐残忍的杀人魔王，因为英语中红脸等于血腥。巴西人喜欢棕黄色，黄色在所有的佛教国家都受到崇尚。信奉伊斯兰教的国家则喜欢绿色，但马来人却认为绿色与疾病有不解之缘。非洲人喜欢大红大绿，但以法国为首的大多数欧洲人对墨绿反感，因为墨绿曾是第二次世界大战时期希特勒军队军服的颜色。法国人偏爱蓝色，相反，比利时人和埃及人视蓝色为倒霉。“蓝天(bluesky)”虽然在汉语中是纯洁广阔的意思，英文中却有不切实际的意思。黄色在意大利与卖淫有关，英美文化中用 blue(蓝色)指代中国人所说的黄色(书刊、影视作品)。美国人喜欢紫色，认为它是财富、华丽、智慧、胜利的象征，这一点与我国“紫阳高照”的说法不谋而合，但南美洲大多数国家禁忌紫色和黑色。白色在西方国家绝对是纯洁、高雅、庄严的象征，只有黑色才与死相伴，这又与中国人以白色为丧服颜色形成反差。俄罗斯人用红色加黑色宣布丧事，因而对中国人大红色加黑墨的春联有强烈的反感。

资料来源：荣晓华. 消费者行为学. 大连：东北财经大学出版社. 2009:241

1. 跨国营销的必要性

如今，大多数企业都在积极地向他们的国门之外推销产品。事实上，这种观点不是说是否需要在别的国家出售产品，而是如何出售的问题。因此，不论经营的是汽车还是香皂，国际营销人员都有相同的体会：在一国吸引消费者的产品在世界其他国家并不一定引起消费者的注意。例如，奇多公司在中国没有奶酪市场，因为大多数中国人不喜欢奶酪，很多人也不喜欢奶糖。此外，有些企业为了迎合当地口味而开发全新的产品。例如，在发现日本消费者对可乐不太感兴趣后，可口可乐公司为日本市场开发了 30 多种新的饮料。

(1) 从企业的角度看，跨国营销的必要性至少表现在以下两个方面。

一是市场趋向的变化。由于经济的发展和生产水平的提高，一些国家国内市场容量相对生产来说越来越有限，国内市场上的竞争亦越来越激烈。由于传统的国内市场已不能充分吸收现有的产品量，而为了降低生产成本、取得规模经济效益又必须达到一定的生产批量时，企业就不得不向新的市场渗透，将自己的生产和销售转向国际化。同时，由于资本积累的增加，企业经营规模的扩大和发展，更迫使企业跨出有限的国内市场，向国际化、全球化发展。

二是产品生命周期呈缩短的趋势。几乎所有的产品都有其生命周期。由于科学技术的发展、新产品的不断涌现，信息传播媒介的增加和传播速度的加快，人们生活水平的不断提高和消费观念的迅速更新，产品的生命周期越来越趋于缩短。由于产品生命周期的缩短，产品研究开发投资的收回和预期利润的实现变得愈发困难。在产品的成熟期和下降期，市场竞争加剧，边际利润出现平均化，企业便开始努力变换产品的品种和向国际市场扩张，以保持扩大企业利润。另外，由于同一产品在不同市场上的生命周期不同，在一个国家的市场上已经进入成熟期或下降期的产品，在另一个国家的市场上可能刚刚进入增长期，而在其他国家的市场上则可能处在介绍期。这就是说，产品在国际市场上的生命周期要远较在某一国特别是发达国家国内市场上的生命周期长得多。因此，将产品扩大到国际市场上，成为延长产品生命周期，保持并增加企业利润的必要手段。

(2) 从消费者的角度看，跨国营销的必要性表现在以下两个方面。

一是可以接触其他文化。因为跨国营销，越来越多的消费者能够接触到世界上其他国家人们所享有的产品及生活方式，而且有机会接受这些不同的产品和服务。一种文化环境中的消费者怎样接触另一种文化环境中人们所享用的产品，这是当今消费者行为的一个重要部分。消费者可以通过不同的方式接触外国的产品和文化。例如，他们可以通过到国外旅游、工作甚至移民的方式来接触，也可以通过电影、艺术等来获取对不同文化的体验。

二是原产国效应。有一种特殊的国别优势(也可能是一种劣势)被称为原产国效应。这种效应是指产品附带的“某国制造”的标签对顾客产生的影响，或者更简单地说，是指某一品牌的产品或服务的制造国家对顾客所产生的影响。来源于具有良好形象的国家的产品和服务通常都得到较高的评价，而来源于形象不佳的国家的产品或服务则会遭到排斥。如果索尼、任天堂、丰田和雅马哈不是日本的顶级品牌，那么它们的威望绝不会如现在这样，这一道理同样适用于法国的奢侈品牌，如香奈尔、酩悦香槟，以及德国的工程品牌，如奔驰、博世、西门子和奥迪等。青岛啤酒亦是如此，如果该啤酒不是得益于原产自中国这一特殊效应，那么它在海外市场根本就不可能占有一席之地，也更不可能会产生“最适合与中国菜一起饮用的啤酒”这一逻辑。

2. 跨文化的消费者分析

跨文化消费者分析的一个主要目标就是确定两个或更多个国家中消费者的异同。理解不同国家之间消费者的异同对于跨国营销人员来说是很重要的，他们必须制定合适的策略以打动具体的外国消费者。国家之间的相似性越大，越适宜使用相对来说相似的策略。另外，如果发现具体目标国的文化信仰、价值观、风俗习惯等有很大的差异，表明需要针对每一个国家的具体情况制定出高度个性化的市场策略。

跨文化的消费者分析主要应注意以下几个方面。

(1) 教育水平。教育水平是指消费者受教育的程度。一个国家、一个地区的教育水平与经济发展水平往往是一致的。不同的文化修养表现出不同的审美观，购买商品的选择原则和方式也不同。一般来讲，教育水平高的地区，消费者对商品的鉴别力强，容易接受广告宣传和接受新产品，购买的理性程度高。因此，教育水平的高低影响着消费者心理、消费结构，影响着企业营销组织策略的选取，以及销售推广方式方法的差别。例如，在文盲率高的国家，用文字形式做广告，难以收到好效果，而用电视、广播和当场示范表演形式，才容易为人们所接受。又如在教育水平低的国家，适合采用操作使用、维修保养都较简单的产品；而教育水平高的国家，则需要先进、精密、功能多、品质好的产品。因此，在产品设计和制定产品策略时，应考虑当地的教育水平，使产品的复杂程度、技术性能与之相适应。

(2) 语言文字。语言文字是人类交流的工具，它是文化的核心组成部分之一。不同国家、不同民族往往都有自己独特的语言文字。即使同一国家，也可能有多种不同的语言文字；即使语言文字相同，表达和交流的方式也可能不同。

语言文字的不同对企业的营销活动有巨大的影响。一些企业由于其产品命名与产品销售地区的语言等相悖，给企业带来巨大损失。例如，美国一家汽车公司生产了一种牌子叫 Cricket(奎克脱)的小型汽车，这种汽车在美国很畅销，但在英国却不受欢迎。其原因就在于语言文字上的差异。Cricket 一词有蟋蟀、板球的意思，美国人喜欢打板球，所以一提到 Cricket 就想到是蟋蟀，汽车牌子叫 Cricker，意思是个头小、跑得快，所以很受欢迎。但在英国，人们不喜欢玩板球，所以一听说 Cricket 就认为是板球。人们不喜欢牌子叫板球的汽车。后来，美国公司把其在英国的产品改为 Avenger，意思是复仇者。因为这个名称不是说明它小，而是说明它很有力量，结果很受欢迎，销量大增。再如，国产“白象”牌电视在国内也较畅销，出口到西方国家却无人问津，因为“白象”一词在英语中的含义是：花了心力，耗费了金钱，但又没有多少价值。可见，语言文字的差异对企业的营销活动是有很重大的影响的。企业在开展市场营销尤其是国际市场营销时，应尽量了解市场国的文化背景，掌握其语言文字的差异，这样才能使营销活动顺利进行。

(3) 价值观念。价值观念指的是在同一文化下被大多数人所信奉和倡导的信念。这种信念反映了人们对某一类事物的总的看法和评价，并通过某种特定的规范来影响人们的行为。

不同的文化背景下，人们的价值观念差别是很大的，而消费者对商品的需求和购买行为深受其价值观念的影响。例如，我国过去长期存在的对商品消费的一种价值观就是“商品越经久耐用越好”。产生这种价值观的原因，首先是那时我国消费者的经济收入很少，生活水平很低；同时也是由于在计划经济体制下的商品短缺，使得在很多情况下即使有钱也买不到商品；当然，也由于我国消费者长期以来形成的根深蒂固的一种消费意识，如勤俭节约等。而在西方一些发达资本主义国家，大多数人比较追求生活上的享受，超前消费突出也是司空见惯的事情。一些人为了生活上的享受，采用分期付款、赊销等形式，甚至大举借债。可见，不同的价值观念在很大程度上决定着人们的生活方式，从而也决定着人们的消费行为。因此，对于不同的价值观念，企业营销人员应采取不同的策略。对于乐于变化、喜欢猎奇、富有冒险精神、较激进的消费者，应重点强调产品的新颖和奇特；而对一些注重传统、喜欢沿袭传统消费习惯的消费者，企业在制定促销策略时应把产品与目标市场的文化传统联系起来。例如，东方人将群体、团结放在首位，所以广告宣传往往突出人们对产品的共性认识；而西方人则注重个体和个人的创造精神，所以其产品包装也显示出醒目或标新立异的特点。

【小资料 10-3】

对待劫匪要像对待顾客一样？

在澳洲 Seven-Eleven 24 小时便利店的店员培训课程中，有这样一个经典案例，一位售货员在店中遇到抢劫，他把收银机里的钱快速拿出，交给歹徒之前还问了一句：“用袋子给您装上，好吗？”劫匪点头，他便麻利地把钱装进塑料袋中，交于劫匪。直到确信歹徒走得无影无踪时，他才打电话报警。

培训官总结时说，对待劫匪，要 Treat him like a customer(像对待顾客一样对待他)。就是说要像对待顾客一样春天般的温暖，要什么给什么，绝对不能与歹徒发生争执，更不能反抗；并且还要牢记两个单词：Smoothly 和 Quickly。就是说给劫匪拿钱、递钱要爽快麻利，不要有多余的动作。培训官是这样解释的：从犯罪心理学的角度探讨，抢劫的人神经往往高度紧张，为了避免情绪失控而导致可能的过激行为，作为店员以及店内的顾客一定要配合劫匪，帮助他们顺利完成抢劫任务。如果抢劫过程中正好有顾客从外面进来，还应该提醒歹徒注意，不要造成歹徒惊慌。因而在澳洲，见义勇为的员工甚至顾客，不但得不到鲜花和掌声鼓励，甚至面临的将可能是被公司辞退甚至司法指控，因为其行为是将店员自身以及在场顾客的生命置于一个危险环境而不顾。可以看到，这与我们国内所崇尚的价值标准与处世准则有着根本性的不同，而国内的许多学者专家将此解释为西方世界的人本化思维。

培训官的意见：Everything here is insured but you!(这里除了你之外所有的东西都已经购买了保险！)也就是说抢劫不会让商店蒙受任何损失，而你的任何愚蠢行为，却可能会危及你自身以及顾客的安全，而使商店的商誉蒙受损失！商店的目的只在于合法经营，除此之外，发生什么样的事情由相应的机构承担相应的责任与义务。警察负责社会安全，而为了最大限度消减不可预知的风险、规避无限责任，就必须通过国家法律手段对商业单位实施强制性保险，这种保险又已纳入商业单位的成本之中，因此，通过购买行为，消费者同样应该获得这种保障。

资料来源：http://www.emkt.com.cn/article/210/21008.html(编者对原文有删减)

(4) 宗教信仰。世界上的宗教种类有很多，其中比较著名的世界三大教是指佛教、基督教和伊斯兰教。教徒信奉的宗教不一样，信仰和禁忌也不一样。这些信仰和禁忌限制了教徒的消费行为。各种宗教对于教徒都有特别的规定，而教徒一般都必须严格遵守，否则就要受到惩罚。例如，虔诚的佛教徒是禁止食用肉类食品的，伊斯兰教徒禁止食用与猪有关的食品，这两教的教徒都不允许饮酒，而饮茶则是他们的一种日常行为。

很多节日也都与宗教信仰有关，如开斋节、古尔邦节是伊斯兰教的盛大节日，基督教的盛大节日是圣诞节。近些年随着西方文化对我国的渗透，也由于我国信仰基督教的人数的增多，我国很多人也过起了像西方人那样的圣诞节、平安夜。特别在以基督教为主的国家，圣诞节前后是一次大的购物高潮，许多消费愿望会在圣诞节期间实现。

某些国家和地区的宗教组织在教徒的购买决策中有重大影响。对于出现的新产品，宗教组织有时会限制和禁止使用该商品，认为该商品与该宗教信仰相冲突；相反，有的新产品，能得到宗教组织的赞同和支持，这样宗教组织会号召教徒购买、使用它，从而起一种特殊的推广作用。因此，企业应充分了解不同地区、不同民族、不同消费者的宗教信仰，提供适合其要求的产品，制定适合其特点的营销策略；否则，会触犯宗教禁忌，失去市场机会。这说明，了解和尊重消费者的宗教信仰，对企业营销活动具有重要意义。

(5) 审美观。审美观通常指人们对事物的好坏、美丑、善恶的评价。不同的国家、民族、宗教、阶层和个人，往往因社会文化背景不同，其审美标准也不尽一致。有的以“胖”为美，有的以“瘦”为美，有的以“高”为美，有的则以“矮”为美，不一而足。例如，缅甸的巴洞人以妇女长脖为美，而非洲的一些民族则以文身为美，等等。因审美观的不同而形成的消费差异更是多种多样。例如，在欧美，妇女结婚时喜欢穿白色的婚礼服，因为她们认为白色象征着纯洁、美丽；在我国，妇女结婚时喜欢穿红色的婚礼服，因为红色象征吉祥如意、幸福美满。又如，中国妇女喜欢把装饰物品佩戴在耳朵、脖子、手指上，而印度妇女却喜欢在鼻子、脚踝上配以各种饰物。因此，不同的审美观对消费的影响是不同的，企业应针对不同的审美观所引起的不同消费需求，开展自己的营销活动，特别要把握不同文化背景下的消费者审美观念及其变化趋势，制定良好的市场营销策略以适应市场需求的变化。

(6) 民族性格。最能反映文化对性格形成作用的、在大多数民族成员身上都体现出来的典型特征，构成了民族性格。不同的文化形成不同的民族性格，不同的民族性格造成了消费行为倾向的差别。西方民族的典型性格是外向和奔放，中华民族的典型性格则是内向和含蓄，这两种民族性格的不同使中国人和西方人的消费行为截然不一样。例如，对大多数中国人来说，勤劳、节俭是一种美德，这种民族传统反映在消费行为上就是重储蓄和计划，因而在购买商品时追求商品的耐用性与实用性；而美国人则追求物质丰盛，倡导自由与个人主义，因而他们希望生产更奢侈的、数量足够多的、能够表现自我的产品。

3. 营销组合要素与跨文化营销

在一个国家内有效的营销组合策略是否在另一个国家也有效？在多数情况下，跨国营销人员对这个问题可能不太清楚。

(1) 产品。产品被认为是在各个营销组合要素中最直接地体现其跨文化价值的，因此，跨国营销人员应该随时注意改变产品以满足地方性的习俗和口味。全世界最大的快餐连锁店之一麦当劳曾在 2002 年出现创业以来的首度亏损，这对于以品牌形象为荣的麦当劳打击很大，于是麦当劳内部开始反省：像面包配料和质量等菜单标准为全球通用，但就是欠缺满足地区性口味。故现在他们对各地市场不再是完全标准化，而是针对各地市场的特性制定符合本地需求的快餐，如在中国市场推出米饭等。

(2) 广告。广告是仅次于产品的第二重要的跨文化营销要素。广告在跨文化营销中的地位和作用比在单一市场的营销活动中更为重要。广告一方面通过突出文化共性、强调产品共性，并且充分考虑当地文化的特点，避免与当地文化、宗教禁忌等相冲突，成为文化适应的工具；另一方面它又是文化改造的武器，即积极主动地使用文化策略，通过消费者教育充分发挥广告策略的作用，改变消费者群体中的革新者与观点领袖的态度及价值观，使其成为主流文化的引导者，从而为企业营销开辟新的空间。

(3) 价格和渠道。价格在国际市场营销中有两点现象是值得注意的：一是在没有民族主义影响和不触犯东道国反倾销法规的情况下，以低廉价格销售产品会给消费者带来经济利益，也可以冲破由于文化差异而形成的市场进入壁垒；二是在全球营销中要做到统一产品价格是十分困难的，各国使用货币不同，国民收入不同，关税、运费不同，使企业无法在国际市场上以同一价格出售产品。因此，定价总是根据消费者心理、竞争对手的反应来加以考虑的，这个过程包含着复杂的文化因素。

分销渠道是进入一个市场必须打通的营销环节。一方面，跨国公司想在进入一个国外市场的拓展阶段就建立自己的销售渠道是不现实的，或者说，只能借助当地市场的营销网络来销售；另一方面，统一的渠道策略虽然有助于使企业的市场形象更具一致性，但不同国家和地区由于传统观念的影响，购买行为和选择购买场所及途径都形成固有的习惯，这同样需要纳入跨文化营销的策略之中。

【小资料 10-4】

美国化妆品在日本为什么不受欢迎？

美国作为世界化妆品生产的大国，曾经为如何打入日本市场大伤脑筋，美国商人最早运到日本的化妆品大量积压，销量极少。为什么呢？经过市场调查发现，美国化妆品滞销的根本原因竟是两个民族传统审美取向的冲突：美国人生产的化妆品的色彩根本不符合日本人的审美观念，美国商人忽视了两个国家民族文化心理的差异。美国人属白色人种，而人们却喜欢皮肤颜色略深或稍黑一些。在美国人眼里，具有深色的皮肤表明自己处于富裕阶层，有较高的收入和社会地位。因为在竞争激烈的美国社会中，只有富人才有空闲时间去游泳和晒太阳，只有皮肤颜色深一些看起来才美。基于这样的市场需求，生产厂家大都是以色彩略深的化妆品为主要产品，这已经成了一种习惯化的市场行为。在日本文化中，美的象征是那终年为白雪覆盖的富士山和令人心醉的洁白的樱花。大和民族是一个崇尚白色的民族，他们的皮肤色彩观念是以白为美，这种在日本社会中占主流地位的消费审美取向决定了美国化妆品在日本市场上的命运。在这里文化的排他性功能得以体现。

资料来源：https://wenku.baidu.com/view/98872b1652d380eb62946df4.html

分析提示：这一案例充分说明了消费审美取向的文化选择作用。在该案例中，美国化妆品滞销的根本原因竟是两个民族传统审美取向的冲突：由于日本人崇尚白色，他们喜欢能增白的化妆品；而美国人认为只有皮肤颜色深一些看起来才美。可见，对于企业和营销人员来说，理解不同文化下人们不同的消费心理是非常重要的。当前，随着越来越多的企业扩展全球业务，它们必须了解外国的文化。对于出口的产品来说，出口企业就应该让外国人了解自己产品中的文化内涵。

10.2 亚文化与消费者行为

根据人口特征、地理位置、政治信仰、宗教信仰、国家和伦理背景等，可以将一个文化分为几个亚文化。亚文化可以定义为在一个较大的、更复杂的社会中存在的可以识别出来的一个独特的文化。所谓亚文化群，是共享整体文化要素的相同的人群。在亚文化内部人们的态度、价值观和购买决策方面比更大范围文化内部要更加相似。因而，一个文化内，亚文化的差异可以导致购买什么、怎样购买、何时购买、在什么地方购买等方面产生明显的差异。

亚文化是主文化的一部分。某一亚文化的成员所具有的独特的行为模式，是建立在该群体的历史及现状基础之上的。亚文化的成员又是他们生活在其中的主文化的一部分，因此，其行为、信念等无不打上主流文化的烙印。

尽管有些亚文化群与主流社会或其他亚文化群的某些文化含义会有所相同，但是该亚文化群的文化含义必须是独特的、有特色的。亚文化的类型，如表10-1所示。

表10-1 亚文化的类型

人口统计指标	亚文化举例
年龄	少年儿童、青年、中年、老年
宗教信仰	佛教、天主教、伊斯兰教
民族	汉族、满族、回族、维吾尔族、白族
收入水平	富裕阶层、小康阶层、温饱阶层、贫困阶层
性别	男人、女人
家庭类型	单亲家庭、离异无子女家庭、双亲有子女家庭
职业	工人、农民、教师、会计
地理位置	东南沿海、西北地区、中原一带
社区	农村、小城市、大城市、郊区

需要说明的是，上述根据人口特征对亚文化群的划分不是绝对的，也是不可能穷尽的。例如，一个人可以同时属于青年、男人、满族、小康水平等几个亚文化群。市场营销人员可以把上述的这些人口特征加以组合，从而得到更小的亚文化群。这样做的目的主要是更好地进行市场细分。

从表10-1可以看出，根据划分的标准不同，可以区分出不同的亚文化的类型。这里主要介绍性别亚文化、年龄亚文化、职业亚文化几个方面。

10.2.1 性别亚文化

要想了解消费者的性别对消费者行为的影响，就必须对男性消费者和女性消费者的购买行为特点进行比较。下面分别分析男性消费者和女性消费者的购买行为特点。

1. 男性消费者的消费行为

与女性消费者相比，男性消费者的购买行为在绝对的数量上要少得多。当然，对于男性自己使用的商品(如剃须刀)或家庭用的大件商品(如汽车)，男性消费者或者自己购买，或者在购买决策上有很大的发言权。总体来说，男性消费者的购买行为具有以下几方面的特点。

(1) 购买行为的目的性与理智性。与女性相比，男性很少去“逛”商店，他们常常是在感到缺了什么的情况下才产生购买动机，所以他们购买的目的性很强，往往是为了补充缺货，而且是到了目的地(商店)后买完就走，很少能在不同的商店之间反复比较和选择。另外，男性比女性更善于控制自己的情绪，在购买活动中心境变化比女性小，因而更具有理智性。特别是在购买一些高档或大型商品方面，男性消费者的购买决策过程不易受感情支配，他们更注重商品的性能、质量、品牌以及维修等。

(2) 购买动机形成的迅速性与被动性。从个性的角度来说，男性比女性更果断，因而男性消费者一旦认识到了某种需要，就能很快转化为购买动机，并进而产生购买行为。而且即使处在比较复杂的情况下，如几种购买动机发生矛盾的时候，也能比较果断地处理并迅速地做出决策。男性购买动机的被动性主要体现在购买动机的形成往往是由于外界因素的作用，如家人的嘱咐，同事、朋友的委托等。男性消费者的这种被动性购买主要与他们缺乏购买经验以及承担的家务活动较少有关。

(3) 购买过程的独立性与缺乏耐性。对熟悉的商品或已经决定了要购买的商品，男性消费者在购买时表现出更多的自信，不易受外界的影响。与此同时，他们在购买过程中缺乏耐性，表现为对商品挑选不仔细，不愿意讨价还价，不愿意在商店或柜台之间进行比较和衡量等。

2. 女性消费者的消费行为

在我国，绝大部分女性都有自己的工作收入，而且由于她们承担了大部分家务(也包括购买活动)，所以已婚女性在家庭中有很高的消费地位，有很强的购买力。

女性消费者购买行为的特点主要表现在以下几个方面。

(1) 购买行为的主动性与购买目标的模糊性。与男性消费者购买动机的被动性相比，女性消费者的购买行为具有较大的主动性。由于大多数女性都要料理家务，她们更能及时地知道和预测是否应该补充缺货或添加新的用品，所以她们的购买行为更有主动性。另外，一般说来逛商店是女性的专利(大多数男性对此是“避之唯恐不及”的)，女性的很多消费行为就是在逛商店的时候发生的。在这种情况下，女性在逛商店之前不一定有什么具体的购买目标，主要是看看有什么合适的商品，即使事先打算要购买的商品都不合适，她们也会顺便买回一些其他的日常用品或打折商品。她们常常为自己的“满载而归”而产生一定成就感。当然，这种购买目标的模糊性是相对于男性消费者购买行为的目的性而言的。

(2) 购买行为受环境因素的影响较大。由于女性消费者具有较强的自我意识与敏感性，她们在选购商品时，比较容易受购物环境因素的影响。这里的购物环境主要指的是商店环境、购物现场气氛、营业员的言行以及其他消费者的意见等。在这些环境因素的影响下，女性消费者在购买中容易出现从众行为，即所谓的“随大流”现象。例如，有时并没打算买某种商品，可是看到现场有很多人在抢购，有的人就会不由自主地加入到购买的行列中，即使排着长队也不畏惧。从这个意义上说，女性消费者比男性消费者更容易出现冲动购买。

(3) 注重商品的具体利益与实用价值。女性消费者更重视所买的商品能给她带来什么享受，商品的具体利益越能看得见越好。职业妇女最喜欢操作简单而又功能齐全的高科技产品，因为这样的商品既能减轻家务劳动，又显示出了一定的档次与品位，同时还不用仔细研究产品说明书(大多数女性对机器构造与工作原理以及说明书都不感兴趣)。另外，在我国，一般家庭的生活消费都由女性操持，她们掌管家庭收支，因而更能深刻体会到“不当家不知柴米贵”，所以更注重商品本身的实用价值。这表现为女性在购买过程中更谨慎、仔细，认真比较利害得失，追求商品的物美价廉。

(4) 具有浓厚的情绪、情感色彩。女性消费者的心理特征之一就是感情丰富、细腻，富于联想甚至幻想，因此，女性消费者的购买行为具有较强的感情色彩。特别是在逛商店的时候，如果一些商品的品名、款式、环境气氛等符合她们的心理需要，就能激发起她们的购买动机。有的女性在特别开心或特别苦恼的时候都容易产生购买行为，而且这种情况下的购买常常具有冲动性。特别开心的时候她觉得一切都那么美好，对预期的收入比较乐观，因而购买时出手比较大方；同样，也有的女性在非常苦恼的时候，由于无法排遣自己受压抑的情绪，她们就会通过逛商店来调节自己。在这种情况下，有的人为了赌气，也有的人是为了在购买中享受到快乐而产生购买行为。另外，与男性相比，大部分女性的攀比心理比较强，爱面子，“别人有的我也要有”，所以有时女性消费者的购买纯粹是为了满足自己的自尊心。

(5) 消费倾向的多样化和个性化。当今中国的女性，在经济收入和在家庭中的地位提高的同时，自我意识也不断提高。越来越多的女性开始关注自己的社会形象，希望自己与众不同。特别是在穿着打扮方面，既希望跟上社会潮流，又不愿意与别人雷同，年轻的职业女性更是如此。最常见的就是本来在商店里看好了一套衣服，在决定购买之前突然想到本单位的某人也有一套这样的衣服，这时大多数女性都会放弃购买。当然反过来也是一样，如果看到本单位的某人穿着和自己一样的衣服，她很可能把这套衣服“打入冷宫”。特别对于休闲装，女性更愿意穿出自己的独特的品位，以表现自己独特的风格与气质。

鉴于女性消费者在购买行为中的上述特点(当然不止这些)，以及当今女性在家庭和社会中消费能力的提高，企业在制定营销策略时，就应该采取适当的符合女性消费者心理需求的各种措施。例如，橱窗的设计与布置，商品的包装装潢以及色彩、款式等，都要考虑女性消费者的心理特点与购买行为特征。

以上对不同性别消费行为的分析是以传统的性别角色为基础的。所谓性别角色，是指在特定社会中对男性或女性来说比较合适的行为。例如，在传统观念中，“男主外、女主内”是天经地义的。这种观念在消费活动中的表现，就是家庭中的大件商品(如房子、汽车等)的购买要由男人说了算，而对于家居用品、食品、服饰等大多由女人说了算。可是，随着时代的发展，社会中的性别角色发生了很大的变化，这种变化的基本特征就是，以前被认为是男性才合适的行为现在对女性来说也可以接受了；反过来也是同样。这就是如今越来越受到商家关注的“反性别消费”。

【小资料 10-5】

反性别消费

如今，在一些大商场的男用香水专柜前，却挤满了为自己选香水的女孩子；精致的皮夹克上，点点流苏随风舞动，很“女性”的款式，却成了时髦男士的新宠……反性别消费成了新世纪一幕独特的消费风景。

在京城的大小市场，专为女士设计的服装、化妆品远远多于男士，但女士们却还是把目光投向了男性商品。在中友百货等大商场的香水柜台前，不时有来选购博柏利、Polo 等男用香水的女性顾客。一位白领小姐说，女用香水太香太浓，而男用香水的皮草味、烟草味、清淡花香味似乎更适合于职业女性。无独有偶，在秀水街、木樨园的一些服装市场上，男式女装非常俏销。一家专卖服装的店主介绍说，他今年进的一款浅灰色的衬衫和男式女西装，平均每天要卖掉七八套。

相比之下，男士们的“反性别消费”也毫不逊色。在新街口的一家美容院，每天前来焗油、做皮肤保养洁净的男士不在少数；再看街上，一些男士的打扮，也糅合了很多女性的元素：配饰、花围巾、厚底鞋，等等。

为什么“反性别消费”新世纪伊始便如此红火呢？

资料来源：荣晓华. 消费者行为学. 大连：东北财经大学出版社. 2011:250

分析提示：如今都市女性的身上充满了自强、自立的气质，在商品的选择上表现出对一些男性风格的商品青睐有加；相反，对一些都市男性来说，他们身上的压力太大、太重了，需要有意无意地借助外物来减轻压力，因此，他们在一些颜色、款式的选择上便倾向于轻柔女性化的元素。不管怎样，反性别消费为商家带来了新的商机、新的选择。

10.2.2 年龄亚文化

消费者的年龄不同，其生理机能和心理活动也不同，因而其购买行为也表现出不同的特点。按照一般的分类方法，消费者在年龄段上被分成以下四类：少年儿童、青年、中年和老年。

1. 少年儿童消费者的消费行为

少年儿童时期是人的心理发展的重要阶段，这一年龄阶段的消费者属于未成年消费者。在传统上，把少年儿童的年龄界定为 0～17 岁。其中，又可以细分为乳婴期(0～3 岁)、幼儿期(3～6 岁)、童年期(6～12 岁)和少年期(12～17 岁)。为了简便起见，这里粗略地划分为儿童期(11 岁之前)和少年期(12～17 岁)。

(1) 儿童消费者的心理特征与消费行为。在人的一生中，儿童时期无论在生理上还是在心理上，都是一个迅速发展的时期。儿童期的心理发展变化是同生理成熟趋于一致的，并且是一个呈现一定阶段性与连续性的过程。表现在生理上，从完全依靠别人照顾到自己照顾自己并能帮助他人做事情；在心理上，有了一定的分析问题和解决问题的能力，并形成了最初的个性倾向；在行为上，逐渐地由被动变为主动。

儿童消费者的心理特征与消费行为主要表现在以下几个方面。

① 从纯生理性需要逐渐向带有社会内容的需要发展。儿童在婴幼儿时期的需要，主要是生

理性需要，以满足生理性需要为其消费的欲望和目的。随着年龄的增长，不断接触到外界环境的各种刺激，儿童的消费欲求开始逐渐向带有社会内容的需要发展。虽然这一时期的儿童主要是商品的使用者而非购买者(他们有时也购买一些小食品等相对简单的商品)，但他们逐渐会把自己的意愿告诉父母并影响父母的购买决策。

② 从模仿性消费逐步向带有个性特点的消费发展。模仿是儿童的天性，特别是学龄前的儿童，在言谈举止、穿着打扮等方面都爱模仿成人或其他同龄的小朋友。随着年龄的增长和自我意识的不断提高，儿童的模仿性消费逐渐被有个性特点的消费所代替，“与众不同”的意识或“比别人强”的意识常常影响他们的消费行为。

③ 消费情绪从不稳定发展到比较稳定。儿童初期，在模仿心理的作用下，儿童的消费心理很不稳定，今天喜欢这个，明天又会喜欢那个。随着年龄的增长，控制自己的情感的能力不断增强，而且儿童的偏好逐渐显露出来，因而其消费情绪逐渐稳定下来。

④ 儿童消费品中娱乐用品的消费比重比较大。玩耍是儿童的天性之一，为了满足儿童的这一生理和心理需要，家长们毫不吝啬地为孩子们买各种玩具、娱乐性和知识性的少年儿童读物，光顾各种有助于儿童身心发展的少年儿童娱乐场所。可以说，在所有的年龄阶段中，儿童消费者用于娱乐消费的比重最大。

(2) 少年消费者的心理特征。从年龄上来说，少年时期一般指的是12~17岁的年龄段。在我国，这一群体其实指的就是整个中学时期(包括初中和高中)。当然，高中阶段或高中阶段后期实际上已经属于青年前期，但由于这一时期的他们在经济上还没有独立，在心理上也还没有完全成熟，所以这里指的少年期也包括了这一部分人。

少年期是由儿童期向青年期过渡的时期，不仅生理上发育比较快、变化比较大，心理上也是变化非常大的时期，是处于依赖与独立、成熟与幼稚、自觉性与被动性交织在一起的比较特殊的时期。他们的消费心理特征与行为表现可以从以下几方面反映出来。

① 喜欢与成年人比拟。由于少年期自我意识的发展变化迅速，他们在主观上认为自己已经长大成人，应该有像成人一样的权利和地位，渴望像成年人那样独立地处理自己的生活，不希望家长过多地干涉。因此，少年消费者在消费品的选择上存在着同成年人比拟的心理，希望按照自己的个性和爱好来购买商品。

② 从受家庭的影响逐步转向受社会群体的影响。儿童消费心理主要受家庭的影响，尤其是父母的消费观念和消费行为对他们的影响很大。但到了少年期以后，由于自我意识的提高和自理能力的增加，他们有了一定的独立性，特别是在集体学习和集体活动中，通过与其他人的经常接触，使得他们的消费观念和消费行为由受家庭影响逐渐转向受集体或群体的影响。

③ 购买的倾向性开始确立，购买行为趋向稳定。处于少年期的消费者，知识不断丰富，对社会环境的认识不断加深，兴趣趋向稳定，有意识的思维与行为增多。随着购买活动次数的增加，感知经验越来越丰富，对消费品具备了初步的判断、分析、概括能力，购买行为趋于习惯化、稳定化，购买的倾向性也开始确立，购买动机与现实条件的吻合度有所提高。

2. 青年消费者的消费行为

从心理学角度来说，青年期通常是18~35岁这一年龄段。由于青年消费者人口众多，消费能力和购买潜力都很大，使得青年消费者在整个消费活动中处于重要的位置。因此，了解青年消费者的购买行为特点，对市场营销人员来说是非常重要的。

青年消费者的消费行为的特点表现在以下几点。

(1) 追求新颖、追求时尚的消费趋向。青年消费者好奇心强，对新事物比较敏感，因此，他们对市场上出现的新产品最感兴趣，希望自己购买的商品能符合潮流的发展，跟上时代的步伐。所以，青年往往是新商品、新的消费行为的追求者、尝试者和推广者，并逐渐影响更多的消费者。在他们的带领下，出现一轮又一轮的消费时尚。总之，一种新的消费趋势总与青年分不开，时尚的特征也从青年消费者身上最充分地表现出来。

(2) 购买行为中有较强的感情色彩。与中、老年人相比，青年人尤其是青年初期、中期的消费者，生活经验还不丰富，对事物的分析和判断能力还没有达到成熟阶段，他们的思想感情、兴趣爱好、性格特征还不完全稳定，因而往往容易感情用事，爱冲动。在购买商品的过程中，特别看重商品的外观、款式、品牌、颜色等，而对于内在质量、价格等考虑得较少。因此，常常在买完某商品以后，才发现当初的决策欠考虑。可见，青年人对商品的选择，往往以感情和直觉为基础，冲动性购买比较多见。

(3) 具有较强的购买力和较广的购买范围。这里所讲的青年消费者，主要是具有独立购买能力的青年人。他们有一定的经济来源，而经济负担又不太重，特别是现在的青年人，大多没体验过什么苦日子，因此花起钱来比较大方，显示出较强的购买力。另外，他们的消费观念也比中、老年人更开放，追求现代化的生活方式，注重享受和娱乐。因此，凡是能满足他们这方面消费的商品，都能引起他们的兴趣，激发其购买动机。尤其是新婚青年的购买行为，更是其他任何年龄阶段的消费者不能望其项背的，因为对于很多中国的传统家庭来说，往往是父母积攒了大半辈子的钱就为了操办儿女的婚事。

(4) 追求个性，表现自我。青年消费者的自我意识已经达到了一定的水平，他们追求独立自主，每一种行为都力求表现出“我”的内涵，因此，体现个性和表现自我成了青年消费者较强烈的心理需求。在购买行为上，表现为消费倾向由不成熟向成熟过渡，对能表现自己个性的商品更感兴趣。

【小资料 10-6】

《2013 中国城市儿童生活形态与消费状况》报告发布

这是一项全面的、系统的、深入的基础研究。从 2007 年开始到目前，已经进行了四期。我们虽然做的是持续性研究但并不是简单的重复，是在保持基本体系一致的情况下，研究不断深入和完善。比如说，覆盖城市从 2007 年的北京一个城市扩展到最近一期的 10 个城市，研究内容也会增加一些当前消费热点的内容。

这份报告中的数据完全是新鲜的一手数据，每个数据都是我们面对面问出来的，为此，艾索投入了大量的人力物力。今天项目组有些成员也在场，借此，我也谢谢项目组，感谢项目组每位成员的艰苦钻研和努力创新！

为了更好帮助大家对于后边数据的理解，先给大家讲个简单实例：在 2008 年，外研社儿童中心的布奇上市之前，委托我们对布奇做一个产品测试，我印象比较深刻的就是这套产品有 5 个玩偶形象，研究过程中我们发现，孩子们只对其中两个最多三个感兴趣。这也印证了我们 2007 年报告中的一个数据，我们发现6岁以下宝宝的朋友数量平均是2.8个。不知道大家注意到没有，低龄动漫主角超过三个的很少，太多的主角孩子也记不住。报告中有很多值得深入研究的基础数据，他们对产品创意是非常有指导意义的。

那么接下来，我们了解一下报告的总体内容。

报告总体包括四大方面内容：群体素描、生活形态、消费状况和细分市场。这里分享家长关注孩子成长的核心价值、儿童课余及假期活动方式、与时代吻合的互联网、电子产品服务对儿童的影响、儿童的梦想等内容，这些其实是与儿童的消费和儿童的市场直接相关的。主要分析从早教到理财共 12 个细分市场的消费需求与偏好。基本上覆盖了所有主要的儿童消费领域。具体主要分为以下几点。

- 儿童群体价值观
- 儿童与科技
- 儿童与动漫
- 儿童与消费
- 产业启示

1. 儿童群体价值观

大家看到这个是只针对7~16岁的群体，这个年龄段是价值观形成的敏感期。通过跟踪研究，我们除了可以发现一代一代孩子的主流价值观，还可以分析其变化趋势。

从研究结果来看，当今的孩子喜欢尝新，独立乐观向上，看来人们对如今的孩子有很多误解。总认为独生子女娇生惯养、缺乏独立、比较自我。

我想，我们应该重新审视，更多地肯定和激励我们的孩子，需要向孩子输出更多的正能量。

通过因子聚类，我们做了价值观细分，分出四种特征的群体，分别是前卫潮流族、自我好胜族、自主勤奋族、随性从众族。儿童价值观细分群体及比例，如图 10-2 所示。

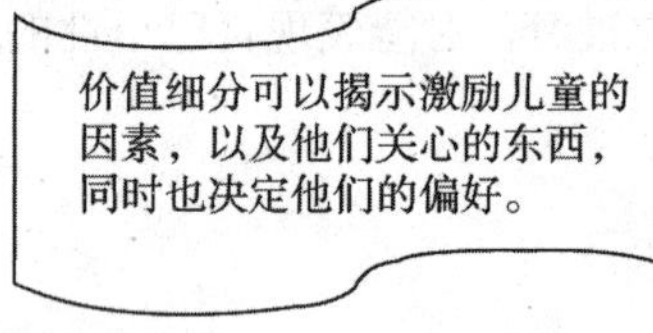

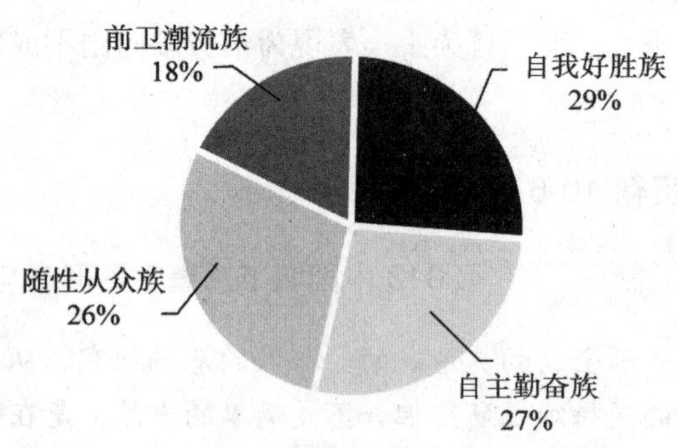

图 10-2　儿童价值观细分群体及比例

不同性格的群体，他们有不同的行为方式。

那么我们进一步来看。价值观其实也能影响到品牌观。

其实我们研究还发现，前卫潮流族喜欢苹果和耐克的比例就相对突出。

2. 儿童与科技

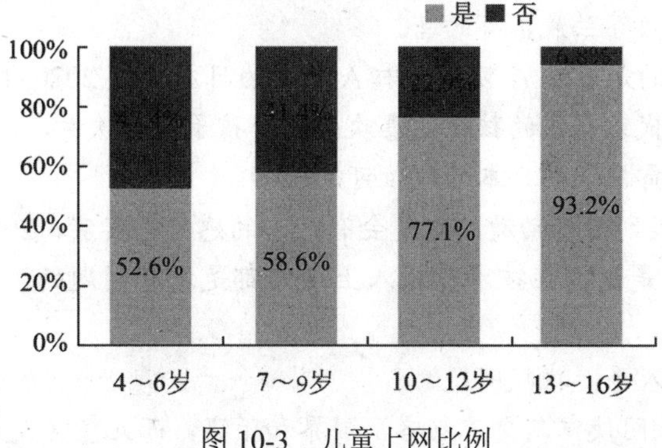

图 10-3　儿童上网比例

我们处在一个时代中，就会受到时代的影响，儿童也不例外。我们的研究发现，4～6 岁的儿童上网比例已经超过 50%，而 13 岁以上的孩子已经达到 90%以上。儿童上网比例如图 10-3 所示。7 岁以上儿童六成有 QQ、两成有 iPad。

那么，我们要关注和思考的是，上网已然成为现代儿童的一种习惯，iPad 的诞生不仅使游戏终端市场进行了大换血，也催生了一大批 APP 业务，使早教机市场受到了严重的打击，游戏的小玩家甚至提前到了婴儿。

那么随着移动终端的发展，微信交流平台的出现，谁又是下一个 BIG THING 呢？我们拭目以待。

3. 儿童与动漫

(1) 动漫毫无疑问是儿童文创产业的核心(如图 10-4 所示)。

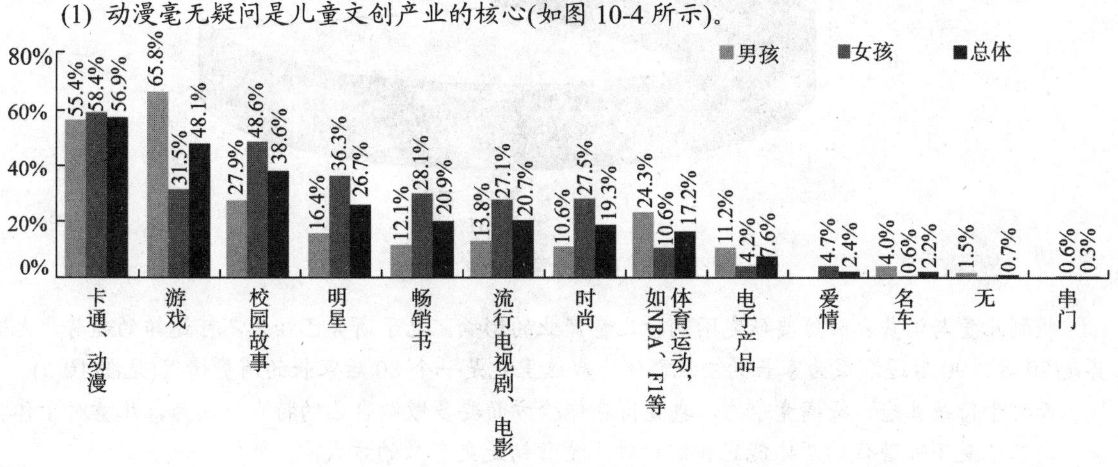

图 10-4　同学间自由时间喜欢聊的话题

(2) 重点要指出的是动漫对于经济的影响力。举两个例子吧。第一个例子就是愤怒的小鸟。似乎昨天，我们对于芬兰的印象就是只有诺基亚，但现在这只小鸟已然成了世界儿童的新偶像。短短两年的功夫，愤怒的小鸟发展为主题航班、“愤怒的小鸟”主题公园、愤怒的小鸟动画片,层出不穷。浙江的海宁也在兴建愤怒的小鸟主题乐园，这个诞生于 2011 年的小鸟已经完完全全地走向世界。

有一个美国政治喜剧《副总统》，里面有这么一个情节，美国的副总统访问芬兰，跟芬兰的总统见面，互赠礼物，芬兰总统拿出的礼物是愤怒小鸟形象的挂钟，美国的副总统表示不解其意，芬兰总统调侃说：这是一只芬兰最富有的鸟。

第二个例子，我想提的是多啦A梦。多啦A梦成为日本申办2020年奥运会的大使。多啦A梦，那只机器猫得到了一代又一代的孩子的喜欢。至今孩子还喜欢看，这只70后的猫，想来也是对日本国家做出了不小贡献，在日本的地位可想而知。

(3) 关于国产动漫。提到国产动漫，总是会有乏力的感觉。其实，2010年咱们国家动画片的产量已经超过日本。也就是说，在技术和投入上咱们都是没有问题的，那问题的症结到底在哪里呢？

可以从下面几个方面入手，找找问题。

① 要做国际的。互联网使信息交流忽略了国界和距离，而儿童又是最没有文化界限的。

② 要持续投入。

③ 投入需要集中，也就是要大投入。

另外，我们研究发现，小学三年级到初中，是迷恋动漫崇拜偶像的时期，但似乎针对这个年龄段的动漫并没有那么丰富，这是不是一个突破的机会呢？很值得研究。

4. 儿童与消费

儿童消费这部分有两个重要的内容：网购和儿童消费结构(如图10-5和图10-6所示)。

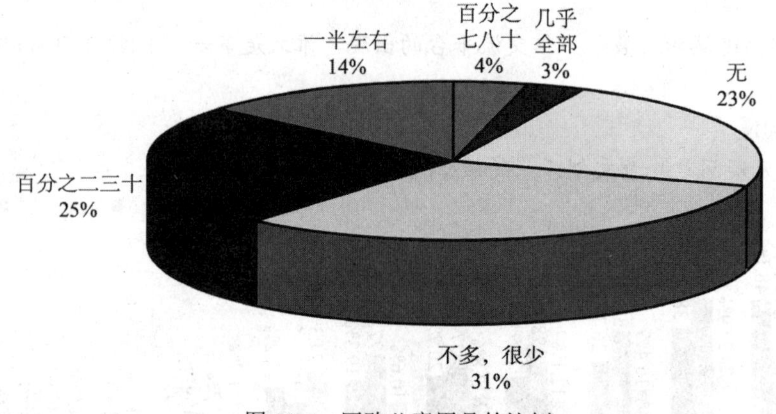

图10-5　网购儿童用品的比例

提到儿童与消费，必然要研究网购对儿童产业的影响。电子商务已经是不可逆转的趋势，尤其是80后、90后逐渐成为家长的主流群体。我这里就是一个80后家长的消费情况(见图10-5)。

而对于传统业态，提高竞争力，我觉得在体验方面要多做做自己的特点。因为，儿童对于体验的需求还是不可替代的。体能式营销针对儿童营销是更有效的方式。

消费结构是消费的一个重要指标，也是这次研究的最重要的内容之一，我们都明白它的重要性，这里重点分享一下结果。

我们在研究中考虑了孩子最重要的9类消费(见图10-6)，考虑了消费的群体比例和花费金额分布，经过计算梳理出了儿童消费结构。从这个消费结构中，能反映出很多有意义的发现，这里主要介绍两点。

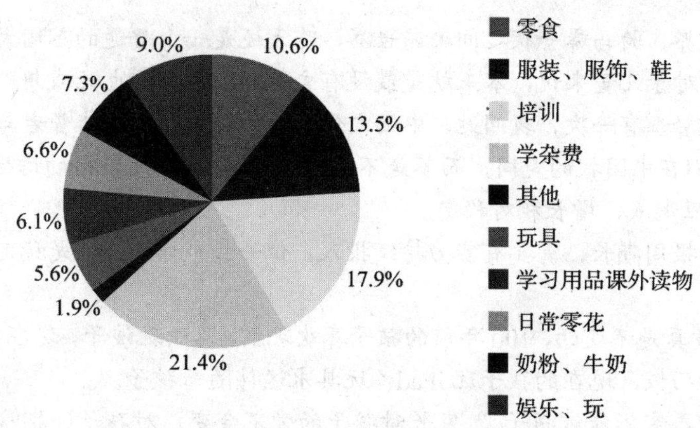

图 10-6 儿童消费结构

(1) 花费比例。学费的比例很高，看来孩子的学习，不仅精神压力大，家长的投入压力也不小。

(2) 娱乐花费太少。虽然我们都明白儿童学习和玩耍同等重要，但是课外时间太少，想玩耍想消费都没时间，这也是减少其他消费的因素。比如，我们曾给一个客户做过一个关于情商培养市场进入的研究，也就是开展一些拓展活动，家长们也都觉得特别需要，但无奈没有时间。

5. 产业启示

对于儿童产业的发展，也有几点启发性的思考，供大家探讨吧。

(1) 儿童产业文化：吃穿用都少不了卡通这一文化标识；儿童产业由成千上万小创意汇集而成，本身可以说是文化产业。

(2) 儿童与文化，主要包括以下几点。

① 亲情文化

a. 新一代家长，网一代，游戏一代，大学扩招一代。

b. 喜欢尝新，喜欢时尚，喜欢支付宝。

c. 父母善于学习培养孩子的知识，喜欢更多地谈论如何做好父母。

d. 他们会给孩子买玩具一起玩，会一起读书、会带孩子看电影、会带领孩子玩游戏。父母希望与孩子有更多的共同经历，通过一起经历，父母和孩子构建起共同的回忆。

e. 前面看到过，儿童一直把自己的父母视为自己的偶像。

那么给我们的启发：如果有一款游戏必须家庭每个成员齐心协力才能战胜对手过关，这是不是一个值得回忆的经历呢？

② 校园文化

a. 聊天话题。

b. 群体效应，有一个人发现了什么好玩的，课前 5 分钟全班都知道了，搞不好一个上午全校就都知道了。

c. 在校园，老师是规则的执行者，孩子内心天性是叛逆的。

d. 男生会吐嘈女生，女生心里会有喜欢的男生，也会有讨厌的男生。

e. 关注并喜欢校园生活，前面也讲到过，喜欢校园题材的动漫电影。

这些对大家会不会产生一些启发，有兴趣的朋友，咱们以后可以探讨！

③ 社会文化

社会文化没有国界，骑马舞一夜之间火遍世界，昨天还是一个普通的苏珊大妈，今天就成为全世界的草根明星。对于儿童来说，本来就是最没有文化界限的。这也让我想起一个朋友，她是卡夫的市场运营总监督。有一次，我问她，中西文化差异那么大，中国消费者与西方消费者有什么不同？她说："我们在中国找的是同，而不是不同。"果然是国际大公司的悟性和境界。

(3) 儿童市场一旦形成，增长相对稳定。

儿童行业投资回报周期长，需要有实力持续投入，但一旦市场形成，是稳定的，主要因为以下几点。

① 需求稳定：童真是不变的，100 年前的孩子喜欢玩水、喜欢玩沙子，现在的孩子同样喜欢。几百年前的孩子玩七巧板，现在的孩子玩 iPad，玩具永远伴随着孩子。

② 花费稳定："再穷不能穷孩子。"家长对孩子的爱不会变，对孩子的期盼不会变，家庭对孩子的投入会一直保持稳定。

③ 品牌稳定：一旦在孩童时代建立起来的品牌信任，会一直延续一生，甚至下一代。年长一代的家长对品牌的信任会传递到新一代家长，因为新一代家长希望从有经验的家长那里获取支持。众所周知，迪士尼、卡夫等许多儿童品牌无一不是历史悠久。

④ 增长稳定：米老鼠成了美国的摇钱树，芬兰培养了一只最富有的鸟，一只猫代表日本去申奥。

资料来源：http://blog.sina.com.cn/s/blog_676457ea0101dul0.html(编者对原文有删减)

3. 中年消费者的消费行为

中年人一般是指 36~60 岁的人。中年人是社会的中坚，他们阅历广，生活经验丰富，老练而稳重。但中年人的社会负担和家庭负担都比较重，比如工作上要出成果，要做好青年的表率；在家里是上有老下有小，家庭消费支出比较大。他们在消费行为方面主要表现出以下特点。

(1) 理智性购买多于冲动性购买。中年人经验丰富，比较理智，会控制自己的情绪，很少感情用事。表现在购买活动中，从购买欲望的形成到购买行为的实施，都是经过深思熟虑的，很少出现像年轻人那样毛手毛脚地买回家后又后悔的情况。

(2) 计划性购买多于盲目性购买。大多数中年人既要赡养老人，又要负担子女的生活和教育费用，因此家庭经济负担比较重。特别是近年来我国家庭用于子女教育的费用不断提高，子女受教育的费用已经成了很多家庭一笔不小的开支。因此，很多中年人不得不精打细算，量入为出，在实施购买行为前就要计划好所购买商品的价格、数量、质量、用途等。计划外购买和即兴购买的现象要比青年人少得多。

(3) 注重商品的实用性与便利性。由于经济条件的限制以及繁重的工作压力，中年消费者在购买商品时更注重商品的实用性与便利性。他们对华而不实的商品不感兴趣，因此他们选择商品时着重考虑其内在质量(特别是功能、使用寿命以及操作的方便性等)和价格，然后才是款式和颜色等。就拿服装来说，中年人不会像年轻人那样追新猎奇、招摇过市，但对服装的质量、质地等比较挑剔，希望穿得体面，穿出尊严。

4. 老年消费者的消费行为

一般地，60 岁以上的人称为老年人。在我国，随着计划生育基本国策的实施，老年人占总人口的比例在一段时期内将显著增加，老龄化问题日益突出。另外，我国城市的退休职工有着稳定的退休工资或社会保障金，而且大多数人都会有一定数量的储蓄金，因此城市老年人的经济状况和消费能力都要好于农村的老年人。在身心方面，老年消费者的生理和心理都发生了重大的变化。

国家统计局进行的人口变动抽样调查显示，我国老年人收入的主要来源为子女或亲属供养、老年人离退休金和劳动收入以及社会保险和救济。虽然这些来源的比重随着时间的推移会有所变动，但就总体水平而言，将会随着整个社会经济的发展而不断提高，从而使我国的老年市场成为新兴的潜力巨大的市场。与之相对应，他们对消费品的需求以及表现出的消费行为有以下几方面的特点。

(1) 对消费品的种类和结构有特殊的需求。老年人对消费品的种类有特殊的需求，具体表现在：在吃的方面，要求食品松软易消化，并富有营养价值；在穿的方面，要求衣服穿着舒适、保温以及穿脱方便；在需求结构方面，老年人支出的大部分用于食品和医疗以及保健用品上，而穿和用的支出相对减少。

(2) 有比较稳定的消费习惯和品牌忠诚。老年人经历久远，已经形成一定的生活习惯，而且不容易改变，比较留恋过去的生活方式，对消费有一定的怀旧心理和保守心理。因此，老年消费者的消费兴趣和爱好比较稳定，对老牌子产品有特殊感情，而培养新的习惯和嗜好相对较难。

(3) 购买商品讲求方便。一般老年人的体力和精力都有不同程度的减弱，行动也变得不方便，所以老年消费者希望能提供方便、良好的购物环境。例如，购物场所交通便利，店内有供消费者休息的设施，商品陈列便于挑选，购买程序比较简单等。

(4) 一部分老年消费者具有补偿性的消费行为。现在的老年人大多是在物质和精神生活相对贫乏的 20 世纪五六十年代度过他们的青春年华，一直没有机会满足人皆有之的各种生活追求。因此，当他们从繁忙的工作和家庭负担中解脱出来后，就会喷发出强烈的补偿要求，希望自己的老年生活能过得幸福、洒脱。这部分消费者大多同意这样的提法："退休才是新生活的开始。"解脱了工作负担并完成了养儿育女的任务以后，他们更愿意"换一种活法"，以享受生命、享受生活。因此，这部分老年人是很有潜力的消费者，尤其在旅游、健身、购买保健品和营养品方面是企业不可忽视的一个日益重要的消费者群体。

10.2.3　职业亚文化

由于社会存在不同的分工，因而形成了不同的职业。随着社会的发展，社会分工将越来越细，职业的类别也将越来越丰富。不同职业的人们由于劳动环境、工作性质、工作内容，以及要求劳动者具备的素质不同，心理特点会产生差异。这些心理特点上的差异必然会反映到消费习惯、消费行为上来。

1. 当代社会职业发展变化的趋势

职业是指人们从事相对稳定的、有收入的、专门类别的工作。它是对人们的生活方式、经济状况、文化水平和行为模式等方面的综合反映。

进入 21 世纪，社会分工和职业分化的势头进一步加快，社会职业出现了以下几种新趋势。

(1) 社会职业种类的大幅度增加。在农业社会里，社会分工发展很缓慢，产生一种新职业要经历相当长的时间。进入工业社会后，情况就有了很大的变化，新职业种类的出现变得很频繁。

随着社会分工变革的不断加速，越来越多的新职业涌现出来，以至于许多国家发行的职业分类词典等出版物需要时常修改，有时甚至需要每年修订。我国于 1999 年 9 月公布了最新的《职业分类大典》，把我国的职业分为 1383 个小类。

(2) 体力劳动脑力化的趋势。由于越来越多的劳动领域采用了可减轻体力劳动的设备，机械化、自动化的发展使越来越多的体力劳动消耗减少，让脑力劳动的消耗增加或使这种消耗的比重增加。

(3) 同一职业或职位对就业者的要求不断发生变化。随着社会的发展，某些职业对就业者的素质要求也越来越高，职场上的“通才”越来越受到青睐。正如著名的管理学家德鲁克所说：在知识社会中有教养的人，是学会了学习的人。

(4) 分布于第三、第四产业中的职位的比重在不断增加。第三、第四产业是伴随现代工业社会的发展而崛起的一类新兴行业，这些行业中的大多数近些年来在我国发展得很快。而这些行业的快速发展，直接为社会提供了更多的空缺职位，使更多的人获得了工作。

【小思考 10-2】

什么是第四产业？

答：第四产业又称为信息产业或知识产业，其内涵主要就是高技术产业，从业人员主要是脑力劳动者。

2. 职业声望与消费心理

职业的产生受到劳动分工、政治因素、经济因素、民族精神、社会心理、社会文化等多方面的影响，因此职业的种类名目繁多。职业种类的多样复杂性造成了消费者群的五花八门。不同的消费者群，从事不同的职业，就拥有不同的社会地位资源，如权力、工资、发展前景、工作条件等。不同职业的社会地位高低决定了职业声望的高低，由此使消费者形成了不同的模式和特点。

职业声望是人们对职业地位的主观评价，每个国家的职业声望都存在着高低之分。例如，美国的“康兹职业声望表”(1925 年设计)，对 45 种职业的社会地位和职业声望进行调查，排在前五名的分别是银行家、大学教授、医生、教士、律师。到了 20 世纪 60 年代，美国社会学家特莱曼排出了 83 种常见职业的社会声望等级，发现排在前五位的分别是总统内阁成员、众议院议员、最高法院法官、内科医生和科学家，排在最后五位的是看门人、雇农、捡垃圾的人、清洁工和擦皮鞋者。特莱曼的研究表明，职业声望的决定因素主要是职业收入，其次是职业所拥有的权力、从业人员受教育的年限、职业所需要的经验以及职业岗位的稀奇程度。

一份综合了七次职业声望调查的中国职业声望排行榜显示，高级专业技术人员(如科学家、大学教授、工程师、医生、律师等职业)一直稳居职业声望等级的绝对上层。政府、党群组织干部的声望位置虽不及高级专业技术人员，但仍长期居于上层，多数排列在前 10 名。而企业老总包括公司董事长、总经理、企业厂长经理的声望位置相对靠前，但不及国家机关干部，并显现出曲折上升的态势。机关企业办事人员、商业服务业人员、生产运输及有关人员、军队人员大致位于职业声望等级的中间位置。对农民的职业声望评价呈现出较为明显的上升趋势，由 20 世纪 80 年代的下下层逐渐上升到 90 年代中后期的中下层位置，但仍处于职业声望等级中的较低位置。处于这一位置的还包括一般服务人员及非技术工人职业群体，如保姆、清洁工、勤杂工、搬运工、修理工等。个体户和私营企业主的评价也呈现出上升趋势。

3. 农民消费者的消费行为

农村是我国最大的市场，农民是我国最大的消费群体。但目前研究消费者心理和行为的论著一般都是以城镇居民的消费现象为背景的，很少涉及农民消费者的消费心理和行为。因此，本部分对于消费者的具体职业对消费心理的影响的探讨只分析农民消费者的消费行为，而不具体地分析其他的职业，如工人、知识分子、艺术家等的消费心理。

经过近 40 年的改革发展，农村消费者的消费需求已不同于过去的年代，不同收入群体的消费者消费心理更为理性，消费行为更加成熟。但是，根植于我们古老民族根深蒂固的传统农业文化和农民思想观念，又使不同收入群体的农村消费者在消费心理、消费行为方面有一致性的地方。主要表现在以下几点。

(1) 消费动机的求实性与求利性。求实购买动机是以追求商品的实用价值为主要目的，注重“实惠”和“实际”原则，强调商品的效用和质量，讲求朴实大方、经久耐用、使用便利；求利购买动机是以追求商品价格低廉为主要目的，注重商品的价格变动。这两种消费动机对商品的款式、包装、品牌等都不十分挑剔。农民消费动机的求实性与求利性主要还是与他们的经济能力密切相关，当然也受到消费习俗和消费习惯等方面的影响。

(2) 消费观念保守。当前，我国农村经济的发展水平还不高，农民个性实际上正处于一个从封闭保守到开放交流，从小心谨慎到大胆开创的转折状态。目前在农民纯收入增长缓慢的情况下，传统的量入为出思想观念表现得十分突出。

(3) 强烈的后顾意识。农村居民没有城镇居民拥有的社会福利和社会保障机制，农民的生老病死又全部由自己承担。除此之外，子女教育费用的增加、自然灾害带来的风险以及农产品价格波动造成的利益损失等支出预期的刚性增长，也会使农村消费者产生强烈的后顾之忧，表现在农村消费者紧缩开支、加大储蓄、谨慎消费等行为方面。此外，由于农村交通不便，与有信誉的大商场距离较远，而且很多家电厂家不设维修点，使得农村居民对于家电等大件商品的售后服务与维修心存顾忌，也表现出强烈的后顾意识。

(4) 求同的从众行为。农村的消费环境较差，一些基础设施比较落后，导致信息传播滞后，接受外界信息的渠道较少，而农村内部之间的信息交流却相当活跃。因此，不论是属于哪个消费群体的成员，在做较大消费决策时，公众意见或内部示范作用给个体消费者各种有形或无形的影响，使他自觉或不自觉地跟从大多数消费者的消费行为。

(5) 不良的消费习俗。在农村有许多风俗习惯支配着人们的消费行为，影响人们的消费决策方式。这些风俗习惯有些已经演变成消费习俗，并在潜移默化地发挥影响作用。这几年在农村一些地方，不良消费习俗、迷信消费习俗、人情消费习俗有所抬头。此外，人情消费剧增，一次馈赠上百元、上千元都属平常之事。

10.3　消费时尚、消费习俗与消费心理

一种或几种商品在一个地区成为多数人购买或追求的对象，这些商品在这个时期就是时尚商品。一种商品的设计风格或一种生活理念受到大多数人的追捧，就形成了消费时尚。

时尚商品和消费时尚的形成是由多种原因促成的，这与经济发展水平、社会文化和生活水平

有关，也和消费心理密切相关。有时，正是消费心理促成了消费时尚的流行，促成了消费习俗的变革。消费习俗又称消费习惯，它的形成是由社会的生产方式、生活方式以及交换方式所决定的。同时，消费心理对消费习俗的形成与变革发挥了重要的影响作用。本节重点研究消费时尚、消费习俗与消费心理的关系，并探讨如何利用消费心理引导消费时尚，适应乃至改变消费习俗，为企业产品开发与设计、为市场营销提供帮助。

10.3.1 消费时尚的概念与分类

在人们的日常生活中，一些有特色的商品，特别是穿着类商品和日常生活用品，常常由于某种原因，在一个地区的一段时间内较为流行，成为众多消费者购买、使用、追求的对象。当使用消费这种商品成为某种社会时尚时，这种商品就成为时尚商品，形成一种社会流行时尚。

1. 消费时尚的概念

消费时尚是一种反映到市场的经济现象。一般来说，各类商品都有可能成为时尚商品，但穿着类、日用小商品、新产品成为时尚商品的机会更多。

在我国的计划经济时期，由于商品短缺，消费时尚被演变成商品“排浪式”消费的消费流行。从20世纪80年代开始，随着经济体制改革的深化，人们收入水平的提高，我国经历了不同的商品流行趋势，如家用电器中从黑白电视机、半自动洗衣机、收录机到彩色电视机、全自动洗衣机、摄像机，进入21世纪人们则热衷于买住宅、汽车、计算机。

从经济学意义上讲，消费时尚与消费流行没有本质上的区别，只不过在我国前者是市场经济条件下商品丰富的现象，而后者是商品短缺时代的表现。

在西方发达国家，一种时尚商品的流行期十分短暂，如一种型号的汽车，至多只流行 1～2年，一种新型号的数码相机，只风光一年左右，而时装更是某一个季节的时尚。

在我国，时尚商品消费逐渐与世界接轨，如2005年最新流行的含有双核技术(双处理器)的奔腾机芯的计算机、有520万像素以上的可拍照手机、最新款式的汽车等都是经济发达地区、大城市的时尚流行商品。

消费时尚受消费心理影响，如最新流行的时尚服装往往由于影视明星、体育明星或其他知名人士的广告宣传而成为时尚商品。这和崇拜名人、模仿消费的消费心理有关。名人、明星具有一定的社会地位，受到社会的关注，他们社会生活的各个方面都吸引着“追星族”的眼球，由于受“爱屋及乌”的心理影响，他们使用或推荐的商品往往成为一些人尤其是年轻人模仿消费的商品，因而成为时尚商品。

消费时尚对社会生产会产生重大影响。企业开发、设计新产品要考虑消费时尚，因为时尚商品市场潜力大，销售量增长迅速，能给企业带来巨大利润。如果对消费估计不足，生产能力不够，就会失去市场机会。在市场上推出新产品，并使它符合消费时尚，就要进行认真的调查和反复测试、掌握消费者的心理变化。否则，商品设计落伍、呆板、缺乏变化，不能跟上时代潮流，就会面临巨大的市场风险。

消费时尚会给市场带来巨大的活力。由于时尚商品是市场的重点商品，销路好、周转快，因而产销双方都能获得较好的经济效益。

消费时尚是一种重要的市场现象，我们研究它，目的是因势利导，促进经济的发展和生产水平的提高；追踪消费心理对消费时尚的影响轨迹，为市场营销服务，为经济建设服务。

2. 消费时尚的分类

从现象上看，消费时尚的变化十分复杂，时尚商品的流行时间、速度都有所不同，但是从市场的角度考察，消费时尚的产生与流行仍有一定的规律性。

(1) 按时尚商品的性质分类，可分为吃的商品、穿的商品、用的商品。

① 吃的商品引起的消费时尚。这种消费时尚的流行是由于吃的商品的某种特殊性质而产生的，包含的内容比较广泛，流行的商品种类、数量比较多，而且流行的时间长、地域广。如 20 世纪五六十年代，高热量、高蛋白食品(巧克力、牛奶、牛肉、鸡蛋)曾经是一些国家的流行食品；20 世纪七八十年代以来，健康无公害食品、天然食品在一些国家流行；到了 20 世纪 90 年代，世界主要发达国家和中国等一些新兴工业化国家，绿色食品(即无污染、无农药残留，不使用化肥、添加剂，采用有机肥料的各类食品)成为时尚。

② 用的商品引起的消费时尚。用的商品由于能给人们的生活带来巨大的便利而成为消费时尚，如手机大大方便了人们的通信联系，不管何时何地，都能保持有效的即时通话，因而在短短的十数年时间，我国手机拥有量超过 13 亿，可见流行的速度之快。计算机和互联网改变了人们工作生活的模式，使工作更快捷方便，生活更丰富多彩，人们通过互联网可以看新闻、收发电子邮件，甚至在家里工作。截至 2017 年 8 月，我国网民达 7.51 亿人。使用计算机和上网成为时尚，不仅青年人，甚至老年人也有上网的需求。而汽车作为交通工具进入家庭，不仅节省了上下班时间，而且使周末、节假日驾车出游成了一种社会时尚。

③ 穿着类商品引起的消费时尚。这类商品引起的消费时尚，一方面是由于商品本身的性能，另一方面是由于商品的附带特性。如近年来，采用天然纤维(棉、丝绸、羊毛)面料的服装成为时尚，服装设计风格回归自然、复古等成为时尚。

(2) 按消费时尚的范围分类，有世界性、全国性、地区性消费时尚，还有社会阶层的消费时尚。

① 世界性的消费时尚。这种消费时尚范围大、分布广，不但流行于发达国家，还流行于一些新兴工业化国家和发展中国家。它的流行一般来源于人们对世界范围内一些共同问题的关心。如健康食品、绿色食品的消费时尚，来源于人们对环境问题的关心和担忧；仿古商品和复古风格的流行，来源于人们对古代田园式生活的留恋，对工业社会喧嚣紧张生活的不满。近年来，由于中国经济的高速增长，进出口商品总数迅速扩大，引起了世界各国的关注，甚至成为时尚。如在时装设计界，“中国风”的设计风格成为时尚；中国红的喜庆色彩，中国结、中式盘扣的采用，中式刺绣、花边的装饰，甚至中式旗袍的剪裁风格、立领，都被世界时装界广泛采用。世界性的消费时尚对许多国家的社会生产和人民消费产生了重大影响。

② 全国性的消费时尚。我国是一个幅员辽阔的发展中国家，人口多，经济发展不平衡，全国性的消费时尚有时并不能涵盖所有的消费地区和消费人口，而只是就大部分地区而言的。全国性的消费时尚有的是受到世界市场消费时尚影响而形成的，如绿色、健康、无公害食品的流行。但这种消费时尚有时会受到消费习惯的制约，受到经济发展水平的限制，只能成为某些经济发达地区和高收入阶层的时尚。我国的全国性消费时尚一般起源于经济发达地区、沿海大城市，并且，

时尚商品一般符合我国人民的消费习惯与消费心理。如时装的流行，就具有这种鲜明的特点，北京、上海、广州开始流行某种时尚的服装，随后向其他大中城市扩散，然后是中小城市和广大农村，而这时京、沪、穗又开始流行新的时装。计算机和互联网也是如此，从东部发达地区开始引进，成长和普及以后，流向中部地区，最后是西部地区。

③ 地区性的消费时尚。从现象上看，这种消费时尚是最普遍、最常见的。从实质上看，这种消费时尚来源于世界性的和全国性的流行，又带上地区色彩。当然，也有的是纯粹的地区性消费时尚。全国性消费时尚起源于大中城市、经济发达地区，时尚商品相同或相似。有些全国性消费时尚流行速度不同，在某个地区形成社会时尚，因而给人一种地区性消费时尚的感觉。纯粹的地区性消费时尚是由地区消费特点所产生的。在一些经济发达地区、沿海开放城市，消费时尚此起彼伏，不断变化。一些具有创新观念的消费者不断追求新产品，追求新颖刺激的消费模式，因而形成消费时尚。

④ 阶层性的消费时尚。按照市场细分的原理，国内市场有高收入、中等收入、低收入阶层，有婴幼儿、儿童、青年、中年、老年人市场，有不同职业、不同文化程度构成的各阶层市场。有些消费时尚只在某个阶层引起较大反响，形成一种流行趋势。如最近几年，国内的一些高收入阶层经常到香港购物，到海外休闲度假，成为一种消费时尚；而一些老年人注重身体锻炼，在城市公园开展健身娱乐活动成为时尚，还有些老年人把参加“夕阳红”旅游作为一种时尚，津津乐道。

以上分类介绍了消费时尚的几种情况，在实际生活中，各类消费时尚不是单一线条发展的，而是交叉重叠在一起，互相渗透、互相联系、互相影响。认识消费时尚，应从多方面、多角度、多层次考察，综合分析，全面认识其形成发展规律，以便更好地开展营销，取得更好的经济效益与社会效益。

10.3.2 消费时尚流行规律与消费心理导向

消费时尚流行是一种客观经济现象，我们可以在市场营销活动中研究它，认识它的运动过程与运动规律，按照消费心理活动的规律，指导市场经营活动，引导消费者购买行为，并在消费时尚流行中，为企业、国家、社会创造出更多的财富，更大的市场机会。

1. 消费时尚的地域差、品种差、时间差

我们在10.3.1节中已介绍过消费时尚流行的范围有世界性、全国性、地区性、阶层性几种形式，由此就形成了不同地区消费时尚流行的地域差。

由于消费时尚流行地域差别的存在，企业在市场营销中可以采取各种策略，延长商品的市场生命周期，增加企业盈利。一般发达国家在消费时尚流行进入尾声阶段时，为减少损失，保持盈利，往往开始向发展中国家转移老产品的生产资金和技术设备，扩大产品的销售地区。作为发展中国家的企业市场策略，应一方面大胆引进技术，生产出适合本国需要的时尚商品；另一方面利用发达国家的生产技术开发新产品，对产品进行创新设计，以便将产品打入发达国家市场。

消费时尚流行在全国各个地区出现，除了表现出地域差别外，还表现出时尚商品品种上的差别。例如，发达国家、发达地区流行的商品质地优良，功能比较完善；而在其他地区，则会衍变出价格较为低廉的品种，如使用便宜一些的原料，减少一些使用功能等。但是，这种品种差别变

化要建立在商品流行特色不变的前提下。这种品种差别来源于收入差别，有时也来源于气候环境的不同。例如，同一种时装款式，在我国南方和北方流行时，南方多使用轻薄、柔软的面料，而在北方，特别是在东北地区流行时，则会使用厚实一些的面料。消费流行中品种差的存在，客观上为增加时尚商品品种、丰富商品种类提供了一种可能性。因此，按照消费时尚流行的特点，在市场营销中应研究本地区消费心理，创造出适合本地区消费时尚流行商品的不同品种。

如果综合地观察某种商品消费时尚流行的全过程，就会发现它除了表现出地域差、品种差以外，还体现出在时间上的先后不同，在消费时尚流行的各个地区，出现的时间有早有晚，持续的时间有长有短，因此，消费时尚流行表现出时间上的差别。消费流行时间差的存在，是和消费时尚流行的地域差、品种差分不开的。一种消费时尚在发达国家、发达地区流行时，在同一时间内，其他地区还没有多大反响；发达国家、发达地区流行一段时间后，其他国家和地区才开始流行，因此，消费时尚在时间上是先后继起，这种情况为企业的市场营销活动创造了许多条件和机会。如当发达国家时尚商品刚露头时，积极研制开发这类商品，然后在分析本地消费者偏好心理的基础上，迅速将符合本地特色的时尚商品投入市场。这样，在消费时尚流行浪潮到来之时，产品已站稳脚跟，跟上了流行趋势，这必将给企业带来巨大的收益。

消费时尚流行的地域差、品种差、时间差实际上是消费时尚在不同地区、不同时间的表现形式，是综合、全面认识消费流行的重要方面。

2. 消费时尚与消费心理

研究消费时尚，应看到消费心理对消费时尚形成与发展的影响，反之，还应看到消费时尚引起消费心理的变化。

(1) 消费心理对消费时尚形成和发展的影响。对消费时尚产生影响的主要来自以下几个社会阶层。

① 高收入阶层。由于收入高，消费水平也高，这一阶层的人生活消费支出有很大的选择自由，生活消费表现为高层次、多样化，对购买新商品态度坚决。

② 社会地位较高阶层，如影视明星、歌星及体育明星等，由于其职业而受人崇拜，他们对生活消费也比较注意选择，并具有一定的倾向性。但并非以上这两个阶层中的全部人员都能够对消费时尚产生影响作用。从消费心理角度考察，这部分人中那些具有良好的商品认知行为，购买商品追求时尚、美观、名牌、功能心理的消费者，对消费时尚的形成影响作用大。由于他们对生活消费有较大的选择自由，因而对市场中的新商品比较敏感，勇于购买使用。有些人对美观、富于欣赏性的商品非常喜爱，他们追求的是商品美观带来的心理愉悦作用。有些新商品，具有较多的功能，便利、实用，迎合高收入者中一部分人的购买心理偏好而产生消费流行。为了显示自己的社会地位、名誉，有些人就专门购买品牌的贵重商品，而不计较价格高低。这种求名心理是许多收入较高的人为了满足炫耀自己的消费心理。当一种商品进入市场后，若这种商品符合这些人的消费心理，它就会形成一种消费时尚，从而产生消费时尚流行的第一阶段。

③ 对消费时尚影响较大的还有一部分消费者，他们的收入中等或中等偏上，也具有某种社会地位但不及前两部分人社会威望高。还有些人是刚刚进入较高收入阶层的人，他们的消费选择是攀比心理、模仿消费，这种消费带有较大的盲目性。有些企业就抓住这种心理，加强对有一定社会地位、有社会威望人士所使用商品的宣传，博得众多消费者效仿，带动消费时尚流行的产生

和发展。这些中等收入阶层人数多，产生购买行为后，对其他人影响作用也大，他们的模仿消费心理可以带动社会其他阶层的从众消费心理，从而为消费时尚流行经历其发展的第二阶段。

(2) 消费时尚流行引起消费心理变化。在一般情况下，消费者购买商品的心理活动过程存在着某种规律性。例如，在购物的收集信息阶段，心理倾向是尽可能地多收集有关商品的信息，在比较中进行决策。在购物后，通过对商品的初步使用，产生对购买行为的买后心理评价。这些心理活动有一种正常的发展过程，循序渐进。但是，在消费时尚流行的冲击下，消费心理发生了许多微妙的变化，考察这些具体变化，也就成为研究消费心理，搞好市场营销的重要内容。

① 认知态度的变化。按正常的消费心理，顾客对一种新商品，开始时往往持怀疑态度。按照一般的学习模式，对这个事物有一个学习认识的过程。有的是通过经验，有的是通过亲友的介绍来学习，还有的是通过大众传播媒介传送的信息来学习。当然，这种消费心理意义上的学习过程，不同于正规的知识学习，它只是对自己有兴趣的商品知识予以接受。但由于消费时尚的出现，大部分消费者的认知态度会发生变化，首先是怀疑态度取消，肯定倾向增加；其次是学习时间缩短，接受新商品时间提前。在日常生活中，许多消费者唯恐落后于消费潮流，一出现消费时尚，就密切注视着它的变化。一旦购买条件成熟，马上积极购买，争取走入消费时尚潮流之中，这样，消费心理就从认知态度上发生了变化。认真分析，我们可以看到，这是消费时尚流行强化了消费者的购物心理。

② 驱动力的变化。人们购买商品，有时是由于生活需要，有时是因为人们为维护社会交往而产生的消费需求。这两种需求产生了购买商品的心理驱动力，这些驱动力使人们在购物时产生了生理动机和心理动机。按一般消费心理，这些购买动机是比较稳定的。当然，有些心理动机也具有冲动性，如情绪动机。这种情绪变化是与个人消费心理相一致的，但是，在消费时尚流行时，购买商品的驱动力会发生新的变化。如有时明明没有消费需要，但看到时尚流行商品，也加入了购买商品的行列，对时尚流行商品产生了一种盲目的购买驱动力。这种新的购买驱动力可以划入具体的购买心理动机之中，如求新、求美、求名、从众心理动机。但有时，购买者在购买时尚流行商品时，并不能达到上述心理要求，因此，只能说是消费时尚流行使人产生了一种新的购买心理驱动力。研究这种驱动力对于认识消费时尚流行的意义具有重要的作用。

③ 原有的一些消费心理会发生反方向变化。因为在正常的生活消费中，消费者往往要对商品比值比价，心理上做出评价和比较后，再去购买物美价廉、经济合算的商品，但是，在消费时尚的冲击下，这种传统的消费心理受到冲击。一些时尚流行商品明明因供求关系而抬高了价格，但是，消费者都常常不予计较而踊跃购买。相反，原有的正常商品的消费行为有所减少。如为了购买时装，对其他服装产生了等一等或迟一些时候再购买的消费心理。在正常的消费活动中，消费者购买商品，是某种具体的购买心理动机起主导作用。如购买商品注重实用性和便利性的求实心理动机，但在消费时尚流行中就会发生变化，对实用便利产生了新的理解。因为一些时尚流行商品从总体上比较，比原有老产品有新功能，当然会给生活带来新的便利，特别是一些吃的商品和家庭用品。这些消费者加入消费时尚流行，是心理作用强化的直接结果。

④ 有些顾客原有的偏好心理受到冲击。有些消费者由于长期使用某种商品，对该商品产生了信任感，购物时非此不买，形成了购买习惯，或者对印象好的厂家、商店经常光顾。在消费时尚的冲击下这种具体的消费心理发生了新变化，虽然这些人对老产品、老牌子仍有信任感，但整

天不断耳濡目染的都是时尚流行商品，不断地受到家人、亲友使用时尚流行商品时的那种炫耀心理的感染，也会逐渐失去对老产品、老牌子的偏好心理。这时，如果老牌子、老产品不能改变商品结构、品种、形象，不能适应消费时尚的需要，就会有相当一部分顾客转向时尚流行商品，如果这些企业赶不上流行浪潮，就会失去老顾客。个人购物偏好心理是在消费生活中经过较长时间养成的习惯，这种习惯心理的养成是建立在个人生活习惯、兴趣爱好之上的。在消费时尚流行中，这种偏好心理也会发生微妙的变化。有时，是消费者个人认识到原有习惯应该改变，有时是社会风尚的无形压力使之动摇、改变。

尽管这些常见的消费心理在消费流行中发生了变异，但综合来看，其变化的基础仍然是原有的心理动机，形成强化或转移的形式，并未从根本上脱离消费心理动机。

10.3.3 消费习俗与消费心理

人们在日常生活消费中，由于自然的、社会的原因，各地区形成了各具特色的消费习俗。这些消费习俗的形成有政治、经济的原因，也有消费心理的影响。消费习俗一旦形成，不但对日常生活消费产生直接影响，对消费心理也有一定的影响。因此，认识消费习俗与消费心理的关系，成为消费心理学的重要研究内容。

1. 消费习俗的特点

消费习俗是某个地区约定俗成的消费习惯，是社会风俗的组成部分。它具有以下一些特点。

(1) 长期性。消费习俗都是在漫长的生活中逐渐形成和发展起来的消费习惯，一种习俗的产生和形成要经过若干年乃至更长的时间。人们在长期的生活中，消费习俗潜移默化地进入生活的各个方面，不知不觉产生影响作用。

(2) 社会性。消费习俗是在共同的社会生活中互相影响产生的，是社会生活的组成部分，带有社会性的共同色彩。也就是说，生活消费受社会影响，才能形成习俗。

(3) 地区性。消费习俗是特定地区产生的，带有强烈的地方色彩，是和当地的生活传统相一致，是当地的地方消费习惯。至于少数民族地区的消费习俗，更是他们在长期的生活中形成的民族传统和生活习惯。例如，西藏人由于其食物主要是青稞、酥油，对茶砖有一种特殊喜爱；内蒙古的少数民族在游牧生活中，一些烈性酒成了御寒的饮料；南方一些少数民族，某些特殊的纺织品成为生活消费的必需品。消费风格的地方性使我国不同地区形成了各不相同的地方风情。

(4) 非强制性。消费习俗的产生不是强制颁布实行的，而是一种无形的社会习惯，千百万人的习惯也是一种无形的力量，使生活在这里的人们自觉或不自觉地遵守这些消费习俗。当然，这些消费习俗也会随着社会经济生活的变化而变化，有些不文明、不健康的生活习惯，不能靠强制和命令，只有靠耐心地说服、长期地教育才能改变。

2. 消费习俗的分类

(1) 按不同的消费品形成的消费习俗。按不同的消费品形成的消费习俗，包括饮食方面和服装方面。

饮食方面形成的消费习俗，内容比较广泛，有民族传统形成的消费习俗，如回族和一些信奉伊斯兰教的少数民族，在饮食上有一些禁忌；有地区生活习惯形成的消费习俗，如所谓“南甜北咸东辣西酸”，就是地区性的饮食消费习俗。

在服装方面的消费习俗，主要是由于各地区气候、环境、生活交往的差异，或者是由于民族传统而形成的消费习惯。如朝鲜族、蒙古族、藏族、维吾尔族等少数民族，在服饰方面各有不同，表现出强烈的民族特色；南方一些少数民族的蜡染布、筒裙也是一种民族特有服饰。我国由于地域辽阔，气候差别很大，因而服装消费习俗的差异很大。如南方喜爱轻薄、舒适的纺织品；北方，特别是东北地区，需要裘皮、毛皮、羽绒等衣服。

(2) 由于社会生活习惯不同而产生的消费习俗。城乡之间、地区之间由于生产劳动、社会生活不一样，因而产生了各具特色的消费习俗。如在城市，日常生活消费一般是月收月支，按月计划随时购买商品使用，购买活动零星频繁。而广大乡村，则是在不同季节需要购买较多的、不同的生产性和生活性商品。如春季购买良种、塑料薄膜；夏季购买化肥农药；秋季要购买一些中小型农机具。一般来说，生活消费是按年计划，在农作物收获以后，有了较多收入，则集中购买各种吃穿用的生活资料。

由于社会生活方式的影响，在社会交往较多的城市，消费习俗具有开放性特点，接受新商品、新事物较快，新商品能很快被居民生活消费；一些农村地区(尤其是边远地区)由于交通、文化教育、信息等方面相对落后，因此对新鲜事物反映、接受较慢。这些消费习俗是研究市场营销、考察消费心理的一个组成部分。认识各种消费习俗，对于理解和把握消费心理很有启发。

3. 消费习俗对消费心理的影响

随着社会的进步，人们的生活方式不断变化。新的消费方式进入人们的日常生活，虽然给消费习俗带来了冲击，但是，消费习俗对消费心理的影响仍可以时时感觉到。

(1) 消费习俗给一些消费者心理带来了某种稳定性。消费习俗是长期形成的，对社会生活、消费习惯的影响是很大的，据此而派生出的一些消费心理也具有某种稳定性。消费者在购买商品时由于受消费习俗的影响，会产生习惯性购买心理，往往较长时间地去购买符合消费习俗的各种商品。

(2) 消费习俗强化了一些消费者的心理行为。由于消费习俗带有地方性，很多人产生了一种对地方消费习惯的偏爱，并有一种自豪感，这种感觉强化了消费者的一些心理活动。如广州人对本地饮食文化的喜爱；一些少数民族对民族服装的兴趣等。

(3) 消费习俗使消费心理的变化减慢。在日常生活中，在社会交往中，原有的消费习俗有些是符合时代潮流的，有些是落伍的，但是由于消费心理对消费习俗的偏爱，使消费习俗的变化比较困难。反过来，适应新消费方式的消费心理变化也减慢了，变化时间延长了。有时生活方式变化了，但是由于长期消费习俗引起的消费心理仍处于滞后状态，迟迟不能跟上生活的变化。

消费习俗和消费时尚一样，是消费心理学新的研究课题，在这里仅是初步地进行了分析，还有待深入探讨。

【小资料 10-8】

POLO 引领汽车时尚消费

黄就黄得鲜嫩夺目，蓝就蓝得沉郁稳重，红则红得热烈奔放，绿是春波凝眸的眼神，白要冰清玉洁，还有银，那是冬日雨雪的精魂，这就是 POLO 的色彩。

POLO 个性化的色彩对整个汽车市场的消费产生了影响。上海大众通过 POLO 营造的一种亲和、舒适、个性化的生活空间，开创的时尚消费的思路，正渐渐成为中国家庭轿车消费的新标准。POLO 无疑将继续对整个汽车市场的消费产生重大影响。

据经销商对 POLO 轿车的购买群体的分析，除追求时尚和喜欢彰显个性的私人和家庭用户争相订购外，热销的一个重要原因是出现了新的购买群体。由于 POLO 轿车紧凑的外形和优异性能，特别是时尚化的色彩，引起了独特消费群体的关注。统计资料显示，POLO 的用户一般在 18～35 岁，男女购车比例分别为 47%和 53%，就是说女性高于男性。其中在色彩方面，POLO 刚刚面市的时候，蓝色为男性首选，绿色为女性所偏爱。

由于上海大众公司根据市场的需求，把 POLO 轿车定位于时尚消费，不断推出各种为用户所喜爱的色彩的新车，蓝色和绿色已经渐渐退出了主流色彩。上海大众认为，时尚是一种大众的消费性活动，也就是把人们生活的全部希望交付给一种直接享受的日常生活。当人类进入了新的世纪，工作的重压、节奏的加速，疲惫的人们比任何时候都渴望休闲，渴望时尚生活，而欲占有“此刻”的轻松与快意，轿车当然是不二之选。人们不愿再“沉重”，人们完全有权利为沉重的生活内容穿上五彩的外套。

时尚生活使人们感受到生活的意义不是某种严肃理性的象征，而是自身欲望所确立的价值体现。新的生活方式的选择和张扬个性已是“后现代”社会的明显特征，这一特征集中体现在年轻人的身上。时尚更多是年轻人的专利，追赶时尚却从不研究时尚，对于多数年轻人来说，感觉就是时尚，追求的本身就是时尚。POLO 亲和的造型正是对生活中严肃理性一面的诠释。

POLO 的胜出成功打造了汽车消费新理念，预示着家庭轿车市场的“新主张”，即消费者已从原来的感性消费开始了更理性地选择他们的爱车。人们已从单纯追求经济实惠，向更安全、舒适、时尚和个性化方面予以关注。购买汽车时不仅关注价格的高低，也越来越关注品牌、服务网络、服务水平、车型成熟度。POLO 如今拥有数量庞大的用户，它说明色彩时尚消费的理念是成功的。

资料来源：http://www.doc88.com/p-4867720820891.html(编者对原文有删减)

问题：

(1) 为什么 POLO 车的颜色对 POLO 车的销售有如此重要的影响？这体现了消费者怎样的消费态度？

(2) 消费时尚随着时间的推移会对消费心理起到怎样的作用？你如何看待 POLO 车的流行消费现象？

【小资料 10-9】

我国消费者信心指数平稳上升

消费者信心指数反映了消费者信心强弱，是综合反映并量化消费者对当前经济形势评价和对经济前景、收入水平、收入预期以及消费心理状态主观感受(消费者满意指数)，预测经济走势和消费趋向(消费者预期指数)的一个先行指标。

2012 年 2 月我国消费者信心指数呈现上升态势。具体从三个指数变动情况来看：2012 年 2 月消费者信心指数为 105 点，较上月上升 1.1 点，较上年同期上扬 5.4 点；反映消费者对当前经济形势满意程度的消费者满意指数为 96.1 点，较上月上升 0.3 点，较上年同期回落 3.4 点，在三个相关指数中回落较多，2012 年 2 月份消费者满意指数呈上升态势；代表消费者对未来经济前景看法的消费者预期指数为110.9点，较上月上升1.6点，较上年同期上扬11.3点。2011年以来消费者信心指数走势时有起伏，尤其是2011年下半年以来，整体走势仍显示消费者信心指数较上年同期略有下降，尤其是消费者满意指数，在2011年下半年以来一直比较低，而且呈现逐月下降趋势。

从2011年下半年以来消费者满意指数环比回落较多来看，扰动经济平稳发展的客观因素仍然存在，消费者心理仍然相对脆弱，尤其是当前物价水平上涨过快加重了消费顾虑倾向。2012年年初，消费者信心逐渐恢复，消费者对经济的前景持有乐观心态，三个指数都有明显的回升。

资料来源：http://www.askci.com/news/201204/05/174723_68.shtml(编者对原文有删减)

10.4 本章小结

本章介绍了影响消费者行为的文化因素，消费时尚以及消费习俗。文化具有以下几方面的特点：文化是后天习得的、文化的影响是无形的、社会文化既有稳定性又有可变性、社会文化的共享性、社会文化对人们的行为具有的规范作用。根据人口特征、地理位置、政治信仰、宗教信仰、国家和伦理背景等，可以将一个文化分成几个亚文化。

本章主要介绍了性别亚文化、年龄亚文化、职业亚文化、消费时尚以及消费习俗等几个方面。

10.5 思考与技能实践

10.5.1 基本训练

1. 简答题

(1) 文化具有哪些方面的特点？

(2) 中国传统文化对消费者行为的影响主要表现在哪些方面？

(3) 跨文化营销中的消费者心理包括哪些方面？

(4) 女性消费者的购买行为有哪些特点？

(5) 农村消费者的购买行为有哪些特点？

2. 选择题

(1) 下列因素中可以作为划分亚文化标准的有(　　)。

A. 年龄　　B. 宗教信仰　　C. 民族

D. 收入水平　　E. 性别

(2) 著名的世界三大宗教是指(　　)。

A. 佛教　　B. 基督教　　C. 道教　　D. 伊斯兰教

(3) 在各个营销组合要素中最直接地体现其跨文化价值的是(　　)。

A. 产品　　B. 广告　　C. 价格　　D. 分销

3. 判断题

(1) 文化不可能规定人的一举一动，只能为大多数人提供行为和思想的边界。　(　　)

(2) 一个人不可能同时属于几个亚文化群。　(　　)

(3) 原产国效应既可能是一种特殊的国别优势，也可能是一种劣势。　(　　)

10.5.2　技能训练

1. 中国传统文化的主要特点：

(1) 讲究中庸之道。

(2) 注重人伦。

(3) 看重面子。

(4) 重义轻利。

2. 宏观经济因素通过以下三种机制对消费者的行为产生影响：

(1) 通过直接对家庭的经济资源产生扩张性或紧缩性的影响，宏观经济会对消费者的购买行为产生鼓励或抑制的作用。

(2) 通过影响消费者的情绪，宏观经济会鼓励或抑制消费者的消费行为的发生。

(3) 通过推动商业周期的发生，宏观经济会对消费者的消费及储蓄行为产生影响。

10.5.3　操作练习

1. 实务题

大学生是否可以算作一类亚文化群？为什么？市场营销人员应该怎样基于对这部分顾客的了解制定营销策略？

2. 综合题

假设你是所在城市旅游局的一名调研员，为了吸引来自某些国家的旅游者，如日本和韩国，由你来负责制定促进这一活动的策略。利用图书馆和互联网搜索有关这两个国家的消费者的生活方式、风俗习惯、收入水平、消费行为等方面的资料，然后提出一项促进策略来说服这两个国家的旅游者到你所在城市观光旅游。

10.5.4　案例分析

西门子家电的文化营销

文化，作为一种习惯，规定着人们尤其是深受某种文化滋养的人的取舍、好恶、趋同。在地球变得越来越小成为一个村落的今天，作为一个国际化的跨国公司，西门子家电向消费者传递诉求信息时，将文化作为一个要素加以运用，已越来越引起业内关注。

方案 1:“智慧锦囊”活动

6～8 月间，家电市场已经升温至白热化，“降价”“打折”“买赠”如风卷残云般几乎横扫了所有国内外家电品牌。西门子家电却顶住压力，另辟蹊径，从文化的角度打了一个漂亮而惊险的“擦边球”——向消费者赠送一个内装有冰箱产品知识及选购要点手册的“智慧锦囊”，取得了不俗的效果。

提到“锦囊”，熟语中国传统文化的人可能立刻就会想到《三国演义》中诸葛亮的“锦囊妙计”，神机妙算。西门子家电在锦囊上写着“如何选冰箱绝招囊中藏”，更因其外观造型古香古色，给人以物虽轻而意义重的感觉，不可不引起重视。其次，在营销宣传中，他们突出“赠品受益一时，知识受用一生”的主题。这一点上，又与中国人强调“授人以鱼，不如授人以渔”暗合。面对市场上众多的广告炒作，不玩弄概念、不兜圈子，将产品知识和盘托出，打破了存在于生产者和消费者之间的“信息不对称”，不能不说给国人以雪中送炭之感。其实，对于绝大多数的消费者而言，买的最终还是产品而非赠品，抓住这一心理，在文化营销上做得精巧些、做得大气点，既加强了消费者和生产者之间的交流，又有利于培养品牌忠诚度，何乐而不为?

方案 2:“世纪上新品，老外发红包”

蛇年伊始，西门子家电文化营销出了个奇招，制作“红包贺卡”向消费者拜年。巧妙的是，在红包里面还有一枚一元硬币，寓意“一元复始，万象更新”。可谓尽得中国传统文化之真谛。试想，哪个中国人没有收到过“压岁钱”呢！没有过对春节的企盼呢！这里既有美好温馨的祝愿，又有对一种文化的认同，老外拜年发红包，图的就是个新年新意。又以广告为例，无论是新版的超薄洗衣机广告片，大气而充满诗情画意的景观变化，宛如一幅幅泼墨山水写意画，还是旧版冰箱广告片，诉求“持久锁住营养”，配之以赏心悦目的红苹果。从意境到色调到直观诉求都很合乎中国人的文化欣赏口味。

方案 3:《西门子传》、西门子书签相互辉映

随着中国加入 WTO，国内企业学习世界 500 强的热潮一浪高过一浪。西门子作为一个有着国际影响和 150 余年历史的品牌，它成功的经营理念、管理模式，已受到越来越多的人的重视。在此背景下，西门子家电趁势推出了“西门子书签”，介绍西门子的辉煌历史，阐释西门子的公司哲学和经营理念，受到了广大消费者的青睐。西门子家电通过挖掘品牌的历史文化内涵，向世人表达了一种观念，即悠久的历史并不代表成功和实力，拥有 150 余年历史而又长盛不衰的西门子，则是成功和实力的象征。《西门子传》和西门子书签，交相辉映，大大提升了西门子品牌的品质感，并且成功地实现了和消费者的沟通，这就是:“一个半世纪以来，西门子精神不断感染和激励着人们，希望和所有努力探索新知、开拓创新的求知者共同成长。”

资料来源：胡志刚. 西门子家电的文化营销. 中国营销传播网，2007-02-21

问题：

(1) 在本案例中，西门子文化营销的特点体现在什么方面?

(2) 联系本案例谈谈跨文化营销中应注意的问题。

10.5.5 网上调研

参见 10.5.6 节，就亚洲各国的收入水平和消费特点这一问题进行网上调研。

10.5.6 单元实践

收入水平与消费特点

菲利浦・科特勒等人对亚洲各国的收入水平和消费特点进行了研究，如表 10-2 所示。

表 10-2 收入水平与消费特点(亚洲)

年收入/美元	消 费 特 点
1000 以下	主要集中在基本食品上，可自由支配的消费开支很少
1000～2000	某些消费品开支，开始在外吃饭；某些超级市场购物开支，但所购产品的范围有限
2000～3000	在超级市场采购范围很广的食品，娱乐或休闲的开支很显著，耐用消费品的开支增加，购买个人使用的小型汽车或摩托车
3000～5000	多元化的饮食消费和休闲开支，包括旅游度假；耐用消费品开支范围很广；非必需的耐用品、个人健身开支增加，购买汽车的增多
5000～10000	在外吃饭的开支增加，基本食品已为冷冻的加工商品所代替，休闲开支包括海外度假和购买奢侈品，出现投资
10000 以上	投资，购买奢侈品

资料来源：〔美〕菲利浦・科特勒. 市场营销管理(亚洲版・上). 北京：中国人民大学出版社，1998

问题：分析比较表 10-2 中收入水平与食品支出之间的关系。

实践要求：参照上述样本，以你所在的城市居民为对象设计询查问卷，了解人们收入水平与消费方式(尤其是食品支出方面)的关系，并根据网上调研资料进行分析。

第 11 章

影响消费者行为的情境因素

【学习目标】

知识目标：了解消费者购买活动中的情境类型；掌握营销人员创造有利于消费者获取信息环境的方法；认识商店选址的意义、商店选址中应考虑的因素以及商品陈列的作用。

技能目标：学会商圈分析和测算的方法；掌握商店选址的原则和技巧。

能力目标：具有熟练分析购物情境的构成因素的能力；具有初步分析、开发和利用情境商业的能力。

【案例导读】

跨界营销又玩出新花样，场景式体验营销降临

在人手一机的年代，智能设备正改变我们的生活。因为想免去路边等待的时间，所以有了滴滴；因为不想浪费时间挑选，不想遭受逛街的劳累，所以有了网购；而“滴滴移动体验店”将二者有机集合，创造出的“场景式体验营销”，就显得更加独一无二。

“场景式体验营销”其精髓之处，是精确瞄准那些拥有客观需求的用户，例如那些注重仪表的商务精英，在操劳一天回到家后，需要优质洗发露为其洗去疲惫；当外出公干的商务男士，准备第二天会见客户时，需要高端洗发露为其形象加分，因此滴滴与施华蔻的这次“场景式体验营销”，正是为解决商务及商旅人士的客观需求而设立。

2016 年 8 月末，滴滴移动体验店联手施华蔻，在北京、上海两地向乘坐滴滴出租车的乘客派发男士薄荷活力洗发露体验装。但派发对象并非面向所有乘客，而是经过滴滴大数据精准筛选后的商务及商旅男士。符合派发条件的男士，在使用滴滴出租车出行途中，只需点击领取礼物按键，即可免费获得滴滴移动体验店送出的施华蔻男士洗发露体验装。

“滴滴移动体验店”是何来头？

“滴滴移动体验店”是滴滴出行依托自身强大的平台优势，将每一辆滴滴出租车都打造成为一辆流动体验店，并利用滴滴大数据，整合线上线下资源，将企业所投放的体验品，精准地派发给目标受众。

什么是“场景式体验营销”？

这次滴滴移动体验店联合施华蔻为商务男士派发体验装，正是“滴滴移动体验店”所塑造的场景式体验营销的最好体现：

第一步，利用滴滴大数据寻找目标用户，挖掘精准客户。

第二步，分析目标受众的客观需求，于出行时派发体验品，精准触达目标消费群。

第三步，塑造产品正面口碑，提升品牌曝光，刺激终端购买。

可以说，“滴滴移动体验店”是利用“车”这一方寸之地，打造了一种全新的场景式体验营销，不仅为施华蔻提供了个性高的地营销服务，也使得施华蔻产品在品牌曝光、营销方面实现增长，达成共赢。“滴滴移动体验店”的投放效果的确喜人。活动持续一周结束后，活动的反馈确实让人惊喜。

首先，收到体验装的乘客很惊喜也很愿意参与这样的活动。有 82% 的受众将获得的体验品消息发布到微信朋友圈。

其次，对于施华蔻品牌来说，一周的活动周期，精准触达 74.1%的目标受众，其中更有超过 8 成的受众主动传播，这对于品牌和产品来说，绝对是最行之有效的传播方式。活动效果如图 11-1 所示。

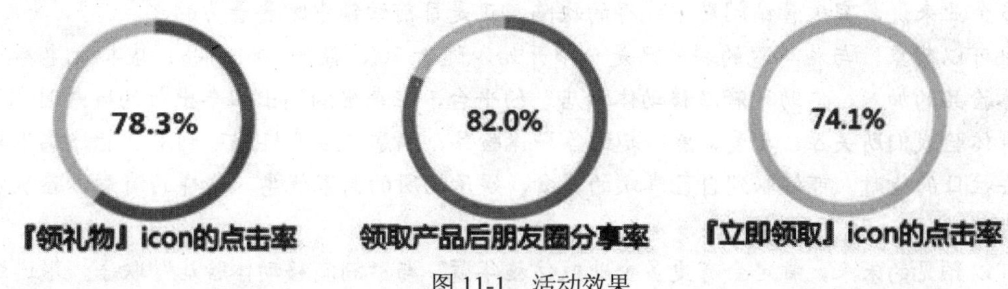

图 11-1　活动效果

但其实这样的结果，并不特别让人意外。投放效果优秀是因为滴滴大数据找对了人。为什么施华蔻作为一家世界知名的护发产品品牌，这次选择与“滴滴移动体验店”合作，进行一次不同以往的跨界营销呢？

究其原因，对于当下消费者来说，网购确实更加便捷，但也存在着无法打破的弊端。例如购买前无法眼见为实，买完之后都是无法言表的痛，这样的事情屡见不鲜。而“滴滴移动体验店”所开创的场景式体验营销，无疑切中了当下现实的痛点。“滴滴移动体验店”的出现，对消费者来说，开启了一种全新的购买方式，在亲自尝试、验证效果之后再行购买，打破了传统的网购模式，甚至传统商业惯性都将迎来崭新阶段。

对于施华蔻来说，滴滴出租车使用者主要聚集在一、二线城市，白领或商务人士居多，年龄覆盖中青年人群，这些都与“施华蔻男士薄荷活力洗发露”产品的受众定位——男性、商务人士、注重仪表、拥有高端的购买力等目标人群匹配度极高。所以双方将活动坐标定位于北京、上海两座聚集受众代表的城市，极为恰当；并在分析受众行为后发现，利用出行时的碎片时间派发礼品，用户不会因为出行受到打扰从而产生反感，相反，用户还会因收到礼品而产生惊喜，从而有兴趣进一步了解产品。

因此活动前期，滴滴利用大数据挖掘和计算能力，测评用户所属社会圈层及消费行为习惯，结合用户当下的出行轨迹，精准筛选“靶心级”目标受众，并依据其当下需求，进行“雪中送炭”式的服务，在提升用户品牌的好感度的同时，也将企业所投入的每一分成本的效用最大化。

一次典型的 1+1＞2 的跨界合作

这种“场景式营销”的双赢局面，在无边际的互联网中达成了最为有效的 ROI，而这一切就真实地发生在出租车内的方寸之地。看到朋友圈里用户主动扩散的“滴滴移动体验店”，以及晒礼物的人，可以说这次“滴滴移动体验店 + 施华蔻”成功典范，向大众完美诠释了跨界合作并非一场零和竞争，一加一可以大于二。

而滴滴与施华蔻的合作，双方基于自身优势共同构建的新型营销生态方式，不仅为双方在销量、订单量方面带来切实的成绩体现，而且在引领创新和促进产业发展方面，二者的合作也开启了一个重塑产业结构的良好窗口。

最为重要的是，从本次滴滴与施华蔻联手合作的案例中看出，互联网营销即将迎来一个全新变化——以整合生态为核心的协同共享方式，终将取代过去依靠单打独斗为特征的个人英雄方式。

就像杰里米·里夫金在《第三次工业革命》书中所说：“分散而合作的可再生能源的收集和共享成为可能，基于此，人们的工作和生活方式也会发生变革，进入后碳经济时代和‘协同共享’时代。”

随着滴滴用户覆盖 400+ 城市，拥有庞大的用户基数，同时也拥有广袤且多元化的市场环境，对于很多企业来说，突破营销闭环中现存的缺陷，正是目前营销中需要着力的重点。

而且可以想象，与施华蔻的联手只是一个开始，随着 3C、数码、快消品、虚拟优惠券等多种类型体验品的加入，借助“滴滴移动体验店”的平台，在乘坐滴滴出租车出行的碎片时间里，就能亲身体验我们所关注、喜爱、感兴趣的各种体验品，满意之后直接就可利用智能终端下单订购；当去往目的地时，可领取到自己喜欢的美食、娱乐场所的商家优惠，这样的消费体验确实令人非常期待。

在可以预见的未来，肯定会有更多企业效仿施华蔻，与“滴滴移动体验店”联手，跟进这一新颖的“场景化”营销。

资料来源：http://socialbeta.com/t/didis-experiential-marketing-2016-09

11.1 情境的构成

从广义上说，除了消费者本人的特征与产品本身的特征以外的环境因素都是影响消费者行为的情境因素。但是，“情境”是一个心理学术语，它应该是以环境因素为基础、加入了人的情感和认知成分的一种比较特殊的环境。所以，本书对情境的理解是：情境既不是客观的社会环境，也不是可见的物质环境，而是与二者有关的独立于消费者和商品本身属性以外的一系列因素的组合。

根据上述对情境的定义，情境的构成因素主要包括以下几个方面。

1. 物理环境

物理环境实际上是指不占据空间的物质环境，它常常表现为无形的或不可见的物理因素。

(1) 颜色

色彩在现代商业空间起着传达信息、烘托气氛的作用。通过色彩设计可以创造一个亲切、和谐、鲜明、舒适的购物环境。在商店内部环境设计中，色彩可以用于创造特定的气氛，它既可以帮助顾客认识商店形象，也能使顾客产生良好的记忆和深刻的心理感受。不同的环境色彩能引起顾客产生不同的联想和不同的心理感受，激发人们潜在的消费欲望，同时还可以使顾客产生即时的视觉震撼。营销环境的色彩调配得当，醒目宜人，对顾客的情绪调节也具有一定的作用。店内环境色彩的运用一般不是单一的，通常是以一种色彩为主色调，但背景色彩、陈列道具与商品之间的色彩要合理科学地搭配，才能产生合理的效果。一般而言，暖色可作为点缀或局部主调，冷色可作为背景色彩。

在店内环境色彩的设计中应综合考虑季节因素、商品因素和顾客特征。例如，麦当劳快餐店的内部整体环境设计就是以暖色为主，它能创造出活跃、温暖、热烈的心理感受，这主要是基于吸引快餐店的主要顾客——儿童、少年而考虑的。因此，在商场环境布局中，应注意运用色彩变化及顾客视觉反应的一般规律。例如，红色有助于吸引消费者的注意和兴趣，然而在有些情况下它也令人感到紧张和反感；较柔和的颜色(如蓝色)虽然吸引力和刺激性较弱，但能使人平静、凉爽并给人正面的感觉。另外，在不同的季节和不同的地区，要恰当使用不同的颜色。例如，在炎热的夏季，商店的色调应以淡蓝色、淡绿色为主体，给顾客以凉爽、舒适的感觉；在冬季，应以暖色调为主体，给人温暖如春的感觉。

【小资料 11-1】

巧用色彩

在法国，有个饭店的老板，把他饭店里的墙壁全部粉刷成淡绿色，令客人感觉优雅、舒适，为此招徕不少顾客。但由于人们留恋这种舒适的环境，就餐时间加长，而且进餐后久久不肯离去。这样餐桌的利用率自然就降低了。于是，老板又把墙壁粉刷成红色和橘黄色，这种热烈的色彩一方面能刺激人们的食欲，同时又不适于客人进餐后久留。因而餐桌利用率显著上升。

(2) 气味

如同音乐能使人精神放松一样，宜人的气味也通常对人体生理有积极的影响。空气污浊有异味的商店顾客不会久留，无味的商店使顾客情绪疲倦，而清新如野、令人心旷神怡的购物环境，则使顾客得到美的享受。商店内部如能根据所经营的商品特征适宜地散发一些宜人的气味，则能使顾客在购买活动中精神爽快、心情舒畅。因此，环境气味也是店内营销刺激中不可缺少的一味“添加剂”。

在现代商业环境条件下，商场中的气味对顾客的影响一般是正向的、积极的，大多不会形成负面感受。而且，越来越多的证据表明，气味能对消费者的购买行为产生正面的影响。例如，国外的一项研究发现，有香味的环境会使消费者产生再次造访该店的愿望，会提高消费者对某些商品的购买意愿，并减少费时购买的感觉。还有的超市使用带有新烤面包香味的空气喷雾器，来营造一种温暖安全的印象，从而促进超市中面包的销售。

当然，气味有时也有消极的一面。这不仅是指商场装修中各种材料的不良气味，也包括各种香味混合后产生的某种怪味，甚至也包括不同的人有不同的香味偏好。例如，对某人是令人愉快的香味而对其他人来说却觉得厌恶。因此，在商店的布局中要充分考虑到这一点。

(3) 声音

与气味一样，声音在商场中对消费者购买行为的影响既有积极的一面也有消极的一面。其积极性的方面主要指的是背景音乐可以提高人的购买情趣，而噪声会对顾客心理产生消极的负面影响。

在购物环境中播放适当的背景音乐可以调节顾客的情绪，活跃购物气氛，有时还可以缓解一些顾客排队等待的急躁心情。因此，很多商业场所都播放一些背景音乐。但是，有关人员对所播放的音乐要有所选择，要考虑到购物环境的档次、主要的目标消费者群等。另外，既然是以音乐作背景，音量不能过大，一般情况下最好不要播放节奏太强劲的音乐(如摇滚乐)，以免对一些不喜欢这种音乐的人尤其是老年人产生不利的影响。

来自商店外部的声音干扰、店内广播所播放的广告信息、店内人员的说话声以及物品在柜台上发出的各种声响等构成了噪声。心理学的研究表明，噪声音量超过80dB时，对于人的注意力有严重的干扰，并容易使人产生烦躁的情绪。现在，在大型商场里，通过隔音或消音设备能有效地控制90%以上的外来噪声干扰，而小型商场对这种噪声的控制水平较低。店内广播在播放广告信息时除了应该控制音量外，还要注意播放的频率。短时间内反复地重播，会引起顾客的反感。

(4) 照明

灯光照明是商场重要的“软包装”，体现着商家在一定时期内销售主体的诉求意向，也是向顾客传递购物信息的媒介。作为商场中照明使用的光源一般可分为三类：自然光源、灯光照明光源和装饰陪衬光源。其中，商店中的基本照明应该尽量利用自然光源，这样既可降低费用，又能使商品在自然光下保持原色。灯光照明光源是商店的基本照明光源，起着保持整个商场基本亮度的作用，它一般安装在屋顶天花板或墙壁上，多以日光灯等单色白光为主。顾客对这类光源一般不会形成直接的心理反应，但如果整体亮度太暗，则容易使人产生沉闷压抑的感觉，难以形成活跃的购物气氛。最后，装饰陪衬光源是指商店内以装饰或陪衬商品为主，兼作局部照明用的光源，主要起美化店内环境、宣传商品、营造购物气氛的作用。在使用这类光源时，要注意与商场内的基本灯光照明相协调，同时也要注意与所装饰的商品相协调。

2. 人际环境

人际环境指购买过程中对消费者购买行为产生影响的其他人，包括同伴与营业员两大方面。一般来说，上街购物为消费者提供了一种家庭之外的社会体验，如结交新朋友、联络老朋友或仅仅是愿意与他人在一起。同时，有些人在购物中体验到一种权威感和受尊重感，因为营业员或服务员的工作就是为客人提供服务。所以，很多消费者在购物的同时，也体验到各种社会情境。

(1) 同伴的影响

人们逛商店的原因很多，如有人把购物看作一种社交方式，以此来建立与他人的良好关系，或者把购物看作一种展示自我的方式，如展示自己的经济地位、鉴赏能力或讨价还价能力等。因此，很多人愿意结伴去购物。

购物过程以及很多在公众场合使用的商品或品牌，都是高度可见的，因而不可避免地受到包括购买同伴在内的社会环境的制约，对于某种消费来说，同伴的影响起着更大的作用。例如，在就餐的情况下，如果是你请客，你就必须考虑同伴的口味、特点以及食品的档次等。同伴的作用还体现在对消费者的购买决策的影响方面。在信息的收集、商品的选择等各方面，同伴的影响都是不可忽视的(具体分析在本书的其他部分已有论述)。

(2) 营业员的影响

营业员与顾客在柜台的交易过程中，实现了商品与货款的交换，同时也反映出营业员的交际能力与技巧，而这种交际能力与技巧对消费者的购买行为会产生一定的影响。

交际是指人们之间的相互交往。营业员与顾客之间的买卖过程是一种特殊的商业交际活动，是通过商品与货款的交换而实现的直接或间接(现场销售或邮购)的交际活动。与一般的人与人之间的交际不同，营业员与顾客之间的交际关系是买方与卖方的关系。因此，交际的范围比较窄，程序比较简单，时间也比较短。一般随着交易过程的完成，双方之间的接触也就结束。也正是由于这些特点，在这样的商业交际中，营业员更应具备较高的交际能力与技巧，只有如此才能引起顾客的注意，进而使顾客产生好感，并有可能爱屋及乌地购买某商品。

3. 时间观念

时间也在很大的程度上影响消费者的行为。这里所指的时间主要包括两方面。一方面是指自然界客观的时间概念，如一天中的某段时间、一周的星期几、一年中的哪些月份等。人们一般都有过这样的体验，即中午商店和餐馆里的人都比较多，而星期一、星期二餐馆和商店里的人相对较少，春节或圣诞节是商店的销售高峰，等等。另一方面指的是人们的时间感对其购买行为的影响。例如，在时间紧迫的情况下，消费者就不会花很多时间来收集信息和选择商品，因而购买后常有不满意之感。

【小思考 11-1】

从情境的角度分析，越来越多的设在居民区的小型连锁超市(或便利店)成功的原因是什么?

答：便利店的引进和成功实际上就是利用了人们时间观念方面的因素。因为随着工作和生活节奏的加快，很多消费者感到时间压力很大，没有时间逛大型的百货商场，而便利店就是针对那些匆匆忙忙或在正常时间之外购物的消费者。

4. 人员密度

人员密度是指营业面积与顾客之间的对比关系，它反映了商场内人们之间的拥挤状态，也是构成商场环境气氛的重要因素。没有人愿意在非常拥挤的商店中买东西，因为在那样的环境中人们既没有安全感，也会体验到一种压抑感。人们改变这种处境的基本办法就是减少在商店内的时间，同时买得更少、决策更快或更少运用店内可以利用的信息。其后果是顾客满意度降低，产生不愉快的购物经历，再次光顾的可能性减少。所以在设计商店卖场时，要考虑到客流量与营业面积之间的关系，应尽量减少顾客的拥挤感。

5. 购买任务

购买任务是指消费者当时所特定的购买目的和目标，即购买某商品是为自己使用、与家人共用还是送人。例如，家庭主妇在为家人购买节日礼物时的方式与为自己购买商品时的方式肯定有所不同。而如果是送给别人的礼物，那么这种区别就更大，因为礼品一般包含了多种象征意义：礼品的价值可以衡量送礼者对受礼者的尊重程度或受礼者对送礼者的重要程度；礼品的形象与功能隐含着送礼者对受礼者形象和个性的印象；礼品的性质表明了送礼者希望与受礼者建立的关系类型；等等。因此，即使是购买同样的商品，由于购买目的和购买目标的不同，消费者采用的购物策略和选择标准也完全不同。

6. 心境

心境是一种平静、微弱而持续一定时间的情绪体验，它具有弥散的特点。心境作为一种情绪，没有激情和热情那么强烈，也不如激情和热情那样对正在进行的行为产生如此大的影响，但它能影响个人行为的所有方面，而且能够在个体没有意识的情况下产生。

人们描述心境的词汇一般有高兴、平和、消沉、压抑、忧伤等。消费者的心境是消费者带到购物现场的暂时的情绪状态，它既影响消费过程同时又受消费过程的影响。例如，人们在愉悦的情绪状态下看什么都顺眼，不易与人发生冲突，因而能保证购买过程顺利进行；相反，如果消费过程不顺利，如没有买到称心如意的商品，消费者就会感到沮丧、不开心。

心境还能影响消费者的购买决策以及对不同商品的购买与消费。正面、积极的心境与冲动性购买和“举债消费”相联系。当然，负面的心境也会增加某些类型消费者的冲动性购买。另外，心境还会影响对服务和等待时间的感知。一般情况下，心情好的时候对质量一般的服务也能接受，而且排队等待的时候也不会觉得时间过得太慢而倍感烦躁。

【小资料 11-2】

影响理解的情境因素

一些情境因素，如饥饿、孤独、匆忙等暂时性个人特征，以及气温、在场人数、外界干扰等外部环境特征，均会影响个体如何理解信息。可口可乐公司和通用食品公司均不在新闻节目之后播放其食品广告，他们认为新闻中的“坏消息”可能影响受众对其广告与食品的反应。可口可乐公司负责广告的副总经理夏普(Sharp)指出：“不在新闻节目中做广告是可口可乐公司的一贯政策，因为新闻中有时会有不好的消息，而可口可乐是一种助兴和娱乐饮料。”夏普所说的这段话，实际上反映了企业对“背景引发效果”的关切。背景引发效果(contextual priming effects)是指与广告相伴随的物质环境对消费者理解广告内容所产生的影响。广告的前后背景通常是穿插该广告的电视节目、广播节目或广告出现于其中的杂志与报纸。虽然目前有关背景引发效果的实证资料十分有限，但初步研究表明，出现在正面性节目中的广告获得的评价也越正面和积极。

资料来源：http://9512.net/read/adea197fd96b1b58028d76d9.html(编者对原文有删减)

11.2 情境的类型

上一节分析了消费情境的构成因素，下面来分析在消费购买活动中的情境类型。

11.2.1 信息获取情境

信息获取情境是指对消费者购买行为产生影响的情境。对消费者来说，有些信息是无意中偶然得到的，而有些信息是通过自己有意识的搜寻而得到的。据统计，在零售商店中约有 2/3 的购买决定是消费者到商店后才做出的，因此，营销人员应尽可能地营造便于消费者获取各种信息的环境。营销人员创造有利于消费者获取信息环境的方法至少有以下几方面。

1. 利用广告帮助消费者获取信息

除了在杂志、电视等媒体上做广告之外，营销人员还可以在商店的橱窗前或柜台前放上醒目的标志，或是把产品说明书直接邮寄给消费者。此外，营销人员也可以利用现场的 POP 广告、购物袋或购物车上的广告来帮助消费者获取有关的商品信息。

2. 利用促销帮助消费者获取信息

很多商店在搞促销的时候常常采用“买送”或“买赠”活动，但是大多数的“买送”或“买赠”都是针对同一商品或同类商品的。这种做法虽然有利于某厂家某类商品的销售，但是却不利于消费者获取其他的商品信息。所以，商店可以通过向购买不同商品的消费者提供不同的赠品或赠券的方式让消费者获取更多的商品信息。

3. 利用互联网等现代科技手段向消费者传递有关的商品信息

消费者信息来源的最新发展就是互联网。越来越多的公司在互联网上建立主页，消费者可以随时进行访问。

11.2.2 购买情境

购买情境指的是消费者在购买过程中所接触到的各种物理的、社会的以及其他各方面的环境。不同的购买情境会影响人们的消费内容和消费方式。例如，与孩子一起购物时，就比没有孩子在场时的购买决策更易受到孩子的影响；如果看到某超市的收款处排着长龙，你还愿意进去买东西吗？

影响购买情境的因素很多，除了上一节中提到的营业员的服务、同伴的影响以及商店里的人员密度等社会因素以外，还有两个比较重要的因素，即商场接触和商品接触。

1. 商场接触

商场接触的核心问题是如何将消费者吸引到商场里来。这一方面涉及商场的位置，另一方面涉及消费者对商店形象和商店品牌的认知。

2. 商品接触

商店内的商品陈列及商店氛围对消费者的商品接触有较大的影响。商店氛围主要指商店的物理环境，它可以使消费者很乐于在商店中逗留，也可以使消费者觉得郁闷，想尽快结束购物。一项研究表明，当背景音乐节奏慢时，消费者就会在商店里平均多逗留一些时间，多花一些钱。

【小资料 11-3】

购物中心如何搞定女性消费者

《2016 年女性财富管理报告》显示，过去三十年，女性平均收入增长 63%。与此同时，超过八成的家庭消费由女性做主。女性对家庭开支使用拥有强大的话语权：购买服饰、化妆品的话语权为 88%，购买家居用品话语权为 85%，休闲旅游为 84%，母婴产品为 69%，93.5%的 18~35 岁女性的非理性消费占支出的 20%。

对于女性而言，消费心理主要有以下 4 类：

(1) 追求时髦。不同年龄层次的女性在购买某种商品时，首先想到的就是这种商品能否展现自己的美。

(2) 看重美观。女性消费者大多非常注重商品的外观，将外观与商品的质量、价格当成同样重要的因素来看待。

(3) 感性从众。女性主要用情感支配购买动机和购买行为，同时她们的购买行为经常受到同伴的影响。

(4) 展示欲强。对于许多女性消费者来说，购买商品还可能是为了显示自己的社会地位，向别人展示自己与众不同。

为了迎合女性的消费心理，购物中心、商店等在装饰设计、业态设置各方面可谓使出了浑身解数。

1. 维纳斯城堡购物中心 女士的主题公园

日本东京维纳斯城堡，是1999年8月诞生的日本第一个主题公园型大型购物中心。占地逾4万平米的维纳斯城堡，在封闭的场馆内真实地再现了十七八世纪的欧洲街道。

维纳斯城堡的主题锁定在“女士的主题公园”。这里大部分都是以经营女性消费品类为主的商家。购物中心的女性主题元素通过建筑、景观、神话故事、环境、氛围、配套设施、商业推广等得到了全面立体的诠释。

为了强化“女士的主题公园”定位，购物中心选择了罗马神话中“爱与美的女神”维纳斯作为主题景观表现元素。欧洲复兴街、维纳斯水景雕塑、神话壁画、人造日光，以及变幻无穷的天幕景色，营造出浪漫、戏剧化的购物环境，深受女性消费者喜爱。

2. 荷兰 De Bijenkorf 女性购物天堂

提起 De Bijenkorf，很多喜欢购物的女性都知道，它是荷兰最高端的购物商场品牌。De Bijenkorf 成立于1870年，其最知名也是最大的一家店位于阿姆斯特丹的 Dam Square。

坐落于阿姆斯特丹 Dam Square 的 De Bijenkorf 女王店，是阿姆斯特丹购物必到的一站。对于女性顾客而言，De Bijenkorf 最大的亮点应该就是这里齐全的奢侈品牌。商场共有5层，时装、配饰、家具、家居用品、化妆品、玩具和家庭娱乐用品一应俱全。

更贴心的是，在这里只要购物每单超过50欧元就可以直接在5楼办理退税，省去机场排队的麻烦。此外，商场全部覆盖 WiFi，对于游客们而言，这也是一项非常体贴的设置。

3. 中国台湾省台北 Bellavita 知名的贵妇百货

Bellavita(宝丽广场)位于台北信义区，是台北最有名的贵妇商场。Bellavita 取自意大利文，意为“美好的生活”。

为了配合高端女性消费的经营风格，Bellavita 建筑装饰凸显出欧洲宫殿般的高端韵味。内部装饰以白色石材为主，商场内部酷似米兰大街，中庭采用挑高透明圆顶采光罩，让阳光自然射入；印有牡丹花的金色舞台，高空坠挂的红色彩带，绿意葱茏的小园林点缀其间，配合宫廷交响乐的背景音乐，营造出贵气十足的气氛。

商场内，名店林立、名品汇集，既有爱马仕、梵克雅宝和宝缇嘉等众多奢侈一线大牌，也有 IXIE 等台湾本土品牌，吸引不少名媛贵妇前来消费。

4. Stylenanda Pink Hotel 韩国最红女装店

Stylenanda 是韩国最红的女装网店，2016年10月，这家网店在首尔明洞用一整栋楼开了复合式体验店——以梦幻粉色为主题的 Pink Hotel。开店以后，人气大增，很快就成为女性们新的购物朝圣地。

Pink Hotel 整栋楼外墙被刷成粉红色，浪漫更吸引眼球。店内围绕“Hotel”概念，打造出不同的体验区：一、二层是化妆品专区，其中，一层模仿自助餐厅的样子，将 3ce 的彩妆当作美食，供顾客随意“享用”；二层则以 SPA 和“梳洗”为设计特色，用洗手台、梳妆台、放满花瓣的浴缸及酒店推行李的车子，来展示彩妆。

三、四层的服装与配饰部，分别以搭配霓虹彩饰的复古风和洗衣店主题的时尚感为概念，并配以酒店房间形式的更衣室，购物体验非常新鲜有趣。五层名为“泳池咖啡厅”，是店铺最独特的一部分：粉红复古的开放式泳池设计，配上一杯咖啡，让人仿若置身国外度假区。

5. 中国香港希慎广场 整层女性专属主力店

香港希慎广场是一个没有电影院、冰场、儿童乐园等常规主力店，也不靠 LV、Hermes、Gucci 等支撑门面的高端购物中心。购物中心单层面积不足 2400 平米，却高达 17 层，吸引客流的常规方法对它而言都没用，希慎广场吸引客流到高层的一大绝招就是设置女性主力店楼层。

被女性消费者奉为圣地的“Garden of Eden”(伊甸园花园)品牌店，就在希慎广场 6 层，是一处专供女性消费的购物场地。这一层配套引入受女性消费者追崇的甜品雪糕品牌 Cheesess Cheesecake、Haagen Dazs，而且只设女性洗手间。

6. 伦敦 Sketch London 征服少女心的餐厅

Sketch London，是一家融合了食物、艺术和音乐的复合式餐厅。Sketch 里面分为 The Gallery、The Lecture Room、The Parlour、The Glade，以及 The East Bar 五个相对独立的小餐厅，其中 The Lecture Room 还是米其林二星，而名为 The Gallery 的餐厅在 2014 年 6 月重新装潢后，以粉红的梦幻少女风闻名。

The Gallery 的设计，由著名室内设计师 India Mahdavi 担纲。她将知名艺术家 David Shrigley239 幅新创作的作品挂满整个房间，浓郁的艺术气息犹如 The Gallery 的名字一般。此外，India Mahdavi 创作了一个 Laduree(法国知名马卡龙品牌)式的粉色背景，搭配天鹅绒材质的定制沙发，构建了舒缓、轻盈而又惊艳的内部氛围。

值得一提的是，The Gallery 的内部装潢会定期更换，不知道之后取代粉色少女风的将是哪一种装饰风格呢?

女性经济蓬勃发展的今天，购物中心、商场、品牌商店想要挖掘女性消费者的潜在需求，仅靠产品已经远远不够，购物休闲场景、情感场景及产品教育性场景的打造都需要考虑进来。因为女性消费者往往喜欢一切有美感的事物，产品够漂亮、环境够美、服务够贴心，能够让人感受到舒适与格调，她们就愿意为其传播、消费。

与此同时，女性消费者的“喜新厌旧”“不忠诚性”是所有商场的危机。商业在细分范围内做不到全，只能做到精，如果在垂直细分领域内去做一些女性消费者真正需要的东西，引发她们需求，一旦被认可就会逐步改变她们的消费习惯。

女性为主导的商业消费市场，诚然有“危机”，但更多的还是机遇。谁能更懂“女人心”，谁就能抓住这一片庞大而潜能无限的市场，抢得不可估量的商机。

资料来源：http://www.linkshop.com.cn/web/archives/2017/380877.shtml(编者对原文有删减)

11.2.3 消费情境

消费情境是围绕着产品的实际使用或消费的情境。首先，在不同的消费情境中人们会有不同的消费体验。例如，在一个服务周到、整洁优雅的快餐店里就餐，人们会变得很愉快。其次，不同的产品可能适用于不同的情境。例如，结婚典礼上收到的礼物与生日聚会上收到的礼物就很可能不一样。最后，对营销人员来说，有些产品营销人员能直接控制消费情境，如在服务业(如餐馆或旅店)，消费者购买的主要产品和服务就是消费环境本身；而有些产品营销人员就无法控制其消费情境，因为其消费行为可能进行很长时间，例如电冰箱可能消费10年或更长的时间。

【小思考 11-2】

有形产品与无形产品(如服务)相比，其购买情境与消费情境的关系有什么区别？

答：对于有形产品来说，通常是购买情境在先，消费情境在后；而对于服务来说(如理发)，两种情境通常是同时发生的。

11.2.4 处置情境

处置情境是指消费者在产品使用前或使用后如何处理产品或产品包装的情形。消费者必须经常处置产品或产品的包装，而这种处置情境与某些行业高度相关，如旧车市场等。对于营销商来说，为了发展更为有效且符合伦理的产品与营销计划，必须了解情境因素是如何影响消费者的处置决定的。

消费者对产品的处置可能因产品的不同以及消费者本人的特点不同而有所差异。例如，在一些情况下，某些产品只是简单地被扔掉；在另一些情况下，消费者可以把产品送给慈善机构，也有的人把不想要的东西卖到跳蚤市场等。

需要特别指出的是，随着人们环保意识的增强以及国家有关政策的出台，越来越多的营销商感到有责任来保证产品不会污染环境或危害健康。例如，快餐店正在使用一次性的可降解的塑料快餐盒，在购物中心设置一些垃圾箱等。

11.3 影响消费者行为的物质环境

物质环境可以包括很多方面，这里的物质环境主要是指与消费者购买行为有关的商店布局与商品陈列两个方面。

11.3.1 商店布局

商店布局指的是商店内外的布置和设计。商店的地理位置、店面的设计、招牌名称以及橱窗布置等都能对消费者产生或大或小的影响。

1. 商圈分析

商圈是指店铺吸引顾客的地理区域，是店铺的辐射范围，由核心商业圈、次级商业圈和边缘商业圈构成。核心商业圈的顾客占到店铺顾客总数的55%～70%，是离店铺最近、顾客密度最高的区域；次级商业圈的顾客占到店铺顾客的15%～25%，位于核心商业圈的外围，顾客较为分散；边缘商业圈包括了所有余下来的顾客，顾客最为分散，不同商业圈的顾客分布，如图11-2所示。

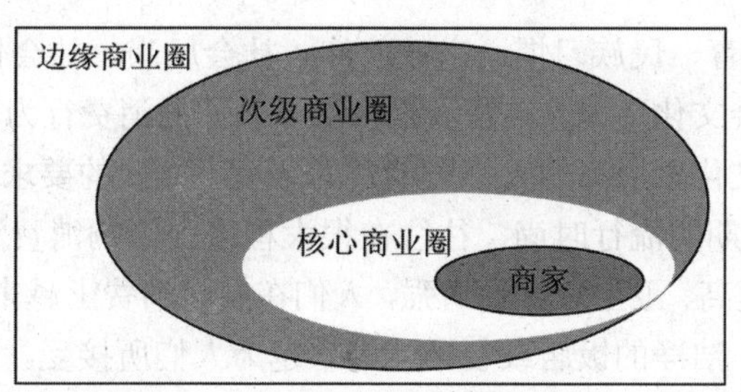

图 11-2　不同商业圈的顾客分布

另外，商圈也可以按照顾客来店所需的时间计算。按照这种方式，可以把商圈分为徒步圈、骑车圈、乘车圈和开车圈。徒步圈指走路可忍受的范围或距离，一般来说，单程以 10min 为限，距离在 500m 以内，我们称之为第一商圈；骑车圈是指骑车所能及的范围或距离，一般来说单程以 15min 为限，距离在 2000m 以内，我们称之为第二商圈；乘车圈是指公共汽车所能及的范围或距离，乘车 10min 左右，距离在 5000m 以内，我们称之为第三商圈；开车圈是指开车经过普通公路、高速公路来此消费的顾客群(一般是回头客或慕名而来的顾客)，我们称之为第四商圈。

2. 商店选址

俗话说："一步差三市。"与其他行业相比，商业企业的地理位置对企业的繁荣昌盛起着至关重要的作用。

(1) 商店选址的意义

商店选址的意义非常重大，这是因为：

首先，商店选址是一项长期性投资，相对于其他因素来说，它具有长期性、固定性的特点。当外部环境发生变化时，其他经营因素都可以随之进行相应调整，以适应外部环境的变化，而"店址"一经确定就难以变动。店址选择得好，企业可以长期受益。

其次，商店选址是影响企业经济效益的重要因素。古人就非常重视"天时""地利""人和"，对于商店来说，占有"地利"的优势，就可以吸引顾客。实践证明，由于店铺所处的地理位置不同，尽管在商品质量、服务水平方面基本相同，也可能导致经济效益方面的差距。

最后，商店选址是制定经营目标和经营战略的重要依据。商业企业在制定经营目标和经营战略时，需要考虑很多因素，其中包括对店铺所在地区的社会环境、地理环境、人口状况、交通条件、市政建设等条件进行研究，从而为企业制定经营目标提供依据，并在此基础上按照顾客构成及需求特点，确定促销战略。

(2) 商店选址中应考虑的因素

既然店铺选址的意义非常重大，那么在商店选址的时候应该注意哪些问题呢？

① 地区经济。商店选址的时候首先应该考虑到商店所在区域的经济发展水平。一般来说，当人们的收入增加时，人们愿意支付更高价值的产品和服务，尤其在商品消费的质量和档次上会有所提高。因此，大型商店一般应选择在经济繁荣、经济发展速度较快的地区。

② 区域规划。在确定商店的地址之前，必须要向当地有关部门咨询潜在地点的区域建筑规划，了解和掌握哪些地区被分别规划为商业区、文化区、旅游区、交通中心、居民区、工业区等，因为区域规划往往会涉及建筑物的拆迁和重建，如果事先没有了解，盲目地选址开业，就有可能在成本收回之前遭遇拆迁，使企业蒙受巨大的经济损失，或者失去原有的地理优势。

③ 文化环境。文化教育、民族习惯、宗教信仰、社会风尚、社会价值观念以及文化氛围等因素构成了一个地区的社会文化环境。这些因素影响了人们的消费行为和消费模式，决定了人们收入的分配方向。例如，文化素质高的人，对消费的环境、档次的要求比文化素质低的人要高。

④ 消费时尚。一段时期的流行时尚，往往在很大程度上影响消费者的消费方式和方向。例如，随着人们消费水平的提高、卫生观念的增强，人们在餐饮消费上越来越注意就餐的环境卫生，这样外表装修美观、舒适、洁净的饭店或餐馆就越来越为人们所接受。

⑤ 商店的可见度和形象特征。商店的可见度是指商店位置的明显程度，也就是说，无论顾客从哪个角度看，都可以获得对商店的感知。商店可见度是由从各地往来的车辆和徒步旅行的人员的视角来进行评估的，其中，具有鲜明特征的商店形象容易引起人们的注意并给人留下深刻的印象。

(3) 商店选址的原则

商店是经营者与消费者的接触点，是具体体现企业经营方针的场所。商店选址应注意以下几项原则。

① 最短时间原则。商店的位置应位于人流集散最方便的地区，一般以吸引行车 10～20min 的人流最为理想。

② 易达性原则。易达性原则即进入性原则。商业企业设点应分布在交通最便捷的区位，即最容易进入的区位。

③ 接近购买力原则。企业利润建立在消费者购买力基础上，而购买力水平取决于消费者的消费水平。一般来说，商业企业的存在，是以服务一定的人口为前提的，这种维持一个商业企业存在的最低服务人口数量被称为该企业的“人口门槛”。因而商业企业用地必须考虑该区域的人口密度和人口数量。人口是购买力的基本因素，它只有与一定的消费水平相结合才能形成现实的购买力，而人们的消费水平取决于经济收入和消费倾向。

④ 适应消费者需求的原则。满足消费者需求是一切商业行为都必须遵守的原则，要根据消费者的收入水平、消费态度、职业、年龄等特征来决定商品结构、商品价格促销活动等。

⑤ 接近中央商业中心的原则。商业活动有扩延效应，一旦一个商业中心形成，在其附近布局的企业就会有利可图。中央商业中心极其繁华，是城市人流、物流、资金流的中心，是城市商业活动的焦点。在这个中心附近取得一席之地，从事商业经营，能取得较大的利润。

【小思考 11-3】

“人多好集市”这句谚语说明了商店选址的哪个原则？

答：接近中央商业中心的原则。

3. 招牌名称与门面设计

(1) 招牌名称与设计

招牌是一个商店的标志，也是商店的“名片”。它包含商店的名称与标识。一个好的店名招牌，往往能激发消费者的联想和想象，引起消费者的兴趣和注意。

商店的招牌主要是对店名和经营的产品做出昭示，因此在招牌的设计上应该醒目、鲜明、新颖，给人以呼之欲出之感，使之有强烈的时代气息和艺术欣赏价值。招牌的形式一般有文字型、文图型、形象型和实物型等。招牌材料的选择，除要求强烈的质感对比外，还要考虑它的耐腐蚀、耐污染能力。制作招牌底基的常用材料有硬质木料、水泥、瓷砖、大理石和金属材料等。

(2) 门面设计

商店的门面主要指的是商店的进出口通道及外部设施，包括前面介绍的招牌、店门、橱窗以及霓虹灯等能引起消费者注意的外观结构。

① 店门设计。商店店门是商店的入口。因此，店门的设计要考虑方便顾客的出入。一般来讲，店门要尽量设在靠街的一面，而且要尽量显眼，并注意店门大小与招牌、橱窗的比例关系，令人感觉舒适、不别扭；店门结构要简单、方便，易于开关。根据商店类型不同，店门设计可以有以下几种形式：一是经营贵重商品的商店应采取“两小一大”的总体设计，即小店门、小橱窗、大招牌；二是对于经营日用品的百货商场等大型零售商店，在门面装饰上应采取“三大”的总体设计，即大招牌、大店门、大橱窗；三是对于农副产品、副食品、水产禽蛋类商店，一般来说消费者对门面的装饰并不看重，而突出的是实用心理；四是对于专业店来说，一般这类商店比较小，在装潢上要着重突出商品特色和经营特色，店门不宜过大；五是对于超级市场和自选商场来说，门面应该采取“两大一小”的总体设计，即大招牌、大橱窗、小店门。当然，商店门面的设计并不仅限于以上几种。另外，在具体设计的过程中还要考虑很多其他的因素，如气候、地理位置等。

② 店面设计的基本要求。店面是一种装饰性、广告性很强的立面造型，它的形象不像一般建筑物那样由建筑师一次设计完成，往往是根据不同性质的商店的特殊要求，在建筑形象的基础上，再由装潢设计师设计完成。店面装潢设计应遵循如下基本要求：

- 店面设计要与商店经营的产品品种和特色相适应。
- 店面设计要与目标顾客的购买心理相适应。
- 店面设计要与整个建筑物甚至整条商业街的建筑群的风格特点相适应。
- 店面设计要注意提高外观形象的能见度，要突出个性，在顾客心目中树立起特有的外观形象。

③ 橱窗布置。橱窗既是商店门面的总体装饰的组成部分，也是商店的第一展厅。它是以所售商品为主体，利用布景、道具和画面装饰为衬托，配合适当的灯光、色彩和文字说明，进行商品展示和宣传。在营销活动中，橱窗既是一种重要的广告形式，也是装饰商店店面的重要手段，它把商店经营的重要商品巧妙地排列成富有装饰性和整体性的货样群。因此，在橱窗设计时，一定要显示商品并突出商品，以适应消费者的选购心理。此外，还要根据陈列商品的性质、用途和特点，考虑商品的摆放部位和展示形式，并注意橱窗布局的视觉效果，以吸引消费者的注意和兴趣。

11.3.2 商品陈列

商品陈列指的是商品在货位、货架和柜台内的摆放、排列等。从促销的角度看，商品陈列可以作为最直接的实物广告对消费者产生影响。

1. 商品陈列的作用

国外有关调查报告指出：在对5000名顾客的调查中，有82%的人在逛商店时，起码看过两件陈列品；40%的人认为他们利用陈列品来指导购买决策，有33%的人至少购买一件以上陈列的东西。可见，在营销活动中，商品陈列在吸引消费者进入商店挑选商品、达成交易时起着重要的作用。

商品陈列的作用具体表现在以下几个方面。

(1) 商品在店内通过不同形式的排列，可以充分展示其形态美与时尚美等，从而引发消费者的购买欲。

(2) 商品陈列本身就是向顾客推荐商品，特别是新的商品品种和流行商品，能对消费者的购买产生引导作用。

(3) 对于那些积压滞销的商品，通过商品陈列进行巧妙的搭配组合，能使其再度引起消费者的注意和兴趣。

(4) 通过便于顾客比较和选购的商品陈列，既可促进企业间的竞争，又能反映出商品受消费者喜爱的程度，从而帮助企业生产出满足消费者需要的产品。

总之，商品陈列的主要目的是促进商品销售，方便消费者购买。因此，商品排列时首先要考虑的就是如何适应消费者的一般心理愿望，如商品排列时间的长短、空间上的高低分布等。

【小资料 11-4】

商品摆布位置与消费心理

瑞士学者塔尔乃教授的研究表明，顾客进店后无意环视的高度为 0.7～1.7m，上下幅度为 1m 左右，同时与人的视线本身成 30° 角以内摆放的商品最容易被顾客感受到。因此，可以认为以一般人的身高为标准，从腹部到头部的范围内，是商品摆放最理想的有效高度。

在营业现场顾客直接可视的范围内，人的视场与所视物的距离有如表 11-1 所示的对应关系。

表 11-1　视场与所视物的距离关系

距离(m)	1	2	5	8
平均视场(m)	1.64	3.3	8.2	16.4

由表 11-1 可见，商品摆放不仅在高度上要与顾客的一般环视高度相对应，同时还要根据顾客与可视物的距离来确定商品摆放的合适位置，以提高顾客对商品无意环视时的可视程度，使顾客能较快、较清晰地感受到商品的形象。

资料来源：张芷. 顾客心理与商店经营技巧. 北京：经济科学出版社，1998

2. 商品陈列的方法

在营销实践中，商品陈列的方法是多种多样的。这里从考虑消费者一般心理的角度，介绍几种商品陈列的方法。

(1) 分类陈列法。即根据商品的档次、性能、特点等分类排列，展示某类商品有代表性的特点。这种方法有利于消费者比较和挑选商品。有时，对于已经分类的商品，可以继续采取某种方法来进行细分。例如，对于同类商品可以采取垂直陈列的方法，即按照型号或价格把同类商品按由上到下或由下到上的垂直方式排列。

(2) 组合陈列法。即把相关的一类商品排列在一起的方法。所谓相关商品，指的是互补性商品、替代性商品、连带性商品等。这种排列方法既方便了消费者购买，也扩大了销售。

(3) 逆时针陈列法。有关调查结果显示，大部分顾客逛商店时总是有意无意地按逆时针方向行走。根据这一习惯，商店在摆放商品时，应该尽可能按照商品的主次沿逆时针方向排列。特别是一些大型的百货商店，因为其经营品种较多，如果按照这种方式排列，更能方便消费者购买。

(4) 专题陈列法。也称主题陈列法，即结合某一事件或节日，集中陈列有关的系列商品，以渲染气氛，营造一个特定的环境，以利于某类商品的销售。例如，奥运会申办时，企业集中推出一系列与“申奥”有关的产品，既渲染了气氛，又给企业带来了利润。

(5) 特写陈列法。也称醒目陈列法，即通过各种形式，采用烘托对比等方法，突出宣传陈列某种商品。因为大部分商店都有成百上千种甚至更多种类的商品，要使消费者在同一时间内对所有的商品都给予同样的关注是不可能的。因而，对于需要特别宣传的商品或有特殊意义的商品，采用这种醒目的排列方法，既有利于陈列商品的销售，也有可能带动其他商品的销售。

11.4　本章小结

本章主要分析了影响消费者行为的物质因素和情境环境因素。

情境既不是客观的社会环境，也不是可见的物质环境，而是与二者有关的独立于消费者和商品本身属性以外的一系列因素的组合。情境的构成要素包括物理环境、人际环境、时间观念、人员密度、购买任务、心境。

物质环境主要是指与消费者购买行为有关的商店选址、商店布局与商品陈列三个方面。商店选址是指在组建商店之前对店铺的地址进行论证和决策的过程。商店选址的原则有最短时间原则、易达性原则、接近购买力原则、适应消费者需求的原则、接近中央商业中心的原则。商店布局指的是商店内外的布置和设计。商店的地理位置、店面的设计、招牌名称以及橱窗布置等都能对消费者产生或大或小的影响。商圈是指店铺吸引顾客的地理区域，是店铺的辐射范围。商品陈列指的是商品在货位、货架和柜台内的摆放、排列等。商品陈列的方法有分类陈列法、组合陈列法、逆时针陈列法、专题陈列法、特写陈列法等。

11.5　思考与技能实践

11.5.1　基本训练

1. 简答题

(1) 消费购买活动中的情境类型有哪些？

(2) 时间观念怎样影响消费者的行为？

(3) 商店选址的意义是什么？

(4) 商店选址中应考虑哪些因素？

(5) 商品陈列的作用具体表现在哪几个方面？

2. 选择题

(1) 作为商场中照明使用的光源一般可分为(　　)。

A. 日光灯光源　B. 自然光源　C. 灯光照明光源　D. 装饰陪衬光源

(2) 对于经营日用品的百货商场等大型零售商店，在门面装饰上应采取“三大”的总体设计，即(　　)。

A. 大招牌　B. 大柜台　C. 大店门　D. 大橱窗

(3) 商圈是指店铺吸引顾客的地理区域，是店铺的辐射范围，由(　　)构成。

A. 核心商业圈　B. 外周商业圈　C. 次级商业圈　D. 边缘商业圈

(4) 通过各种形式，采用烘托对比等方法，突出宣传陈列某种商品的方法是(　　)。

A. 分类陈列法　B. 组合陈列法　C. 逆时针陈列法

D. 专题陈列法　E. 特写陈列法

(5) “一步差三市”指的是(　　)的重要性。

A. 商圈　B. 商店选址　C. 橱窗设计　D. 店门设计

3. 判断题

(1) 人际环境指购买过程中对消费者购买行为产生影响的其他人，包括同伴与营业员两大方面。(　　)

(2) 消费者本人的特征与产品本身的特征都是影响消费者行为的情境因素。(　　)

(3) 热情是一种平静、微弱而持续一定时间的情绪体验，它具有弥散的特点。(　　)

(4) 据有关调查，大部分顾客逛商店时总是有意无意地按顺时针方向行走。(　　)

(5) 商店布局指的是商店内部的布置和设计。(　　)

11.5.2 技能训练

1. 商店选址的原则是：

(1) 最短时间原则。

(2) 易达性原则。

(3) 接近购买力原则。

(4) 适应消费者需求的原则。

(5) 接近中央商业中心的原则。

2. 消费情境的构成因素有：

(1) 信息获取情境。

(2) 购买情境。

(3) 消费情境。

(4) 处置情境。

11.5.3　操作练习

1. 实务题

访问你身边的 5 位同学，分别就下面的两个问题进行分析：

(1) 购买自用品和礼品时的购物行为及选购标准是否存在差异？

(2) 自己单独购物和有同伴陪同购物时的行为是否有差异？

2. 综合题

假如你想开一家主要以大学生为目标顾客的餐馆，根据本章所学的知识，试就商圈、选址、店内装饰装修(包括背景音乐、颜色)等方面做一份可行性报告。

11.5.4　案例分析

零售变局三节点：体验性业态、社交化消费、互联网思维

2013 年以来，国内零售企业业绩的下滑，让体验型业态变得更为重要。业内人士认为，购物中心真正的体验文化还是在社交上。消费沟通将越来越成为购物中心差异化重要的利器，这表明购物中心要进入到品类业态组合的精细化零售管理的新时代。

没有人能否认中国商业正处于一场正在进行时态的革命。在电子商务迅猛发展的今天，未来传统实体商业通过什么样的方式重新聚客？传统实体店的未来到底会怎样？

有关未来 10~20 年的中国零售业格局以及面貌或许已经能在当前行业的新思维中给出一个答案。

1. 体验性业态

“金字塔”建筑、20 世纪超现实主义大师萨尔瓦多-达利的雕塑作品《海豚》及其他 42 件杰出雕塑原作、画廊、236 米的红色步行吊桥、庭院风格的美食城……这不是艺术馆，不是室内公园，这是北京时尚购物中心的新贵——芳草地购物中心。

2012 年 9 月开始营业后，只有周岁的芳草地购物中心却几乎成为北京高端大气、上档次的最潮地，诸多业内人士纷纷慕名而来，将之视为当前购物中心同质化突围的成功案例。

“国内购物中心开始走‘非大盒子化’的情景式商业路子”，上海在行置业投资咨询有限公司董事长姜新国告诉记者，早几年，购物中心常被业内人士戏称为“盒子”。

在盒子里画格子，再往里面放品牌。购物中心操作形同流水线，就连洗手间、前台的位置也是如出一辙。

“千篇一律的商场，消费者早已经疲劳了。”姜新国说，体验业态已经成为重新聚客的利器。消费者更愿意为情感、为环境、为文化、为娱乐的体验来买单，这将是未来零售业的趋势。

无独有偶，在强敌环伺的上海淮海路商圈，上海 K11 购物中心试营业 6 个月期间每月保持了客流量 100 万人次的好成绩，原因就在于其把有机农场、小猪、旋转木马、艺术电影、互动雕塑等艺术体验元素都搬进了商场内。

而对于目前国内多数购物中心而言，最普遍的体验化的转型都选择了加大餐饮的比重。

走进北京、上海等新开业的购物中心，乃至跨国零售巨头沃尔玛宣称要进军的未来型购物中心，餐饮的比重基本都锁定在了30%以上。

2013年以来，经过调整优化的北京朝北大悦城，消费者最直接的印象是，“一眼看过去，火爆的、排长龙的永远是餐饮楼层和餐饮区域，其他品牌销售和人流很少”。

餐饮业态占比提升，主要原因自然是拉动人流。但九洲远景董事长王敬指出，国内商业的“体验式消费”还停留在初级阶段，体验方法论应是从主体的构建和六感体系的分析，到静态的符号设计和动态的活动组合来做全综合的体验规划。“‘体验式消费’初期是吃喝玩乐，后续阶段还是要走主题。”王敬说。

而在姜新国看来，国内购物中心掀起的体验热潮过于空洞，一些文化、艺术和商业仍是两张皮，只有观赏效应没有商业效应。其认为，除了餐饮娱乐外，展示、教育也应是体验的一部分，尤其应体现交互性、展示性。

姜新国称，比如将来在上海，不一定是迪士尼和欢乐谷，还可能有些小的、针对成年人的娱乐形式，会在购物中心里产生。这可能会通过更加高科技的形式体现。

姜新国介绍，已经有一些开发商在海外考察，以引进更有趣的活动。比如说，在购物中心里，体验坐飞机或者驾驶的感觉；安排一个体验中心，结合历史和新科技让消费者体验。

而诸如西田购物中心本身的建筑形态就是一种体验，北京芳草地购物中心亦通过个性的建筑设计，让每一个节点都体现主题，结合室内设计、业态组合一起达到综合体验的效果。

但是，尽管相比还在“百货餐饮休闲娱乐”模式上徘徊的国内大多数购物中心，北京芳草地购物中心和上海K11的艺术体验确实是一种开创，但这种模式却并不具备大规模复制的可能。

虽然，诸如芳草地购物中心一样，每一个公共空间的设计都在关照着走在商场内的顾客的体验，但相对正大广场开业5年才扭亏为盈，梅陇镇广场待“梅泰恒”三角鼎力后才开始生机勃勃，芳草地艺术购物中心据称要15年才能实现盈利平衡的预期显然给大多数克隆者筑起了高高的门槛。

同样显见的是，K11购物中心的艺术路线也并不能让国内未来将新出现的7000多家购物中心所借鉴。

K11购物中心营运总经理陈健豪表示，“艺术购物中心的DNA是艺术，艺术时刻在变，这点无法复制。”

2. 社交化消费

2013年以来，国内百货和零售业公司业绩的下滑，让体验型业态变得更为重要。但王敬认为，购物中心真正的体验文化还是在社交上。“未来，购物中心的主力店不再是家乐福、沃尔玛、大润发，或者银泰百货、王府井百货等任何的业态门店，而是Social(社交)。”

但购物中心如何应用“社交圈”这个概念或者说新技术？

目前，国际上成功的购物中心无不关注人们广泛的需求。“Lend Lease 在欧洲建立一个最大的购物中心，在很多人没有工作时建立乐意战略就业项目，设立很多培训中心，给当地人提供就业机会和培训，使很多人愿意来购物中心。”

在新加坡，购物中心不仅是儿童的游乐场，也是很多科学中心的战略合作伙伴关系。

而未来在中国也有可能是这样的智慧购物：拿着一部手机走进商场，和朋友边聊天边玩手机就完成了体验和下单，那边厢物流已经将货物送到了家，顾客不必再大包小包拎回家。而对于商家而言，在顾客毫无知觉的情况下，不涉及顾客隐私的情况下，已经进行消费者行为数据的采集和分析，通过对数据的分析，为精准营销、经营决策提供支撑，以构成更进一步吸引客流的循环反复。

“一个顾客进到商场来，去了哪里，在一个位置停留多长时间，最后什么样的动向，又出去，对于顾客的走动活动的实时监测和测验分析，就可以做直观的顾客分布分析以及包括统计新老顾客占比、顾客到访频率、顾客动向分析商场分热区。”汇纳科技董事长张宏俊表示。

在亚洲购物中心主席、马来西亚购物广场及大厦管理协会会长、双威购物中心主题公园首席执行官陈海全看来，未来中国的购物中心发展亦将与亚洲趋势同步：一是功能由单一到混合，一体化；二是成为生活方式，是工作、家庭之外的第三空间；三是更多体验性、主题性、更多客户关怀。

王敬认为，消费沟通将越来越成为购物中心差异化重要的利器，这表明购物中心要进入到品类业态组合的精细化零售管理的新时代。同时，零售业必须回归到关注消费者消费习惯变化，回归到做消费者研究和消费者的行为观察上。

“原来购物中心基本都是两层规划——行业组合和品牌组合，这和过去的购物中心物业管理相关联。”王敬说，但购物中心走向零售管理，两层管理开始不够，必须通过品类组群、业态组群、品牌组群来规划优化商场，更精细化了解、跟踪消费者。

王敬透露，2013 年以来广州天河城、金融街购物中心都在优化，两级分类向三级分类的变化，背后是大数据挖掘的必要，运营趋势了解的需要。

“只有细分化的业态组群，才有进一步的数据需求。”王敬说，比如食品杂货是一个品类，家居是一个品类，都各自代表一个行业，但两者却并不是同一个商务模式，而所谓业态是指某一个核心市场同一商业模式的组合，只针对同一个目标消费群体，采取同一种盈利模式。

3. 互联网思维

线下零售实体不得不承认，电商在不断改变着传统商业版图，零售业的生存空间被严重挤压，在电商、互联网的冲击下，传统商圈也不再是唯一的客流聚合方式，在被严重分流。

实际上，真正触发零售商家们去自我革新的一个重要原因是用户的消费行为发生了变化。消费者消费行为不仅仅使用户的成交手段发生变化，用户做成交决策的路径以及售后的行为都已经发生了变化。比如消费者购物习惯开始追求体验式消费，追求社交化消费。比如无线互联网的出现，使消费者的忠诚度大幅下降。这使得业内达成共识，未来购物中心取胜的三个核心竞争力分别是：以消费者为核心，体验规划，以社交为核心的 O2O 策略。

那 O2O 是传统百货等零售业应对互联网的实质性出路吗？

当前，王府井百货、大商股份、天虹商场、友阿股份等百货业上市公司等都开始 O2O 逆袭，在销售低迷下，O2O 已成为上市零售企业股票价格“闻之起舞”的最热题材。

一一细看可发现，传统零售业的 O2O 实践目前仍缺乏成功的案例，而误区反而是家家户户都选择了开一个微信官方自媒体账号的可有可无的“鸡肋”做法。

银泰网 COO 林琛介绍，目前银泰总共 30 多家门店参与了“改造工程”项目，从 WiFi 等设施架设到用户数据获取，到能为商场提炼出有效的商品整合营销信息，整个银泰的大投入花费费用在千万级别。而这只是基础数据采集工作的完成，后续还有包括数据的清洗、数据仓库的建立、数据产品、报表体系、基于数据的营销模型等工作要继续，而最难的是团队。

尽管梅西百货大概有15%的销售来自互联网，但在国内，从O2O概念到落地发挥其效，O2O实质更像是一场“万里长征”。

和银泰的转型做法并无二致的是，传统百货企业都在加大shoppingmall(购物中心)的比重，或加大自营的部分，加大实体门店和电商的融合，加速发力WiFi项目和会员互联网整合营销的比重，追求体验式消费、社交化消费。

林琛表示，客户聚集的营销手法只是传统零售业浅层的O2O，此类做法的难度是客户导入门店后的购买转化率和留存率。

深层次O2O更需要整合到商品信息和库存。“理想状态下，一家百货公司就是一本时尚杂志、可交易的杂志，通过商品组合和搭配做出这本杂志的风格和特定受众。”林琛说，“货”的数据化，除了作为通路的百货公司的推力，还需要品牌公司自身数据化营销意识的提升。

林琛坦言，O2O实施起来难度非常大。因为零售业讲求“人、货、场”的匹配，而真正的传统零售业O2O需要首先完成零售卖场的数据化，才能真正做到“人、货、场”的匹配，这可谓是运用互联网思维改造传统零售卖场的前提。

林琛认为，“人”的数据化可以通过WiFi和智能终端来采集人的行为，“货”的数据是单品管理，“场”的数据是将营销行为回写到系统里。

银泰杭州西湖文化广场店作为银泰首家铺设免费WiFi试点店颇受外界关注，林琛在回答记者的提问时表示，入店用户的WiFi识别率还是超过预期的。后续的效果评估还在进行中，但目前银泰百货会员体系的数据库已开始扩大。“由以前的VIP会员扩大到了访客会员体系，其中包含了非VIP购买用户和到店非购买用户，甚至还有部分经过未进店用户。”林琛说，“今年天猫双十一的主题之一是O2O，这是一个信号，预示着准备好O2O的百货企业会在将来几年内获得快速增长。”

北京朝北大悦城优化的一个重点也是微信和互联网的应用，而App应用、微信公众号和会员系统打通等想象空间更大。因为在逛购物中心的人群中，智能手机的普及率高达95%。

资料来源：http://www.topbiz360.com/web/html/city/qy/special/2013/1127/141431.html

问题：

(1) 上述案例中的“情境”指的是哪些方面？

(2) 根据上述案例分析情境商业产生的原因。

11.5.5 网上调研

就消费者的心境对其购买行为的影响进行网上调研。

11.5.6 单元实践

家乐福的科学选址

家乐福与普美德斯合并后，1999年的销售额达789.7亿美元，居世界第二，欧洲第一。到2000年年底，家乐福在国外店铺数比沃尔玛国外店铺还多。家乐福的成功在于精细、科学的管理，主要表现在六个方面：选址的科学化，强大的商品管理机构，强大的计算机支持功能，简洁的组织结构，科学的经营理念及高效的现场管理，完整的企业文化和强烈的防损意识。其中，选址科学化是第一位的。具体来说，家乐福的科学选址主要体现在以下四个方面。

(1) 开在十字路口。家乐福的第一家店于 1963 年开在巴黎南郊一个小镇的十字路口，生意火爆，大家都说去十字路口，反而把店名给忘了。于是十字路口成为家乐福选址的第一准则。

(2) 3～5km 商圈半径。这是家乐福在西方选址的标准。在中国的一般标准是公共汽车 8km 车程，不超过 20min 乘车时间的心理承受力。

(3) 外聘公司进行市场调查。一般需要分别选两家公司进行销售额测算，且这两家公司要是集团之外的独立公司，以保证预测的科学和准确性。

(4) 灵活适应当地特点。家乐福店可开在地下室，也可开在四五层，但最佳为地面一二层或地下一层和地上一层，家乐福一般占两层空间，不开三层。这比沃尔玛、麦德龙灵活。

问题：结合本章的内容谈谈家乐福这样选址的依据。

实践要求：调查你所在城市的某大型超市，了解他们的选址原则和依据，参照上述几个方面，写出一份调查报告。

第 12 章

消费者的购买行为类型与购买决策

【学习目标】

知识目标：掌握消费者购买行为的类型；了解消费者购买决策的特点与过程；认识消费者在实际购买过程中采用的决策原则。

技能目标：学会分析消费者的风险知觉的种类；具有能根据消费者卷入的程度来分析其购买决策类型的技能。

能力目标：能根据市场动态来识别消费者的新需求；具有一定的处理消费者的投诉和抱怨的能力。

【案例导读】

《富爸爸，穷爸爸》的营销之道

《富爸爸，穷爸爸》整个营销过程的每一个环节都是与消费者沟通的过程。在“富爸爸”营销中，各个营销环节都是与读者沟通的重要接触点。通过有力的产品和品牌设计，确立有吸引力的传播内容，应用有效的传播工具，密切与读者接触，实施对“财商”概念和“富爸爸”品牌的传播和持续强化，建立读者认知和兴趣，逐步刺激读者购买欲望，最终增加图书销售量。

读者对图书的购买决策有一个过程，因此需要持续有效的深度行销沟通。自选题确定开始，项目组通过书评等初步的市场宣传，建立初步的读者认知度；进而在全国书展、在“富爸爸”研讨会上通过媒体大力推广，形成读者的阅读期待心理；到图书销售火爆的时候进行深入推广，如请作者来国内演讲、在各媒体形成讨论、参与电视节目，强化读者的购买需求；再到延伸出“财商”培训、“财商”话剧、玩具等系列产品，从而赢得销售佳绩，巩固和扩大了图书本身营造的“财商”概念和“富爸爸”品牌的影响力。

1. 行销传播内容设计

在图书定位上，针对中国图书市场欠缺个人和家庭理财知识图书的现况，“富爸爸”项目组将《富爸爸，穷爸爸》定位于个人理财理念图书。市场目标通过满足读者求实、求知的心理需求而销售《富爸爸，穷爸爸》系列图书。传播承诺点以个人理财概念为突破口，紧密围绕如何建立正确的金钱观念和个人理财观念展开行销传播。在行销传播中，以书展、书店和网上书店作为市场切入点，项目组在各个读者接触点，通过不断强化“财商”概念和“富爸爸”品牌，增加读者的知晓度和认同感，从而刺激读者的购买欲望，引发购买行为。

2. 媒体行销助势展会营销

图书展会是与经销商和读者接触的重要渠道，具有人流量大、信息传播迅速的特点。作为重要的非人员传播渠道，通过包装环境、营造气氛、增强视觉冲击力，可强化对经销商和读者的传播效果，进而产生和增强了图书经销商订货和读者购买的倾向。在北京国际书展和南京书市上，项目组通过设立醒目的展位、巨型《富爸爸，穷爸爸》的纸书，进行大量海报宣传，配以大幅喷绘对联，以及众多易读易记的口号，配合报纸和网站宣传，从各个方面吸引经销商和读者的注意力，将图书信息送达目标客户。在北京国际书展上，《富爸爸，穷爸爸》项目组在新华社举行了专门的新闻发布会，邀请了全国四十多家报纸、电视、网站等媒体，邀请社会各界的审书代表参加，并请权威人士评书造势。在南京书市之前，项目组也提前与南京及附近的一些媒体沟通，在《新民晚报》《江苏商报》《南京现代快报》《扬子晚报》等媒体上发表了关于“富爸爸”的系列文章。以媒体行销增加与经销商和读者的接触和影响，预热市场，有力地配合了展会行销，达到了成功增加订货量的效果。

3. 建立电子论坛，构筑与读者的网络交流与服务平台

网络的实时、迅捷和超越地域广泛传播的特点，使其日益成为重要的信息传播平台。“富爸爸”项目组自建立伊始，就建立了专门的中文网站，提供了读者交流的平台。网站及时发布各种相关信息，回答读者提问，注重与读者的交流与互动，努力引导和推动读者的口碑传播。项目组还与贝塔斯曼在线、当当、卓越等网上书店达成良好的合作，实施网上售书，实现信息共享，实时与读者沟通。

4. 通过售后服务加强互动行销传播

项目组通过对顾客提供更快、更好的服务，及时进行抱怨处理，来增加读者满意度。项目组通过读者调查表、热线电话、读者有奖参与活动等方式密切与读者的互动与联系，增加读者忠诚度和重复购买。

按照麦肯锡公司的一项研究，口碑传播几乎影响到美国三分之二的经济领域：玩具、运动产品、电影、音乐、时尚、休闲自然最受口碑影响，但金融机构、服务业、出版、电子、药品、农业、食品等众多领域也同样受口碑所左右。中国的文化传统，有一些“理性不足，感性有余”的特点。这种重视人情、信任亲友、信任权威和成功人士的特色文化，使口碑成为传播渠道中最有说服力而成本又极低的一种传播方式。互联网的出现，增强了这种传播的可控性。

在“富爸爸”的行销传播中，口碑传播的几种方式比较重要：

(1) 以“财商”概念和“富爸爸”品牌传播为核心，在行销传播中反复强化。

(2) 使用有影响力的人传播信息。

(3) 征求来自顾客的证人。上海《文汇报》整版报道的吉林省梨树县副县长田贵君为梨树县农村合作经济协会的农民朋友们订购该书 1000 册的故事，真实可信，易于口碑相传。

(4) 对顾客讲述真实的故事。《中国经营报》的记者专稿报道了清崎在北京国际会议中心发表演讲，会场人员爆满，甚至有山东潍坊的民众包车来听演讲的故事。

(5) 开发具有较高谈论价值的广告与口号。一个醒目、易于传播的口号在口碑传播中至关重要，在“富爸爸”传播中，“智商、情商、财商”，一个都不能少，“揭露富人的秘密”“两个爸爸大战一个女孩”等类似口号通过传媒广为传播，从各个方面吸引读者注意力，促进了《富爸爸、穷爸爸》的销售。

资料来源：郭伟.《富爸爸，穷爸爸》的营销之道. 中国营销传播网，2004-03-12(编者对原文有删改)

上述案例说明了解消费者的购买决策对市场营销人员有很大的帮助。例如，消费者在什么情况下产生了购买欲望？他们是怎样搜寻信息的？他们如何来评估自己的购买方案？购买后满意还是不满意？本章就分别来探讨这些问题。

12.1 消费者购买行为类型

在日常生活中，消费者的购买行为是多种多样的，不仅在不同的消费者之间其购买行为存在着差异，而且在同一个消费者身上，在不同条件下其购买行为也存在着差异。下面按照不同的划分标准，把消费者的购买行为类型进行大致的归类。

12.1.1 根据消费者的性格进行划分

根据消费者的性格，可以把消费者的购买行为分为以下六种。

(1) 习惯型购买行为。习惯型购买行为是由信任动机产生的。消费者对某种品牌或对某个企业产生良好的信任感，忠于某一种或某几种品牌，有固定的消费习惯和偏好，购买时心中有数，目标明确。

(2) 理智型购买行为。理智型购买行为是理智型消费者发生的购买行为。他们在做出购买决策之前一般经过仔细比较和考虑，胸有成竹，不容易被打动，不轻率做出决定，决定之后也不轻易反悔。

(3) 经济型购买行为。这种类型的消费者特别重视价格，一心寻求经济合算的商品，并由此得到心理上的满足。针对这种购买行为，在促销中要使之相信，他所选中的商品是最物美价廉的、最合算的，要称赞他很内行，是很善于选购的顾客。

(4) 冲动型购买行为。冲动型消费者往往是由情绪引发的，以年轻人居多。这类消费者血气方刚，容易受产品外观、广告宣传或相关人员的影响，他们决定轻率，易于动摇和反悔。

(5) 想象型购买行为。这样的消费者往往有一定的艺术细胞，善于联想。针对这种行为，可以在包装设计上和产品的造型上下功夫，让其产生美好的联想，或在促销活动中注入一些内涵。

(6) 不定型购买行为。不定型消费者常常是那些没有明确购买目的的消费者，表现形式常常是三五成群，东走西逛，哪儿有卖的东西往哪儿看，问得多，看得多，选得多，买得少。他们往往是一些年轻的、新近开始独立购物的消费者。他们易于接受新的东西，他们的消费习惯和消费心理正在形成之中，尚不稳定，缺乏主见，没有固定的偏好。

【小资料 12-1】

消费者办卡时勿冲动

近年来，名目繁多的预付款消费正逐渐成为现代服务业中通用的消费模式。一些美容美发、婚纱摄影、健身减肥、洗浴游泳、洗车等消费领域，以优惠超值的名义推出金卡、银卡、贵宾卡等吸引消费者。

银川市工商局消费者权益保护科科长齐桂萍向记者介绍说，这种看似方便又实惠的消费模式，实际上存在很高风险，每一项预付款消费其实都像一颗颗或大或小的定时炸弹。近几年来，银川市工商局受理、解决预付款消费纠纷近 400 件。由于预付款消费是先付款再消费，时间跨度长，无法预料商家在经营中的变故，而且消费者手中的凭证常常只有一张简单的卡或者收据，缺乏作为维权上的有力证据，一旦遇到商家欺诈行为发生，不能及时挽回经济损失，消费者大多只能吃哑巴亏。目前，预付款消费纠纷已成为银川市消费纠纷新热点和难点。为提醒广大消费者谨慎办理预付款消费，银川市工商局通过媒体向社会发布了三起预付卡消费案例，提醒消费者办卡时勿冲动。

案例 1:

2010 年 10 月 12 日，银川市民陈先生在西夏区火车站附近的圣洁干洗店预存 400 元办了一张干洗优惠卡，但办卡后陈先生仅在那里干洗了两次衣服，店家就以更换老板为由不予继续提供服务。类似情况发生较多，也最难处理。此类案件特点是：商家以优惠条件吸引消费者购买预付款消费卡后，携款而逃或更换业主，新经营者宣告预付卡作废。

案例 2:

2010 年 7 月 1 日，消费者黄女士在银川市兴庆区丽景南街中国城大酒店预存 2900 元办理了消费卡。2011 年 1 月 13 日，黄女士持卡到该酒店消费时，酒店却以消费卡过期作废为由拒绝为黄女士提供相应消费服务。黄女士说，她所办消费卡的卡身背面并没有任何关于使用该卡使用时间限制的说明，但商家却坚称不能继续使用，且余款概不返还。此类案件特点是：经营者自行设定消费卡的有效期，单方规定期满后消费卡作废，卡内余款不退。

案例 3:

2010 年 6 月 10 日，银川市民王女士在兴庆区新华东街东方红广场 6 楼同仁美业预存 3680 元办理了按摩会员卡，办理时商家称会员可享受至尊服务。当年 12 月份，王女士因怀孕不能继续做按摩，要求退卡，但商家不予退卡。此类案件特点是：在办预付卡之前，经营者将服务内容和服务承诺说得天花乱坠，一旦办好卡，想退卡可不是一件容易的事。

齐桂萍科长说，公布这三起预付款消费案例，意在提醒广大消费者，有必要对预付款消费持清醒态度，避免因“摸不透”预付款消费也就是人们通常所说的盲目消费而造成个人财产不必要的损失。

齐科长介绍说，从某种意义上讲，预付款消费属于商家的一种融资模式。这种消费模式有利于商家回笼资金和锁定客户，对消费者而言，就好比你自己花钱在商家那里办了一张“信用卡”，但你却无法拥有像“银行”那样对资金的监管和处罚权利。根据《消费者权益保护法》，经营者以预收款方式提供商品或者服务的，应当按照约定提供。未按照约定提供的，应当按照消费者的要求履行约定或者退回预付款，并应当承担预付款的利息、消费者必须支付的合理费用。如果经营者故意告知消费者虚假情况，或者故意隐瞒真实情况，诱使消费者购买卡(券)，骗取消费者预付款的，则构成欺诈行为，应当返还消费者购买卡(券)的费用，并支付消费者购买卡(券)费用一倍的赔偿金。经营者承诺赔偿的金额高于一倍的，从其承诺。基于对消费者提供的法律保护已有明文规定，就有必要提醒消费者在选择预付款消费模式时应注意以下几点：

(1) 选择有信誉的商家。在预付卡消费前，消费者务必仔细查验经营者的营业执照，核对其企业名称与宣传资料所标注的名称是否一致。不要轻信广告，最好考察一下经营者的市场信誉和经营状况，尽量选择规模比较大、证照齐全、市场信誉好、经营状态佳的企业，千万不可因某商家优惠幅度较大而忽视了潜在的风险。

(2) 办卡时要理性勿冲动。在办理预付卡时，消费者一定要弄清自己是否真的长期需要此类服务，要保持头脑清醒，按照自己的实际需要来办理，切莫贪便宜购买过多成为“卡奴”，承担过多风险。如果办理服务年限较长的预付卡，更要提高警惕，以免商家停业走人，携款潜逃。

(3) 付款时应签订书面合同。在预付款消费关系建立之时，消费者应与商家以书面形式约定双方的权利义务，并且要特别注明其服务的内容以及违约的法律责任，如约定在商家经营地址搬迁、经营场所变更或者企业注销等情况下，所付的款项应当按照一个什么样的标准予以退还。除此以外须注意，商家还要承担什么样的赔偿责任(支付一定数额的赔偿款项)等，以此来约束商家，促使其在发生协议约定的退款情形时及时履行退款义务。还要认真阅读有关会员细则，详细了解自己的权利和义务，特别要注意其中限制性规定，不要被各种优惠条件所迷惑。

(4) 谨记保留相关证据。注意保留相关章程、协议、发票等相关证据，防止维权无据。发生纠纷及时向消费者协会投诉或向有关行政主管部门申诉。对一些消费金额较大的消费卡(美容卡、洗浴卡等)，消费者要做好备份，即每次消费完毕后让商家签字确认，以防卡内余额缺失。一旦发生商家违约行为，消费者可根据相关证据追索相应赔偿或通过法律途径保护自己合法权益。选择了预付卡消费后，消费者要按照和商家约定条款及时消费，. 不可拖拉。一旦发现商家携款潜逃或其他涉嫌经济诈骗的异常情况，要及时向工商、公安等部门举报。

资料来源：http://nx.people.com.cn/GB/192493/14037361.html(编者对原文有删减)

问题：试分析促成消费者冲动购买行为的因素。

分析提示：由于消费者收入水平的快速增加、超市中自选售货方式的普及、商品的同质化现象以及媒体广告效果的减退等因素，消费者计划购买的商品在购买总量中所占有的比例越来越小，而在店内进行决策的非计划购买的比例急速上升。

12.1.2 按照购买时的卷入程度和产品品牌差异的程度进行划分

阿萨尔根据购买过程中消费者的卷入程度以及品牌之间的差异程度，把消费者划分为以下四种类型：复杂的购买行为、减少失调的购买行为、习惯性的购买行为和寻求变化的购买行为，如表12-1所示。

表12-1 阿萨尔购买行为类型

品牌差异	高度卷入	低度卷入
品牌间差异很大	复杂的购买行为	寻求变化的购买行为
品牌间差异很小	减少失调的购买行为	习惯性的购买行为

(1) 复杂的购买行为。当消费者参与购买的程度较高，并且了解品牌间的显著差异时，则他们会有复杂的购买行为。一般来说，购买贵重物品、大型耐用消费品、风险较大的商品、外露性很强的产品以及其他需要消费者高度卷入的产品，消费者往往产生复杂的购买行为。

(2) 减少失调的购买行为。这种购买行为是指由于产品的各种品牌之间并没有多大差别，并且由于产品具有很大的购买风险或者价格很高，所以需要消费者高度卷入才能慎重决定；但购买商品之后，有时往往又会使消费者产生一种购后不协调的感觉，于是开始通过各种方法试图做出对自己的选择有利的评价，并采取种种措施试图证明自己当初的购买决策是完全正确的，以减少购买后的不协调感。

(3) 习惯性的购买行为。这是指消费者卷入程度不高，同时品牌之间的差异也不大时，消费者一般采取的购买行为。这类产品一般是价格较低而且大多是经常购买的日用消费品。消费者在购买这类产品的时候并不需要一般的形成态度和信念，然后按照决策过程一步一步地实施计划，最后完成购买活动，而是以一种不假思索的方式直接采取购买行动。而且，在这种情况下，消费者购买某类产品并非出于品牌忠诚，而是出于习惯，或者说只是因为熟悉的缘故。

【小资料 12-2】

习惯性的购买行为

在一项研究中，研究者对三个连锁店中的 3120 名购买衬衣清洁剂的消费者进行了观察。结果显示，对于大多数消费者，衬衣清洁剂的选择行为是十分例行化的。

观察发现，大多数消费者检查很少几种包装的清洁剂。实际上，72%的消费者只看一种包装，只有 11%的消费者检查两种以上的包装；而真正被选中的包装更少，83%的消费者只选中一种包装，只有 4%的消费者选中的包装超过两种。很明显，大多数消费者对这种产品都没有进行太多的店内问题解决活动。实际上，任何品牌之内和品牌之间的比较都很少，绝大多数消费者根本就没有做任何比较；最后，消费者从进入这个货区到做出他们对清洁剂的选择平均只花了 13s。

资料来源：http://wenku.baidu.com/view/4c66edd276eeaeaad1f33099.html(编者对原文有删减)

(4) 寻求变化的购买行为。当消费者卷入程度很低而且品牌间的差异很大的时候，消费者会经常改变品牌的选择。这种购买行为的产生往往不是因为对原有品牌的不满意，而是因为同类产品有很多可以选择的品牌，而且由于这类产品本身一般价格并不昂贵，所以消费者在求新求异的消费动机下就会经常不断地在各品牌之间进行变换，达到“常换常新”的目的。

【小思考 12-1】

在一般情况下，购买牙膏、数码相机、饼干时，消费者分别采用哪种购买行为？

A. 复杂的购买行为　　　　B. 减少失调的购买行为

C. 习惯性的购买行为　　　D. 寻求变化的购买行为

答：牙膏属于 C；数码相机属于 A；饼干属于 D。

12.2 消费者购买决策

市场营销人员不仅需要知道消费者企图满足的特别需要，以及他们如何将这种需要转换成购买标准，而且需要了解消费者如何收集有关选择的各种信息，甚至需要了解消费者如何做出购买决策、喜欢到什么地方购买等，同时也需要了解消费者的购买决策过程及购买原因在不同类型的消费者中是如何变化的。

12.2.1 购买决策及其作用和特点

如前所述，消费者行为是指消费者在寻找、选择、购买、使用、评估和处置与自身满足相关的产品和服务时所表现出的行为，而这一系列行为活动过程就是消费者的决策过程。对于许多产品和服务来说，购买决策包括一系列广泛的信息收集、品牌对比和评价以及其他活动在内的全部过程。比如在购买之前，消费者就要确定买什么商品、买哪种牌子的、买多少、到哪里去买，等等。在购买过程中要选择品牌、衡量价格水平、确定购买型号等。在购买之后还会体会到某种程度的满意或不满意，从而影响到以后的购买行为。购买决策就是消费者购买目的的确立、手段的选择和动机的取舍的过程。

购买决策在消费者的购买行为中占有非常重要的地位。对于消费者来说，决策的内容不仅规定着购买行为的发生方式，而且决策的质量决定着购买行为的效用大小。正确的决策可以使消费者以较少的费用和时间买到物美价廉的商品，最大限度地满足消费者的需要。对于厂家和商家来说，分析研究消费者的购买决策，为企业正确地确定产品、价格、渠道、促销等策略提供依据。例如，如果一位经理经过调研得知，耗油量对于某一目标市场来说是最重要的因素，生产者就可以重新设计产品来达到这一标准。如果该企业不能在短期内改变设计，它可以使用促销手段去努力改变消费者的决策标准。例如，生产者可以通过广告宣传汽车享有免费维修这一优惠，而不强调耗油量。

消费者购买产品和服务的偏好是经常变化的。因此，相对于其他决策活动来说，消费者的决策有其自身的特殊性。首先，影响消费者决策的因素非常复杂。消费者的决策虽然表现为个人的、经常性的、相对简单的活动，但却受到多方面因素的影响和制约。这些因素从大的方面来说包括个人因素、环境因素和营销因素。其次，消费者决策的特殊性还体现为决策内容的情景性。因为影响决策的各种因素不是一成不变的，而是随着时间、地点、环境的变化而不断变化的。

12.2.2 购买角色

对于某些产品来说，确认购买者是比较容易的。男人通常选择自己的剃须刀，而女人购买自己用的口红。但随着社会的发展，越来越多的产品所涉及的决策成员往往不止一个人。比如家用计算机的选择，可能首先是爷爷提出要给孙子买一台计算机，同事推荐某种品牌或型号，妻子决定第二天去商场购买，丈夫去选择、付款，孙子使用买来的计算机。因而我们可以区分出对购买决策有影响的五类角色。

(1) 首倡者：首先提出购买某个产品或服务的人。

(2) 影响者：其观点或建议对决策有影响的人。

(3) 决策者：对购买决策的某个方面(包括是否买、买什么、如何买、何处买)做出决定的人。

(4) 购买者：实际去购买的人。

(5) 使用者：消费或使用产品或服务的人。

【小资料 12-3】

一起成功交易案例的启示

某天，广州天河区太阳广场某药店内，一名店员正在接待一对挑选儿童沐浴露的父子。

“这个有无怪味？”正在买沐浴露的男顾客问店员，“孩子对气味要求比较高，有怪味的沐浴露都拒绝用。”

“你可以让他自己先闻闻看。”店员打开沐浴露的盖子，凑到小男孩的鼻子前，微笑着问：“小朋友，这个好闻吗？”

见小男孩点点头，男顾客爽快地要了沐浴露，接着问：“怎么不见儿童爽身粉？”听起来，他是店里的老顾客了。

“儿童爽身粉换了位置，放在这边了。”店员领着男顾客来到摆放儿童爽身粉的货架后，让他自己挑选。这时，小男孩也拿起了爽身粉，问：“这是什么呀？”

“这是专门给小朋友用的爽身粉，擦了它就香喷喷的，干干爽爽的。”店员边抚摸着小男孩的头边解释说。这时，淘气的小男孩把挂在货架上的标签放进了嘴里，店员见状，赶快阻止：“小朋友，这上面有好多小虫虫，会钻进肚子里咬你的。”

男顾客也赶紧把小男孩拉住，抱歉地说：“不好意思，他就这么调皮。”

“小孩嘛，活泼才好！要是他总安安静静地待着，你还担心呢！”

“那也是。”男顾客把沐浴露、爽身粉拿到收银台，付款后，对小男孩说，“走了，回去吃饭了，跟阿姨再见！”

小男孩扮了个鬼脸，大声地说“再见”，然后蹦蹦跳跳地走出了药店。

资料来源：木舟. 你在我眼中是最美. 医药经济报. 2009-05-25

启示：少年儿童这个消费群体的行为特征主要体现在具有一定的依赖性和较强的好奇心。依赖性主要指他们消费时，一般都有父母陪伴，不是独自完成，且由父母买单；好奇心主要表现在要求商品的口味和包装要新、奇、特等。案例中，店员之所以能够顺利地销售，还是在于她准确把握了少年儿童这个消费群体的行为特征，兼顾了购买者与使用者的心理要求。

12.2.3 消费者的购买决策过程

人们购买一种商品的行为并不是突然发生的，在购买行为发生之前，购买者会有思维活动或行为来保证以后购买的商品自己能满意。即使一个消费者把商品买到家里后，他还会进一步研究他所买的商品，看看性能如何、味道如何等等。这样看来，与消费者购买行为相关的是一个完整的消费者的购买过程。对参与市场营销的企业来说，了解整个消费者的购买决策过程是很重要的，因为在消费者购买过程中，企业可以制定一些策略来帮助消费者满足自己的需要。

消费者购买决策过程是指消费者在购买产品或服务过程中所经历的步骤。一般认为，当购买产品时，消费者通常经历如图 12-1 所示的消费者购买决策过程：①需求确认；②信息搜寻；③方案评价；④购买决策；⑤购买后的行为。这五个步骤代表了消费者从认识商品和服务需求到评估一项购买的总体过程。这个过程是研究如何做决策的指导原则。需要指出的是，这个指导原则并不是说消费者的决策会按次序经历这个过程的所有步骤。在有些情况下，消费者可能会跳过或颠倒某些阶段，尤其在参与程度较低的购买时。比如购买特定品牌牙膏的妇女可能会从确定需要牙膏直接进入购买决策，跳过了信息搜寻和方案评价阶段。但我们还是要用图 12-1 的模式，因为它阐述了消费者面对参与程度较高的新购买时所需的全部思考过程以及影响消费者决策的各种因素。

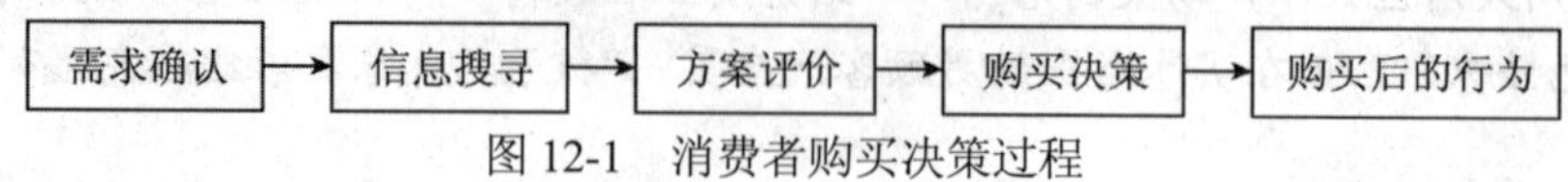

图 12-1　消费者购买决策过程

1. 需求确认

需求确认也称问题确认，是由消费者理想状态与现实状态之间的差距引起的。当消费者对情境的希望与情境的实际之间存在差异时就会产生某种需要。可见，消费者的购买过程是从引起需要开始的。需要的产生有时很简单，有时却较为复杂。一般来说，人的需要是由两种刺激引起的：一是来自身心的内在刺激，这是引起需要的驱策力；二是来自外部环境的刺激，这是引起需要的触发诱因。在这两种刺激的影响下，当消费者意识到一种需要并准备通过购买某种商品去满足它时就形成了购买动机。

需求确认的诱因也就是引起期望和实际状态之间产生差异的原因，这些诱因受到外部和内部两方面因素的影响。这些因素有以下几点。

(1) 缺货。当消费者使用一种储存的产品时必须补充存货，这时确认需求就出现了。此时的购买决策通常是一种简单和惯例的行为，并且经常靠选择一个熟悉的品牌或该消费者忠于的品牌解决这个问题。

(2) 不满意。需求确认产生于消费者对正在使用的产品或服务不太满意。例如，消费者也许认为他的计算机已经过时。广告可以用来帮助消费者确认什么时候他们有问题和需要做何种购买决定。

(3) 新需要。消费者生活中的变化经常导致新需要。比较常见的是，一个人生活方式或工作状态的变化可以创造出新的需要。例如，当你搬家时，可能重新购置一些新的家具；当你的职务提升时，可能买一些更高档的服装以使自己显得更体面些。有时报酬的增加也会提高个人的期望，他会考虑以前没有达到过并从未期望过的购买。例如，一个买彩票中了大奖的人会购买一辆家庭小轿车或到国外去旅游。

(4) 相关产品的购买。需求确认也可以由一种产品的购买激发起来。例如，购买家庭影院会导致对其附属产品(如影碟)需求的确认，个人计算机的购买会推动对软件程序或软件升级的需求。

(5) 新产品。市场上出现了新产品并且这种新产品引起了消费者的注意时也能成为需求确认的诱因。营销商经常介绍新产品和服务，并且告诉消费者他们解决问题的类型。例如，手机营销商告诉消费者为什么他们需要手机并强调手机的方便、时尚、省时及安全等。

(6) 营销因素。引起实际与期望状态之间差距的另一个原因是由营销商引致的问题确认。例如，很多个人卫生用品的广告是通过创造一种不安全感，使消费者确认需要或问题，而消除这种不安全感的最佳方式就是使用他们推荐的产品。营销商还可以通过改变款式和服装设计，在消费者中制造一种他们的着装已落伍的感觉，帮助消费者确认需要。当然，对于营销商刺激消费者产生需求确认的企图，消费者并不总是买账的，在有些情况下，消费者也许看不到问题或意识不到营销商正售卖的产品到底有什么用。例如，许多消费者不愿意购买个人计算机的主要原因是他们看不到家里拥有一台计算机对他们家会有多大的用处。因此，一些精明的个人计算机制造商曾尝试用这样的方法来激发消费者的问题确认，即强调计算机如何帮助开发孩子的智力。

另外，在全球市场销售产品的营销人员必须仔细观察不同地区消费者的需求。

2. 信息搜寻

消费者决策制定的第二步是信息搜寻。一旦消费者意识到一个问题或需求能通过购买某种产品或服务得到解决，他们便开始寻找制定购买决策所需的信息。

(1) 信息来源

信息搜寻可以从内部、外部或内外部同时产生。内部信息搜寻是对记忆中原有的信息进行回忆的过程。这种信息很大程度上来自以前购买某产品的经验。例如，购买时遇到你以前曾经喝过的某种品牌的饮料，通过搜寻记忆，你可能记起它是否好喝，是否受欢迎等。因此，对许多惯性、重复性购买来说，使用储藏在记忆里的、过去所获得的信息就足够用了。

如果内部搜寻没有产生足够的信息，消费者便会通过外部搜寻来得到另外的信息。市场营销人员最感兴趣的是消费者所需的主要外部信息来源以及每种信息对今后的购买决策的影响。消费者外部信息来源可以分为以下四类。

① 个人来源：家庭、朋友、同事、熟人。

② 商业来源：广告、推销员、经销商、包装、展览。

③ 公共来源：大众媒体、消费者评比机构。

④ 经验来源：产品的操作、检查与使用。

这些信息来源的相对丰富程度与影响程度随产品类别与购买者特征的不同而各异。一般来说，消费者的产品信息主要来自商业来源，即市场营销人员所能控制的来源。另外，最有效的信息则来自个人来源。每类信息来源对购买决策有着不同作用的影响。商业来源一般起着告知作用，而个人来源则起着认定或评价作用。

(2) 影响个人信息搜寻范围的因素

个人进行外部信息搜寻的范围依赖于以下几方面的因素。

① 消费者对风险的预期能影响其对外部信息搜寻的范围。人们在购买商品的时候，都会或多或少地感知到风险。一般地，随着对购买风险预期的增加，消费者会扩大搜寻范围，并考虑更多的可供选择的品牌。如果你打算买一辆新车，而新车的价格很高，那么这是一项风险较高的决策。于是你开始搜寻有关的信息，如型号、性能、耗油量、乘坐空间等；你也可能搜寻更多的有关信息，因为查找资料所需的时间和精力比买一辆不称心的车的成本要低得多。相对来说，你在选择合适的厨房用具上就不太可能付出这样大的努力。此外，对于同一产品来说，由于消费者的个性不同，所感知到的风险也不同，因而会影响其搜寻信息的范围与努力程度。一项关于影响消费者对通过网络订购商品的风险预期水平的研究表明，与那些风险预期较低的人相比，那些认为风险较高的人会在信息搜寻方面付出更多的努力，并参看大量的不同类型的信息源。

② 消费者对产品或服务的认识也会影响其对外部信息搜寻的范围。如果消费者对潜在的购买了解很多，他就不再需要另外搜寻更多的信息。而且，消费者了解得越多，他搜寻的效率就越高，从而花费的搜寻时间就越少。另外，一个有信心的消费者不仅对产品有足够的信息，而且对

做出正确的决策也感到非常自信。而缺乏这种自信心的人即使在对产品已经了解很多的时候也会继续进行信息搜寻。最后，有先前购买某种商品经验的消费者，与没有经验的消费者相比，对风险的预期较低，因此他们会减少信息搜寻的时间。

③ 消费者对产品或服务感兴趣的程度会影响到个人进行外部信息搜寻的范围。信息搜寻的范围与消费者对某产品感兴趣的程度成正相关，即对某产品更感兴趣的消费者会花费更多的时间搜寻信息与其他选择。例如，假如你是一个网球运动爱好者，为了购买一个新的球拍，你可能更愿意向专业人士讨教，并花费比其他购买者更多的时间和精力选择适合你的球拍。

④ 情境因素也会影响产品的信息收集。在紧急的情况下买产品时，人们对信息的搜索是有限的。例如，车坏在半路了，司机不大可能到处打电话去找一个最便宜的地方修车。其他的变量还包括资源的稀缺性和缺乏可得到的保证等。

(3) 消费者选择信息的过程

如果愿意的话，消费者会搜寻到大量有关某产品或服务的信息，但不是在任何情况下都是信息越多越好。而且，面对同样的情境，不同的消费者会有不同的理解，这是因为他们的个性、经验、需要等影响了他们对情境的知觉，进而影响了他们对信息的选择。通常情况下，消费者对信息选择的过程一般经过以下三个步骤。

① 选择性注意。人们日常生活中会接触众多的刺激。仅以商业广告为例，一个美国人平均每天会接触 1500 多个广告。但他不可能注意到所有这些刺激，其中大部分会被过滤掉。所以问题的关键是营销人员应该弄清楚哪些因素能引起消费者的注意。研究发现，影响消费者知觉选择的因素主要有以下三个方面：首先，消费者可能比较注意与当前需要有关的刺激，例如，王先生打算去外地度假，他会更多地注意到有关旅游的广告，而对于轿车降价的广告可能不会去注意；其次，消费者可能比较注意他们所期盼的刺激，例如，王先生多半会注意旅行社里的旅游手册，而不太会注意地图，因为他没有指望旅行社里会有地图；最后，人们可能比较注意超出正常刺激规模的刺激，王先生更可能去关注减价 100 元的旅游广告，而不是只减价 10 元的旅游广告。

② 选择性曲解。即使是消费者注意到的刺激，也并不一定会产生预期的作用。每个人总是按自己现有的思维模式来接受信息。选择性曲解是指人们趋向于将所获得的信息与自己的意愿结合起来。旅行社可能向王先生介绍去某国旅游的优点与缺点。如果王先生已倾向于去该国旅游，他可能就不去考虑其缺点以便维护其想法。例如，他把可能遇到的语言障碍或较高的费用与一次难得的参观世界著名景观的机会相比较。在很多情况下，人们是按着先入为主的想法来解释信息的。

③ 选择性记忆。人们往往会忘记大多数接触过的信息，而倾向于记住那些符合自己的态度与信念的信息。由于这种选择性记忆，王先生可能只记住了去某国度假的优点，而忘记了去别国度假的优点。他之所以能记住去该国的优点，是因为每当他考虑去那里度假时总是盘算着这些优点。

以上这三种知觉因素的存在，意味着市场营销人员必须尽力把信息传递给消费者。同时也要求市场营销人员在向消费者传递这些信息时，要尽可能地生动并多次重复，以加深消费者的印象。

【小资料 12-4】

“农夫山泉”的记忆点创造法

在激烈的市场竞争中，每个企业都力图使自己的产品以及企业的整体形象广为人知，并能深入人心，为此想尽法子、用尽手段。但对消费者而言，面对如此众多的企业和产品，要让他们记住其中的某一个并非易事，更别说印象深刻。

1999年农夫山泉的广告开始出现在各类电视台，而且来势汹涌，随之市场上也出现了越来越热烈的反应，再通过跟进的一系列大手笔营销，农夫山泉一举成为中国饮用水行业的后起之秀，到2000年便顺理成章地进入了三甲之列，实现了强势崛起。中国的饮用水市场历来就是竞争激烈、强手如云，农夫山泉能有如此卓越表现，堪称中国商业史上的经典。而这个经典的成就首先启动于“农夫山泉有点甜”这句蕴含深意、韵味优美的广告语，令人们牢牢记住了农夫山泉。

资料来源：https://wenku.baidu.com/view/044aa8cc7f1922791688e862.html(编者对原文有删减)

分析提示：农夫山泉之所以会有如此非同凡响的效果，原因正在于它极好地创造了一个记忆点，正是这个记忆点征服了大量的媒体受众，并使他们成为农夫山泉潜在的消费者。

3. 方案评价

在决策过程的信息搜寻阶段中获得信息后，消费者便进入到方案评价阶段。在这个阶段，消费者会使用记忆中存储的和从外界信息源获得的信息，并形成一套标准。这些标准将帮助消费者评估和比较各种选择。

评价标准指的是用以比较不同品牌的产品或服务的范围或属性。当然，所有的消费者使用的评价过程和评估标准并不相同，甚至同一消费者在所有的购买情境下所使用的评价过程也不相同。这是因为消费者购买不同的产品是为了满足他不同的需要，因而他可以从不同的产品中寻求到特定的利益。消费者将每种产品看作能不同程度地带来所寻求的利益并进而满足某种需要的属性集。消费者感兴趣的属性随产品的不同而各异。例如，对于照相机来说，消费者感兴趣的属性主要包括照片清晰度、摄影速度、携带方便与否、价格等；而对旅馆来说，其重要的属性主要包括舒适、卫生、安全、便利、费用等。对于同一产品来说，不同的消费者对其不同属性的关心程度也不同。同时，评价标准可能是主观的或客观的。例如，在购买汽车的时候，消费者使用诸如价格及节约燃料等客观属性，也可以同时使用如形象、风格等主观属性作为标准。

具体来说，消费者在实际的购买过程中可采用的决策原则主要有以下几种。

(1) 理想品牌原则。每个消费者心目中都有一个对某产品的理想品牌的印象，并用这种理想品牌印象同实际品牌进行比较，实际品牌越接近，理想品牌就越容易被消费者所接受。例如，消费者可以先给自己心目中的理想品牌打分，然后再给实际品牌打分，最后求两者之间的误差。误差越大，表明实际品牌与理想品牌之间的差距就越大，消费者的不满意程度也就越大。

(2) 多因素关联的决策原则。这一原则是消费者为商品的各种属性规定了一个最低可接受水平，只有所有这些属性都达到了规定水平时，该商品才可被接受，而对于没有达到这一可接受水平的其他牌号的商品则不予考虑。运用这一原则，可以排除某些不必要的信息干扰，缩小处理信息的规模。但是，这种决策所导致的可接受的品牌可能不止一个，因此消费者还需借助于另外的方法做进一步的筛选工作。

(3) 单因素分离原则。这种方法实质上是多因素关联原则的对立面。这种模式是指消费者只用一个单一的评估标准来选择商品。也就是说，消费者以一种属性去评价他所考虑的几个牌号的商品，并从中选出最符合他的评价标准的那个商品牌号。

(4) 排除法的决策原则。排除法的核心在于逐步排除以减少备选方案。采用这种方法时，首先要排除那些不具备所规定的评估标准的最低可接受水平的牌号。其次，如果所有考虑中的牌号都具有某一评估标准最低限度要求，那么，这一标准也要去掉。因为这种无差别的衡量对选择过程没有用处。总之，这种方法就是不断地以不同的标准加以衡量，再不断地排除下去，直到剩下最后一个为止。最后，这个牌号所具有的独一无二的特征被称为“独特优势”或“关键属性”。

(5) 词典编辑原则。这种方法类似于编辑词典时所采用的词条排序法，即首先将产品的一些属性按照自己认为的重要程度，从高到低排出顺序，然后再按顺序依次选择最优品牌。也就是说，消费者根据排序中最重要的属性对各种备选品牌进行比较，如果在这种比较过程中出现了两个以上的品牌，那么消费者还必须根据第二重要的属性甚至第三重要的属性、第四重要的属性等进行比较，直到剩下最后一个品牌为止。

4. 购买决策

在购买过程的某个点上，消费者必须停止收集信息和评价方案，并做一个购买决策。作为方案评价阶段的结果，消费者可以发展出购买某种品牌的一个购买意图。但在购买意图和购买决策之间还有其他因素在起作用，如态度、未预料到的情况等。

购买决策同真正的购买行为并不是一回事。在一般情况下，消费者一旦选择买哪一个品牌，他就会执行这个决策并真正地购买。但在消费者即将采购时，也许会出现某些未预料到的情况，从而改变了他们的购买意图。这时就需要做出额外的决策，如什么时候买、在什么地方买、花多少钱以及支付方式等。所以，有时消费者在购买意图和购买行为之间常常存在时滞，尤其对于诸如汽车、房子、个人计算机等高档消费品的购买上，更是如此。

消费者改变、推迟或取消购买决定，在很大程度上受到所感受到的风险的影响。费用很高的商品一般都带有风险，消费者无法确定购买的回报，便感到担心。所感受到的风险的程度是随所付费用的多少、属性不确定的程度等变化的。

(1) 消费者的风险知觉

实践证明，任何消费决策都包含着风险和不可知因素。这些风险和不可知因素常常会带来预想不到的后果，令人很不愉快。消费者常遇到的风险有以下几种。

① 功能风险。功能风险涉及服务产品的质量和服务优劣问题，在一般情况下，当购买的产品和享受的各种服务不能像预期那样满意时，就存在着功能风险。例如，预订的机票泡汤了，或房间空调失灵，或电话不通等。

② 资金风险。资金风险是指花费较多的金钱是否会买到较好的产品和享受优质的服务。例如，住这样的饭店是否值得花这么多的钱，其硬件设施和软件服务是否物有所值；或者买了一台计算机，发现三个月后它几乎降价一半。

③ 社会风险。社会风险是指购买某种产品或享受某种服务是否会降低消费者的自身形象。例如，购买名牌商品或住高级饭店的客人很可能因为名牌商品或高级饭店具有较高的社会价值；相反，穿某种品牌的衣服或入住某饭店后感到有失身份，社会风险就发生了。

④ 心理风险。心理风险是指购买某种商品或服务能否增强个人的幸福感和自尊心，或者反过来说，能否引起个人的不满意和失望的情绪。例如，人们出去旅游的主要原因之一，是提高自我价值，放松自己。所以，对于入住饭店的客人来说，饭店提供的产品或服务能否最大限度地满足他们的心理需求，是十分重要的。

⑤ 安全风险。安全风险是指消费者所购买的产品或服务能否危害他的健康和安全。例如，就餐的食品是否卫生、财物是否安全、人身安全能否得到保障等。

消费者所经历的可感知到的风险的数量依赖于两个因素：第一，不利方面的严重程度，即购买行为是否会有严重的后果；第二，消极结果发生的可能性。这就是说，某人考虑购买一个新的登山绳会意识到绳子可能断开的结果将是死亡或严重受伤。有经验的登山人员知道买哪一种型号的绳子来降低其断开的风险。相反，如果一个消费者正在考虑吃一种新牌子的饼干，可能的不利因素只是金钱方面的，并且很可能不到一元钱，即使饼干味道很差，但风险很小，因此尝试性的购买行为更可能发生。

(2) 风险知觉产生的原因

如前所述，消费者在购买商品时，常常会遇到风险问题。但是，消费者对风险的知觉各不相同，这取决于很多因素。首先，消费者个人的特点(如文化层次、智力水平、经济水平)不同，在同一情况下不同的人会知觉到不同的风险水平。此外，高风险知觉者喜欢把他们对产品和服务的选择局限在一个很小的范围内，这种人为了避免做出错误的选择，宁愿放弃一些好的选择。而低风险知觉者则倾向于在大范围内进行选择，宁肯冒险做较差的选择。所以，消费者的个人特性能影响到他们的风险知觉。其次，消费者的风险知觉还取决于他们购买的产品或服务的种类。例如，购买高档商品要比购买价低的日常用品知觉到的风险大些。

对消费风险的知觉，会影响人们的消费决策。这里需要指出的是，消费者知觉到的风险并不等于实际存在的风险。实际风险再大，如果消费者觉察不到，也不会影响他们的消费决策。

人们常在下列情况下会感知到风险：

① 目标不明确时。有的人已经打算要购买某种商品，可是对购买什么品牌或到什么商店去购买，还很难做决定。在这种情况下，消费者实际上已经感知到风险的存在。

② 缺乏经验时。一个从来没有购买经验的人，面对众多的商店与商品，以及提供的各种服务常会感到不知如何选择才好。因此，自身经验的缺乏，也常使人们感知到风险。

③ 信息不充分时。缺少信息或相互矛盾的信息来源也能使人知觉到风险。例如，对某一商品的价格、质量、安全性能等情况一无所知，消费者在做决策时就会犹豫不决。另外，对于同一商品或同一商店，不同的人做出不同的评价甚至互相矛盾的评价，常使消费者感到无所适从，因而不可避免地知觉到风险。

④ 存在相关群体的影响时。每个人在社会中生活，其言行都要受到同事、朋友、家人等相关群体的影响。个体的行为一旦与相关群体中的其他成员的行为不一致时，便会感到来自相关群体的压力，这种压力常会影响到消费者的决策。例如，相关群体的人们都买某种品牌或某一档次的商品，而自己则要选择另一种，是否会遭到他人的议论呢？

(3) 消除风险的方法

既然消费者在决策过程中会知觉到各种风险，为了保证消费活动更好地进行，消费者会千方百计地采取措施来消除风险。常见的消除风险的方法有：

① 搜集信息，增加知识。消费者搜集到有关的信息越多，选择决策方案的自信心就越强，风险水平就会降低。有关专家的调查报告表明，知觉到高风险或中等程度风险的旅游者比知觉到低风险水平的人寻求信息的时间多 1～1.5 倍。与此相适应，知觉到高风险水平的人比知觉到低风

险水平的人更喜欢接受他人的劝告或广告信息。消费者减少风险的主要方法之一是增加对于有关商品的知识，因此，经常可看到消费者花费大量时间和精力到处逛商店，以此来获取减少风险所必需的知识。如果感到风险很高，他们自然不会购买。所以，营销人员，尤其是零售商，会寻求提供无条件退货来减少消费者头脑中已觉察到的风险。例如，许多大型商场都提出了“不满意就退货”的服务允诺。

② 建立对商标的信赖。消费者购买了某种商品或享受到某种服务后，如果感到满意，他不仅可以产生重复购买的行为，而且可能把这种满意感传给他人。这样可能建立对商标的信赖。一旦消费者依赖或忠实于声誉高的或满意的商标时，他们知觉到的风险就大大减小。在现实生活中，人们就是依据对商标的声誉和对名牌产品的认可来做出购买决策的，而不轻易购买自己不熟悉的或从没听说过的产品，以便回避风险。由于购买服务有更大的风险和不确定性，消费者与服务提供者之间的关系可能变得更复杂，因而消费者对品牌有更高的忠诚度。例如，发现了一个能在优雅的环境中提供可口饭菜的餐馆，消费者就倾向于继续去那里，而不愿意冒险去别的地方。对于个人服务尤其如此，如理发。由于进行服务必须有个人接触，对服务提供商的忠诚要求极其强烈。这种忠诚常常延伸到要指定的理发师来提供服务。甚至有这样的情况，理发师与消费者之间的关系变成是终身的，只有当理发师退休后，这种关系才会被打破。

【小思考 12-2】

物质性产品与服务性产品相比，其购买风险是否有差别？

答：有差别。消费者购买服务性产品时要比购买物质性产品时面对更大程度上的不确定性，这主要与服务的无形性与易变性有关。因为服务是不持久和不能回收的，供应商几乎无法从一个被“返回”的服务中回收任何东西。这使得供应商不愿提供退款的承诺，因而消费者在购买服务性产品时要面临更大的风险。

③ 寻求高价格。在日常消费中，许多人都相信“一分价钱，一分货”这个道理。由于消费者缺乏对产品和服务的实际了解，消费者便倾向于用价格高低来衡量产品质量的好坏和服务的优劣。例如，人们一般相信每天500元的住宿条件会大大好于每天50元的住宿条件。因此，对于大部分顾客来说，价格便代表了质量，价格高，质量好；价格低，质量差。当对某些产品或服务知觉的风险较高而又无法消除时，就会采用高价格这一简便易行的方法。

④ 从众购买。根据大多数人的选择来做出购买决定，是很多消费者减少知觉风险的常用办法。在消费者看来，很多人采用同一产品或做出类似的购买决定，一定有其合理的基础，即使这种决策不是最好的，也不至于是最糟糕的。

此外，还可以通过有信誉的销售渠道购买产品以及寻求安全保证，如企业提供的退货制度、权威机构的检测报告、保险公司的质量保险，或者免费试用等。

有时，对于一些费用不太高的非耐用消费品，消费者感知到的风险较小，决策与其购买行为之间的时间间隔也短一些。消费者可能在离家之前就拟订好了一个包括各种品牌名字的购买清单，因为消费者已经形成了品牌忠诚——对一种独特品牌的偏爱从而导致重复购买。当然，保持消费者的品牌忠诚并非易事。竞争者使用许多技巧鼓励消费者试用他们的品牌，其中包括新产品介绍和赠送免费样品。另外，很多非耐用品的购买决策其实就发生在商店里，差不多与购买同时进行。因此，营销人员必须确保消费者对其品牌有高度的注意，以保证消费者能迅速地识别和考虑他们的产品。这些类型的决策通常情况下直接受卖场情境的影响。包装、货架展示、POP 以及包装上附贴的赠券和提供奖励等促销工具，都是通过卖场影响消费者迅速做出决策的手段。

消费者购买决策类型，如表 12-2 所示。

表 12-2　消费者购买决策类型

决策类型	例行型决策	有限型决策	广泛型决策
卷入	低	低到中等	高
时间	短	短到中等	长
成本	低	低到中等	高
信息搜寻	仅限内部	内部为主	内部和外部
可供选择数	一个	几个	很多

从表 12-2 中可以看到，存在着不同类型的消费者决策过程。当消费者的卷入程度由低到高变化时，消费者的决策过程也变得越来越复杂，其复杂程度由低到高分别为例行型决策、有限型决策和广泛型决策。在这三个类型的决策过程中，起决定作用的是消费者的卷入程度。此外，做决策需要的时间、商品或服务的成本、信息搜寻的程度以及可考虑的可供选择数目等也能起到一定的作用。

(4) 消费者卷入

在第 7 章已经谈到，所谓消费者卷入，也称消费者介入或消费者参与，是指消费者为满足某种特定需要而产生的对决策过程关心或感兴趣的程度。消费者对某种决策过程关心或感兴趣的程度可以用投入的时间或精力等来衡量。

应该说明的是，这里所说的消费者卷入，既包括对决策过程的购买卷入，也包括对某一消费品的产品卷入。购买卷入与产品卷入是不同的。例如，你是某一品牌或产品(牙膏或果酱)的忠实顾客，但由于品牌忠诚、时间压力或其他原因，你购买该产品的卷入程度却很低。反之，你可能对某一产品(老年保健品或儿童读物)的卷入程度很低，但购买时的卷入程度却很高，因为你想让父母觉得你是个孝顺的孩子，让妻子或儿子觉得你是个有责任感的好父亲。

影响消费者卷入程度的因素有以下几个方面。

① 先前经验。当消费者对某一产品或服务有先前经验时，其卷入程度较低。因为消费者先前多次购买或使用某产品，他就会对该产品比较熟悉，也知道它能否满足他的需要。因而在购买该产品时，其卷入的程度就比较低。

② 对负面结果的风险预知。如果消费者对购买某产品感到有较大的风险，那么他的卷入程度就会相应地提高。

③ 消费者的个人特征。正如消费者的风险知觉与消费者的个人特征有关一样，消费者的卷入程度也与消费者的个人特征有关。有些消费者做事小心谨慎，只要时间和精力允许，他在购买时都会有一定程度的卷入。有的消费者兴趣变化比较快，很难形成品牌忠诚，因而在很多情况下将面临新的选择。当面临新选择的时候，他就需要投入较多的时间和精力。此外，人们的价值观和生活目标也能影响人们购买时的卷入程度。

④ 产品特征。对于功能比较简单、属性比较单一或价格比较低的产品，人们在购买时的卷入程度比较低；相反，对于一些高科技的产品、功能比较复杂的产品或价格比较高的产品，人们的卷入程度就会相应地提高。

⑤ 环境因素。环境因素指的是自然环境(或物理环境)、社会环境以及营销环境。例如，在炎炎的夏日，人们在逛街时总要选择有空调的商场；有人在与他人一起购物时比独自购物时有更多的自我意识(我想给我的朋友展示我对风格或时尚的感觉)；一个很早就打算换一个新的网球拍的人，如果某天他碰上了打五折的球拍，他会毫不犹豫地买下来。

(5) 消费者购买行为类型

从表12-2中可以看到，所有的消费者购买决策都包括在以下三种类型之内。

① 例行型决策。消费者所做的许多购买决策都是以习惯性或例行性选择过程为基础的，对于许多低价的、经常购买的产品而言，决策过程包括的环节不外乎确认问题、进行迅速的内部搜寻和做出购买决策。这时，消费者花费很少的努力，或没有花费努力进行外部搜寻或选择评价。其实，一般的例行型购买实际上就其本身而言并未涉及决策。例行型购买通常分为两种：品牌忠诚型购买和习惯型购买。例如，对于使用哪种品牌的化妆品，你曾经有着很高的卷入程度，并运用了广泛型购买决策。作为这一过程的结果，你选定了某品牌系列化妆品。现在，虽然更好的化妆品广告时时在诱惑着你，但你认为该品牌化妆品正符合你的需要，你已经成了该品牌化妆品的忠诚顾客，其他竞争者很难赢得你的惠顾。在这个例子中，由于品牌忠诚，你对产品的卷入程度相当高，但对购买的卷入程度则很低。而习惯性购买则与此不同。例如，你可能认为所有牙膏的功能都差不多。因而，某种品牌的牙膏你在使用了一段时间以后，觉得还比较满意，你就会一再地选择该品牌，但你实际上并不忠诚于这一品牌。结果有一次你在逛商场的时候，看到别的品牌的牙膏正在打折，你就会毫不犹豫地买下这个新品牌的牙膏。因此，对于消费者即使是例行的购买行为，营销人员也应该分清是品牌忠诚型购买还是习惯型购买，并依此做出相应的营销策略。

② 有限型决策。一些经常购买的不十分贵重的商品或服务一般与有限型决策类型有关。在这种类型的购买中，消费者花费适当的精力搜寻信息或考虑各种可能的选择。伴随着中等水平的认知和行为努力，通过有限决策制定的选择，消费者通常相当迅速地完成购买行为。而且，除非产品在使用过程中出问题或消费者对售后服务不满意，否则，事后很少对产品的购买与使用进行评价。有限型购买有时会因情感性需要或环境性需要而产生。例如，很多人都有这样的经历，虽然打算换一种新的产品或品牌，但并不是对目前使用的产品或品牌不满意，只是用了太久而产生了一种厌倦感。因此，这时候的决策只涉及对现有备选品牌的新奇性或新颖性的评价，而不是由于其他原因。

③ 广泛型决策。当购买不熟悉的贵重产品或不常买的产品时，消费者的购买决策属于广泛型购买决策。这个过程是消费者购买决策中最复杂的一种类型，消费者的参与水平较高，所投入的时间较长，涉及广泛的内、外部信息搜寻，影响消费者做决策的因素也较多。而且，消费者在购买产品之后，很容易对购买决策的正确性产生怀疑，从而产生对购买的全面评价。当然，达到如此复杂程度的决策并不多，通常在房屋、个人计算机等产品的购买上，广泛型决策比较多见。

总之，无论购买决策是有限的还是广泛的，营销商都应该向消费者提供有助于决策的信息。向消费者提供关于一种品牌如何能满足购买动机和目标的详细信息是很重要的。这些信息可以在购买点通过展示图片或分发小册子向消费者提供，而在分销渠道中应该有内行的销售人员来解释公司产品或服务的特征以及为什么它优于竞争产品。

【小思考 12-3】

消费者在购买同一产品时其购买类型可以发生转换吗?

答：可以。例如，如果一种按例行方式购买的产品不能满足需求时，消费者可能采取有限决策或广泛决策类型，这时消费者就从一种品牌转向了另一种品牌。同样，在最初采用广泛类型决策的人，由于经验的积累在以后的购买中他就可能变成有限的甚至例行的购买决策类型。

5. 购买后的行为

消费者决策过程并不随着购买过程的结束而结束。在使用了产品和服务后，消费者会将其实际表现水平同期望水平进行比较，并体会到满意或不满意，进而影响以后的购买行为。

(1) 购后满意

消费者在购物后都会体验到一定程度的满意或不满意。近年来，关于顾客满意度的问题得到了越来越多的关注。一般来说，决定消费者满意或不满意的原因主要取决于消费者对产品的期望与所感受的产品绩效间的关系。如果产品的绩效低于期望，消费者就会失望；如果符合期望，消费者就感到满意；如果超过期望，消费者就会高兴。

(2) 购买后的失调

消费者的期望与产品绩效之间的差距越大(仅指绩效低于期望的状况)，消费者购物后产生不满意的体验就越深刻。这种现象也被称作购买后的失调。

① 影响不协调程度的因素

影响消费者不协调程度的因素包括绩效与期望之间的差距、差距对个人的重要性、差距能够修正的程度以及购买的费用(包括时间和金钱等)。例如，一个购买二手车的人对于车的实际性能的期望比较低，但如果消费者发现这辆车竟是他曾拥有的车中最好的，那么这个消费者就得到了较高的满足，因为这超出了他原来比较低的期望。相反，如果一个消费者期望他购买的新车的性能很好，但是这辆车的实际性能并不好，他就会非常不满意，因为这没有达到他的高期望值。

价格通常会影响不协调的程度。高的价格会提高人们的期望值。例如，国外的一项研究发现，每月较高的有线电视费用会造成大家对有线电视服务较高的期望值。经过一段时间，由于有线频道没有达到对有线电视用户的期望值，他们就不再选择高收费的有线频道。

最后，如果绩效与期望之间的差距较大而这种差别又很难纠正，消费者的不满意感就会很强烈，或者说产生了严重的不协调。例如，一个消费者购买了一套立体声音响，但这套音响的环绕立体声效果很差，这就是实际的结果(差的声音效果)与期望的结果(好的声音效果)存在很大差异的例子。但商店又不打算更换商品，因为它并没有真正的功能失常，而只是性能较差。这种不协调对消费者来说是比较严重的。

② 消费者处理不满意的方式

消费者产生了不满意后，会在是否采取行动上做出选择。消费者处理不满意时所采取的方式如图 12-2 所示。

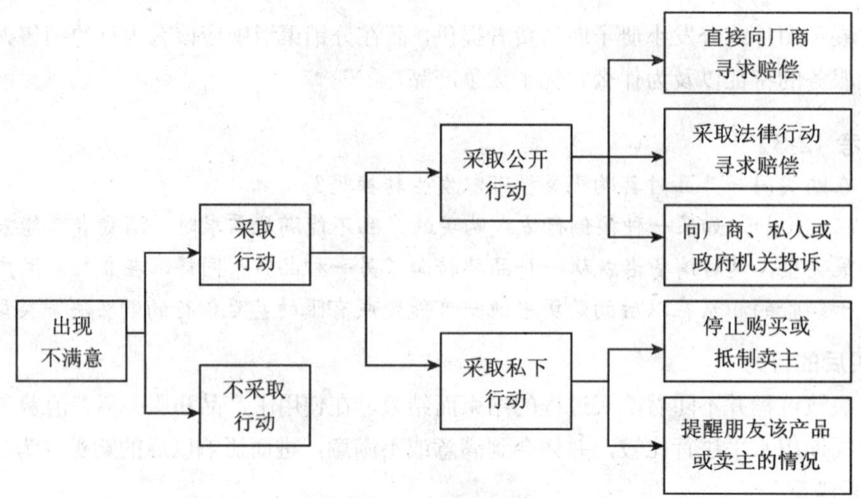

图 12-2　消费者处理不满意时所采取的方式

从图 12-2 中可以看到，消费者在购买后如果出现不满意的话，他可以采取行动或不采取行动。如果采取行动，他可能采取公开行动或私下行动。私下行动指的是停止购买该产品或者提醒朋友有关该产品或卖主的情况。公开行动包括向公司投诉、找律师或向能帮助购买者得到满足的其他组织投诉。

③ 购买后的使用与处置

无论消费者购买后满意与否，他都会对所购买的产品进行使用或处置。消费者使用与处置产品的方式如图 12-3 所示。

从图 12-3 可以看到，市场营销人员必须注意消费者使用与处置产品的方式。如果消费者发现产品有新的用途，市场营销人员就可以利用这种新用途来进行广告宣传。如果消费者将产品搁置不用，这表明该产品并不令人十分满意，那么在消费者中的口碑也就不会太好。总之，研究消费者对产品的使用或处置，可以帮助营销人员发现可能存在的问题或机会。

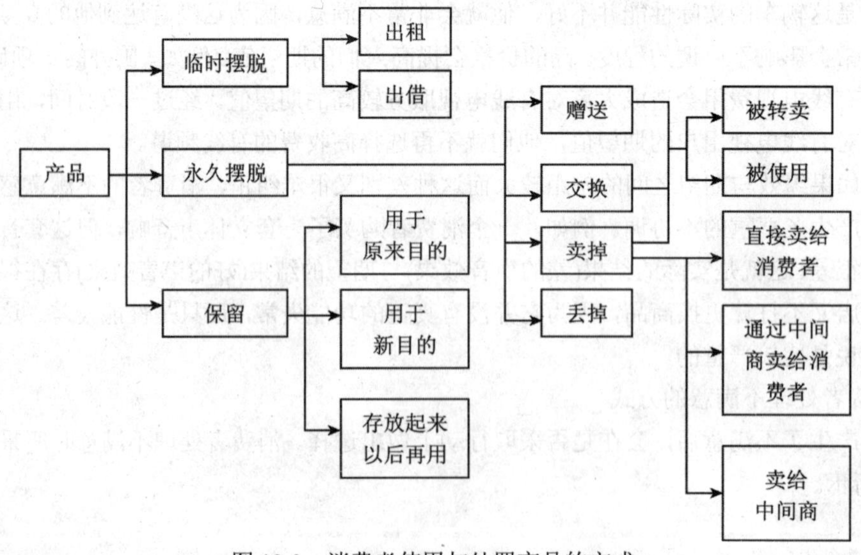

图 12-3　消费者使用与处置产品的方式

12.3 消费者的商店选择与品牌选择

对于零售店来说，消费者的商店选择是十分重要的。但对于消费品营销商来说，消费者的品牌选择也十分重要。消费者在做出购买决定时，对于品牌与商店之间的选择顺序，一般有以下三种情况：一是先品牌后商店，例如，某人想买计算机，他首先会阅读有关计算机方面的刊物，向有经验的人请教等，在此基础上，他会做出品牌的选择，然后找一个适合的商店(如价格最优、地点最近或信誉较好等)进行购买；二是先商店后品牌，消费者首先选择商店，然后在店内完成品牌选择；三是同时选择品牌和商店，品牌选择和商店选择间并没有明显的先后顺序，或者对商店和品牌同时进行评价，例如，你可能在一家服务一流的商店买某种你还算喜欢的品牌，也可能在一家服务一般的商店里买你最喜欢的品牌。

了解消费者对商店和品牌的选择顺序对营销人员会有一定的帮助。如果消费者是按照品牌优先的顺序进行选择，那么创造品牌形象以及富有个性的广告宣传就是最重要的。如果消费者是按照商店优先的顺序进行选择，那么零售商就要注重店内广告、店内气氛的营造以及服务水平的提高等。

12.3.1 消费者的商店选择

人们行为的根本原因来自于自身的某种需要。例如，消费者的购买行为，首先来自于“缺货”。人们的消费行为如果仅仅是为了补充“缺货”，那么问题就简单得多了。可实际情况并非如此，否则人们就不会说“逛商店”之类的话了。

那么，人们为什么要逛商店呢？同样的商品人们为什么要在这家商店买而不去另一家呢？这些问题既涉及消费者购买行为的动机，也涉及商店能满足人们的哪些需要、给人们带来哪些利益等。

人们逛商店、买东西除了必要的补充“缺货”以外，还可能是由于以下原因中的一种或几种。

- 将其视为一种娱乐活动，以改变日常单调的生活方式。
- 将其视为一种角色体现，如家庭主妇们的采购。
- 将其视为锻炼身体的一种方式。
- 将其视为一种了解时尚、跟上潮流的方式。
- 将其视为一种社交方式，以此与人建立良好的关系。
- 将其视为一种展示自我的方式，如展示自己的经济地位或表现自己的鉴赏能力、讨价还价的能力等。

此外，消费者之所以选择了某家商店，还要看该商店能给他们带来什么。这就涉及消费者对可供选择的商店有怎样的评价标准，或者说影响消费者商店选择的因素。

影响消费者商店选择的因素主要有以下几个方面。

1. 商店形象

所谓商店形象，是指消费者对商店所有特点的整体印象。这些特点包括商店所能提供的商品(如质量、价格、品种等)、服务(包括营业员的态度、付款方式以及售后服务等)、主顾、硬件设施

(如自动扶梯、卫生间)、商店气氛(温馨、兴趣、舒适)以及商店声誉等。

当然，由于商店的类型不同，上述这些特点的重要性对于不同的商店也不一样。而且，随着目标市场细分的程度越来越高，传统的百货商店试图“向所有人提供所有东西”的做法越来越受到挑战，因此许多商店正在改变过于散乱以致无法吸引消费者的形象，代之以具有针对目标市场的独特、鲜明的形象。

2. 商店品牌

从某种意义上说，商店本身就是一个品牌。传统上，零售商只使用制造商品牌，近二十年以来，许多商店开始发展高质量的商店品牌，如沃尔玛、西尔斯等。它们或者使用商店的名字，或者使用独立名称。这种自有品牌不仅为商店带来了可观的利润，而且如果发展得当的话，它们还可以成为商店的重要特色，成为吸引消费者到该店购物的原因之一。

商品品牌获得成功的关键因素是产品的高质量。只有让消费者体验到在这个商店购买的商品物有所值，消费者才会对该商店产生积极的、肯定的态度。

【小资料 12-5】

沃尔玛的品牌效应

沃尔玛这个零售业巨人，在半个多世纪里取得了令人瞩目的成就，成为全美乃至全球最大的零售商。自从 1996 年登陆中国内地以来，已在中国的很多城市开设了颇有规模的连锁超市。沃尔玛以其优质低价的商品和服务赢得了消费者的青睐。在这些城市中，“沃尔玛”的名字几乎妇孺皆知。沃尔玛为什么能获得如此大的成功呢?

首先，沃尔玛把超一流的服务看成自己至高无上的职责，在很多沃尔玛店内都悬挂着这样的标语：①顾客永远是对的；②顾客如果有错误，请参看第①条。其次，沃尔玛注意降低成本，做到质优价廉。沃尔玛在店内广告甚至包装袋上都印着“天天平价”的广告。为了让商品既低价又物有所值，沃尔玛不仅鼓励员工为降低成本出谋划策，还与像宝洁公司这样的知名企业建立密切的合作关系，通过计算机联网使厂家自动为商家送货，从而最大限度地减少库存成本。此外，沃尔玛的“一站式”购物的新理念以及在店址的选择等方面，都尽最大可能地为消费者着想，从而吸引了众多的消费者。如今，“沃尔玛”本身就是一个知名品牌，人们不仅相信它经营的其他厂家的商品，对于店内的沃尔玛自有品牌的商品，消费者也非常认同，因而为沃尔玛带来了可观的利润和较高的知名度。

资料来源：http://zonghe.17xie.com/book/10371891/182224.html (编者对原文有删减)

分析提示：从上述案例可以看到，沃尔玛成功的最重要的原因就是它的服务与理念，即“顾客第一”与“质优价廉”以及由此所产生的消费者对该品牌的高度认同。正是在这种情况下，消费者才能不仅认可它所经营的商品，而且相信沃尔玛自有品牌的商品。可见，在一些情况下，商店本身就是一个品牌，而且是影响消费者行为非常重要的一个品牌。

3. 商店位置与规模

对消费者来说，在其他条件差不多的情况下，消费者一般会选择离家较近的、交通比较方便的商店。同样，商店的规模也是消费者选择商店的一个重要因素。除非消费者特别注重快速服务或方便，否则，较大的商店要比较小的商店更受欢迎。

消费者对商店的位置与规模的重视程度要视消费者所要购买的商品的属性或重要性而定。例如，如果消费者要购买的是一些小件商品或便利品，一般就会到就近的零售店购买；对于需要高度卷入的商品，如计算机或家庭影院等，人们就不会怕路远而选择规模较大的、信誉较好的商店。

4. 促销手段

现在的商店越来越看重促销手段对吸引消费者的作用。我们经常可以看到，在同一个城市内，如果某家商店采取了比较有新意的促销手段，如会员制的积点消费、购物满多少钱就可有赠品或抽奖等，其他的商店就会群起模仿。虽然消费者对各种各样的促销手段已经习以为常，但不可否认的是促销期间商店的客流量确实有大幅度的提高。而且，在各种各样的促销手段中，消费者最钟情的是实实在在的打折或降价。当然，这是在保证商品质量的前提下。

结果，现在的消费者逛商店买东西时，首先要问营业员的经常是这样一句话："这个商品打几折？"甚至出外旅游时找旅行社、住宾馆也问同样的问题，好像不打折反而是不正常的了。因此，对于商家来说，如何避免消费者对促销手段的依赖就是一个需要解决的问题。因为在其他条件不变的情况下，消费者的购买力是一定的，单纯的价格战且如果发展得当的话，它们还可以成为商店的重要特色，成为吸引消费者到该店购物的原因之一。

商店品牌获得成功的关键因素是产品的高质量。只有让消费者体验到在这个商店购买的商品物有所值，消费者才会对该商店产生积极的、肯定的态度。因为在消费者对商店的印象中，价格、质量、服务和其他重要属性都是相互关联的。

5. 消费者特征

以上关于影响消费者商店选择的因素都是从商店角度探讨的，除此之外，消费者的个人特征也是影响消费者商店选择的重要因素。消费者的个人特征包括消费者的个性、消费者的风险知觉以及消费者的购物导向等。

(1) 消费者的个性会影响其对购物商店的选择。例如，有自信心的消费者更愿意去那些专业商店、新型的或小型的商店，他们甚至也愿意去那些可以讨价还价的商店去购买；而缺乏自信心的消费者倾向于选择那些自己熟悉的或信誉有保证的商店或大型商场。

(2) 消费者的风险知觉会影响消费者对商店的选择。关于消费者的风险知觉本章前面已有论述。

(3) 最后，消费者的购物导向也是影响商店选择的重要因素。所谓购物导向，指的是消费者特别强调某些活动的购物方式或风格，它与每个人的生活方式密切相关。研究发现，与零售商交往的经验、所处家庭生命周期阶段以及收入水平等，都有助于预测一个人的购物导向。例如，处于家庭生命周期早期阶段的消费者，其生活方式和购物观念正处于成型的过程中，他们中的大多数都喜欢户外活动，而且较一般人更愿意试用新产品。他们不会四处寻找低价商品，而且一旦对某种商品发生兴趣，可能立即做出购买决定。

12.3.2 消费者的品牌选择

消费者的购买选择除了体现在商店选择上以外，还大量地体现在品牌选择上。

1. 品牌的概念

品牌是指用于识别产品或服务的名称、术语、符号、象征或设计，或是它们的组合。其目的是把不同产品区别开来。它包括品牌名称、品牌标志和商标。

品牌名称是指品牌中能用语言称呼的部分，如可口可乐、奔驰、海尔等。品牌标志是指品牌中能被识别但不能用语言直接称呼的部分，包括专门设计的符号、图案、色彩等，如海尔电器的两个卡通形象等。商标是指按法定程序向商标注册机构提出申请，经商标注册机构审查，予以核准，并授予商标专用权的品牌或品牌中的一部分。

【小思考 12-4】

商标与品牌有什么区别和联系？

答：一般来说，商标是一个法律名词，而品牌是一种商业称谓，两者从不同角度指称同一事物。

2. 品牌选择与产品选择

品牌选择不同于产品选择。对于产品选择来说，由于不同种类的产品之间在功能和属性上有较大的差异，因而能最大限度地满足人们需要的产品容易引起人们的注意。在买与不买的较量中，人们的动机冲突比较明显。例如，当一个刚毕业参加工作的人有了第一笔钱的时候，他是买计算机还是买电视？对于品牌选择来说，同类产品中不同品牌之间的基本功能或主要效用相差不大。当消费者已经决定购买某一种类的产品时，他们之所以选择某种品牌，是为了获得最大的品牌利益。所以这时候的购买选择实际上是一种利益比较。当然，由于品牌之间的差异比较细致，因而消费者的品牌选择模式就更为精细。

3. 品牌选择模式

消费者的品牌选择过程，是在某种品牌评价标准的影响下，对商品的品牌特性进行评价。根据商品本身的属性以及消费者认为的那些属性的重要性权值，来对品牌进行选择。品牌特性主要指某品牌的客观特性，一般包括品牌的功能数量、性能指标、质量、款式、价格、使用成本以及售后服务等。上面所说的利益比较，实际就是对这些特性的具体比较。当然，不同的产品，其品牌特性是不同的。例如，对照相机来说，其主要属性包括价格、清晰度、款式、携带方便与否等，而对于电冰箱来说，其主要属性包括容量、制冷效果、款式、价格、噪声、耗电量等。而且，随着科学技术的进步以及消费者需求的不断变化，品牌特性的数目以及内容也会随之发生变化。

当品牌特性确定后，消费者就要对各种特性进行评价。评价的主要内容之一就是权重。所谓权重，就是指消费者对品牌特性的重要性进行评价的数量表现，它反映了消费者的价值观和偏好。例如，假设服装有质量、款式、价格三个特性，权重和为1，有的消费者可能赋予款式30%的权重，赋予质量40%的权重，赋予价格30%的权重；而有的消费者可能赋予款式50%的权重，赋予质量30%的权重，赋予价格20%的权重。当然，消费者在进行品牌选择时，一般很难精确地计算商品的品牌权重，而只是根据当时的具体情况，对各个特性的重要性大概地进行排序，然后根据排序的结果进行选择。

4. 影响消费者品牌选择的因素

影响消费者品牌选择的因素主要有以下几个方面。

(1) 商品本身的因素。商品本身的因素主要涉及商品的重要性以及商品的使用场合等方面。一般来说，高档商品由于消费者在购买时有较高的期望，也由于价格比较高，存在较大的购买风险，因而消费者在选择时更小心谨慎。而且，一般高档商品的显露性比较高，人们会偏重于购买名牌。另外，商品的使用场合也能影响消费者的品牌选择。一般在私下场合使用的消费品，由于显露性比较低，人们更看重的是商品是否实惠而非品牌的心理价值。

(2) 消费者的因素。消费者的经济状况、个性、文化层次、职业、性别和年龄等也会影响消费者的品牌选择。一般来说，高收入的消费者品牌心理较强，而低收入者多半会拒绝名牌。消费者的个性会在很大程度上影响他们对商品品牌的选择和偏爱，尤其在化妆品、服装和烟酒等商品的购买上。

(3) 参考群体的影响。不同群体的消费者常常对某种商品品牌产生认同心理，把它看成该群体的象征，积极评价并重复购买所属群体认同的品牌。

5. 改变消费者品牌选择的店内影响因素

前面讨论的是影响消费者品牌选择的因素，这种选择是消费者在进入商店前就已经决定了的。在实际购买中，消费者常常会出现这样的情形：本来打算到一家零售店购买某一品牌的商品，结果却购买了另一品牌或者附带着购买了其他东西。这是因为店内的某一因素或某些因素综合作用改变了消费者的品牌选择。这些因素有以下几点。

(1) 店内陈列。这里的店内陈列，主要指的是现场POP广告。在购买场所、零售店的周围以及有商品的地方设置的广告形式都属于POP广告。消费者在逛商场时，一边选购商品，一边受到POP广告的冲击，因此它对消费者品牌选择有着很大的影响。

(2) 降价与促销。降价和促销(赠券、折扣、赠品等)对消费者品牌选择有着很大的影响。根据美国、英国、德国、日本做的调查，在价格刚刚降低时，销售量会有大幅度上升，随着时间推移或者降价结束，销售量又会回落到正常水平。

(3) 商店布局和气氛。商店内商品的摆放位置，对于商品和品牌选择有重大影响。一种商品越是容易被看到，它被购买的机会就越大。而且，商店布置不仅会影响商店的客流量，还会影响商店的气氛和环境。这反过来又影响消费者停留在商店时的情绪和意愿，以及消费者对商店质量和形象的评价。更为重要的是，消费者在商店中引发的情绪也许是他们重复购买或对店铺忠诚的重要依据。

(4) 产品脱销。脱销是指商店中的某种品牌暂时缺货。消费者到某一家商店去买某一品牌的商品时，如果碰到缺货，就会影响到他的购买决策。那么他就必须决定是到另一家商店购买该品牌，还是转换一种品牌；是推迟购买、过一段时间再来该店购买该品牌还是到别的商店购买该品牌或者干脆放弃购买。对于有些消费者来说，他可能会认为产品脱销意味着该品牌受欢迎的程度比较高。因此，如果该产品他不是急着等用，他宁愿等一段时间，或者到别的商店去买。但是，调查显示，大部分的消费者在这种情况下选择了转换品牌，即用新的品牌代替了原来的品牌(当然，对于不同的商品来说，品牌转换的概率是不一样的)。问题的关键是，如果消费者购买了另一品牌，那么他在下次购买时就要比原来的品牌没有脱销时购买该品牌的可能性大。因此，有效的分销渠道和存货管理对于制造商和零售商都十分重要。

12.4　本章小结

本章分析了消费者的购买行为类型、消费者的购买决策及消费者的品牌选择与商店选择。

根据购买过程中消费者的卷入程度以及品牌之间的差异程度，把消费者划分为四种类型：复杂的购买行为、减少失调的购买行为、习惯性的购买行为和寻求变化的购买行为。

购买决策是消费者购买目的的确立、手段的选择和动机的取舍的过程。消费者的购买决策过程包括需求确认、信息搜寻、方案评价、购买决策、购买后的行为五个阶段。购买过程始于购买者对某个问题或需要的确认。所谓需求确认，是由消费者理想状态与现实状态之间的差距引起的。消费者决策制定的第二步是信息搜寻。一旦消费者意识到一个问题或需求能通过购买某种产品或服务得到解决，他们便开始寻找制定购买决策所需的信息。信息搜寻可以从内部、外部或内外部同时产生。消费者外部信息来源可以分为以下四类：个人来源、商业来源、公共来源、经验来源。在决策过程的信息搜寻阶段中获得信息后，消费者便进入方案评价阶段。在这个阶段，消费者会使用记忆中存储的信息和从外界信息源获得的信息，并形成一套标准。在购买过程的某个点上，消费者必须停止收集信息和评价方案并做一个购买决策。消费者决策过程并不随着购买过程的结束而结束。在使用了产品和服务后，消费者会将其实际表现水平同期望水平进行比较，并体会到满意或不满意，进而影响以后的购买行为。

影响消费者商店选择的因素主要有以下几个方面：商店形象、商店品牌、商店位置与规模、促销手段以及消费者特征等。改变消费者品牌选择的影响因素有店内商品陈列、降价与促销、商店布局和气氛以及产品脱销等。

12.5 思考与技能实践

12.5.1 基本训练

1. 简答题

(1) 与其他决策相比，消费者的购买决策有什么特点？

(2) 影响消费者信息搜寻范围的因素有哪些？

(3) 消费者风险知觉的种类有哪些？

(4) 影响消费者需求确认的因素是什么？

(5) 影响消费者商店选择的因素主要有哪些？

2. 选择题

(1) 对购买决策有影响的角色类型有(　　)。

A. 首倡者　B. 影响者　C. 决策者

D. 购买者　E. 使用者

(2) 消费者外部信息的来源主要有个人来源、商业来源、经验来源和(　　)。

A. 社会来源　B. 公共来源　C. 群体来源　D. 他人来源

(3) 消费者购买决策包括(　　)。

A. 例行型决策　B. 冲动型决策　C. 广泛型决策　D. 有限型决策

(4) 消费者的风险知觉的种类有(　　)。

A. 资金风险　　B. 功能风险　　C. 社会风险

D. 心理风险　　E. 生理风险

3. 判断题

(1) 当消费者参与购买的程度较高，并且了解品牌间的显著差异时，他们会有复杂的购买行为。　　(　　)

(2) 消费者的所有购买决策都会按次序经历购买决策过程的所有步骤。　　(　　)

(3) 消费者减少风险的主要方法之一是购买高价格的商品。　　(　　)

(4) 价格通常会影响人们购买后不协调的程度。　　(　　)

12.5.2 技能训练

1. 根据购买过程中消费者的卷入程度，以及品牌之间的差异程度，把消费者划分为四种类型：复杂的购买行为、减少失调的购买行为、习惯的购买行为和寻求变化的购买行为。

2. 个人进行外部信息搜寻的范围依赖于以下几方面的因素：消费者对风险的预期、消费者对产品或服务的认识、消费者对产品或服务感兴趣的程度、情境因素。

3. 消费者在实际的购买过程中可采用的决策原则主要有以下几种：

(1) 理想品牌原则。

(2) 多因素关联的决策原则。

(3) 单因素分离原则。

(4) 排除法的决策原则。

(5) 词典编辑原则。

12.5.3 操作练习

1. 实务题

各举一个实例来分析消费者卷入与购买决策类型的关系。

2. 综合题

调查你身边的同学，了解他们在购买下列产品时，用的是哪种信息源？他们在购买时体验到了哪种风险？为什么其中的两种在上述的两个问题上有差异？

(1)手机；(2)教材；(3)感冒药。

12.5.4 案例分析

盯紧消费者无穷无尽的需求

——看海尔空调如何创造“卖方市场”

早在几年前，空调产品在我国就已经由“卖方市场”转向了“买方市场”。市场饱和了，但海尔为什么没有饱和?

“只有饱和的思想，没有饱和的市场。”面对记者的提问，公司总经理梁海山开门见山：“道理很简单，空调器短缺时，人们能买到就行；产品丰富了，人们先选物美价廉的；质量、价格都差不多了，人们开始挑选牌子响的；牌子都叫响了，人们又瞄准了服务最好的……总之，要盯住消费者这些无穷无尽的需求，它们决定了市场总是有张力的。”

海尔正是着眼于把消费者潜在的需求转化为现实的市场需求，从而创造出一个个“海尔市场”。

重庆市一位客户来信说：他家老母年迈，女儿尚小，每天他上班，老人、孩子开启空调和调整温度都不方便，能不能设计一种远距离的遥控器？据此，他们很快开发出中国第一台“电话指挥”智能变频空调，一投放市场就到处告缺。

山东临沂市的一位消费者在来信中问有没有送风距离较远的空调？于是，海尔“帅英才”应运而生，全国各地纷纷预约订货……

“从用户中来”的新产品开发思路，使得海尔最终达到了“到用户中去”的目的，也使得海尔完成了由“销售我生产的产品”到“生产我要销售的产品”的历史性转变。

同样，在服务上，他们坚持用户有什么样的潜在需求，他们就开发什么样的服务项目，即使开发这样的服务项目暂时有困难，他们也千方百计去解决，给用户一个“意想不到的惊喜和满足”。比如他们推出的“您只需打一个电话，其余事由我来做”的“星级服务”，做到不管白天黑夜，不管逢年过节，只要用户打来电话，遍布全国各地就近的海尔营销中心，随时登门服务，并实行“四免”(免收设计费、免收送货费、免收安装费、免收材料费)，在全国消费者中引起了强烈反响。1996 年除夕凌晨 4 时，福州市竹林新村的陈光平先生，抱着试试看的心理，拨通了海尔福州营销中心的电话，要求马上安装一台海尔空调，几十分钟后“海尔人”就如约而至，满足了他的要求。他感慨不已：“选海尔选对了。”

资料来源：胡考绪. 盯紧消费者无穷无尽的需求——看海尔空调如何创造“卖方市场”.经济时报，1997-07-30(编者对原文有删改)

问题：

(1) 海尔是怎样了解和满足消费者的需求的?

(2) 根据上述案例，分析企业为什么要了解消费者的需求。

12.5.5 网上调研

买牙膏和买房子应属于两种不同类型的决策(例行型购买和广泛型购买)。消费者买这两种商品的时候就决策的过程来说有什么不同？针对这一问题进行网上调研。

12.5.6 单元实践

消费者的抱怨

平均来说，满意的顾客会向三个人讲述买了件好产品，而不满意的顾客却会向 11 个人进行抱怨或投诉。还有一份研究显示，13%对某个公司不满的人会向 20 个人进行抱怨。显然，坏话比好话传得更快更远，并会迅速危及消费者对公司和其产品的态度。大约 96%的不满意顾客不会向公司抱怨，他们会直接选择其他品牌。

1981 年，可口可乐公司进行了一次顾客沟通的调查。调查是在对公司有抱怨的顾客中进行的。下面是该调查主要发现的问题：

(1) 超过 12%的人向 20 个或更多的人转述公司对他们抱怨的反应。

(2) 对公司的反馈完全满意的人们向 4～5 人转述他们的经历。

(3) 10%对反馈完全满意的人会购买更多该公司的产品。

(4) 那些认为他们的抱怨没有完全解决好的人向 9～10 人转述他们的经历。

(5) 在那些觉得抱怨没有完全解决好的人中，只有 1/3 的人完全抵制公司产品，其他 45%的人会减少购买。

资料来源：http://wenku.baidu.com/view/32e89a2458fb770bf78a55a3.html(编者对资料有删减)

问题：消费者为什么会抱怨？营销人员应该怎样对待消费者的抱怨？

实践要求：到某商场的家电销售柜台，与营业员交谈，了解不满意的消费者购买后会有哪些反应。并就这一问题进行网上调研，然后写出一份报告。

第 13 章

网络与服务市场中的消费者行为

【学习目标】

知识目标：了解网络营销的含义和特点；理解服务的特点和功能；认识和了解制约消费者网上购物的心理因素及服务市场消费者行为的独特性。

技能目标：掌握营销服务中的顾客接待技巧；具有一定的处理顾客抱怨和投诉的技巧。

能力目标：根据网上购物的优、劣势分析来制定适合消费者网上购物的营销策略。

【案例导读】

2015 年你不可错过的九大经典营销案例

1. 可口可乐公益电话亭广告

商业广告做到一定境界之后就会去做公益广告，这也是一个大企业体现出的社会责任感。

虽然会有人吐槽广告的可行性或者说喝可乐不是也要钱嘛，然而就从广告的公益性与商业性而言，它是成功的，而且会给社会留下非常正面向上的形象。

2. 回家吃饭 APP

“回家吃饭”是全国较大的家庭厨房共享平台，是一个基于地理定位、共享身边美食的 O2O 平台，致力于挖掘厨艺达人，以配送、上门自取等多种方式，为忙碌的上班族、不愿下厨的年轻人提供安心可口的家常菜，解决对健康饮食的需求与富余生产力的对接问题，创造一种全新的生活方式。

这款 APP 的文案都是暖心的风格，勾起人产生家的感觉，让身处在外的上班族有消费的欲望。

3. 农夫山泉

非常良心，用户可以单击广告的右下角来关闭广告。

这大概是国内第一个这样干的商家，大多数观众对于广告是反感的，视频网站多以去广告作为付费会员的主要特权，所以农夫山泉这样做会让用户对其产生好奇感与认同感。就算我直接关闭了广告，我也记住了农夫山泉。

此外，一般的广告都是 15 秒，可是它却有 2 分 15 秒，达到了一种“微”纪录片的感觉。

4. “吴亦凡即将入伍”的 H5

不知道大家是否还记得当时在朋友圈疯传的“吴亦凡入伍”的 H5，虽然整个画面看着稍显粗糙，但是一点也不影响它火爆的程度，至于这个营销能给游戏带来多大的转化率，暂不考虑，但是至少品牌知名度还是有了。

网上很多分析说吴亦凡的大部分粉丝是女性，而游戏的受众主要为男性，所以用吴亦凡来做代言不合适。

这么简单的道理，代理商在创意发想的时候应该就意识到了。

但是，用吴亦凡做代言正是看中了他的粉丝多，而且大部分是女性粉丝。因为女性在看到这些新奇的信息或事物时，更乐于去传播、去分享(相对于男性来说)。所以在这里的 CPM(千人成本)会比较低。当一个事物在同一时间段不断被传播曝光的时候，路人(假设是男性)也会不由自主地产生好奇心去关注，而当这个路人正好也是个游戏迷的时候，就会去尝试玩这个游戏。而且最好是女性粉丝也被吸引来玩游戏，游戏有女性玩家的时候，也不愁男性玩家。

当事物尝试成本较低的时候，曝光量足够大，转化率也自然而然地上来。

5. 美颜相机：“我好看，世界才好看”

“好看是什么?好看，是镜子说的；好看，是喜欢的人说的；好看，是全世界说的；好看，不用别人说；好看，就是喜欢自己；我好看，世界才好看。”

作为美颜相机的忠实用户，第一次在电视上看到 AB 代言的美颜相机广告时，不自觉发出了一声“哇……”，那是一种被一句话说进心坎里的感觉，当即拿出手机打开美颜相机自拍了一张。

仔细推敲会发现文案本身其实没什么逻辑，最最关键的是后面那两句话：“好看，就是喜欢自己；我好看，世界才好看。”

究其根本，美图秀秀家族所有产品之所以会火，还是因为每个女生心里其实都是一只渴望成为白天鹅的丑小鸭，都是希望被白马王子情有独钟的灰姑娘。这也就是为什么《我的少女时代》会火得一塌糊涂，因为那就是每个姑娘的少女心。这个洞见，被美颜相机抓到了，并且在这一波 campaign 里表现出来了。

6. 故宫淘宝

一提到故宫蹦到大家脑子里的都是“三皇五帝”“威武庄严”，但是最近有组图片成功刷新了大家对故宫的认知，让许多广告人拜服在它的“软萌贱”之下，它就是“故宫淘宝”。许多人在朋友圈都说要去购买故宫同款，由此可见这种萌贱的画风也是为大众所越来越接受的。

7. Nike 刘翔

刘翔参赛这么多年，Nike 作为他多年不变的赞助商，是有原因的。

在刘翔发声退役之时，Nike 立即发文，推出“平凡也能飞翔”微博。商业时代，Nike 有情怀。

8. Uber

2015 年的营销不得不提的一个就是 Uber(优步)了，他们家的案例一直是全民关注的重点，每一次 Uber 推出活动，都能在城市中掀起一番风雨。

2015 年 10 月 29 日，麦当劳中国与 Uber(优步)在上海宣布首次跨界合作。消费者可以于 10 月 30 日在上海三家麦当劳概念店用热烤墨鱼面包(Uber 特别版)拼出自己专属的 Uber Burger，同时还能获得 Uber 汉堡小熊。除了选择代表 Uber 的黑色面包，用户还可以根据自己的口味选择牛肉、芝士、蔬菜、酱料、优质配料等 21 种食材，打造出自己独一无二的 Uber Burger。

12 月 7 日，中国优步(Uber)在北京、上海、广州、成都等 13 个城市启动全国首个“电动车日”，各城市会上线“Uber 电动车”选项。作为全球最大的即时用车软件公司，优步一直致力于推广清洁能源汽车，用户可以在全球 54 个国家中的 335 个城市通过 Uber 呼叫清洁能源汽车，使出行更加环保。

阿里巴巴钉钉在北京召开了与 Uber 的战略合作发布会，双方在产品层面进行打通与融合，旨在为企业员工打造更具幸福感的通勤服务。12 月 1 日，钉钉认证企业用户能够通过钉钉领取乘车优惠券。

即使当优步面对微信公众号封号时，优步依然做出了一次漂亮的回击。

9. 最后说说 2015 年最火的马桶盖

2015 年年初，吴晓波一篇《去日本买马桶盖》在网络上如一颗炸弹，让所有不知道这个品类的群众一下子关注到了这个品类。

接下来，松下洁乐马桶盖在 2015 年打哭了所有的竞品。他们大概做了哪些事?基本概括就是借着东风，让自己的品牌迅速出位，甩开竞品。

(1) 根据时间轴来看，吴晓波文章出来第二天，他们官方微博微信就迅速跟进了这个热点。标题“买马桶盖，何必到日本？”，基本一下就把主题抓住了。

(2) 然后 CCTV 报道了吴晓波的这件事，但是，当时还没露出任何品牌，所以对他们没用。

(3) 紧接着一两天，网络上开始很多大 V 把这件事与松下马桶盖迅速地放到了一起。

(4) 然后铺天盖地的新闻+博主直指松下马桶盖，把松下马桶盖和日本马桶盖迅速连在了一起。

(5) 吴晓波文章出来一个礼拜左右，他们就上了各大新闻的头条，科勒和 TOTO 又一次落败。近几年，社交媒体&网络媒体的很多信息来源已经成为很多传统媒体取材的平台之一。CCTV 和各大传统媒体终于注意到了。

(6) 然后事件发酵了……CCTV 还有很多电视台报道说，日本买的马桶盖是杭州生产的啊!

3 月 1 日新闻曝光，新闻报出来一个小时，他们官方微博迅速跟进，然后当天他们的这条“机智的”回复就被转了超过 6000 次，转发者里面有不少大 V 和媒体。

所以，当热点发生后，品牌第一时间跟进了，并且及时有效，一下子在热点的期间把自己抛出去了，借着热点，尤其是和品牌&产品相关的热点，花 1 分钱，能达到好多倍的效果。

他们的最终效果就是，把这样一个几亿人曝光量的事件，其中很大一部分都指向了自己。跑得快，吃了一块最大的蛋糕。

资料来源：http://yxdt.cebnet.com.cn/20151225/101348300.html

网上营销的成功实践，说明了网络营销的产生使市场营销环境发生深刻的变化。对企业而言，只有改变传统的营销理念、手段和方式，适应网络时代消费者的要求，才能求得企业的生存和发展。

13.1 消费者网上购物行为

21 世纪伊始，随着全球网络技术的不断发展和广泛应用，以及消费者消费水平的提高、购买行为的改变和个性化趋势，企业意识到运用 Internet 进行营销大有可为，网络市场蕴藏着无限商机。于是，一种全新的企业营销模式——网络营销，应运而生。它通过网络的连接将无限的商机带入到一个全新的计算机网络时代。

13.1.1　网络营销的含义与特点

1. 网络营销的含义

“网络营销”来源于意译的英文词组 Internet Marketing，基本含义是通过互联网进行市场推广活动。

网络营销目前并没有统一的定义，与许多新型学科一样，由于研究人员对网络营销的研究角度不同，对网络营销的理解和认识也有较大差异。一般认为，网络营销是企业整体营销战略的一个组成部分，是为实现企业总体经营目标所进行的、以互联网为基本手段营造网上经营环境的各种活动。

网络营销的实质是利用 Internet 对产品的售前、售中、售后各环节进行跟踪服务，它自始至终贯穿在企业经营全过程，包括寻找新客户、服务老客户，是企业以现代营销理论为基础，利用 Internet 技术和功能，最大限度地满足客户需求，以达到开拓市场、增加盈利的经营过程。

【小思考 13-1】

所有的服务都是通过 Internet 吗？为什么？

答：不是。出于安全性的考虑，有些资料(如金融、电信、国家机密等)通常不采用一般的 Internet 网络传输。例如，电信服务，因为资料量相当大，电信局通常会自己维护一个电信网络。

2. 网络营销的特点

Internet 已经将世界变成了一个真正意义上的地球村。世界上任何入网的企业和个人，正在通过网络进行资源共享、信息交流、电子邮件的互发等各种以前从来没有过的活动。网络已经深刻地改变了人们的生活方式和思维方式，而且将继续改变下去。

网络营销的特点包括以下几个方面。

(1) 互动性。在网络环境下，企业可以以极低的成本通过电子布告栏、线上讲座广场和电子邮件等方式，在营销全过程中对消费者进行实时的信息搜集。消费者则有机会对从产品设计到定价和服务等一系列问题发表意见。这种双向互动的沟通方式提高了消费者的参与性和积极性，更重要的是它能使企业的营销决策有的放矢，从根本上提高消费者的满意度。

(2) 整合性。企业可以借助网络将不同的传播营销活动进行统一设计、规划、实施，以统一的传播资讯向消费者传达信息，避免传播不一致性产生的消极影响。

(3) 全球性。通过网络可以超越时间和空间限制进行信息交换，企业能有更多时间和更大空间进行营销，可 24 小时在全球范围内搜集数据、进行市场调研，对消费者行为和偏好全面跟踪并及时反映，并随时随地提供全球性营销服务，实现企业营销的全球性。

(4) 隐私性。运用网络进行销售是一对一直接面对消费者的，没有推销员强势推销的干扰，并通过信息提供和交互式交谈与消费者建立长期良好的关系，使消费者感受到“买”是一种私人行为，可以很愉快地进行。

(5) 高效性。计算机具有极大的信息量，其查询信息的数量及精确度远超过其他媒体，并能顺应市场需求，及时更新产品或调整价格，因而能及时有效地了解并满足顾客的需求。

(6) 虚拟性。电子商场是“虚拟商场”，它将实际的商业购物空间转换为虚拟的信息购物空间，实现了谈判、订货、签单、支付、运送服务各环节的网上操作。消费者可以边看边逛，浏览货架上的商品，选中商品后只需轻点鼠标，即可确定购买。

13.1.2 网络消费者类型及消费者网络信息空间的活动方式

1. 网络消费者类型

进行网上购物的消费者可以分为以下几种类型。

(1) 简单型。简单型顾客需要的是方便、直接的网上购物。他们每月只花少量时间上网，但他们进行的网上交易却占了一半。零售商们必须为这一类型的人提供真正的便利，让他们觉得在你的网站上购买商品将会节约更多的时间。

(2) 冲浪型。冲浪型顾客占常用网民的 8%，而他们在网上花费的时间却占了 32%，并且他们访问的网页是其他网民的 4 倍。冲浪型网民对常更新、具有创新设计特征的网站很感兴趣。

(3) 接入型。接入型顾客是刚触网的新手，他们很少购物，而喜欢在网上聊天和发送免费问候卡。那些有着著名传统品牌的公司应对这群人保持足够的重视，因为网络新手们更愿意相信生活中他们所熟悉的品牌。

(4) 议价型。议价型顾客有一种趋向购买便宜商品的本能，著名的 eBay 网站一半以上的顾客属于这一类型。

(5) 定期型和运动型。定期型和运动型的网络使用者通常都是被网站的内容所吸引。定期型网民常常访问新闻和商务网站，而运动型的网民喜欢运动和娱乐网站。

2. 消费者在网络信息空间的活动方式

消费者在网络信息空间的认知和任务活动可分为以下三种方式。

(1) 浏览。非正式和机会性的，没有特定的目的，完成任务的效率低且较大程度地依赖外部的信息环境，但能较好地形成关于整个信息空间结构的概貌。此时，用户在网络信息空间的活动就像随意翻阅一份报纸，他能大概了解报纸信息包括了哪些内容，能否详细地阅读某一消息则依赖于该信息的版面位置、标题设计等因素。

(2) 搜索。在一定的领域内找到新信息，搜索中搜集到的信息都有助于达到发现新信息的最终目的，搜索时用户要访问众多不同的信息源，搜索活动对路标的依赖性较高。用户在网络信息空间的搜索，就如根据目录查阅报纸，获取某一类特定信息。

(3) 寻找。寻找的目的性较强，活动效率最高。例如，用户根据分类目录定位于寻找旅游信息之后，他在众多旅游信息中进行比较、挑选等活动。

13.1.3 消费者网上购买过程分析

消费者的网上购买过程，也就是网络消费者购买行为形成和实现的过程，这个过程可以粗略地分为五个阶段：唤起需求、搜集信息、比较选择、购买决策和购后评价。

1. 唤起需求

网上购买过程的起点是诱发需求。消费者的需求是在内外因素的刺激下产生的。当消费者对市场中出现的某种商品或某种服务发生兴趣后，才可能产生购买欲望。这是消费者做出消费决定过程中所不可缺少的基本前提。如若不具备这一基本前提，消费者也就无从做出购买决定。

对于网络营销来说，诱发需求的动因只能局限于视觉和听觉。文字的表述、图片的设计、声音的配置是网络营销诱发消费者购买的直接动因。从这方面讲，网络营销对消费者的吸引具有相当的难度。这要求从事网络营销的企业或中间商注意了解与自己产品有关的实际需求和潜在需求，了解这些需求在不同时间的不同程度，了解这些需求是由哪些刺激因素诱发的，进而巧妙地设计促销手段去吸引更多的消费者浏览网页，诱导他们的需求欲望。

2. 搜集信息

在购买过程中，搜集信息的渠道主要有两个：内部渠道和外部渠道。内部渠道是指消费者个人所储存、保留的市场信息，包括购买商品的实际经验、对市场的观察以及个人购买活动的记忆等；外部渠道则是指消费者可以从外界搜集信息的通道，包括个人渠道、商业渠道等。

个人渠道主要是来自消费者的亲戚、朋友和同事的购买信息和体会。这种信息和体会在某种情况下对购买者的购买决策起着决定性的作用。网络营销决不可忽视这一渠道的作用。

商业渠道，如展览推销、上门推销、中介推销、各类广告宣传等，主要是通过厂商有意识的活动把商品信息传播给消费者。网络营销的信息传递主要依靠网络广告和检索系统中的产品介绍，包括在信息服务商网页上所做广告、中间商检索系统上的条目以及自己主页上的广告和产品介绍。

在网络购买过程中，商品信息的搜集主要是通过互联网进行的。一方面，网络消费者可以根据已经了解的信息，通过互联网跟踪查询；另一方面，网络消费者又不断地在网上浏览，寻找新的购买机会。

3. 比较选择

为了使消费需求与自己的购买能力相匹配，比较选择是消费者购买过程中必不可少的环节。消费者对各条渠道汇集而来的资料进行比较、分析、研究，了解各种商品的特点和性能，从中选择最满意的一种。一般来说，消费者的综合评价主要考虑产品的功能、可靠性、性能、样式、价格和售后服务等。

网络购物不直接接触实物。消费者对网上商品的比较依赖于厂商对商品的描述，包括文字的描述和图片的描述。如果网络营销商对自己的产品描述不充分，就不能吸引众多的顾客。而如果对产品的描述过分夸张，甚至带有虚假的成分，则可能永久地失去顾客。

4. 购买决策

网络消费者在完成了对商品的比较选择之后，便进入购买决策阶段。与传统的购买方式相比，网络消费者的购买决策有许多独特的特点。例如，网络消费者理智动机所占比重较大，而感情动机的比重较小；网络购买受外界影响较小，大部分的购买决策是自己做出的或是与家人商量后做出的；消费者网上购物所体验到的风险要比传统购物的风险大得多。

5. 购后评价

消费者购买商品后，往往通过使用和对自己的购买选择进行检验和反省，重新考虑这种购买是否正确、效用是否理想以及服务是否周到等问题。这种购后评价往往决定了消费者今后的购买动向。

为了提高企业的竞争力，最大限度地占领市场，企业必须虚心倾听顾客反馈的意见和建议。互联网为网络营销者收集消费者购后评价提供了得天独厚的优势。方便、快捷、便宜的电子邮件紧紧连接着厂商和消费者。厂商可以在订单的后边附上一张意见表。消费者购买商品的同时，可以同时填写自己对厂商、产品及整个销售过程的评价。厂商从网络上搜集到这些评价之后，通过计算机的分析和归纳，可以迅速找出工作中的缺陷和不足，及时了解到消费者的意见和建议，随时改进自己的产品性能和售后服务。

【小资料 13-1】

网上购物用户行为研究：网站访问者为什么不购买任何东西就离开？

相关公司搜集了从各大知名网上零售商的销售数据分析，在此基础上完成了用户网上购物习惯的调查报告，报告标题为“数字视窗购物行为”报告。建议网上零售商们：与其关注购物者为何中途放弃购物车，不如分析访问者为什么不买任何东西就离开网站。

报告显示，对于搜索和网上冲浪越来越精通的购物者不再冲动地点击网站上的购物车按钮，而是花上几天时间浏览各购物网站进行各种比较，他们常常访问 10 个以上的网站，然后直到数小时或数天后才到某一个网站进行购买，这期间他们很轻易地就放弃购物车，这让零售商大为疑惑恼火。

调查发现，从一个消费者初次访问某网站到他在该网站进行购买的平均时长超过了 19 小时。大约 35%的被调查消费者需要超过 12 小时的时间才能作出一个购买决定，而 21%的人要 3 天多的时间，14%的人甚至需要一周多的时间来决定在哪里购买。对独特商品的购买决策时间最短，而通用商品则要花更长时间才能决定。

报告认为，影响消费者在各网站逗留时间的一个重要因素是网上购物安全性的问题，网站的可信性建设因此成为促成购买或放弃购物车的重要原因。而过去之所以出现购物车放弃率增加，主要原因还是购物搜索引擎的出现。比较购物方式的流行，让消费者有了更多选择空间。

报告认为，对零售商来说，放弃购物车和购物决策时间延长意味着购物车不应只是被看作一个方便购物的因素来进行优化设计。电子商务网站运营者应该关注整个网站的建设，包括购物体验和网站内容、可信度信息的传达等，而不只是购物车设计本身。因为消费者放弃购物车是小事，而放弃整个网站，以后也不在该网站购物才是最致命的问题。

另外，安全与诚信经常超越价格成为消费者进行购买比较的首要价值量度。同时，消费者对网络工具的使用与网站开发该工具的初衷也有所不同。例如，商人们在购物车部分特意建立了诚信和安全的条款，但消费者却希望在通过网站本身找到诚信和安全的感觉。他们看一个网站的角度跟他们走进实体商店的角度是一致的，不外乎外观、方便性以及服务态度。对购物车的使用也与商人的意图不同，很多消费者将商品选进购物车，不是要进行购买，而是方便他们进行价格比较，如运费等的统计。

其他有关网络用户网上购物行为的研究也表明，驱使消费者在网上购物的主要原因在于能够对产品进行研究并获得大量相关信息，可以比较价格，并且可以从大量的产品中进行选择，而曾经普遍被认为是最重要因素的方便性并非是促使用户在网上购物的最重要因素。

可见，随着用户对网上购物知识的不断增长，在线购物行为更加理智和成熟，这就对于从事在线销售的电子商务网站提出了更高的要求，不仅要完善网站各项基本的电子商务功能，以及提供价格优惠的商品，而且还需要对网站的安全性、可信性等方面给予足够的重视。“电子商务网站应重视网站的可信度。”国内电子商务网站在可信度建设方面还存在一定的问题，有必要对国内电子商务网站状况做进一步系统的诊断研究，以揭示电子商务网站经营中的更多有价值的规律，为电子商务经营提供支持。

资料来源：http://blog.163.com/huangtianya%40126/blog/static/116840253200942613253677/

13.1.4 制约消费者网上购物的心理因素分析

1. 网上购物的优、劣势分析

不管是传统的逛街、到超市买东西，或者电视、电话购物，还是邮购、直销，从结果来看无非是通过一种方式，建立商家/厂家与消费者之间的联系，通过信息的沟通、互信关系的建立，从而实现一种商品的交换。从这个角度来看，这几种购物方式是一种相互竞争、相互替代的关系。就目前而言，消费者亲自去购物场所购买还是一种主流的购买方式。那网上购物与其他购物方式相比较，有着什么样的优、劣势？面临的机遇和挑战又是什么呢？网上购物 SWOT 分析如表 13-1 所示。

表 13-1 网上购物 SWOT 分析

优势	劣势
空间上的突破 时间上的自由 渠道短，无须实体店面 销售成本低廉 一种时尚消费方式	无法预先实际体验 规模化的欠缺 商业信用欠缺 消费文化的障碍 供应链和配送体系不够完善
机遇	**威胁**
网民数量的快速增长 网络宽带提升和上网费用的下降 商业信用环境的优化 公开消费意识的转变 产业链的进一步完善 技术的革新	直销、邮购等业务的发展 电视、电话购物的发展 传统店面销售服务模式的改善 传统经销力量的介入

2. 制约消费者网上购物的心理因素

虽然网上购物具有形式方便、信息快捷、节省时间等诸多优势，但是目前消费者对网上消费仍然有一定程度的担忧，使之对这种新的购物方式敬而远之，严重制约了网上购物的发展。

这些心理因素主要表现在以下几方面。

(1) 传统购物观念受到束缚。长期以来消费者形成的“眼看、手摸、耳听”的传统购物习惯在网上受到束缚。网上消费不能满足消费者的某些特定心理，网上购物很难满足消费者的个人社交动机。

(2) 价格预期心理得不到满足。据统计，消费者对网上商品的预期心理比商场的价格便宜 20%～30%，而网上商品仅比商场便宜 4%～10%，加上配送费用，消费者所享受到的价格优惠是有限的。

(3) 个人隐私权受到威胁。随着电子商务的发展，商家不仅要抢夺已有的客户，还要挖掘潜在的客户，而现有技术不能保障网上购物的安全性、保密性。隐私权不能得到保障，使许多消费者不愿参与网上购物。

(4) 对网上支付机制缺乏信任感。现阶段，电子商务网站缺乏有效的网上支付手段和信用体系，在支付过程中消费者的个人资料和信用卡密码可能会被窃取盗用，有时还会遇到虚假订单，没有订货却被要求支付货款或返还货款，使消费者望而生畏。

(5) 对虚拟购物环境缺乏安全感。在电子商务环境下，所有的企业在网上均表现为网址和虚拟环境，网络商店很容易建立，也容易作假，使消费者心存疑虑。另外，互联网是一个开放和自由的系统，目前仍缺乏适当的法律和其他规范手段，如果发生网上纠纷，消费者的权益不能获得足够的保障。

(6) 对低效配送缺乏保障感。我国现在还缺乏一个高效成熟的社会配送体系，商品配送周期长、费用高、准确率低。我国仓库周转率仅为发达国家的30%，而差错率几乎是发达国家的3倍。低效的物流配送体系离顾客的实际要求相距甚远，影响了电子商务的发展。

13.1.5 企业在实施网络营销中的应对策略

网上消费者的购买心理和行为给企业的经营理念带来了新的挑战，商家必须摆脱以往传统的经营思维局限，在营销策略、方式、手段上有所突破，建立一套适合消费者网上购物的运作机制。

1. 产品定制化

其实，定制生产方式是一种古老的生产方式。在过去很长一段时间里，商务意味着标准化产品的大批量生产和大批量分销。企业家以其规模经济向统一化的市场传递以同一价值观来创造的财富。可是，消费市场经历了较长时间的供过于求之后日益成熟起来，消费者对于产品的鉴别和认识能力逐步提高。千篇一律的规格和样式不能满足消费者个性化的需求，产品的生命周期也变得越来越短，新产品和消费者的需求像时装流行色一样不可靠。特别是在现在网络经济的条件下，由于网络提供了非常便利的条件，而且这种生产方式的针对性比较强，其生产出来的产品不仅是按照消费者的要求，而且还打上了消费者自己的烙印。所以各种各样的定制化产品越来越受到消费者的欢迎。例如，海尔在我国率先推出的B to B to C全球定制模式，可以按照不同国家和不同地区的消费特点，进行个性化的产品生产。用海尔首席执行官张瑞敏的话说就是，“如果你要一个三角形的冰箱，我们也可以满足您的需求”。

2. 营销互动化

电子商务区别于传统营销的最显著特点就是网络的互动性，它能满足消费者自主、独立的购物心理。网络上的互动式营销，至少要做到两点：一是对消费者信息需求的即时反馈，如果在几分钟内得不到答复，商家可能就会失去这个客户；二是在顾客阅读了在线信息后，企业必须及时提供反馈信息的方式，以便与之建立联系，而且允许顾客选择其感兴趣的信息，并且可以修改上面的内容。

3. 配送社会化

对于企业来说，进行网络营销就要保证商品在最短的时间内由最近的分销网点送到消费者手中，这必须要靠现代化的物流配送体系来完成。像海尔已建成以订单信息流为中心，全球供应链资源网络、全球用户资源网络和计算机信息网络为支撑的现代物流体系。海尔现在完成客户化定制订单只需10天时间，而一般企业至少需要36天。海尔在国内已建成42个配送中心，每天可将50000多台定制产品配送到1550个海尔专卖店和9000多个营销点。在中心城市实现8小时配送到位，辐射区域内也只需24小时，全国4天以内到位。

4. 服务人性化

网络商场经营的重点不在于吸引人流，而是如何挖掘那些想要在网上购物的人，这就要求企业提供人性化服务，如热情地招呼好每一位在线顾客、适时提供良好的产品建议、创建 24×7 服务模式(每周 7 天、每天 24 小时为顾客服务)、注重培养顾客的安全感与信任感、以含蓄的方式建立网上社团并在社团内建立情感纽带等。

5. 交易安全化

对虚拟的购物环境心存戒备是网上消费者的普遍心理。他们大多数人都遭遇过诸如信息、产品质量、售后服务及厂商信用不可靠等问题。建立良好的企业形象和品牌形象，通过良好的信誉取信于顾客是满足消费者安全需要的根本措施，是网上购物成功的前提和基础。另外，建立完善的信用机制、提供公平规范的法律环境、搭建优越的技术平台、健全相应的网络配套体系也是网上交易安全化的必要保障。

【小资料 13-2】

上网定制个性化“爱车”

网上轻点菜单，从品牌、颜色到内饰风格、座位多少，所有购车信息会通过服务中心传到生产线上，而一辆辆新车在下线之前已贴上用户名字。从上海通用、上海大众了解到，汽车订单化生产悄然走近身边。

上海大众客户服务中心为订单化生产和个性化服务提供了很多便利，每一个潜在客户打来的电话内容都被详细记录，并反馈到客户所在区域最近的特约经销商，特约经销商会对每一个潜在客户进行跟踪，了解和确认他们的购车意向及购车时间。

据悉，上汽贯穿整个生产、销售体系的信息化建设，也向全国各地经销商铺开。上海大众在整合全国销售体系的同时，还对经销商实施网络提升，建立起信息数据库系统。销售商区域内每一个客户和潜在客户的各类要求，都将在第一时间传送到上海大众本部，经过信息分类后，再传递到生产系统，使生产部门尽可能地按市场需求调节生产。上海大众汽车公司执行经理表示，信息网络的提升，不仅能让网络购车者的各种要求反映到生产线上，而且对于数百万名上海大众的老客户而言，他们在车辆维修、更换新车时也能享受到个性化的服务。

对于更“年轻”的上海通用而言，订单化生产的目标就更近。耗资 3000 万美元打造的企业资源计划(ERP)系统，覆盖了从接订单到最终给用户交车的整个流程。

如果客户想要订购一辆最新产的赛欧轿车，只需给上海通用的经销商下一个订单，经销商就会通过门户平台登录厂商的经销商管理系统，转入订单的详细信息，客户的要求将会进入上海通用汽车的 ERP 系统，自动生成生产计划。系统将根据生产计划进行最优排序，发出物流需求指令，安排生产，同时物流部门安排运输计划，使得整车开下生产线就可即时交货。在此过程中，经销商还可以随时通过经销商管理系统跟踪订单，了解该车辆的生产状态，通知用户。

资料来源：丁波. 上网定制个性化“爱车”，汽车订单化生产悄然走近. 中国新闻网，2008-10-20

问题：上海大众为什么要实施定制化汽车生产？

分析提示：随着消费者的消费能力和对于产品鉴别能力的提高，千篇一律的规格和样式不能满足消费者个性化的需求。只有按照消费者的需求变化不断推出配置不同的车型，才能最大限度地满足消费者的需求。所以说，定制化生产或个性化订单将是未来国内汽车市场的一个发展方向，只有那些真正了解消费者需求，并按照市场实际需求来生产经营的企业才能在未来的发展中取得先机。

13.2 服务市场的消费者行为

在市场经济条件下，企业的营销环境发生了巨大的变化：高科技的广泛应用、信息的高速流动、产品硬件标准的趋同；公平有序的市场竞争环境逐渐形成；商品的品种、质量和价格大体相当；利润已低到接近成本等。以上所有这一切使得价格竞争达到极限。因此，在新形势下，谁能为顾客提供优质服务，谁就能赢得顾客，赢得市场。

13.2.1 服务的含义、特性与功能

大多数人都认为“产品”一词只意味着有形产品，然而，服务也同样是产品，只不过它是无形的(以下所提到的“产品”实际上就是有形产品)。由于购买有形产品时要伴随某些辅助性服务(如安装)，在购买服务时通常也包括辅助产品(如餐厅的食物)，因此，对产品和服务加以严格区分是困难的，而且每次购买也都会包含不同比例的产品和服务。那么，什么是服务呢？

1. 服务的含义

一般来说，对产品和服务的区分主要是从有形和无形这一点出发的，如菲利普·科特勒把服务定义为“一方提供给另一方的不可感知且不导致任何所有权转移的活动或利益”，又如，美国市场营销学会将其定义为“不可感知却能使欲望获得满足的活动，而这种活动并不需要与其他的产品或服务的出售联系在一起。生产服务时可能会或不会利用实物，而且即使需要借助某些实物协助生产服务，但这些实物的所有权将不涉及转移的问题”。按照ISO 9000标准的术语定义，服务是“为满足顾客需要，在供方和顾客之间交接时开展活动的结果以及供方内部活动的结果”。

在综合各种不同服务定义和分析“服务”的真正本质的基础上，我们认为，服务是一方向另一方提供任何一种结果或利益的交易活动，它本质上是无形的，并且不会造成任何所有权的转移。这一定义表明，与有形产品相比，服务首先是一种交易活动，离开交易，就不能称其为服务。服务的本质或者说与有形产品的区别就在于它的无形性，而且它与所有权没有关系。此外，这个定义还表明，服务不仅是一种活动，而且是一个过程，还是某种结果。例如，个人计算机的维修服务，它既包括维修人员检查和修理计算机的活动和过程，又包括这一活动和过程的结果——顾客得到完全或部分恢复正常的计算机。可见，在消费和购买服务的过程中，消费者可以同时得到显性和隐性的利益，消费者花钱购买的就是这种利益。

2. 服务的特性

与有形的产品相比，服务具有以下几方面的特性。

(1) 服务的无形性。如前所述，服务具有非实体性，即服务的本质是抽象的、无形的。因此，服务的创新没有专利。为了从新的服务中获得效益，企业必须快速扩张，阻止任何竞争者。但这也给消费者带来了问题。因为消费者在购买产品时可以在购买前观察、触摸和测试产品；而对于服务，消费者必须依赖服务企业的声誉，或者只能在消费完以后才能体验得到。因此，消费者常常是在购买一个承诺，或者说顾客只能依赖企业的声誉来决定购买行为。在服务行业，企业信誉就显得尤为重要。服务提供者提供特定的可能出现也可能不会出现的利益，而当服务没有达到期

望时，消费者得到赔偿的可能性会很小。

(2) 服务不可分性。有形产品是先生产，再销售，最后再消费，而服务的生产、销售和消费却是同时进行的。换句话说，它们的生产和消费是不可分割的活动，因而服务不能储存。这就使得服务业不能像制造业那样依靠存货来缓冲或适应需求变化。在制造过程中，存货可以用来分离生产工序。对服务业来说，这种分离是通过顾客等候实现的。不可分割性还意味着服务通常不能像有形产品一样，在某一地点集中生产而在各地分散消费。因此，企业提供的服务质量取决于其雇员的质量。这就是为什么服务企业的经理要像了解员工的表现一样了解他们的态度。因为服务企业的员工一旦对企业产生不满，就会给企业带来无法弥补的损失，他们是企业与消费者唯一的接触媒介。

(3) 服务的易消失性。服务是易逝性商品。例如，飞机上的空座位、旅馆里的空房间，或是餐馆在一天里有一小时没有客人。在这些情况下，都发生了机会损失。由于服务不能储存，如果没有使用的话，就将永远失去。

(4) 服务的差异性。服务的差异性是指服务无法像有形产品那样实现标准化，每次服务带给顾客的效用、顾客感知的服务质量都可能存在差异。这主要体现在三个方面。

第一，由于服务人员的原因，如心理状态、服务技能、努力程度等，即使同一服务人员提供的服务在质量上也可能会有差异。

第二，由于顾客的原因，如知识水平、爱好等，也直接影响服务的质量和效果。例如，同是去旅游，有人乐而忘返，有人败兴而归；同听一堂课，有人津津有味，有人昏昏欲睡。这正如福克斯所言，消费者的知识、经验、诚实性和动机，影响着服务业的生产力。

第三，由于服务人员与顾客间相互作用的原因，在服务的不同次数的购买和消费过程中，即使是同一服务人员向同一顾客提供的服务也可能会存在差异。

(5) 缺乏所有权。缺乏所有权是指在服务的生产和消费过程中不涉及任何东西的所有权转移。既然服务是无形的，又不可储存，服务产品在交易完成后便消失了，消费者并没有实质性地拥有服务产品。以银行取款为例，通过银行的服务，顾客手里拿到了钱，但这并没有引起任何所有权的转移，因为这些钱本来就是顾客自己的，只不过是“借”给银行一段时间而已。缺乏所有权会使消费者在购买服务时感受到较大的风险。如何克服此种消费心理，促进服务销售，是营销管理人员所要面对的一个严峻挑战。

【小思考 13-2】

与购买有形的产品相比，购买服务可能面临着更大的风险。这主要是由于服务的哪些特点造成的？

答：主要是由于服务的无形性和差异性造成的。

【小资料 13-3】

服务市场营销的五大特征

为了将服务产品同有形商品区分开来，自 20 世纪 70 年代末至 80 年代初，许多市场营销专家从产品特征购角度来探讨服务的本质。大多数服务产品具有以下共同特征。

(1) 不可感知性。不可感知性可以从两个不同的层次来理解。首先，服务产品与有形的消费品或工业品比较，服务的特质及组成服务的元素，很多都是无形无质，让人不能触摸或凭肉眼看见其存在。同时，服务产品不仅其特质是无形无质，甚至使用服务后的利益也很难被察觉，或是要等一段时间后，享用服务的人才能感觉到“利益”的存在。例如，汽车出现故障，车主将车子交由汽车修理服务公司处理，但车主在取回车子时，对汽车维修服务的特点及经修理后的汽车部件是否全部恢复正常，都是难以察觉并做出判断的。

然而，服务产品真正百分之百具有完全不可感知件的特点是极少的。反之，很多服务需要有关人员利用有形的实物，才能正式生产，才能真正提供及完成服务程序。比如，餐饮业的服务中，不仅有厨师的烹调服务过程，还有菜肴的物质加工过程。另一方面，随着企业服务水平的日益提高，很多消费品或工业品是与附加的顾客服务一块出售的，而且在多数情况下，顾客之所以购买某些有形商品如汽车、录音磁带、录影带等，只不过因为它们是一些有效载体。对顾客而言，更重要的是这些载体所承载的服务或者效用。由此看来，“不可感知性”并非纯粹是服务产品所独有的特征。

不过，服务市场学者进一步强调，从传统的产品概念出发，附加的顾客服务并非有形的消费品或工业品的“核心组成部分”，所以顾客服务也就不是独立的服务产品。此外，“不可感知性”亦非要求所有的服务产品都必须是完完全全是不可感知的，它的意义在于提供了一个视角将服务产品同有形的消费品和工业品区分开来。萧斯塔克曾提出“可感知性—不可感知性差异序列图”，举例说明有形产品与无形产品的区分，并强调服务产品愈是接近“不可感知性”的一极，则愈需要营销人员运用“4P”之外的技巧，才能有效地在市场竞争中确保顾客获得最大的满足感。

西斯姆在此基础上于1981年提出了“不同类型产品评估差异序列理论”，首次全面、系统地研究“不可感知性”对消费者行为的影响及其对制定服务产品营销战略的特殊含义。根据西斯姆的分析，大部分消费品及工业品都属于可感知性比较强的产品，对于这类产品，顾客很容易对之进行评估从而作出购买决策。相反，大部分服务产品则属于不可感知性产品，顾客对它们的特质很难评估，因为即使在消费和享用之后，顾客也无法根据消费经验感受到这种产品所带来的利益，而只能相信服务提供者介绍和承诺，并认为该服务确实给自己带来所期望得到的好处。比如，病人经过医生诊治后，只能相信医生的说法及其开出的处方；在服完药之后，也只能相信医生，认为经过一段时间待药力发作后，病情才会好转直至痊愈。

(2) 不可分离性。有形的工业品或消费品在从生产、流通到最终消费的过程中，往往要经过一系列的中间环节，生产与消费的过程具有一定的时间间隔。而服务产品则与之不同，它具有不可分离性的特征，即服务的生产过程与消费过程同时进行，也就是说服务人员提供服务于顾客时，也正是顾客消费服务的时刻，二者在时间上不可分离。由于服务本身不是一个具体的物品，而是一系列的活动或过程，所以在服务的过程中消费者和生产者必须直接发生联系，从而生产的过程也就是消费的过程。服务的这种特性表明，顾客只有而且必须加入到服务的生产过程中才能最终消费到服务。一个最简单的例子是，病人必须向医生讲明病情，医生才能作出诊断，对症下药。

顾客对生产过程的直接参与及其在这一过程同服务人员的沟通和互动行为，无疑为传统的产品质量管理及营销理论提出了挑战。第一，传统的产品生产管理完全排除了顾客在生产过程中的角色，管理的对象是企业的员工而非顾客。而在服务行业内，顾客参与生产过程的事实则迫使服务企业的管理人员正视如何有效地引导顾客正确扮演他们的角色，如何鼓励和支持他们参与生产过程，如何确保他们获得足够的服务知识达成生产和消费过程的和谐进行。如若企业管理人员忽略这些问题，则可能导致因顾客不懂其自身的职责而使服务产品的质量无法达到他们的要求。而在这种情况下，顾客通常并不会责怪自己的失误反而将之归咎于企业，认为该企业的服务水平低下，进而丧失日后与之打交道的兴趣和信心。第二，服务员工与顾客的互动行为也严重影响着服务的质量及企业和顾客的关系。由于服务产品要按顾客要求即时生产出来，这就使过去在生产车间进行质量管理的方法变得过时。既然不同顾客的要求存在很大的差异性，负责提供服务的第一线员工是否具有足够的应变能力以确保服务能达到每一个顾客所期望的质量水平就颇成疑问！何况，顾客与服务员工在沟通中的任何误会，都可能直接使顾客感到整个企业的服务水平不佳，甚至拂袖而去，服务过程中断，企业也就失去了顾客。所以，服务产品的质量管理应当扩展至包含在服务过程中对顾客行为的管理。

(3) 差异性。差异性是指服务产品的构成成分及其质量水平经常变化，很难统一界定。区别于那些实行机构化和自动化生产的第一与第二产业，服务行业是以“人”为中心的产业，由于人类个性的存在，使得对于服务产品的质量检验很难采用统一的标准。一方面，由于服务人员自身因素(如心理状态)的影响，即使由同一服务人员所提供的服务也可能会有不同的水准；另一方面，由于顾客直接参与服务的生产和消费过程，于是顾客本身的因素(如知识水平、兴趣和爱好)也直接影响服务产品的质量和效果。比如，同是去旅游，有人乐而忘返，有人败兴而归；同时上课听讲，有人津津有味，有人昏昏欲睡。这正如福克斯所言：“消费者的知识、经验、诚实和动机，影响着服务业的生产力。”

差异性使顾客对企业及其提供的服务产生“形象混淆”，因为，对于同一个企业，透过两家不同的分店所提供的服务，可能出现一个分店的服务水平显著地优于另一个分店的情形。前一分店的顾客确实会认为该企业的服务质量很好，而另一分店的顾客则可能对企业的低劣服务予以投诉。这种“企业形象”或者企业的“服务产品形象”缺乏一致性，将对服务产品的推广产生严重的负面影响。

(4) 不可贮存性。基于服务产品的不可感知形态以及服务的生产与消费同时进行，使得服务产品不可能像有形的消费品和工业品一样被贮存起来，以备未来出售；而且消费者在大多数情况下，亦不能将服务携带回家安放。当然，提供服务的各种设备可能会提前准备好，但生产出来的服务如不当时消费掉，就会造成损失(如车船的空位等)，不过，这种损失不像有形产品损失那样明显，它仅表现为机会的丧失和折旧的发生。因此，不可贮存性的特征要求服务企业必须解决由缺乏库存所引致的产品供求不平衡问题、如何制定分销策略来选择分销渠道和分销商，以及如何设计生产过程和有效地弹性处理被动的服务需求等。

(5) 缺乏所有权。缺乏所有权是指在服务的生产和消费过程中不涉及任何东西的所有权转移。既然服务是无形的又不可贮存，服务产品在交易完成后便消失了，消费者并没有“实质性”地拥有服务新产品。以银行取款为例。通过银行的服务，顾客手里拿到了钱，但这并没有引起任何所有权的转移，因为这些钱本来就是顾客自己的，只不过是让银行保管一段时间而已。再比如，乘坐飞机之后旅客从一个地方被运送到另一个地方，而此时旅客手里除了握着机票和登机牌(而这些物品，是顾客登机前就买到的)之外，他们没再拥有任何东西，同时航空公司也没有把任何东西的所有权转让给旅客。缺乏所有权会使消费者在购买服务时感受到较大的风险，如何克服此种消费心理，促进服务销售，是营销管理人员所要面对的问题。目前，服务产业发达的国家，很多服务企业逐渐采用“会员制度”的方法维持企业与顾客的关系。当顾客成为企业的会员后，他们可享受某些特殊优惠，让他们从心理上感觉到就某种意义而言他们确实拥有企业提供的服务。

从对上述五个特征的分析中不难看出，“不可感知性”大体上可被认为是服务产品的最基本特征。其他特征都是从这一特征派生出来的。事实上，正是因为服务的不可感知性，亦即无形性，它才不可分离。而“差异性”“不可贮存性”和“缺乏所有权”在很大程度上是受“不可感知性”和“不可分离性”两大特征所决定的。同时，就对服务市场的营销行为及顾客行为的影响而言，前两种也不如后两种特征那么深远。

对服务特征的研究都是以把服务与有形产品区分开来为出发点的。然而，企业向市场所提供的产品既可能是有形产品，也可能是无形服务，或者是二者的混合物。从现实经济活动来看，服务通常是与有形产品结合在一起进入市场的，在市场交换的过程中很难把服务从有形产品中独立地分离出去。考特勒认为，按照服务与有形物质在产品中大致所占的比重，可以把市场上的产品分成五种：①纯粹有形产品。如肥皂、牙刷、盐等产品中几乎没有附加任何服务的成分。②附加部分服务的有形产品。这些服务通常是为了促使消费者乐意购买该产品。③混合物，其中服务与有形物质各占一半。比如，在餐馆里往往是服务与食品并举的。④主要服务产品附带有少量的有形产品和其他服务。如旅客乘坐飞机购买的是运输服务，他们到达终点后没有得到任何有形产品。不过，存旅途中，航空公司会提供一些食品、饮料和杂志等。⑤纯粹的服务产品，其中几乎不会附加任何有形物品，如照看婴儿、心理咨询等服务。

因此，要想严格地把有形产品同无形服务区分开来显然是十分两难的。正如斯密所言：“似乎没有任何标准可以清楚地划分出两大部分(指产品与服务)的界线。”李维特更进一步认为，每一个行业都渗透着服务，它们的区别只是在于所包含的服务成分的多少。而从市场营销学的观念看来，虽然有形产品与无形服务在表面上体现出不同的物质特征，而实际上并无本质区别，它们都是产品，都能为消费者提供利益和满足感，只不过服务是一种特殊的产品罢了。所以，虽然我们界定了服务产品的基本特征，但它只是表明服务产品在这些方面具有较强的倾向，而任何一种服务也只是这些特征的不同组合。广义地理解产品同服务的关系，其意义在于传统的营销理论和原则在服务市场领域具有一定的适用性，但这并不意味着可以完全地照搬过来。事实上，即使对于同是有形产品的工业品和消费品，二者在营销战略的制定方面也有很大不同，于是才有工业品营销从消费品营销中分离出来。既然服务产品与有形产品具有不同概念及特征，那么也就必然会区别于传统产品营销的服务营销理论和架构。

服务产品的特征决定了服务营销同产品营销有着本质的不同。具体表现为以下几个方面：①产品特点不同。如果说有形产品是一个物体的话，服务产品则表现为一种行为、绩效或努力。由于服务是无形的，顾客难以感知和判断其质量和效果，他们更多地是根据服务设施和环境来衡量。②顾客对生产过程的参与。由于顾客直接参与生产过程，如何管理顾客使得服务推广有效地进行成为服务营销管理的一个重要内容。③人是产品的一部分。服务过程是顾客同服务提供者广泛接触的过程，服务绩效的好坏不仅取决于服务提供者的素质，也与顾客的行为密切相关。所以，人成为服务产品的一部分。④质量控制问题。由于人是服务产品的一部分，服务产品的质量很难像有形产品那样用统一的质量标准来衡量，进而其缺点和不足也就不易发现和改进。⑤产品无法贮存。由于服务产品的不可感知形态，以及生产与消费的同时进行，从而使服务产品具有不可贮存的特性。虽然生产服务的设备、劳动力等能够以实物的形态存在，但它们只是代表一种生产能力而非服务产品本身。如果没有顾客需要提供服务，就意味着生产能力的浪费；同时，如果服务需求超过供给能力，又会因缺乏存货而使顾客失望。所以，如何使波动的需求同企业的生产能力相匹配，便成为服务营销管理中的一个难题。⑥时间因素的重要性。在服务市场上，既然服务生产和消费过程是由顾客同服务提供者面对面进行的，服务产品的推广就必须及时、快捷，以缩短顾客等候服务的时间。等候时间过长会引起顾客的厌烦，使其对企业的服务质量及形象产生怀疑。⑦分销渠道的不同。服务企业不像产企业那样通过物流渠道把产品从工厂运送到顾客手里，而是借助电子渠道(如广播)或是把生产、零售和消费的地点连在一起来推广产品。这些渠道基本上附属于企业的生产过程，而非表现为独立的形式。

资料来源：http://blog.sina.com.cn/s/blog_55d63b560100iz3z.html

3. 营销服务的功能

广义的服务不是仅限于服务性企业的服务，还应包括生产性企业的服务。实物产品和服务产品的区别随着时代进步而愈见缩小。从消费者行为学的观点看，产品除了是实体属性的组合之外，还是顾客所接受的可以满足的欲望和需要。如果商品的实体部分性能相同，但随同产品提供的服务不同，那么从顾客的角度看则是两种不同的产品，它们在满足顾客需要的程度上有差别，因而销量也会不一样。消费者所考虑的不仅仅是产品本身，而且包括了所能获得的全部附加服务和利益。具体来说，营销服务的功能主要包括以下几个方面。

(1) 营销服务给顾客带来满足感。从消费者行为学的角度看，服务是以劳务来满足生产者或消费者的需求。服务并非仅限于接受订单、送货、处理投诉以及维修，任何能提高顾客满意程度的项目都属于服务。因此，服务就是在营销过程中了解顾客心理，采用有效的方式为顾客提供多种服务或劳务，从而打动顾客，使他们心情愉快，感觉舒适和便利，以满足其情感等方面的需要。

(2) 营销服务是留住顾客的有效办法。在买方市场中，求生存的最佳途径是提高顾客满意度。

首先，顾客在购买中不仅仅是要获得冷冰冰的实体产品，更多的是要在获得实体产品的同时获得心理满足。《美国营销策略谋划》的研究结果表明：91%的顾客会避开服务质量低的公司，其中 80%的顾客会另找其他方面差不多但服务更好的企业，20%的人宁愿为此多花钱。美国《哈佛商业》杂志 1991 年发表的一份研究报告显示：再次光临的顾客可为公司带来 25%～85%的利润，而吸引他们再次光临的因素首先是服务质量的好坏，其次是产品本身，最后才是价格。

其次，不满意的顾客将带来高成本。调查表明，企业失去的客户有 68%是因为对服务质量的不满意，每 1 位投诉的用户背后都有 26 位同样不满却保持沉默的用户，而他们会把自己的感受告诉 8～16 个人，走掉一位老顾客的损失是要争取 10 多位新客户才能弥补的，所以说不满意的顾客会带来高成本。

(3) 服务能为企业带来巨额的利润。服务是商品的附加价值。消费者往往认为服务应该是免费的，但实际上从来没有免费的服务，一个企业要想提供好的服务，必须有财力支持。所以说，服务免费只是把服务的价格包在产品里同产品一起卖出。如果服务不能带来一些附加价值，没有让客户觉得物有所值，那顾客上一回当后，不会再上当，顾客的需求决定了这种服务的价格。从对顾客的利益角度来说，服务是投资，它能够获得丰厚的回报。

4. 服务市场消费者行为的特征

与有形产品消费者行为的特征相比，服务市场的消费者行为的独特性主要表现在以下几方面。

(1) 消费者主要通过人际交流来搜集信息

服务市场消费者主要通过人际交流来获取所要购买的服务信息，而广告等媒体沟通手段相对地不被服务消费者所重视。也就是说，在服务市场中，消费者更多的是依靠口中说出的话，而不是物质产品本身。因此，服务市场上的消费者可能在很大程度上依靠朋友和同事的推荐，特别对于像理发和餐馆这类的服务，就更是如此。

(2) 消费者感知到的风险可能更大

关于消费者的风险知觉，我们已在第 12 章有过专门的论述。这里需要指出的是，因为服务的生产与销售同时进行，因而消费者在购买服务产品时感知到的风险可能更大。这一方面涉及购买价格风险，另一方面更可能遇到的是功能风险，这主要是由服务的无形性和易变性所造成的，特别是在专业性的服务中更容易出现这种情况。例如，对于律师来说，即使官司败诉了，他们仍期望能得到报酬。同样地，如果咖啡馆不像你想象的那样浪漫，而且你的约会并不令人愉快，但咖啡店仍期望你为所消费的咖啡付费。

当然，消费者对服务的功能性风险的知觉也和消费者本人的期望有关。只有当消费者期望得到的利益与服务提供者真正提供的服务之间有距离的时候，消费者才会感知到风险。遗憾的是，这种距离在日常消费中经常存在。例如，某消费者到一个理发店中要求理发师为他(她)做一个和某明星一样的发型，结果常常是可想而知的。因为特定的发型，可能并不适合消费者的脸形与体形。这自然就导致了消费者购买后的不协调，引起消费者的不满。对于理发师来说，要么解释这发型为什么不好看，要么就是重新做发型去处理消费者的失望。如果只是做发型还好说，做不好可以重来，但如果是剪发的话，那就麻烦了，因为剪过的头发常常就没有办法再剪了。这也进一步说明了有形产品的消费与服务的消费之间确实存在着很大的差异。有形产品与服务的购买比较，如图 13-1 所示。

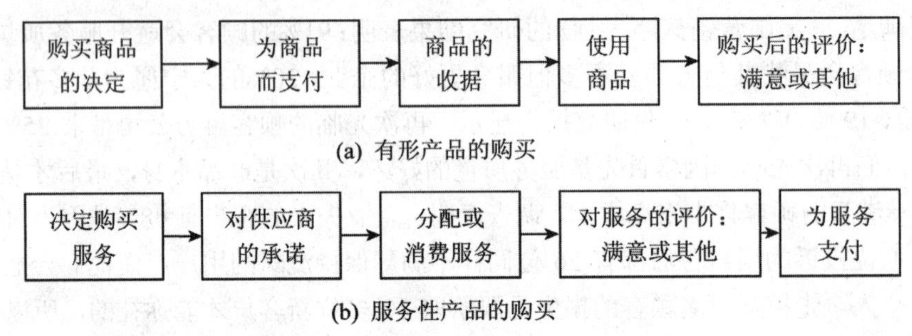

图 13-1 有形产品与服务的购买比较

(3) 服务市场的消费者有更高的品牌忠诚度

如上所述，由于购买服务具有更大的风险，因而消费者对品牌有更高的忠诚度。很多人都有愿意经常光顾的餐馆或理发馆，特别对于像理发这类服务来说，因为服务时必须有个人接触，而且发型对个人的形象极为重要，所以在没有别人特别推荐或介绍的时候，消费者轻易不会变换他自己认为还算可以的理发师。因此，服务业的促销就比较难一些。消费者一般不会因为一个暂时的价格优惠而转向其他的不熟悉的服务提供商。所以，对服务业来说，鼓励已有的消费者保持品牌忠诚是可能的，但创造新的消费者就比较难。那么，服务业如何吸引新的消费者呢？

比较典型的做法是服务提供者把注意力集中在与竞争对手有明显区别的问题上。例如，大连市的某家医院宣布，为了解除上班族和学生看病难的后顾之忧，把医院正常的营业时间推迟到晚上 8 点，而且保证在这一时段全部有副高级职称以上的医生坐诊。再如，在商业网点比较密集的市区开设日夜银行，24 小时营业，主要方便那些收摊比较晚的小业主们。另外，也可以通过“会员制”的方法来吸引新的消费者。例如，一次购买金额达到了多少数目，就可以成为该企业的会员，那么以后每次购买时都会因会员的身份而有一定的优惠。与此相似的是会员卡积点制，即消费多少金额就可以积一个点，积点到一定数量的时候就有相应的礼品相送。这些方法都能比较有效地吸引新的顾客群。

(4) 对服务质量的评估是在服务传递的过程中进行的

对服务企业来说，服务质量的评估是在服务传递的过程中进行的。在服务过程中，消费者与服务人员要发生接触。消费者对服务质量的满意可以定义为：对接受的服务的感知与对服务的期望的比较。也就是说，当感知超出期望时，消费者就会认为质量很高，就会表现出高兴甚至惊讶；当没有达到期望时，消费者就会认为这种服务是不可接受的，就会表现出不满甚至愤怒；当期望与感知一致时，消费者就处于满意状态。

总之，由于服务产品的特殊性，要求市场营销人员正确对待和处理服务消费者购买中出现的问题。这是因为，对于一个不合格的服务的赔偿，很难像物质产品的赔偿那样确定恰当的赔偿水平。例如，一个消费者买了一双皮鞋，如果鞋子在“三包”期内出现鞋底断裂等问题，那么他很容易就会得到商家或厂家相应的赔偿，即退款或维修或换一双。然而，对于某些服务来说，如烫发，如果当事人觉得不太满意(如头发烫得过分了)，再次服务是不可能的，而且显然该服务只是部分不合格。在这种情况下，全部退款也许有点过分，那么可以考虑部分退款。问题的关键是怎样判断消费者不满意的程度以及寻找赔偿消费者的最佳方式。另外，和物质性产品相比较，消费者对服务的不满意更容易倾向于使用消极的而不是积极的口头表达。

13.2.2　营销服务中的客我交往及营业员的服务技巧

营业员为顾客提供服务的过程，就是与顾客打交道的过程，也就是与顾客进行人际交往的过程。离开了“交往”，就无所谓服务。由于营业员与顾客之间的买卖过程是一种特殊的商业交往活动，是通过商品与钱款的交换而实现的直接或间接(现场销售或邮购)的交际活动。可见，它与一般的人与人之间的交往不同，营业员与顾客之间的交往关系是买方与卖方的关系。因此，这种交往的范围比较窄、程序比较简单、时间也比较短。一般随着交易过程的完成，双方之间的接触也就结束。也正是由于这些特点，在这样的商业交往中，营业员更应具备较高的交际能力与技巧，才能引起顾客的注意与兴趣，进而使顾客产生好感，并有可能爱屋及乌地购买某商品。

1. 营销服务中的客我交往

营销活动中的人际交往大致有三类：一种是服务人员与顾客之间的交往，称为“客我交往”，这是营销服务中人际交往最典型、最有价值的；第二种是客人之间的相互交往，通常情况下此类交往发生频率较低；第三种是员工之间的交往。在此主要探讨第一种情况。

所谓客我交往，是指营销服务人员与顾客之间为了沟通思想、交流情感、表达意愿、解决在营销活动中共同关心的问题而相互施加影响的过程。

有学者对客我交往中的心理状态提出了假设，该假设将人的心理状态划分为两个维度，即积极性和情绪性，并设定测量人的积极性和情绪性的单位，积极性和情绪性的高涨用正数表示，低落用负数表示。将这一假设画成坐标图，即心理状态图，如图13-2所示。

其中，X轴代表情绪性，Y轴代表积极性。每个人情绪性和积极性的不同数值都能在图上找到，并合成一个交叉点，这个点表示人的心理状态。

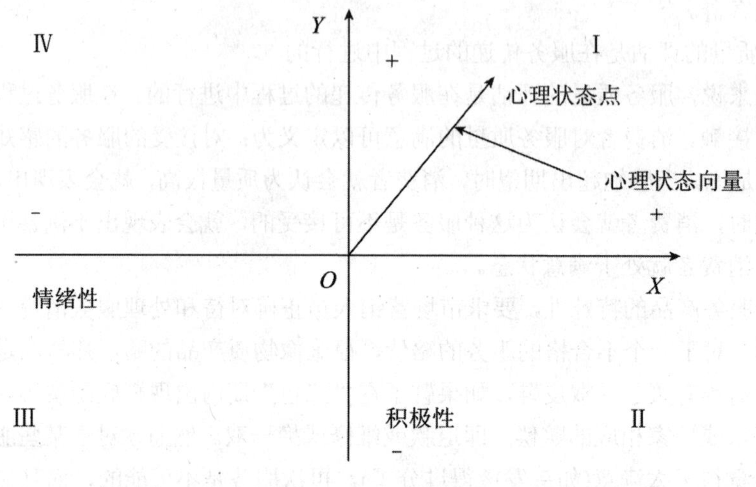

图13-2 心理状态图

资料来源：孙喜林. 旅游心理学. 广州：广东旅游出版社，2002

从图13-2中可以看出，坐标系所划分出的四个自然区域恰好可以把人的心理状态分为四种类型。

Ⅰ区表示此人的情绪很好，积极性很高。在这种状态下，人显得轻松愉快、活泼好动，容易接纳他人、易于接近。

Ⅱ区表示此人情绪很好，但积极性不高。这时候人一般比较沉静、自得其乐，有种沉浸其中的感觉。

Ⅲ区表示此人情绪不好，积极性也不高。这时人看起来意志消沉、心灰意冷，有种暴风雨过后还没缓过劲来的感觉。

Ⅳ区的人情绪不好而积极性却很高。此类人可能刚刚遭遇挫折，内在的焦虑愤懑无从发泄，此时最易寻衅滋事，与他人发生冲突。

从客我交往角度看，只有客我双方心理状态向量的合力落在Ⅰ区才是最佳结果。也就是说，营业员必须永远把自己的心理状态点调整到Ⅰ区，然后视顾客的情况采取相应的服务行为，以期双方的交往产生好的结果。

一般而言，处于Ⅰ区的客人最易于交往，他和同样处于Ⅰ区的服务员交往的结果只能是好的。如果顾客处在Ⅱ区，即顾客情绪不错，但积极性不高，此时营业员就大有用武之地了，要想办法感染并影响他，把顾客的积极性提高上来，从而促进消费。如果顾客心理状态处在Ⅲ区，这时难度是最大的，这种情况下顾客情绪和积极性都处于低潮，营业员要想把这两方面全面扭转过来，通常是办不到的。这种情况下要首先设法调动顾客的情绪，然后再调动其积极性，这个顺序必须遵守。顾客心理状态处于 IV 区是最危险的，这类顾客情绪很坏，但积极性却很高，属于气急败坏、寻衅滋事者。他们可能装了一肚子火在伺机发泄，正在寻找攻击目标和替罪羊。此时的策略是，营业员根据经验应迅速判断出这类“危险”的顾客，提供迅速而谨慎的服务，不要过分殷勤地试图引导其多消费，应以避免冲突为最佳选择，不求有功，但求无过。

2. 营销服务中营业员的服务技巧

在销售服务中，除了商品要满足消费者的需要、商品包装要精美以外，要真正实现商品从企业转移到消费者手中并让消费者满意，销售人员的服务技巧也起着非常重要的作用。

(1) 了解消费者的真实动机

一般来说，光顾商店的消费者大致有以下三种类型。

一是实现既定购买目的的消费者。这类消费者要买什么商品，他们在进商店之前就早有打算。因此，他们显得比较自信，很少问这问那。营业员接待这类顾客时，不必过多介绍商品的特点、性能、规格和使用方法，顾客要什么就拿什么。

二是了解行情的消费者。这类消费者进入商店以后，东看看，西瞧瞧，主要是比较一下这里的商品与其他商店里的商品在价格、式样等方面有什么差异。如果觉得合算，就可能买。买与不买常常就在一念之间。营业员在接待这类客人时，大有文章可做。首先可用“您先看看”的招呼语言，并视其心理状态伺机向其介绍商品的特点，如顾客被介绍的商品所吸引，就进一步了解他是给自己买还是替别人买，再进一步了解使用者的年龄、性别、爱好、职业等情况，以负责的态度帮助顾客下决心，促使其产生购买行为。

三是浏览商品或看热闹的消费者。这类消费者的心理动机大多是为了满足精神需要而来商店逛逛。他们常常是两三个人边走边谈，指指点点，偶尔也向营业员询问某些商品。营业员接待这类消费者时，不能采取怠慢、应付的态度，因为眼前的看客，也许就是明天的购买者。因此，营业员的接待应给这类消费者留下良好的第一印象。

(2) 柜台接待步骤

根据顾客的心理特点，柜台接待步骤是营业员良好心理素质的体现和销售商品技巧的表演。按照顾客心理状态发生的规律，柜台接待一般可按下列步骤进行。

① 给顾客良好的第一印象。营业员要使顾客从自己身上获得良好的第一印象，首先要注意自己的言谈举止、表情动作、服务风格等。俗话说：“微笑招客，和气生财。”营业员以诚挚、善意的微笑和关注、清晰的语言向顾客打第一个招呼的瞬间，会给顾客留下良好的印象，为以后营销活动的顺利开展奠定了基础。

② 伺机接待顾客。在实际商业活动中，营业员要根据顾客的心理变化来适时地参与顾客的购买过程。首先要等待时机，随时注意寻找机会与顾客搭话，在柜台内不要与其他营业员聊天或干其他无关的事情，端庄自然地站在自己负责的地段内，注意顾客的动向，等待时机。然后要接近顾客并打招呼。这时要注意搭话时机的掌握，一般搭话的最佳时间是顾客的心理由“发生兴趣”到“引起联想”之间。时间过早或过晚都不利于双方的交际和交易的完成。当消费者出现以下六

种情况中的一种或几种的时候，营业员就要不失时机地与顾客接触、搭话：

- 顾客长时间地凝视某个商品的时候。
- 顾客把头从商品上抬起来的时候。
- 顾客突然停下来用眼睛盯着商品的时候。
- 顾客用手触摸商品的时候。
- 顾客像是在寻找什么的时候。
- 顾客与营业员正好目光相对的时候。

③ 出示商品。当营业员接触顾客后，了解到顾客的购买指向，应及时出示商品。出示商品可采取下列方法：将商品的使用状态呈现给顾客看；应尽量让顾客触摸商品或看清商品；出示多种类商品，让顾客挑选；从低档向高档逐档出示。

④ 用简明有效的语言介绍商品。营业员在掌握商品知识的基础上，应该将最能刺激顾客购买欲望的商品特征用简单、明快、有效的语言表达出来。

⑤ 增强顾客信任，促进成交。介绍商品特点后，如果顾客仍犹豫不决，就要抓住时机，采取增进信任的办法，促进成交。促进信任的机会有：

- 顾客提完关于商品的问题的时候。
- 在顾客默默无言独自思考的时候。
- 顾客反复询问某个问题的时候。
- 顾客的谈话涉及商品售后服务的时候。

如果抓住了机会，消除他们的最后疑虑，顾客就会产生购买行为。

13.2.3 顾客满意与顾客忠诚

顾客满意(customer satisfaction，CS)，是指一个人通过对一个产品的可感知的效果(或结果)与它的期望值相比较后所形成的愉悦或失望的状态。如果可感知效果与期望所匹配，顾客就满意；如果效果低于期望，顾客就会不满意；如果感知效果超过期望，顾客就会高度满意或欣喜。可见，顾客的满意感是对产品的期望与所感受的绩效间相近程度的函数。

消费者期望的形成是基于从卖主、朋友或其他信息来源所获得的消息。期望与绩效之间的差距越小，消费者的满意体验就越深刻。消费者满意的体验可以具体地表现为对于自我认识该商品的肯定、对于卖主的信赖感、对于商品价格的肯定与认同等。这种对产品或卖主的积极的态度体验，使消费者很可能会再次购买该产品或光顾该商店。因此，仅仅让消费者满意是不够的，要在此基础上让消费者产生重复购买，并进一步形成品牌忠诚。

图13-3描述了某一特定品牌在任一时点上的购买者构成。在全体购买者中，某一个比例的人会产生购买满意，企业首先应该花力气促使这一比例提高。因为虽然有些满意的消费者仍会转换品牌，但其中很多人会产生重复购买，从而成为重复购买者。重复购买者指的是对某一品牌不一定具有情感上的或情绪上的偏爱，但一直重复购买该品牌。

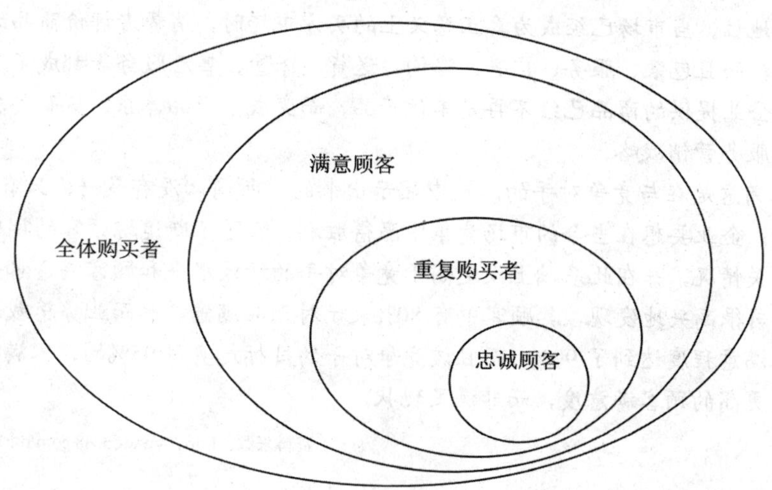

图 13-3　购买者构成

当然，由于找不到任何令人满意的其他品牌，或者由于寻找其他品牌要付出更多的时间和精力，所以某些不满意的顾客也可能成为重复购买者。然而，他们可能进行负面的口头宣传，并且容易受竞争对手行为的影响。因此，这些人对品牌并没有忠诚，或者说，他们对购买品牌并无忠诚感。

所谓顾客忠诚，指的是消费者对于某一品牌或厂商具有情感上的偏爱，他们会以一种类似于友情的方式喜欢该品牌，并在较长的一段时间内购买该品牌的商品。消费者会用诸如“我信任这个牌子”“我喜欢这个牌子”等来描述他们的忠诚。

顾客忠诚的形成可能源于认同，即消费者认为该品牌反映或强化了他的自我概念的某些方面。这种类型的忠诚在象征性产品(如啤酒、汽车)的购买上最为普遍。持操作条件反射观点的学者认为，顾客忠诚来自于消费者最初使用某产品时所获得的满足和积极强化，从而引起了对该产品的重复购买。另外，顾客忠诚也可能是由于该产品的功效高于消费者的预期或高于其他品牌能够达到的水平。

忠诚的顾客在购买产品时不大可能考虑搜集额外信息。他们对竞争者的营销努力(如优惠券)采取漠视和抵制的态度。在很多情况下，即使因促销活动的吸引而购买了别的品牌，他们通常在下次购买时又会选择原来喜欢的品牌。

因此，市场营销人员应该认识到，忠诚顾客比单纯的重复性购买者能为企业带来更多的利润，而重复购买者同样比偶尔性购买者更有吸引力。

【小资料 13-4】

顾客满意的动态性

顾客满意具有动态性。这是因为：

第一，随着市场环境的变化，顾客满意的内容也在不断变化。市场经济初期，消费者要求商品“物美价廉”，考虑的是产品质量、功能及价格。随着市场经济的发展，商品充裕，市场已经变成了买方市场，消费者评价商品的尺度变为商品的品牌及厂家声誉，消费者要求使用的商品能显示自己的社会地位。当市场已经成为真正意义上的买方市场时，消费者评价商品的标准是不仅质量要符合要求，而且包装、服务、广告、咨询、送货、保管、售后服务等都成了消费者购买商品考虑的因素，企业提供的商品已经不再是单位产品，而变成了产品体系，从而要求企业实施全方位、立体化的服务营销战略。

第二，顾客满意是在与竞争对手的比较中显示出来的，所谓“没有最好，只有更好”，表达的就是这个理念。企业要想在当今的市场竞争中赢得胜利，除了不断追踪顾客的期望外，还要监测竞争对手的有关情况，并在此基础上设定高于竞争对手的绩效水平和顾客满意水平。请考虑如下情况：一个公司很高兴地发现，其顾客中有80%表示对产品满意，然而业务总裁却发现，领先的竞争者的顾客满意程度达到了90%，而且该竞争对手的目标是实现95%的顾客满意程度，这时该公司就该设定更高的顾客满意度，而非满足现状。

资料来源：http://www.doc88.com/p-5116825511688.html

【小资料13-5】

满意的消费者是最好的广告

消费者对产品是否满意会影响到以后的购买行为。如果他们对产品满意，很可能会再次购买该产品。汽车品牌选择的资料表明，在非常满意上次所买品牌与再次购买此品牌的意图间有很高的相关性。例如，75%买丰田车的美国人感觉很满意，同时75%的人有意再次买丰田车；35%买雪佛兰车的人感觉很满意，同时35%的人有意再次买雪佛兰车。满意的消费者会向他人宣扬这种品牌，因此营销界有句名言：“满意的消费者是最好的广告。”

而不满意的消费者反应则截然不同，他们会设法降低不平衡感，因为人类有一种倾向，总是努力在其意见、知识和价值观间建立内在的和谐、一致或调和。不平衡的消费者可能会通过放弃或退货来降低不平衡感，也可能通过寻求能证实产品价值高的信息(或回避能证实产品价值低的信息)来降低不平衡感。

13.2.4 服务失败、顾客抱怨与服务补救

服务的固有特性注定了服务失败可能发生在任何一个时点。服务失败的发生，会对企业造成多种不利影响，其中最重要的还是对顾客行为的不利影响，如导致顾客流失、促发顾客进行诋毁企业的口头宣传等。

1. 服务失败

简单地说，顾客对所提供的服务不满意就是服务失败。在提供服务的过程中，即使最优秀的企业也不可避免会出现服务的失败和错误。这是因为：一方面，服务具有差异性，即服务产品的构成成分及其质量水平经常变化，很难界定；另一方面，服务具有不可分离性，即生产者生产服务的过程就是消费者消费服务的过程，消费者有且只有加入到生产服务的过程中才能最终消费到服务。因此，企业服务的失败和错误是很难对消费者隐藏和掩盖的。具体来说，服务失败的原因有以下几方面。

(1) 营业员不了解顾客的需求。营业员不顾顾客的反应，一味地加以说明、殷勤地介绍，或怂恿顾客购买他并不喜欢或不需要的商品，从而可能引起顾客的厌烦。

(2) 营业员的服务质量不标准。有的企业可能根本就没有服务质量标准，因而就谈不上标准

化的服务，或者营业员缺乏训练，或过度劳累而无能力，或不愿意按照标准操作。

(3) 营业员的服务态度欠佳。营业员只顾自己聊天，不理会顾客或瞧不起顾客，或表现出对顾客的不信任，或对顾客的挑选不耐烦等，都是服务态度欠佳的表现，因而都可能引起顾客的不满而导致服务失败。

(4) 企业在产品或服务宣传上的名不符实。企业对外宣传的与其实际上提供给顾客的并不是一回事，导致顾客有一种被欺骗的感觉，这是很多顾客不能容忍的。

(5) 顾客感知服务与预期服务之间有差距。顾客在购买过程中或在购买之后，他所感知到的服务与他事先期望的服务之间有差距，即没有达到他的理想标准，顾客就会产生不满意。当然，这种服务失败对企业来说可能是不可避免的，因为有些顾客本身就很挑剔。

2. 顾客抱怨与投诉

一个不满意的顾客或者一个没有得到良好服务的顾客会有什么反应呢？正如我们所看见的那样，顾客通常用以下两种方式来表达他们的不满：一是私下反应，比如把差的服务告诉周围的熟人；二是口头反应，比如他会回来抱怨或投诉，通常情况下，抱怨是比较轻的发泄不满意的方式，而投诉要严重一些，如找到上级主管人员或部门甚至可能诉诸法律等。这里不把二者做详细的区分，甚至有时二者是通用的，毕竟它们都是顾客外显的发泄不满意的方式。

(1) 决定顾客是否投诉的因素

顾客有了不满意的购物经历后，并不一定都采取投诉的方式来给自己讨说法。一般来说，顾客是否投诉，主要取决于以下几方面的因素。

① 产品的重要性、费用、社会可见度和所用的时间等。如果产品比较便宜，不太重要，并且不希望使用很久，那么顾客就不大可能去抱怨。

② 顾客的知识和经验。顾客之前购买的次数、对产品的了解程度以及先前投诉的经验等，都能对顾客决定是否投诉产生影响。如果产品出了问题，对产品拥有大量知识的顾客更可能去投诉。而且，过去曾经成功投诉的顾客便有可能在将来还会这样去做。

③ 从时间、花费等方面考虑要求赔偿的困难。如果产品是在很远的地方购买的，或投诉将花费大量的时间和金钱，顾客就可能不去投诉。

④ 投诉能否导致正面结果的可能性。如果顾客有保证，或者他感到是与一个能处理此问题的名誉好的公司打交道，那么，他去投诉的可能性较大。同样，如果顾客看出问题无法解决或得不到赔偿，那么他可能不去投诉。

(2) 如何处理好投诉

对待顾客的投诉要妥善处理，一般可以采取以下策略。

① 耐心倾听，弄清真相。顾客来投诉时，一般要由专门人员出面接待，接待时要有礼貌。要耐心地听顾客把话说完；顾客可能说得比较多，言辞也可能很激烈，这是正常的，因为他的心里痛苦、愤怒。作为受理投诉的人员，一定要耐心、宽容地倾听顾客的诉说，不能轻易打断，也不要急于解释、辩解，更不能反驳。否则，可能会激怒顾客。要对顾客表示同情、理解，要设法使顾客情绪放松，并平静下来。关键还是要设法弄清真相，了解事情发生的原委及顾客的要求。

② 进行心理置换。所谓心理置换，就是处理人员要站在对方的角度来思考问题。因为在很多情况下，对于服务人员来说是 1%的差错，而对消费者来说是 100%的。因此，处理人员要以诚

恳的态度来对待消费者，不能认为他们的投诉是小题大做或无理取闹，而要将心比心，热情友好地接待有了问题的顾客。

③ 区别不同情况，采取恰当方式处理。如果弄清顾客的投诉是由于工作人员的差错给客人带来的麻烦，就要诚恳地给客人道歉，并以企业代表的身份对顾客的投诉表示欢迎，使客人感到他们的投诉得到了重视，满足其自尊心。如果发现是由于顾客的误会而来投诉，首先对客人的投诉也要表示诚恳的欢迎，然后再解释，消除误解。决不能发现自己没有错误，就趾高气扬地指责顾客。如果发现由于工作人员的差错或未履行合同而给顾客造成物质损失或严重的精神伤害，首先要道歉，在权限允许范围内，征求顾客的意见，并做出补偿性的处理。如果超越了自己的权限，不能马上解决，也要给顾客订立一个答复的程序和日期。

④ 要在最短的时间内解决顾客的问题。顾客在产生了不满意的购物经历以后，往往在最初的时间内怨气最大，因而想得到一个说法的愿望也最强烈。如果不能在第一时间解决他们的问题，他们首先觉得没有受到重视与尊重，然后可能到更高一级的部门去反映或投诉，这显然是营销人员不愿意看到的。当然也存在这样的可能性，就是如果没有及时得到答复的话，顾客可能就因为没有时间或精力而放弃追究了。其实这对于企业也并不是一件好事，因为问题没有得到解决的顾客会把自己的不满告诉别人，而顾客之间的相互影响甚至要大于广告等宣传的作用。

【小资料 13-6】

感谢顾客的抱怨

会抱怨的顾客只占全部顾客的 5%左右。有意见而没有提出抱怨的顾客中，有 80%左右不会再次登门购物。可是如果抱怨问题能处理好，有 98%的抱怨顾客将会再来，甚至有可能成为忠诚顾客。

平均每个满意的顾客，会把他为什么满意的事情告诉至少 12 个人以上；而这 12 个人里面，有超过 10 个人若是没有其他影响因素，他们定会光临。可是一个不满意的顾客，会把他的不满告诉 20 个人以上，而且这些人都会表示不愿意接受这种恶劣的服务。超过 95%的顾客表示，如果商店能够现场处理他们的抱怨问题，他们将不会发脾气。

美国一家抱怨处理公司的调查表明，只要在 24 小时内回应顾客的抱怨，96%的顾客会留下来；假如 24 小时内没有回应的话，则每天会损失掉 10%的顾客。

资料来源：李响. 服务出击. 北京：民主与建设出版社，2008

3. 服务补救

如前所述，服务行业本身的特性决定了很难杜绝“服务失败”的发生，若此类事件不幸发生，企业必须及时进行补救。服务补救就是在提供服务出现失败或错误的情况下，对顾客的不满和抱怨当即做出的补救性反应，目的在于重新建立顾客满意和忠诚。

服务失败以后，有哪些服务补救的策略呢？

(1) 建立让顾客发泄不满的渠道。顾客的抱怨是企业获得市场信息的重要途径，能使企业最快、最直接、最准确、以最低成本了解市场信息。因此，企业应建立一套接受顾客抱怨的管理信息系统，告诉顾客如何投诉，使他们知道该跟谁讲、过程是什么等。如果企业采取一些措施让顾客知道不满应向谁诉说，既鼓励和方便不满意的顾客进行投诉，又给企业一个改正的机会，还避免了不满意顾客在社会上的负面宣传。

(2) 跟踪并预期补救良机。企业需要建立一个跟踪并识别服务失误的系统，使其成为挽救和保持顾客与企业关系的良机。有效的服务补救策略需要企业通过听取顾客意见来确定企业服务失误之所在，即不仅被动地听取顾客的抱怨，还要主动地查找那些潜在的服务失误。市场调查是一种有效方法，诸如收集顾客批评、监听顾客抱怨、开通投诉热线以听取顾客投诉。有效的服务担保和意见箱也可以使企业发觉系统中不易觉察的问题。

(3) 及时道歉、提供补偿。服务补救开始于向顾客道歉。虽然一些服务失败是由服务本身的特点所决定的，服务失败的风险是服务企业固有的特征。但当顾客不满、抱怨时，要真诚地道歉，争取他们的谅解，及时与他们沟通相关信息。道歉解释既是对顾客的一种尊重，也是与顾客很好沟通，重新赢得顾客信任的过程。另外，对某些服务失败时仅仅向顾客表示道歉、理解和同情，并提供协助，只能缓解或消除顾客的不满情绪，但不能超出顾客预期的期望，不能使顾客十分满意。顾客由于服务失败而付出的时间或心理代价并没有得到补偿，通常仅有解释或一般的帮助是不够的，更应该提供一些补偿，把服务失败转化为服务惊喜。

(4) 授权员工，确立服务补救安全边界。一般顾客首先将不满向身边的服务人员诉说，因此，服务补救工作在很大程度上取决于接受顾客投诉的一线员工的工作。因此，服务补救管理工作必须侧重一线员工，使员工明确在服务补救中承担的角色、责任与权力，特别是解决好授权问题。良好的授权能够改善员工的工作态度，使他们不需向上级请示或向其他部门求助，根据顾客的不同情况与要求灵活处理，大大提高反应速度，从而增加顾客的满意程度。但授权不当也可能引发问题，因此必须确定授权的边界——“安全边界”，即权限的范围、赔偿金额范围等。一线员工不应因采取补救行动而受到处罚。相反，企业应鼓舞、激励员工们大胆使用服务补救的权力。

【小资料 13-7】

服务补救

武汉某酒店在给用完餐的客人结账时，账单上凭空多出四包中华烟(152 元)。双方相持 50 多分钟后，最后酒店经理出面才弄清原委，店方才承认自己工作失误，做出赔偿，对耽误了时间的顾客表示歉意，并将餐费打折为 500 元，即少收 400 多元，让客人满意离去。

资料来源：http://www.17u.net/news/newsinfo_275147.html

问题：该酒店的服务补救是“为时晚矣”吗？

分析提示：在上述的事例中，客人为讨个说法而耽误了 50 多分钟时间，最后酒店经理出面才弄清原委，做出赔偿、补救工作的效率太低。幸好酒店采取的补救措施最终让客人满意，否则客人投诉、双方交涉、不利的口头宣传等都会给酒店带来更大的损失。

为客人提供完美的服务是各酒店的追求，而当由于种种原因发生了服务差错时，酒店就应该根据客人重视的损失(如金钱、时间、心理、名誉等)及时采取有效的补救性措施，防止酒店与客人之间关系的破裂，并将不满意的客人转化为满意的客人，甚至使之成为酒店的忠实顾客。如此说来，服务补救“为时不晚”！

13.3 本章小结

本章分析了消费者的网上购买行为及服务市场的消费者行为。

网络营销是企业整体营销战略的一个组成部分，是为实现企业总体经营目标所进行的、以互联网为基本手段营造网上经营环境的各种活动。网络营销的特点包括以下几个方面：互动性、整合性、全球性、隐私性、高效性和虚拟性。消费者在网络信息空间的认知和任务活动可分为以下三种方式：浏览、搜索、寻找。消费者的网上购买过程分为五个阶段：唤起需求、搜集信息、比较选择、购买决策和购后评价。制约消费者网上购物的心理因素有：传统购物观念受到束缚、价格预期心理得不到满足、个人隐私权受到威胁、对网上支付机制缺乏信任感、对虚拟的购物环境缺乏安全感、对低效配送缺乏保障感。企业在实施网络营销中的应对策略：产品定制化、营销互动化、配送社会化、服务人性化、交易安全化。

服务是一方向另一方提供任何一种结果或利益的交易活动，它本质上是无形的，并且不会造成任何所有权的转移。与有形的产品相比，服务具有以下几方面的特性：服务的无形性、服务不可分性、服务的易消失性、服务的差异性、缺乏所有权。营销服务的功能主要包括以下几个方面：营销服务给顾客带来满足感、营销服务是留住顾客的有效办法、服务能为企业带来巨额的利润。服务市场的消费者行为的独特性主要表现在以下几方面：消费者主要通过人际交流来搜集信息；消费者感知到的风险可能更大；服务市场的消费者有更高的品牌忠诚；对服务质量的评估是在服务传递的过程中进行的。

客我交往是指营销服务人员与顾客之间为了沟通思想、交流情感、表达意愿、解决在营销活动中共同关心的问题而相互施加影响的过程。

顾客满意是指一个人通过对一个产品的可感知的效果(或结果)与对它的期望值相比较后，所形成的愉悦或失望的状态。顾客忠诚指的是消费者对于某一品牌或厂商具有情感上的偏爱，他们会以一种类似于友情的方式喜欢该品牌，并在较长的一段时间内购买该品牌的商品。顾客对所提供的服务不满意就是服务失败。服务失败的原因有以下几方面：营业员不了解顾客的需求；营业员的服务质量不标准；营业员的服务态度欠佳；企业在产品或服务宣传上的名不副实；顾客感知服务与预期服务之间有差距。决定顾客是否投诉的因素：产品的重要性、费用、社会可见度和所用的时间等；顾客的知识和经验；从时间、花费等方面考虑要求赔偿的困难；投诉能否导致正面结果的可能性。对待顾客的投诉要妥善处理，一般可以采取以下策略：耐心倾听，弄清真相；进行心理置换；区别不同情况，采取恰当方式处理；要在最短的时间内解决顾客的问题。

服务补救是在提供服务出现失败或错误的情况下，对顾客的不满和抱怨当即做出的补救性反应，目的在于重新建立顾客满意和忠诚。服务补救的策略有：建立让顾客发泄不满的渠道；跟踪并预期补救良机；及时道歉、提供补偿；授权员工，确立服务补救安全边界。

13.4　思考与技能实践

13.4.1　基本训练

1. 简答题

(1) 制约消费者网上购物的心理因素有哪些？

(2) 服务市场的消费者行为的独特性主要表现在哪些方面？

(3) 服务失败的原因有哪些？

(4) 决定顾客是否投诉的因素是什么？

(5) 服务补救的策略有哪些？

2. 选择题

(1) 消费者在网络信息空间的认知和任务活动可分为(　　)。

A. 浏览　　B. 搜索　　C. 寻找　　D. 购买

(2) 服务的最基本的特性是(　　)。

A. 无形性　　B. 不可分性　　C. 易消失性　　D. 差异性

(3) 与购买有形的产品相比，购买服务可能面临着更大的风险。这主要是由于服务的(　　)特点造成的。

A. 无形性　　B. 不可分性　　C. 易消失性　　D. 差异性

3. 判断题

(1) 与传统购买方式相比，网络购买者理智动机所占比重较小，而感情动机的比重较大。(　　)

(2) 重复购买者就是品牌忠诚者。(　　)

(3) 服务补救与顾客抱怨管理是一回事。(　　)

(4) 在服务界，没有满意的员工，就没有满意的顾客。(　　)

13.4.2　技能训练

1. 消费者的网上购买过程分为五个阶段：

(1) 唤起需求。

(2) 搜集信息。

(3) 比较选择。

(4) 购买决策。

(5) 购后评价。

2. 当消费者出现以下六种情况中的一种或几种的时候，营业员就要不失时机地与顾客接触、搭话：

(1) 顾客长时间地凝视某个商品的时候。

(2) 顾客把头从商品上抬起来的时候。

(3) 顾客突然停下来用眼睛盯着商品的时候。

(4) 顾客用手触摸商品的时候。

(5) 顾客像是在寻找什么的时候。

(6) 顾客与营业员正好目光相对的时候。

13.4.3 操作练习

1. 实务题

随机调查你身边的30名同学，询问他们是否在网上购买过商品。

(1) 如果购买过的话，他们通常购买的是哪些商品?

(2) 如果没有的话，为什么?

2. 综合题

选择一个商品销售或服务营销的实际岗位，进行一天以上的实习。

要求：

(1) 观察其他营业员是怎样接待顾客的，并记录下来。

(2) 搜集服务成功或失败的案例，并进行分析。

(3) 对所实习岗位的服务工作提出改进建议。

13.4.4 案例分析

案例分析1

耐克品牌文化之个性化营销

耐克公司创建于20世纪60年代，当时公司首席执行官菲尔·奈特断定高档优质跑鞋定会有销路，于是发动了一场制鞋业的革命。到20世纪80年代，他又把红红火火的运动鞋公司变成了一部营销机器。

奈特认为青少年的模仿能力极强，对品牌也极为敏感，明星人物的穿着经常会成为校园里模仿的对象，因此只要设法让最有魅力的运动员穿上耐克，就必定能吸引全国为数众多的人模仿。最伟大的世界级明星乔丹出色地把握了耐克公司的独特精神气质，即完美且充满活力的工作作风。耐克通过赞助这位“第一飞人”，让他同时也成为运动爱好者的偶像。在美国，每卖出的三双旅游鞋中便有一双标有耐克公司的商标。

“体育、表演、洒脱、自由的运动员精神”是耐克追求的个性化的公司文化。这个由公司创始人菲尔·奈特创立的具有鲜明特征的公司文化，甚至在跨文化营销中也表现出其独特性。

耐克在欧洲

跨文化问题是每一个跨国公司在经营和管理中都要遇到的问题。德国的阿迪达斯是耐克和锐步在欧洲的最大竞争对手。欧洲人出于本能，偏爱欧洲大陆上生产的一切。阿迪达斯正是利用这一点向耐克展开强大攻势。此外，耐克运动鞋价格昂贵，每双售价高达80～200美元，使一些欧洲人难以接受。针对这一点，耐克公司刻意揣摩迎合欧洲人的心理特点。比如法国青年好标榜，美国人就在鞋上贴上价格标签以满足法国青年的身份表现欲。荷兰 25 岁以上的人喜欢穿白色的运动鞋，25 岁以下的人则喜欢色彩鲜艳的运动鞋，耐克就区分对待。

耐克在日本

为了加强国际行销力，耐克正在买断其在世界各地的分销权，以使公司行使更多的控制权。耐克一方面让好生意从国外市场不停地冒出来，另一方面以维护耐克的品牌为宗旨，履行那些根据建议制定的策略。奈特清楚地知道耐克日本分公司的销售业务很大，但是由于它没有将体育、表演与公司品牌的形象结合起来，所以耐克买下了这家公司，对它进行改头换面的工作。奈特选中了勇吉秋元来领导这项工作。秋元曾为肯德基在日本拓业立下了汗马功劳。

由于各国的文化背景和民族习惯不同，公司在制定营销战略和策略时应当十分重视这种像秋元这样的吸烟者往往把体育运动理解成为一种非常柔和的消遣方式的现象，比如高尔夫球。秋元被送往 Beaverton，接受长达 4 个月的耐克文化及经营方式的教育。他扔掉了香烟，开始跑步。他回到位于东京的耐克日本公司后，下达了公司内部禁止吸烟的命令。对于这个烟雾弥漫的国家，这项禁令无疑是件大事。同时，他还迫使耐克在日本的雇员参加长跑训练，以迎接 1994 年夏威夷马拉松赛。耐克总公司与各分公司的联系加强之后，耐克得到的第一笔"红利"就是两种专为亚洲人脚形设计的特殊轻型跑鞋的问世。但是对于很多重要方面，特别是耐克这块牌子本身，秋元并不能完全理解。奈特说，秋元动身回东京之前，想把 just do it 译成日语提交给耐克总部的经理们。耐克人为此惊恐万分。奈特回忆说："千万别译出来。我们决不想掩盖一个事情——我们的牌子是一个美国牌子。"

耐克在中国

20 世纪 90 年代的中国，考试成绩就是一切，体育根本无足轻重。在这样的情形之下，怎么可能期望人们花费两个月的工资来买一双运动鞋呢？于是，耐克的执行官们做出了一个十分有挑战性的决定：影响中国人的文化。耐克向上海多所中学进行捐赠，使学生们得以放学后在学校的操场上打篮球。诸如此类的动作很快得到了中国人的回应：耐克的销售额在一年内增长了 60%。

早在中国人料到将有一个新的民族英雄诞生之前，耐克就已经开始行动了。雅典奥运会田径赛场上，在刘翔成为 110 米栏冠军的一瞬间，耐克向市场投放了一系列新的广告。电视上是这样的画面：起跑线上，准备动作，亚洲肤色的小腿……随着一连串起跑动作，字幕打出：定律 1，亚洲人肌肉爆发力不够？定律 2，亚洲人成不了世界短跑飞人？定律 3，亚洲人缺乏必胜的气势？然后镜头拉开，刘翔一路领先，把对手抛在后面。字幕打出"定律是用来被打破的"。这个广告立刻取得了巨大的成功。

Hill & Knowlton 曾有份调查显示，耐克是最受中国中产阶级欢迎的品牌。从某种程度上说，今天的耐克，就像 20 世纪 80 年代的飞鸽牌自行车一样，成为中国人身份和地位的象征。耐克成功进入中国市场，与中国中产阶级的兴起不无关系。中产阶级的西化和对个人生活的追求正是耐克能够满足他们的地方。

资料来源：http://www.chinavalue.net/Wiki/ShowContent.aspx?TitleID=391862(编者对原文有删减)

问题：

(1) 分析耐克的跨文化营销策略。

(2) 耐克的品牌个性体现在哪些方面？

(3) 仅以上述案例分析耐克是如何根据中国消费者的心理特点来制定营销战略的。

案例分析2

有空间就有可能

从1999年市场占有率3%、排名第七，发展到2002年市场占有率超过10%，成为仅次于上海大众、一汽大众之后的第三轿车生产集团，上海通用每年都以100%的速度超常规发展。尤其是2001年才上市的赛欧，已成为细分市场上的领跑车。别克虽然是美国通用的五大轿车品牌之一，在国际市场上有着一定的影响力，但在通用来到中国以前，中国的消费者并不了解别克，所以上海通用还担负着在最短时间内迅速提升别克品牌的重要任务。

在营销策略方面，别克非常重视最基本的服务营销和提升自身品牌知名度的创新营销：别克是中国第一家实行品牌专卖的公司，第一家建立客户关系营销网络的公司，第一家通过互联网和客户交流、在网上登记卖车的公司。

上海通用强调建立与客户之间的长久对话，即通常所说的CRM(客户关系管理)系统，这在国内汽车厂家中是第一个建立的。与众不同的是，通用不但最早建立CRM系统，而且最早建立比较规范的客户支持中心。2002年上海通用还启动了中国汽车的第一个售后品牌——别克关怀BuickCare。上海通用启动的这个服务品牌不仅有规范的标识系统，还有完善的服务理念——以"比你更关心你"为核心，强调售后服务的主动性，要求售后服务人员比车主更关心他的车，主动担当车主的义务汽车保养顾问，并重视车主在体验整个服务过程中的心理感受。

赛欧的出现是上海通用从高档轿车向下延伸的结果，也是通用抓住国内10万元轿车空白的一次成功的市场开拓。在赛欧还没有正式上市的日子里，上海通用借助新闻和公关的力量就把赛欧"10万元家庭轿车"的概念炒作得深入人心，再加上赛欧与别克品牌的渊源，消费者就对这款未曾谋面的轿车更加充满期待。赛欧成功地造就了10万元家庭轿车的概念，"制定"了中国家庭轿车的新标准，使中国的消费者知道了10万元的家庭轿车应该配备什么样的标准。

"自立新生活!"这是赛欧的广告语。应该说，这较为准确地反映了赛欧的市场定位，也反映出当今年轻人的生活追求。从营销的角度看，广告是一种诱导式的消费，是对生活方式的阐述。其吸引人的高明之处，就在"自立"上。十几年前，有人把自行车钥匙做成巨大的广告招贴，隐喻年轻人自立是从两个轮子上开始的；而今赛欧加以借用，妙笔生花，强调自立要从四个轮子上开始。这是颇富创意的"生活概念"导入，反映了时代的变化。

理想的新消费产品的主要潜在购买者应该具有下列特点：他们将成为早期采用者，是大量使用的用户；是舆论领袖并对该产品赞不绝口；和他们接触的成本不高。虽然同时具备这些特点的群体是很少的，但是，公司可以根据这些特点对各种预期的群体做一个评价，然后把目标对准最有希望的顾客群体。2002年，上海通用请来当时国内人气极旺的创作型歌手组合羽·泉，并邀请他们为新赛欧上市专门创作了一首歌曲《旅程》。据了解，这种企业与歌手的合作在国内尚属首次。为了将这种气氛得以足够渲染，羽·泉的《旅程》已作为新版赛欧电视广告的主题曲，从2002年6月起在全国播放，这首歌曲还被收录在了羽·泉的最新专辑中。接下来，上海通用汽车还举办面向全国大学生及其他Flash爱好者的"赛欧优质新生活——网络Flash创作大赛"。其中一个引人注目的创作主题就是为羽·泉推出的最新单曲《旅程》创作Flash版的MV。通过与流行歌曲、Flash的时尚组合，赛欧真正地走入校园生活，与未来的"自立新一族"全面沟通和交流；而大学生也有机会以Flash的方式诠释自己对"优质新生活"的理解。

资料来源：赵正. 有空间就有可能——别克汽车中国市场营销案例. 中国经营报，2009-02-17(编者对原文有删减)

问题：在本案例中，上海通用的哪些做法表明他们的成功正是基于对消费者心理的了解？

实践要求：参照上述样本，为一家中国汽车公司生产的家庭型轿车设计一个基于消费者心理的营销策划。策划至少包括以下三项内容：

(1) 利用本书所学的有关理论为该款家庭型轿车设计一幅广告。

(2) 说明目标消费者的确定依据。

(3) 为该款家庭型轿车确定一个形象代言人，并说明理由。

13.4.5　网上调研

根据 13.4.6 节的内容，访问亚马逊书店网站(www.amazon.com)，分析亚马逊书店依据消费者行为所制定的营销战略。

13.4.6　单元实践

亚马逊书店

亚马逊书店是世界上销售量最大的书店。它可以提供数百万册图书目录，比全球任何一家书店的存书要多 15 倍以上。而实现这一切既不需要庞大的建筑，又不需要众多的工作人员，亚马逊书店的千余名员工人均销售额比全球最大的 Bames & Noble 图书公司要高 3 倍以上。这一切的实现，电子商务在其中所起的作用十分关键。

亚马逊书店的商业活动主要表现为营销活动和服务活动。它工作的中心就是要吸引顾客购买它的商品，同时树立企业良好的形象。

(1) 搜索引擎

一家书店如果将所有书籍和音像产品都一一列出，是没有必要的，而且对用户来说也很不方便。因此，设置搜索引擎和导航器以方便用户的购买就成为书店的一项必不可少的技术措施。在这一点上，亚马逊书店的主页就做得很不错，它提供了各种各样的全方位的搜索方式，有对书名的搜索、对主题的搜索、对关键字的搜索和对作者的搜索，同时还提供了一系列的(如畅销书目、得奖音乐、最卖座的影片等)导航器，而且在书店的任何一个页面中都提供了这样的搜索装置，方便用户进行搜索，引导用户进行选购。这实际上也是一种技术服务，可归结为售前服务的一种。

(2) 顾客的技术问题解答

除了搜索服务之外，书店还提供了对顾客的常见技术问题的解答这项服务。例如，公司专门提供了一个 FAQ (frequently asked questions)页面，回答用户经常提出的一些问题。例如，如何进行网上的电子支付，对于运输费用顾客需要支付多少，如何订购脱销书，等等。而且，如果你个人有特殊问题，公司还会专门为你解答。

(3) 用户反馈

亚马逊书店的网点提供了电子邮件、调查表等获取用户对其商务站点的反馈。用户反馈既是售后服务，也是经营销售中的市场分析和预测的依据。电子邮件中往往有顾客对商品的意见和建议。书店一方面解决用户的意见，这实际上是一种售后服务活动；另一方面，也可以从电子邮件中获取大量有用的市场信息，常常可以作为指导公司今后各项经营策略的基础，这实际上是一种市场分析和预测活动。另外，它也经常邀请用户在网上填写一些调查表，并用一些免费软件、礼品或某项服务来鼓励用户发来反馈的电子邮件。

(4) 读者论坛

亚马逊书店还提供了一个类似于 BBS 的读者论坛，这个服务项目的作用是很大的。企业商务站点中开设读者论坛的主要目的是吸引客户了解市场动态和引导消费市场。在读者论坛中可以开展热门话题讨论。以一些热门话题，甚至是极端话题引起公众兴趣，引导和刺激消费市场。同时，可以开办网上俱乐部，通过俱乐部稳定原有的客户群，吸引新的客户群。通过对公众话题和兴趣的分析把握市场需求动向，从而经销用户感兴趣的书籍和音像产品。

此外，亚马逊书店专门设置了一个“礼物”页面，为大人和小孩都准备了各式各样的礼物。这实际上是价值活动中促销策略的营业推广活动。它通过向各个年龄层的顾客提供购物券或者精美小礼品来吸引顾客长期购买本商店的商品。公司还专门为首次上该书店的顾客提供一个页面，帮助顾客尽快熟悉，这也是一种搞好公共关系的方法。另外，亚马逊书店还为长期购买其商品的顾客给予优惠，这也是一种营业推广的措施。

资料来源：https://wenku.baidu.com/view/844416eb4bfe04a1b0717fd5360cba1aa8118c41.html (编者对原文有删减)

问题：“亚马逊书店也许是世界上最不赚钱的书店，但它却是最成功的书店。”你怎样理解这句话的含义？

实践要求：模拟建立一个网上商店，依据网上消费者的购物特点，你将制定哪些促销措施？

参 考 文 献

[1]〔美〕KARDES F R. 消费者行为与管理决策[M]. 马龙龙，译. 北京：清华大学出版社，2003.

[2] 李东进. 消费者行为学[M]. 北京：机械工业出版社，2007.

[3]〔美〕HAWKINS D I. 消费者行为学[M]. 符国群，等译. 北京：机械工业出版社，2000.

[4] 荣晓华. 消费者行为学[M]. 3 版. 大连：东北财经大学出版社，2009.

[5]〔美〕菲利普·科特勒. 市场营销管理[M]. 亚洲版. 洪瑞云，梁绍明，陈振忠，译. 北京：中国人民大学出版社，1998.

[6]〔英〕布莱思. 消费者行为学[M]. 丁亚斌，等译. 北京：中信出版社，1999.

[7] 龚振，荣晓华，刘志超. 消费者行为学[M]. 大连：东北财经大学出版社，2002.

[8]〔美〕查尔斯·小兰姆，等. 营销学精要[M]. 杨洁，等译. 大连：东北财经大学出版社，2000.

[9]〔美〕亚伯拉罕·匹赞姆，等. 旅游消费者行为研究[M]. 舒伯阳，等译. 大连：东北财经大学出版社，2005.

[10]石文典，陆剑清，等. 市场营销心理学[M]. 大连：东北财经大学出版社，2000.

[11]〔美〕理查德·格里格，等. 心理学与生活[M]. 王垒，等译. 北京：人民邮电出版社，2004.

[12]〔美〕希夫曼，等. 消费者行为学[M]. 俞文钊，等译. 上海：华东师范大学出版社，2002.

[13]〔美〕尼奇·海斯，等. 心理学导论[M]. 爱丁，等译. 北京：电子工业出版社，2004.

[14]〔英〕苏珊·贝克尔. 新型消费者营销[M]. 李亚，等译. 北京：清华大学出版社，2003.

[15] 文光，宁川. 营销的 100 条黄金法则[M]. 北京：中国编译出版社，2004.

[16]〔美〕保罗·彼德，等. 消费者行为与营销战略[M]. 韩德昌，译. 大连：东北财经大学出版社，2000.